ABEL DANOS

Éric Guillon

# Abel Danos, dit « le Mammouth »

*Entre Résistance et Gestapo*

Fayard

© Librairie Arthème Fayard, 2006.

*À Jean-Paul et Florence*

## *Prologue*

« Jamais je n'oublierai les visites que je lui faisais au quartier des condamnés à mort de La Santé. Jamais. Cinquante ans après, j'ai encore le bruit des boulets dans les oreilles... » À l'évocation de ce souvenir, la vieille dame porte les mains à sa tête où résonnent les cliquetis des fers. Pour s'assurer qu'ils n'échapperont pas au bourreau, l'administration pénitentiaire enchaîne les condamnés à mort. Jour et nuit, le temps qu'arrive l'ordre d'en haut. Au fil des petits matins qui passent, les entraves donnent à ces morts vivants une démarche particulière : feutrée, glissante, fantomatique. Après presque trois ans à ce régime, Abel Danos, dit « le Mammouth », ressemble à un vieillard...

Un demi-siècle plus tard, les yeux de sa compagne, Hélène Maltat, refusent pourtant d'accepter cette lente agonie : « Jusqu'à la fin il est resté bien, toujours propre, impeccable. » Question d'humanité. À l'époque, elle n'a pas manqué une visite à son amant : sa fierté. « Jamais je n'ai raté un parloir. Sauf bien sûr quand j'étais moi-même en prison. Le mercredi, le samedi, toutes les semaines j'allais à La Santé. À Fresnes aussi, pendant une période. » La toute jeune Florence est parfois dans ses bras – « Tartine », comme l'a surnommée Abel. La fouille n'épargne pas son petit corps. Jean-Paul, parce qu'il est son aîné de deux ans, ne vient pas : « Il aurait pu se souvenir, plus tard... » Hélène Maltat redoute déjà l'avenir.

1949-1952. Trois ans de parloirs, trois ans de souffrance. Et de tendresse mêlée d'espoir. Depuis que des barreaux les séparent, Hélène et Abel n'ont jamais été si soudés. Elle n'oubliera jamais l'amour de sa vie...

Après deux condamnations et de longs mois d'attente dans l'antichambre de la mort, la jeune femme a fini par croire au miracle et Abel continue d'espérer en sa bonne étoile : « Il pensait prendre perpétuité. Il n'y avait aucun témoignage à charge et on avait mis "perpète", même moins, à d'autres qui étaient bien plus mouillés que lui. » D'autres ? Des « collabos » et des membres de la « Carlingue », la Gestapo française. Tous des truands, des voyous, des exclus de la société... La France, qui a beaucoup à se faire pardonner, a trouvé ses boucs émissaires : Lafont, Bonny et les potes de la rue Lauriston ont payé pour leur traîtrise. Et pour celle de bien d'autres...

Mais, cinq ans après les années noires, l'opinion veut tourner la page, et la presse a préparé le terrain d'exécution. Que n'a-t-elle pas imprimé sur ce dernier survivant d'une époque maudite ? Danos, « le tueur de la Gestapo », « le sanguinaire », « le lieutenant de Lafont », « le dépeceur de cadavres ». Des gros titres auxquels Hélène Maltat n'a jamais voulu croire : ce n'est pas l'homme qu'elle connaît, celui qu'elle veut garder en vie et aller défendre à la barre : « Je voulais dire aux juges qu'il adorait les enfants, qu'il se levait la nuit pour faire les biberons, qu'il était avec moi, toutes ces années. »

Le Mammouth a-t-il compris qu'on veut sa peau ? Se résigne-t-il à son sort ou cherche-t-il à préserver celle dont il devine le sombre avenir ? Il refusera son pauvre témoignage, trop suspect de partialité. Cette fois encore, le repris de justice affrontera la justice des hommes – tout en cultivant l'espoir d'une énième évasion. Mais la « belle » cette fois se dérobe...

À Tulle, à Montbéliard, les victimes des crimes réclament justice, et l'enquête a conclu à la présence de Danos. « Abel, contre le maquis ? Cela n'est pas possible. D'accord, il marchait avec Lafont, mais c'était pour échapper à l'affaire de la rue de la Victoire qu'il avait sur la tête. Il était vraiment de cœur avec la Résistance, à laquelle, d'ailleurs, il rendait des services. Vous savez, on lui en a mis sur le dos, à Abel. Il ne méritait pas ça... » Debout sur le palier de son HLM de banlieue, la vieille femme essuie une larme. « Il voulait m'épouser. Vous vous rendez compte ? Lui à La Santé, moi à la Roquette, ç'aurait été un beau mariage ! Je n'ai pas voulu. Mais après tout ce temps passé, j'ai l'impression que je n'ai pas été à la hauteur de son amour pour moi. C'est dans ma tête... »

Un regret parmi tant d'autres qui la rongent. Le pire étant d'avoir peut-être hâté la mort de son amant : « Je me sens coupable. Si je ne m'étais pas livrée à la police, peut-être que cela aurait retardé le procès ? Mais qu'est-ce que je pouvais faire en cavale avec deux enfants et mes pauvres parents en prison ? On ne peut pas dire qu'Abel ait assuré mon avenir... »

Au petit matin du 14 mars 1952, le supplice s'achève enfin. Et tandis que Danos tombe sous les balles du peloton d'exécution, Hélène Maltat se rend en bus à son travail. Pour elle qui reste, le plus dur commence...

Chapitre premier

## *1940 : l'heure des retrouvailles*

Mai 1940. Après huit mois de « Drôle de guerre », les Allemands engagent leur offensive. L'exode des habitants du Nord et de l'Est va durer un mois. Devant la déferlante des *Panzers*, l'évacuation des populations dites « sensibles » est décidée par le ministre de la Justice : les pensionnaires des Maisons d'arrêt et des Centrales sont évacués vers des prisons plus méridionales. Après le bombardement de Paris, le 3 juin, ceux de La Santé prennent la route à leur tour. Pour beaucoup de « taulards », l'exode sera providentiel.

Le 15 juin, profitant des opérations de repliement de la Maison d'arrêt de Dijon, Abel Danos, repris de justice inculpé pour vol, violence, port d'arme et détention de substances toxiques réussit la « belle »[1]. Le 1er janvier 1940, sous

---

1. Le lendemain, 16 juin, les Allemands entreront dans Dijon. On ne connaît pas précisément les circonstances de cette évasion. « Les portes de la prison furent ouvertes », déclara Danos en janvier 1945. Certains

le nom de Gaston Maillard, il a été arrêté à Dijon à l'occasion d'une altercation avec des militaires. La police a retrouvé sur lui des dizaines de papiers, cartes grises et autres laisser-passer suspects. Espion de la 5e Colonne? Voleur de voiture? En ces temps d'espionnite, la suspicion est de mise. Jusqu'à ce qu'on découvre sa véritable identité.

Abel Paul Guillaume Danos est né trente-cinq ans auparavant, à Saman, petit village de Haute-Garonne. Son père est maçon, comme du reste tous les Danos de père en fils, et sa mère, ménagère… Alors que l'enfant fête son premier anniversaire, le couple part s'installer à Dijon où un oncle, artisan, leur propose de prendre sa suite : une aubaine en pleine crise. En 1905, la famille emménage dans le faubourg Montchapet, un quartier populaire de la ville. Entouré de ses sœurs Jeanne et Simone, de Roger son jeune frère [1], Abel vit là une enfance paisible. Mais, à quatorze ans, alors que la Première Guerre s'achève à peine, le jeune garçon connaît ses premiers démêlés avec la justice et entame une collection de condamnations.

Dans le coffre de sa traction avant, ce soir de la Saint-Sylvestre 1940, les enquêteurs ont trouvé un outillage qui laisse peu de doute sur la nature de ses activités : pince monseigneur, rossignol, pompe à siphonner les réservoirs, fausses plaques… Depuis dix ans, celui que le Milieu a surnommé « le Dijonnais », « Bibil » ou « Mammouth », à cause de sa force herculéenne, vole des voitures, cambriole et perce des coffres à l'occasion… La chance n'a pas toujours été au rendez-vous : Fresnes, Poissy, Clairvaux, La Santé ou Dijon, le voyou en a fait le tour. Cette fois encore, si les Boches n'avaient pas donné un petit coup de pouce, il

---

prisonniers durent en effet leur libération à leurs gardiens, anciens de la Pénitentiaire, que l'exécution de « bouches inutiles » après l'invasion de 1914 avait profondément marqués.

1. Jeanne née en 1909, Simone en 1913, et Roger en 1915.

aurait pris « cher » : la voiture était volée et il avait menacé les militaires avec une arme [1]...

Trois mois plus tôt, pourtant, Danos était lui aussi « griveton » : à l'appel de la mobilisation, il avait rejoint le centre de regroupement des Bataillons d'Afrique au Caylus, puis avait été versé au 24e BIL au Ruchard [2]. Là, en attendant le « baroud », étaient parqués les « Joyeux », des repris de justice que la République surveillait depuis toujours comme le lait sur le feu : des révoltés, des déserteurs en puissance. Pourtant, dans les quartiers chauds de Paname ou du Vieux Port, on s'était préparé à la « riflette » sans état d'âme : une bonne occasion d'en découdre et de mettre Adolf à genoux une fois pour toutes ! En « deux coups », les « gros », les « Boches » seraient écrasés : l'armée française n'avait jamais été aussi forte et, en face, d'après les journaux, les Allemands étaient prêts à mettre la crosse en l'air...

Au Ruchard, les semaines s'étaient succédé entre travaux de terrassement, exercices militaires et séances de théâtre aux armées. Une « Drôle de guerre » pendant laquelle Hitler avait continué de souffler le chaud et le froid. Il y avait bien eu quelques permissions, et Danos en avait profité pour rejoindre Simone, une « môme » à laquelle il avait promis le mariage. Mais, de retour au camp, le Mammouth tournait en rond, s'impatientait à ne rien faire. De guerre lasse, il avait tenté la réforme en se faisant passer pour tuberculeux – une vieille recette de « maquillage » apprise pendant son service militaire à Tatahouine. Sa combine était sur le point d'aboutir quand, le 2 novembre, le commissaire Chenevier était venu lui signifier un énième mandat d'arrêt : pour une affaire de coffre-fort percé l'été précédent, à Avrillé, près des

---

1. Jugé par contumace le 13 septembre 1941, Danos sera condamné à cinq ans de prison et à un an d'interdiction de séjour.

2. Les réservistes des Bataillons d'Afrique ou BILA (Bataillon d'Infanterie légère d'Afrique) sont incorporés dans un des douze BIL (Bataillon d'Infanterie légère).

Sables-d'Olonne avec son pote Marcel le Dijonnais[1]. Déjà sept ans que le poulet le suivait à la trace ! Par miracle, Danos avait réussi à prendre la fuite, les poignets menottés, les pieds nus[2]. Il s'était mis en cavale et avait retrouvé Simone à Montreuil. Ils étaient ensemble, d'ailleurs, le 1er janvier à Dijon, quand les flics lui étaient tombés dessus...

Danos n'est pas le seul à profiter de l'aubaine de l'exode. À Troyes, soixante-dix détenus classés parmi les plus dangereux sont sélectionnés par les gardiens et poussés sur les routes. Parmi eux figure Émile Buisson, trente-huit ans, dit « Petit Mimile », étoile montante du Milieu lyonnais et, à ce titre, relation très proche de son « pays » Danos. Deux jours à peine après le départ, avec cinq autres prisonniers, Buisson profite d'une attaque d'avions *Stukas* pour fausser compagnie à leurs gardiens.

Impliqué dans une affaire d'agression d'encaisseurs, Petit Mimile risque la perpétuité. Le 29 décembre 1937, trois convoyeurs du Crédit Lyonnais avaient été attaqués par cinq hommes[3] qui avaient pris la fuite à bord d'une Hotchkiss dont il était le conducteur. 1 800 000 francs avaient ainsi changé de main. La presse, qui aime les références, avait baptisé cette affaire de « premier hold-up à l'américaine » – à l'époque, les gangsters d'Outre-Atlantique possédaient une longueur d'avance... Le frais émoulu commissaire Chenevier avait été chargé de l'affaire par son supérieur Belin[4]. Les noms du chef de gang et de ses complices lui

---

1. Marcel Girard, né à Dijon en 1910, titulaire de quatre condamnations pour vol. Le butin de ce 2 juillet 1939 s'élevait à 15 000 francs en espèces et 70 000 francs en titres. Archives de la Vendée.

2. Danos ne sera jamais considéré comme déserteur. L'unique mention de cette désertion apparaît dans son dossier des Travaux ruraux.

3. Desgrandchamps, Courgibet, Schlick, Blanchard et Buisson.

4. Né en 1902, Charles Chenevier entre dans le journalisme à vingt-deux ans. Après avoir collaboré à quelques publications (*Revue de France*,

étaient bientôt venus aux oreilles, en grande partie grâce aux tuyaux fournis par un de ses indics, Jean-Baptiste Chave, dit « Nez de Braise » – un nom à retenir. Très vite, les arrestations avaient suivi : Petit Mimile, cueilli au saut du lit quelques semaines après le coup, avait été transféré à la Maison d'arrêt de Troyes. C'est là que l'exode l'avait surpris.

Après trois ans à moisir en cellule, le voyou lyonnais semble donc renouer avec la « baraka ». Il faut dire qu'elle n'a pas souvent été au rendez-vous. Émile Buisson est né à Paray-le-Monial en 1902. Son père, Émile, est ouvrier du bâtiment, sa mère, Reine, ménagère. Le père boit les quelques francs qu'il gagne en construisant des fours de boulanger, la mère lui fait des enfants, six au total[1]; Émile est le quatrième. Le dur apprentissage de la vie commence pour lui dès l'enfance : il est obligé de voler pour manger et de se défendre contre les coups de son père qui a le vin mauvais. En lieu et place d'éducation, l'aîné des garçons, Jean-Baptiste, dit « le Nuss », entraîne son petit frère dans ses expéditions dans les caves et les réserves des épiciers du quartier. « Mimile », petit et chétif, n'a pas son pareil pour se glisser par les soupiraux entrebâillés... À l'époque, les frères Buisson ne touchent pas à l'argent, qui parfois dort à quelques mètres dans la caisse. La faim seule les guide...

Émile est pris la main dans le sac pour la première fois à onze ans. Un petit vol de bibelots sans grandes conséquences, considère le tribunal de Charolles, qui l'acquitte et

---

*Écho national*) il passe avec succès le concours de la police à vingt-cinq ans. Affecté d'abord à la Brigade de surveillance des gares, il intègre en 1928, la célèbre 1re Brigade mobile de police judiciaire dirigée par le commissaire Belin. En 1934, il fait partie du service de recherche de la Sûreté nationale avant de passer, avec succès, le concours de commissaire en 1936. Policier opiniâtre, madré et grand connaisseur de la pègre, d'aucuns considèrent pourtant que sa réputation de « chasseur de crânes » est plus ou moins usurpée.

1. Après un frère décédé, Jean-Baptiste, né en 1895, Eugénie, née en 1898. Émile, en 1902, puis Emma, née en 1906, et Jeanne, née en 1911.

le confie à la garde de son grand-père. Entre-temps sa mère est morte, à moitié folle... Après la Première Guerre les condamnations s'enchaînent : quinze jours de prison avec sursis à Nevers, un an ferme en 1921, puis vingt mois. Cette fois, Buisson est un « affranchi ». L'armée ne s'y trompe pas, qui l'envoie directement, à sa sortie de Clairvaux, au 3e Bataillon d'Afrique stationné au Maroc. Officiellement, pour la France, la guerre du Rif n'a pas commencé. Mais Émile, classé parmi les fines gâchettes, a malgré tout l'occasion de se faire la main sur les « bédouins » en perpétuel soulèvement. Pour tous ses « cartons » réussis, l'armée lui délivre l'insigne des bons tireurs ainsi qu'un certificat de bonne conduite... À la fin avril 1925, le « Joyeux » est de retour dans ses foyers. Abel Danos, quant à lui, vient de faire le voyage aller...

Retour en juin 1940. En gare de Bordeaux, les wagons cellulaires en provenance de la Centrale de Poissy stationnent quelques jours, le temps qu'un aiguillage propice les conduise à bon port. Parmi les prisonniers entassés se trouve André Jolivot, un grand ami de Danos, originaire comme lui de Dijon, où il a passé toute sa jeunesse.

Jolivot est né en octobre 1907. Ses parents tenaient un café place Sainte-Barbe. Comme Abel, son aîné de quelques années, il a usé ses fonds de culotte sur les bancs de l'école Montchapet et, plus tard, a fréquenté l'École pratique de la rue Carnot, section « mécanique ». Mais les points communs s'arrêtent là : si Abel ne brille pas par ses résultats scolaires, le petit André est un élève doué. Il a obtenu son certificat d'études et a même décroché une médaille de bronze pour ses œuvres aux Beaux-Arts de la ville. À seize ans, après son apprentissage, il est entré comme tourneur à l'usine de motocyclettes Terrot. L'année suivante, il aura déjà occupé plusieurs places : chez la « Lorraine Dietrich » d'Argenteuil, chez Renault et chez Citroën, quai de Javel : une instabilité qui dénote une profonde aversion pour les chefs en général et pour les contremaîtres en particulier...

Au printemps 1926, premier accroc : il est arrêté pour port d'arme prohibée. André se débat, frappe les agents. Un an plus tard, il est pris avec un couteau à cran d'arrêt dans la poche. Cette fois, les juges lui donnent huit mois pour réfléchir. À peine libéré, une nouvelle affaire de violence à agent l'envoie à l'ombre pour un an. À la sortie, il lui reste à faire son service, qu'il effectue à la compagnie disciplinaire de Château-d'Oléron : il est libéré juste à temps pour assister aux funérailles de son père. Sa mère, désespérée par sa conduite, se suicide peu après.

Dehors, la crise frappe durement l'ensemble de l'Europe et les États-Unis. Du coup, le pourcentage de chômeurs, de suicides et de sans-abri est en nette augmentation. Comme celui de la criminalité... Mais, crise ou pas, André Jolivot refuse de retourner à l'usine : un « boulot de cave », selon lui. En 1932, celui qu'on a surnommé « Dédé la Vache » par un jeu de mot facétieux est un voyou décidé et sans scrupule qui s'installe à Paris. Ses pérégrinations lui ont permis de nouer des contacts avec la pègre, et les « poteaux » sont maintenant prêts à lui mettre le pied à l'étrier. La société veut la guerre ? Elle va l'avoir...

Après avoir tâté d'un peu tous les trafics, il trouve sa voie dans le cambriolage d'appartements et les « cassements » de chambres de bonne. Une certaine Angèle Dugué rapporte au ménage le fruit de ses nuits de trottoir. À la même période Jolivot retrouve Danos, venu lui aussi tenter sa chance dans la capitale : les deux hommes s'associent pour monter dans les étages. À l'époque, la surveillance des immeubles est confiée à des « bignoles » revêches et suspicieuses qui « donnent le cordon » selon leur bon vouloir. Pour franchir l'obstacle, les deux compères se font passer pour ce qu'ils ne sont pas : selon les circonstances, ils se disent électriciens, plombiers, employés du gaz ou techniciens chargés de l'entretien des ascenseurs [1]. Le reste est affaire de « métier » : un coup de « plume », une poussée sur les serrures branlantes ou un tour de rossignol, et le tour est joué ! Quand les victimes constatent le vol de leur argent ou de leurs bijoux, il est trop tard : les « ouvriers » ont pris la fuite.

Au cours de l'été 1932, les deux Dijonnais enchaînent les « cassements » dans les quartiers chics. Les affaires marchent bien, jusqu'à un imprévu de taille : reconnu par une victime, Danos ne doit sa liberté qu'à son aptitude à la course. Dans sa fuite, il a laissé un agent sur le carreau, assommé par un « coup de boule ». Deux jours plus tard, Jolivot et lui sont arrêtés. Le 4 avril 1933, le tribunal fait l'addition : quatre ans pour Danos, trois pour Jolivot; le tout, augmenté en appel quelques mois plus tard. Danos purge sa peine à Poissy. Son pote André réussira, pour sa part, à bénéficier d'une grâce médicale. Répit de courte durée, puisqu'il sera arrêté peu après au volant d'une traction avant Citroën volée à un journaliste de *Détective*. Il y gagne une notoriété dont il se serait bien passé [2]…

## Paris à l'heure allemande

Au cours des dramatiques journées de l'exode, Paris s'est littéralement vidé de ses habitants : deux millions de Parisiens ont fui. Une hémorragie inquiétante pour l'Occupant, qui favorise un retour rapide des populations. Des camions sont mis à leur disposition, on offre des bons d'essence aux

---

[1]. Lors de son arrestation, on trouvera notamment dans les affaires de Danos un écriteau, qu'il accrochait sur l'appareil au rez-de-chaussée : « L'ascenseur est arrêté pendant le service d'entretien. » Archives de Paris.

[2]. Jolivot sera condamné à cinq ans de prison en mars 1936 dans cette affaire qualifiée en vol aggravé (il a menacé les policiers avec une arme). Reconnu sur une photo parue dans la presse, une seconde affaire de tentative de cambriolage se soldera par sept ans de prison en mai 1937.

automobilistes et Vichy est sommé de mettre en marche des trains spéciaux [1].

Depuis l'entrée des troupes allemandes le 14 juin, Paris a changé de visage. Sur de nombreux bâtiments officiels et les grands hôtels de luxe flotte désormais l'étendard à croix gammée. Dans les rues règnent un calme et un silence inhabituels. Peu de piétons et pas de véhicules : les vélos se partagent la chaussée avec les véhicules militaires allemands. Aux carrefours des grandes artères désertes, où des panneaux de bois jaunes à lettres gothiques ont été érigés, des flics à gants blancs font mine de régler la circulation. Honte suprême : ils doivent saluer au passage les Allemands.

La capitale ne porte aucun stigmate de combat, n'a subi aucune destruction : l'Occupant a pris place presque sans heurts dans une ville déclarée «ville ouverte» par le général Weygand. Seuls deux gardiens de la paix ont courageusement tenté de s'opposer à l'entrée des premiers soldats : ils ont été immédiatement abattus [2]. Au contraire, dans les quartiers populaires de Belleville, Pigalle ou Ménilmontant, où la plupart des habitants sont restés, des témoins ont assisté à de véritables tentatives de fraternisation avec les «Fridolins» [3]. Une manière, pour le «populo», de se venger des politiques qui n'ont cessé de lui mentir depuis le début de la guerre : l'aviation française invincible, le défaitisme de l'armée du Reich ou la maladie de Hitler... Tout ça n'était que des «bobards»...

Peu à peu le métro, les trains se remettent en marche. Les services publics, eau, gaz, électricité sont rétablis. Dans tous les secteurs d'activité, l'Occupant cherche à rétablir la normalité pour servir ses intérêts et paraît soucieux de se montrer

---

1. Le 29 juillet, le trafic ferroviaire entre les deux zones sera – provisoirement – interrompu, avant d'être soumis, comme l'ensemble des passages, à un strict contrôle de l'Occupant.
2. Les services de police enregistreront vingt suicides parmi la population.
3. Georges André Groussard, *Service Secret. 1940-1945*, p. 35.

sous son meilleur jour. Dans les beaux quartiers désertés, des « touristes » d'une correction et d'une politesse inattendues se promènent, armés d'un inoffensif appareil photographique, autour des monuments. Leur passe-temps favori semble d'assister au concert dans les squares et de parader au pas de l'oie... Dans les rues commerçantes des quartiers populaires, de nombreux magasins ont rouvert leurs portes : beaucoup, d'ailleurs, n'ont jamais vraiment fermé. Dans les bars, les consommateurs retrouvent leurs habitudes au comptoir. En terrasse, sur les grands boulevards, se mêlent uniformes *Feldgrau* et robes d'été : après quelques jours de prudente réserve, les Parisiennes paraissent ne pas être insensibles au charme des guerriers teutons. Restaurants et brasseries ne désemplissent pas jusqu'au couvre-feu, fixé tout d'abord à 21 heures, puis à 23 heures le 7 juillet, « pour récompenser l'attitude pacifique et compréhensive de la population parisienne »[1]. Pour l'instant, les contrevenants en sont quittes pour passer la nuit au poste de police.

Les maisons closes s'ouvrent, elles aussi, aux nouveaux arrivants. Sur la porte du Chabanais un écriteau de la direction rassurait les clients éventuels dès le 14 juin : « La maison sera rouverte à partir de 15 heures. » Pas de pause pour cause d'invasion chez ses concurrents, au Sphinx et au One Two Two : si les patrons s'étaient prudemment repliés vers le Sud, la barre avait été laissée à une de leurs filles, plus courageuse[2]. À leur retour d'exode, ils ont retrouvé leurs taules littéralement prises d'assaut et leurs pensionnaires, épuisées. Leur premier soin a d'ailleurs été d'intervenir auprès de la Kommandantur pour que l'accès de leur commerce soit réservé aux seuls galonnés de la Wehrmacht.

---

1. Puis à minuit au mois de novembre.
2. Georges Lemestre et sa femme Marthe, dite « Martoune », ont quitté Le Sphinx pour leur villa de Sainte-Maxime. Marcel et Fabienne Jamet, les patrons du One Two Two, sont partis pour leur maison de Saint-Georges-de-Didonne, près de Royan.

Les Allemands ont en effet pris en charge dès leur arrivée l'ensemble des maisons parisiennes, et en ont réquisitionné la plupart. Une trentaine d'entre elles sont destinées aux simples *Feldgrauen*, les plus cotées l'étant au plaisir des seuls officiers[1]. Les clients arrivent par cars entiers et « montent à l'assaut des filles avec la même énergie guerrière qu'ils mettaient à envahir l'Europe », écrira la taulière du Sphinx. Après être passés toutefois au contrôle médical : « Les Allemands mirent partout des douches et des cabinets de consultation. À l'entrée de chaque taule, on devait remettre à chaque client un préservatif fourni par les services médicaux de la Kommandantur et un carton portant le nom et l'adresse de la maison, le prénom de la fille, la date et le numéro de la chambre[2]. » Pour la première fois, sans doute, l'envahisseur redoute une hécatombe…

## Retour à Paname

Danos, Buisson et Jolivot ont retrouvé le pavé parisien début juillet après avoir voyagé incognito dans les wagons bondés affrétés par Vichy. Peu à peu, autour des zincs de Belleville et de la Porte Saint-Martin, on fait les comptes : quelques « poteaux » manquent encore à l'appel. Certains, sous l'uniforme, attendent une démobilisation qui ne saurait tarder. D'autres, qualifiés d'« indésirables » par l'armée, restent enfermés dans des camps ouverts à leur intention[3]. Des annexes de « Biribi », où la discipline implacable n'a

---

1. Le Sphinx, le One Two Two, le Chabanais et le 6 rue des Moulins.
2. Martoune, *Madame Sphinx vous parle*, p. 269.
3. Des milliers de communistes, militants syndicaux, exclus de l'armée, truands et autres individus classés « indésirables français » ont été arrêtés et envoyés dans des camps en France, mais aussi en Afrique du Nord. Astreints au travail forcé, certains ne seront libérés qu'en 1944.

rien à envier aux bagnes militaires de sinistre mémoire. Les moins chanceux, enfin, sont partis en captivité en Allemagne.

Avec les amis, l'évadé Danos trinque à la liberté retrouvée et à la fin de la guerre. Un certain Delalay, dit « Gros Raymond », n'est pas le dernier à lever son verre. Petit, le béret enfoncé sur une tête ronde, la salopette délavée, Delalay exerce le métier de mécanicien, profession dans laquelle il excelle. Le Mammouth, qui pourtant s'y connaît en moteurs, s'incline devant ce professionnel de trente-neuf ans, diplômé de l'école professionnelle Diderot. Les deux hommes ont fait connaissance en septembre 1938, rue de l'Église à Montreuil, où vit Simone Bouladour. Delalay venait de s'y installer. Animés d'une passion commune pour la mécanique et les automobiles, ils se sont liés d'amitié. D'autant que le mécano a eu autrefois quelques démêlés avec la justice. Rien de grave, mais de quoi se trouver quelques affinités.

Moyennant ces références, Danos lui accorde une confiance sans borne. Il a tort. Car si Gros Raymond est passé maître pour régler un carburateur capricieux ou augmenter une cylindrée, il n'a pas son pareil pour écouter aux portes : entre deux vidanges, le nez dans le moteur ou allongé sous la caisse, le mécano enregistre, puis informe son « condé », en l'occurrence Charles Chenevier. Encore lui... « D'une certaine manière je vis dans le monde des truands par indic interposé et fais vraiment partie des leurs », écrira le commissaire, avec un peu de prétention. Les ragots, les conversations les plus anodines, les détails les plus insignifiants, tout intéresse « Charlie », qui inscrit méthodiquement les renseignements sur ses fiches : son « bottin », plaisante-t-il. C'est ainsi que Delalay lui rapporte quelques blagues douteuses : « La défaite des uns, c'est toujours la victoire des autres », ou encore « La défaite, tu parles d'une bénédiction ! », que le commissaire attribuera plus tard à Abel. On ne prête qu'aux riches...

Au cours de ces libations, Danos est souvent en compagnie de « Roger le Fou », jeune cambrioleur de vingt-huit ans et souteneur à ses heures. Sa maîtresse Augustine Sauvagnat, plus connue sous le surnom de « Gaby », turbine dans le quartier des Halles. C'est chez eux, à Ivry, qu'Abel a trouvé refuge à son retour à Paris. Le Fou, de son vrai nom Roger Beckerich, est un ancien doreur argenteur qui a dérapé peu après son retour de l'armée où il s'était engagé pour deux ans. En octobre 1933, une affaire de vol l'a envoyé pour un an derrière les barreaux de La Santé : c'est là qu'il a fait connaissance d'Abel[1]. En septembre 1939, Danos et lui se sont retrouvés au Ruchard, avant que Roger ne soit réformé pour « troubles nerveux » quinze jours plus tard. Les deux hommes fréquentent assidûment le bar Chez la mère Laval, situé 143 rue d'Aboukir, près de la Porte Saint-Martin : un bistrot par ailleurs connu des flambeurs pour sa cave aménagée en « tapis[2] ». Autour d'eux, les rangs se resserrent : Gaston Philippe, par exemple, trente-six ans, également un ancien « Joyeux » du Ruchard, « Jo » – Georges Sellenet pour l'état civil –, un « pays » du Mammouth âgé de quarante ans, cambrioleur notoire et interdit de séjour – peine qui l'empêche, à sa libération, de fréquenter certaines grandes villes françaises –, et Jean Cot, autre « tricard », trente ans, titulaire de quatre condamnations pour vol et recel. Sur le zinc, devant un Vichy fraise ou un mêlé-cass', tout le monde parle affaires...

Mais le « travail » n'est pas la seule préoccupation d'Abel. Depuis son arrestation, six mois plus tôt à Dijon, le voyou a eu très peu de nouvelles de sa maîtresse Simone. Et pour cause : arrêtée en février dans la capitale, la jeune fille a effectué une tournée des prisons, du Dépôt à Dijon en

---

1. Roger Beckerich a écopé ensuite de trois mois pour vol en décembre 1934 et de treize mois pour recel en 1935.
2. « Tapis francs » : salle de jeu clandestin.

passant par la Petite Roquette et les Sables-d'Olonne. Puis elle a suivi l'exode. Elle a ensuite réintégré le domicile parental, où elle attend sagement le retour de son « fiancé » en même temps que sa comparution dans l'affaire du vol de coffre-fort des Sables [1].

Simone Bouladour est la fille d'un cordonnier tenant boutique 21 rue de l'Église, à Montreuil. Augustine, la mère, vend des chaussures, le père, Fernand, les répare. Selon la version parentale, la rencontre de Simone et de Danos se serait produite au début de 1938 chez les Delhaie, des voisins poissonniers. Curieusement, pourtant, la police découvrira plus tard qu'à la même époque la marchande de chaussures fréquentait assidûment les bals du quartier de la Bastille : pendant que Fernand battait la semelle sur son établi, Augustine enchaînait javas, tangos et valse à l'envers. Une passion partagée par sa fille, qui a fait ses premiers pas de danse au son de l'accordéon du Balajo, du Bouscat et de L'As de Trèfle. Ces après-midi dansantes leur ont permis de faire connaissance avec un tas de gens sympathiques : Gaby et Roger Beckerich par exemple, qui sont devenus des amis et des clients de la boutique. Par la suite, Roger s'est révélé être un grand ami d'Abel. On ne dira jamais assez que le monde est petit...

Quoi qu'il en soit des circonstances exactes de cette rencontre, le premier contact entre le voyou et la jeune Montreuilloise se fait sur le mode du coup de foudre. Simone, jolie brunette au sourire aimable, est jeune. Très jeune, même : « Abel n'aimait pas les mémères, vous savez... Il était attiré par les jolies jeunes femmes, brunes de préférence », confie aujourd'hui Hélène Maltat. À seize ans,

---

1. Le jugement aura lieu le 28 novembre 1940. La jeune fille, dont on estimera qu'elle a agi sans discernement, sera acquittée et confiée à son père, reconnu civilement responsable. Danos sera condamné à cinq de prison et à dix ans d'IS (interdiction de séjour), Marcel Girard à deux ans et à cinq ans d'IS, et sa femme à un an avec sursis.

Simone est donc le genre d'Abel. Grand, charmeur, élégant, lui a déjà trente-quatre ans, mais aussi pas mal de temps à rattraper. Avoue-t-il ses antécédents à la jeune fille ? On peut en douter. C'est en tout cas comme représentant en bonneterie qu'il est présenté aux parents de la jeune fille quelques semaines après leur rencontre.

À l'été 1938, la relation a suffisamment évolué pour que le « représentant » dépose à leurs pieds une demande en mariage en bonne et due forme. Demande aussitôt acceptée, sans aucune réticence, par les Bouladour : « Nous étions en bons termes avec Danos, en qui nous voyions le futur mari de ma fille, et nous le recevions chez nous », dira Augustine [1]. Le couple avait choisi de régulariser son union en septembre 1939 : l'actualité en décida autrement... Mais malgré l'intermède de la guerre et ses aléas, Danos n'a pas perdu espoir de se marier un jour...

Pour les beaux yeux de Simone, Danos paraît se racheter une conduite et se met à vendre du tissu sur les marchés. Une bonne combine que « Bibil » a trouvée là, et qui lui permet de « bricoler » à côté sans se faire remarquer. « Ah, les "combines", c'était son mot, à Abel. Je me souviens de la chanson qu'il fredonnait souvent : "On l'appelait le dénicheur. Il était rusé comme une fouine. C'était un gars qu'avait du cœur. Et qui dénichait des combines..." C'était un peu lui, ça [2]... » Quand il le peut, il va chercher la jeune fille en voiture à la sortie de son bureau chez René

---

1. Déclaration de juillet 1941, dossier « Rue de la Victoire », Archives de la Préfecture de police. L'attitude des Bouladour à l'égard de Danos suscite de nombreuses interrogations. Le couple déclarera n'avoir appris son identité réelle qu'au début du mois de février 1940, quand un inspecteur vint les aviser des recherches dont leur fille faisait l'objet. Malgré cela, jamais ils ne tentèrent de s'opposer à la liaison de leur fille avec Abel.

2. Témoignage Hélène Maltat. « Le dénicheur », chanson de Berthe Sylva, 1912.

Schoumacher[1], un mécanicien de Bagnolet. Le dimanche, à midi, il est invariablement invité à la table familiale, puis le jeune couple part pour une petite promenade digestive dans les rues de Montreuil, chaperonné par Madame Bouladour mère... L'idylle prend des allures « fin de siècle » qui rassurent le père sur la bonne éducation du futur gendre : « Je le considérais comme un garçon sérieux », confirmera-t-il.

## *Un certain « Monsieur Henri »*

Transmises par le téléphone voyou, les nouvelles vont vite dans le Milieu : untel serait à Paname, untel aurait cassé sa pipe... Des bobards parfois sans fondement et même farfelus : on raconte par exemple que plusieurs taulards incarcérés à Fresnes ont recouvré la liberté. Pour certains, mieux informés que les autres, ces libérations, dues à un certain « Monsieur Henri », auraient reçu la bénédiction des « Frisés ».

Ces tuyaux sont loin d'être aussi bidon qu'ils en ont l'air. Le 6 juillet, en effet, les surveillants de la Maison d'arrêt de Fresnes ont assisté à un étrange spectacle : « un homme parlant français et se disant mandaté par les autorités allemandes », accompagné d'un adjudant-chef et de quatre soldats, s'est présenté au greffe et a demandé à voir les prisonniers figurant sur sa liste. Cinq au total. Ce jour-là, les nommés Marcel Carrier, Roger Tissier, Pierre Pinardel, Pierre Maillebuau et Georges Bonnal sont extraits de leur cellule et repartent avec leur libérateur[2]. Le choix ne doit

---

1. Schoumacher sera recruté par un service allemand en 1943 et ouvrira un bureau d'achat à son adresse. Il sera arrêté par la Section spéciale en janvier 1945.

2. Les quatre premiers sont inculpés dans une même affaire de corruption de fonctionnaires. Bonnal, dit « Jo les Gros Bras », est accusé d'extorsion de fonds et d'usurpation de fonction. Dossier Z6/3 « Rue Lauriston », Archives nationales.

rien au hasard : « Monsieur Henri » est venu, quelques jours plus tôt, aux côtés d'un officier allemand [1], venu vérifier si des ressortissants allemands ne se trouvaient pas incarcérés. Il a ainsi pu consulter les registres tout à loisir [2].

Le 8 juillet, même scénario. Cette fois, vingt et un prisonniers, tous petits voyous ou escrocs sans envergure accusés de délits mineurs, retrouvent la liberté [3]. Le lendemain, enfin, l'homme fait libérer un certain Adrien Estébétéguy, dit « le Basque », en même temps qu'un Bulgare en situation illégale [4]. Comme à chaque fois, la petite troupe est repartie dans un véhicule de la Wehrmacht.

Monsieur Henri y va au bluff; il ne possède aucune autorisation, aucun mandat officiel, mais les soldats en uniforme qui l'accompagnaient et une carte de service 10474 R de l'armée allemande ont suffi à imposer le respect au directeur de Fresnes [5]. L'homme a du culot : pour lui, la chance ne s'at-

---

1. Il s'agit du colonel William Radecke.
2. En septembre 1944, Henri Lafont donnera une version légèrement différente de ces premières libérations : après avoir constaté qu'un de ses amis, probablement Marcel Carrier, était incarcéré, il aurait demandé à Radecke de le libérer. Carrier lui aurait ensuite parlé de « gens intéressants » que Lafont, qui prétendra ne pas les connaître, serait revenu libérer dès le lendemain.
3. À part Lucien Prévost, Georges Bonnal et Gaston Vala, un médecin arrêté pour avortement, aucun de ces hommes ne semble avoir intégré ensuite les équipes de Lafont-Chamberlin.
4. Adrien Estébétéguy, né en 1897 à Bayonne, est inculpé dans la même affaire de recel et d'association de malfaiteurs que Lucien Prévost. Au sein de la bande de Lafont, il fera partie des équipes de « faux policiers » spécialisés dans les affaires d'or. En 1943, à la suite d'un grave différent avec Lafont, il tentera de s'enfuir vers l'Amérique du Sud en compagnie de Joseph Pereschi, dit « Zé le Marseillais », et de Joseph Réocreux, dit « Jo le Boxeur », et de leurs amies du moment. Tous disparaîtront, semble-t-il, à la fin mars, assassinés par Marcel Petiot, le fameux docteur de la rue Lesueur, organisateur d'une fausse filière de départ.
5. Henri Lafont, qui sera naturalisé allemand en février ou mars 1941, possède une carte de citoyen allemand depuis septembre 1940. Déclaration

tend pas, elle se saisit. En forçant un peu le destin au besoin. Un procédé facilité, il est vrai, depuis qu'il bénéficie de l'appui des Allemands William Radecke et Hermann Brandl, alias « Otto ». Le premier, un capitaine de la Wehrmacht, occupe de hautes fonctions dans l'*Abwehr*, le service de renseignement allemand. Le second en est un simple agent. Mais, en ce mois de juillet 1940, la recherche de renseignements ne fait plus partie de leurs priorités. Tous deux profitent de cette « couverture » pour mener des activités beaucoup plus lucratives : Brandl, ingénieur de formation, est en effet « l'inventeur » du fructueux système des bureaux d'achat et, depuis quelques semaines, brasse des millions depuis ses bureaux du Square du Bois de Boulogne. Radecke, corruptible et intéressé, en profite lui aussi pour mener à bien des affaires plus personnelles encore. Affaires auxquelles les deux Allemands ont proposé à leur ami français de s'associer. Monsieur Henri a accepté leur offre…

Entré en France dans les fontes de la Wehrmacht, l'*Abwehr* s'est installé dans le prestigieux Hôtel Lutétia, boulevard Raspail. De leur PC, le colonel Rudolph et son adjoint, le commandant Reile, mettent en place leurs pions aux quatre coins de l'Hexagone. Leurs missions : espionnage et contre-espionnage, actes de sabotage et mesures de démoralisation. Un programme qu'ils vont réussir à appliquer au-delà, sans doute, de leurs espérances…

D'autres hommes, sous des uniformes d'emprunt, se sont également implantés dans la capitale. Plus discrets, mais tout aussi dangereux. Ceux-là font partie des militants les plus convaincus du parti nazi : les SS. Pour l'instant, ils sont en France contre la volonté de Hitler lui-même : c'est à l'armée, et à elle seule, qu'il a réservé le fruit de la bataille de France. Mais le Reichsführer SS Himmler et son adjoint Heydrich ne

---

Chamberlin, septembre 1944, dossier Z6/3, Archives nationales.

le voient pas du même œil : pas question de laisser le SD[1], le service de sécurité SS, sur la touche. Un premier détachement s'est donc installé clandestinement à l'Hôtel du Louvre. À sa tête : Helmut Knochen, un ancien journaliste âgé de trente ans. À ses côtés, un certain Karl Boemelburg, vieux policier de métier qui appartient à la « police secrète d'État », la Gestapo[2]. *Abwehr*, SD, Gestapo : à l'heure où les Allemands s'installent dans Paris, peu de Français – à part les spécialistes du 2e Bureau français – font la distinction entre ces différents services allemands de police et d'espionnage. Mais bientôt, ce nom de « Gestapo » va symboliser à lui seul tout l'arsenal répressif et devenir synonyme d'arrestation, de torture, de déportation et de mort. Particulièrement auprès des juifs, des résistants et des communistes, que l'Occupant va pourchasser.

## De l'autre côté de la ligne

À la fin du mois de juin, le cadavre d'un homme a été retrouvé dans les gorges de Galamus, près de Perpignan. Chute accidentelle ? Suicide ? Crime ? L'autopsie du corps révèle bientôt que le crâne de l'individu a été traversé par une balle tirée « à distance ». Aucun doute, donc, sur les causes du décès. L'enquête s'annonce difficile, voire impossible : le mort, un jeune homme aux cheveux châtain, ne possède aucun papier d'identité. Seuls indices : un mouchoir brodé aux initiales « J.-L. », retrouvé dans ses poches et un chapeau estampillé au chiffre « B. R. », relevé au fond d'un ravin[3].

---

1. SD : *Sicherheit Dienst*, service de sécurité du parti nazi.
2. Gestapo : contraction de « *Geheime Staatspolizei* ». Cette police politique secrète, officiellement chargée de réprimer toute forme d'activité nuisible à la sûreté de l'État, ne sera que peu représentée en France, comme d'ailleurs dans les autres territoires occupés.
3. *L'Indépendant de Perpignan*, 26 juin 1940.

Quelques semaines plus tôt, cet homme comptait parmi les pensionnaires d'une prison : en l'occurrence, la Maison d'arrêt de Perpignan. De nationalité espagnole, démasqué comme agent de l'*Abwehr* au début du mois de mai 1940, il avait été incarcéré après avoir passé des aveux complets. Du fond de sa cellule, l'espion avait pu un moment espérer : la déferlante allemande et la débâcle française étaient, à ses yeux, de bon augure... Hélas pour lui, les hommes du contre-espionnage français, en poste dans la région, ne l'avaient pas oublié : en cas de libération, l'Espagnol pouvait représenter un grave danger pour plusieurs des leurs. Ils avaient donc voté sa mort à l'unanimité, même si aucun n'avait voulu se charger de la corvée... Après plusieurs jours d'atermoiements, un « spécialiste » avait été finalement désigné. Nanti d'un faux mandat de libération, il avait fait extraire le prisonnier de sa prison et l'avait conduit, menottes aux poignets, vers le Sud. L'Espagnol, à qui on avait assuré une reconduite à la frontière, était serein. Peut-être un peu naïf aussi. Arrivé dans les gorges de l'Aude, le « spécialiste » avait arrêté la voiture sous prétexte d'une roue à changer. Il lui avait enlevé ses menottes et lui avait fait démonter l'enjoliveur. Placé derrière le prisonnier accroupi, il avait ajusté son tir : la balle, entrée par la tempe droite était ressortie à la base du crâne[1]. Mission accomplie. Au même moment, un coup de vent emportait le chapeau...

Le tueur de Perpignan était parti de Marseille avec un ordre de mission – ordre verbal mais pas moins officiel – émanant des plus hautes instances du CE, le contre-espionnage français. Le capitaine Paillole[2], son chef, avait

---

1. Robert Terres, *Double Jeu pour la France. 1939-1944*, p. 116. L'affaire sera étouffée après une démarche de l'antenne TR 117 (Toulouse) auprès du tribunal.

2. Paul Paillole, né en 1907, entre à l'école militaire de Saint-Cyr après de brillantes études à Marseille. Il en sort en 1927, promotion « Maroc-Syrie », et est successivement affecté à Épinal, Saint-Dié, Blidah, en Corse

tranché sans état d'âme : pour être efficace, la lutte devait être impitoyable. De toute façon, comme tous les officiers du 5ᵉ Bureau [1], il se savait couvert par son patron le colonel Rivet. À l'annonce de l'Armistice, quelques jours plus tard, ce dernier a d'ailleurs proclamé à ses adjoints des différents services, la poursuite du combat. Une gageure, quand on sait que les Allemands ne tiennent aucunement à la survie des services spéciaux français et que Vichy, d'ailleurs, a déjà accepté leur dissolution de principe.

Seul signe positif pour ces militaires : un semblant d'armée étant autorisé en Zone libre, le projet de création d'un service chargé de la défendre contre la subversion et l'espionnage vient d'être accepté par le nouveau gouvernement français et entériné par les Allemands. En septembre, le BMA, Bureau des menées antinationales, sera officiellement créé. Basé à l'Hôtel Saint-Mart, à Chamalières, il servira de façade au service de renseignement désormais clandestin. Par services spéciaux interposés, la lutte peut donc se poursuivre, plus âpre et impitoyable encore que par le passé. Différence essentielle, pourtant : les hommes de Rivet ne seront plus couverts par aucune autorité, ils agissent maintenant en francs tireurs. Avec tous les risques que cela comporte en cas d'arrestation...

Le défunt service du contre-espionnage a choisi une villa du bord de mer près de Marseille pour y entreposer les lourdes malles de ses archives [2]. Le 1ᵉʳ juillet s'opère sa métamorphose. En langage codé, elle est baptisée « Éole » et la cité phocéenne, « Cambronne ». Paillole, quant à lui, devient Philippe Perrier, né à Blida le 8 novembre 1904.

---

et à Mourmelon avant d'entrer aux services spéciaux du 2ᵉ Bureau, le 1ᵉʳ décembre 1935.

1. Le 2ᵉ Bureau, qui comprend les services de renseignement (SR) et de contre-espionnage militaire (CE), devient 5ᵉ Bureau en temps de guerre.

2. Au 23 promenade de la Plage.

S'inspirant de la politique vichyste qui prône le retour à la terre, Paillole crée la Société des Travaux ruraux – abrégé «TR» –, rattaché au ministère de l'Agriculture et désigné spécialiste en Génie rural [1]. Mais, plus que de l'assèchement de marais ou de la construction de nouvelles adductions d'eau, les officiers des Travaux ruraux sont chargés d'assainir le territoire français de l'espionnage ennemi [2]. Une tâche immense pour laquelle les TR bénéficient, officieusement de l'aide des policiers de la Surveillance du territoire [3]. C'est parmi ces derniers que Paillole a recruté le «spécialiste» de Perpignan : Robert Blémant.

## L'appel du Sud

Robert Blémant est né en 1911 à Valenciennes, allée des Arbalétriers. Son père, qui répond aux prénoms prestigieux de Louis, Alphonse, Jules, César, est issu d'une famille de la bourgeoisie locale [4]. À vingt et un ans, c'est un avocat plein de promesses. Sa mère, Olivie, alors âgée de vingt ans, est sans profession et vit modestement en compagnie de sa sœur couturière. Un peu trop «ordinaire» aux yeux des parents du jeune homme, qui s'opposeront longtemps à la régularisa-

---

1. De nombreuses antennes sont ouvertes en Zone libre, chacune s'occupant de secteurs propres en France et en Afrique du Nord.
2. Allemagne, Italie et toutes les nations en guerre contre la France et les Alliés. Les missions des TR vont de la pénétration des organisations fascistes et nazies à l'action clandestine, en passant par la centralisation de renseignements et l'appui des initiatives alliées.
3. La Surveillance du territoire (ST), qui dépend du ministère de l'Intérieur, collabore avec le CE en temps de guerre.
4. Il deviendra bâtonnier de l'ordre des avocats. En 1960, à soixante-dix ans, il détournera un demi-milliard de francs qui lui avaient été confiés par ses clients et ses confrères du barreau lillois en vue d'investissements immobiliers. Il se suicidera peu après, à Nice. Officiellement, car son corps ne sera jamais formellement identifié, ni l'argent retrouvé.

tion de cette union [1]. Quoi qu'il en soit, la situation incertaine de sa famille n'empêche pas le petit Robert de recevoir la meilleure éducation bourgeoise. Intelligent, doué d'une excellente mémoire, il poursuit de brillantes études secondaires avant de décrocher une capacité en Droit. Maître Blémant l'imagine peut-être prenant sa suite... Mais, depuis toujours, son fils nourrit d'autres ambitions. Il aime l'action, l'audace et le hasard, et cultive le goût de l'intrigue et du secret. Les enquêtes criminelles, les récits d'espionnage le passionnent, les histoires de détectives le captivent. Il croit être fait pour le métier de policier. Peut-être se trompe-t-il. « Au XVII$^e$ siècle, Blémant aurait pu aussi bien être un d'Artagnan qu'un Cartouche », dira de lui un inspecteur qui travailla sous ses ordres. D'aucuns encore le compareront à Vidocq, même si le parcours de ce dernier, bagnard devenu chef de la Sûreté, suit exactement le cours inverse de celui de Blémant... Une chose est sûre en tout cas : la pègre contre laquelle Robert Blémant s'engage à lutter exerce sur lui une étrange fascination. Attirance qui finira par l'engloutir tout entier.

En attendant, il réussit le concours et entre, en qualité d'inspecteur, à la 12$^e$ Brigade mobile de Lille. Nous sommes en février 1931, Robert a tout juste vingt ans... De taille moyenne, 1,71 mètre, la silhouette massive, le jeune policier a l'œil et le cheveu noirs, et répète à qui veut l'entendre que du sang corse coule dans ses veines. Il a le visage plein, à la fois poupin et énergique, la voix un peu fluette. Dès son entrée en fonction, il adopte l'uniforme des policiers de l'époque : le pardessus et le chapeau mou fendu, qu'il porte incliné sur l'oreille à la façon des gangsters de cinéma... Très soucieux de son apparence, Blémant se distingue pourtant de ses collègues par ses costumes de bonne coupe, les bijoux qu'il arbore et par le Cabochard de chez Grès dont il se parfume abon-

---

[1]. En avril 1917, malgré tout, le mariage est célébré, à l'occasion d'une permission de Louis Blémant, alors sous les drapeaux.

damment. Une élégance presque trop voyante : « insolente », dira Paillole quelques années plus tard.

Très vite, l'inspecteur Blémant se révèle un policier efficace et compétent mais, dans la grisaille de ce Nord où jamais rien ne se passe, il s'ennuie. Le jeune homme regarde depuis toujours vers le Sud, rêve de pays lointains, qui symbolisent pour lui l'inconnu et l'aventure. Il a appris la langue arabe[1] – une façon comme une autre de s'en rapprocher. Dès son admission dans la Grande Maison, il a postulé pour les brigades du Midi de la France : Montpellier, Toulouse et surtout Marseille, l'orientale, la cosmopolite. C'est elle qu'il veut atteindre. Là lui semblent se nouer les plus belles intrigues, les plus grosses affaires – ce en quoi il n'a pas tout à fait tort. En 1933 et 1934, plusieurs « recommandations » émanant de divers horizons politiques ont tenté d'appuyer sa mutation[2]. Ce n'est qu'au mois de mars 1935 que le piston produit son effet : l'inspecteur Robert Blémant est muté dans la cité phocéenne. Il savoure son bonheur... Malheureusement, le concours de commissaire qu'il réussit en février 1938 le renvoie dans les froides brumes du Nord, à Rosendaël, près de Dunkerque. L'ambition a ses revers...

En septembre 1939, la déclaration de guerre le surprend alors qu'il espère une nouvelle mutation. Le bouillant commissaire oublie ses rêves pour se lancer à corps perdu dans la lutte. Le début d'une autre aventure. En octobre, il est affecté pour la durée du conflit à Lille, au service de la ST, la Surveillance du territoire. Créés par le décret du 9 mars 1937, dix commissariats de ST ont été établis à proximité de la frontière nord-est de la France. Triés sur le volet, les fonctionnaires de ce service doivent être « jeunes, ardents, volontaires et fiers de travailler pour la défense nationale ». Tout le portrait du jeune

---

1. Fiches de carrière, Centre des archives contemporaines, Fontainebleau.
2. Joseph Caillaux, président de la commission des Finances au Sénat, Jean Coggia, préfet honoraire, et César Campinchi, député de Corse.

Blémant, qui semble promis à un bel avenir, ne serait-ce son supérieur hiérarchique. Ses méthodes de travail, radicales et peu orthodoxes, sont en effet peu appréciées par le commissaire Dubois, homme procédurier, formaliste et respectueux du Code. Des «formalités» auxquelles le jeune commissaire, fougueux et d'une volonté implacable, préfère l'action directe, voire violente. Pour lui, la fin justifie les moyens.

Les hommes de la Surveillance du territoire sont formés sur le plan policier par la Sûreté nationale de la rue des Saussaies et reçoivent, par ailleurs, aides et conseils du 2e Bureau. C'est à l'occasion d'une tournée d'inspection sur la frontière, le 15 mai 1940, que le capitaine Paillole fait la connaissance de Blémant. Il est conquis par le personnage : « Ce policier de trente-deux ans[1] me plaît. Il est direct, ardent, son regard clair peut être aussi bon qu'impitoyable. C'est un homme d'action. Les procédures lui répugnent et les demi-mesures le révoltent[2]. » Malgré leurs différences de caractère et de formation, le rigide et vertueux militaire se lie d'amitié avec le policier et ne tarde pas à lui accorder une confiance sans bornes.

Au début du mois de juin 1940, les services de la ST, dont l'existence n'est pas menacée par les clauses de l'Armistice, reçoivent l'ordre de se replier à Marseille. Blémant, écœuré par l'issue du conflit, y voit sans doute un signe d'espérer – un espoir accru après ses retrouvailles avec Paillole. C'est un Blémant ressuscité, après son exil nordique, qui renoue avec la Méditerranée, ses paysages ensoleillés et ses habitants dont la chaleur et la faconde l'enthousiasment. Du Panier à Saint-

---

1. Il n'a en fait que vingt-neuf ans à l'époque.
2. Paul Paillole, *Services spéciaux. 1935-1945*, p. 193. Il se crée entre les deux hommes «un lien affectif puissant» qui ne manquera pas d'étonner certaines personnes de leur entourage, *cf.* Robert Terres, *op. cit.* Leur collaboration est dès ce moment pleine et entière, même si le militaire déclare n'avoir pas été mêlé aux activités parallèles de Blémant. Leurs contacts seront, jusqu'à la Libération, presque quotidiens.

Jean et de la Joliette au Vieux Port, le policier s'immerge dans les profondeurs des bas-fonds de «la Marsialle». Discret, observateur, affable, il écoute, enregistre les conversations dans les bars, sympathise avec les barmen, noue des contacts avec les patrons de boîtes. L'un d'entre eux témoigne : «À l'époque, j'étais propriétaire des deux plus grands établissements de nuit de Marseille. Un jour, un garçon me dit : "Il y a un monsieur qui est venu hier et qui ne dit rien." Je vais le voir, c'était Blémant. Il me dit : "Vous employez, dans un autre établissement, un barman de nationalité allemande. Cet Allemand nous intéresse." Cet Allemand, je l'employais depuis 1936 ! Blémant est revenu le lendemain pour me dire ce qu'il attendait de moi : du renseignement. C'était très délicat, car mes amis Carbone et Spirito étaient pro-allemands, mais j'ai accepté de travailler pour lui [1]... »

Jour après jour, le commissaire de la ST tisse son réseau d'informateurs, collecte des renseignements, constitue des fichiers... Un travail fastidieux, ingrat, parfois rebutant, qui ne constitue heureusement qu'une partie de ses activités [2]. Ce qu'il préfère, c'est agir sur le terrain.

## *Affaire de cœur*

À Paris, où les Allemands font déjà partie du décor, la vie a repris un cours presque normal. Très vite, la Ville lumière a retrouvé sa légèreté : pour beaucoup, les spectacles, les mondanités, les futilités sont un bon moyen d'oublier la défaite. Depuis le mois de juillet, théâtres et

---

1. Témoignage oral de Lucien G., juin 2004.
2. Si la Surveillance du territoire s'occupe accessoirement de transmission d'informations, sa fonction principale est de neutraliser les hommes du contre-espionnage ennemi. Surveillance, diffusion de faux renseignements, infiltration sont quelques-unes des principales méthodes utilisées... Avec comme point final l'arrestation des agents ennemis.

concerts lèvent à nouveau le rideau : les Parisiens s'y précipitent. Le 22 août, l'Opéra comique annonce sa réouverture avec *Carmen*; deux jours plus tard, l'Opéra Garnier rivalise avec *La Damnation de Faust*. Les amateurs de salles obscures ne sont pas en reste : depuis le 15 juin, le cinéma Pigalle a repris ses programmes de matinée, suivi de près par la plupart de ses confrères. L'essentiel des nouveautés provient des firmes cinématographiques berlinoises UFA et ACE, qui inondent le marché français. L'opportunité, pour les Allemands, de faire passer le message d'une France décadente et gangrenée de l'intérieur. Pure production de ce conditionnement en douceur, le film *Un mauvais garçon*, une histoire de voyou fleur bleue, avec Henri Garat et Danielle Darieux, sort dans les salles.

Reflet peut-être de cet amollissement général : en juillet, Émile Buisson tombe amoureux d'une prostituée rencontrée sur un trottoir de la rue des Moines. Mimile va fêter ses trente-huit ans, elle n'en a pas vingt mais qu'importe, les deux amants sont faits pour s'entendre : comme lui, Odette Genvois n'a pas été souvent été à la noce. Fruit des amours entre une petite relieuse de dix-huit ans et un inconnu, elle est née avec une main atrophiée : à l'école, en proie aux moqueries incessantes de ses camarades, elle a vécu l'Enfer. De cette époque, elle a conservé un surnom, « Petite Main », auquel elle a fini par s'habituer. À force de volonté, Odette a malgré tout obtenu un diplôme de sténo-dactylographe : sa revanche sur les années d'humiliation. À seize ans, elle a trouvé une place d'ouvreuse au cinéma de l'Étoile. Le travail n'était pas trop difficile : il suffisait de tendre l'autre main pour récolter les pourboires, et puis on pouvait voir les films. Mais avec l'arrivée des restrictions, la jeune fille a été contrainte d'accepter des « propositions ». Juste de quoi arrondir ses fins de mois, au début, puis l'habitude est venue... Tout a changé depuis sa rencontre avec Émile : il est gentil, attentionné, parle de se mettre « à la colle » avec elle. Du sérieux. La preuve : il a voulu qu'elle arrête le trottoir : il n'a pas besoin de ça, paraît-il.

Le truand vient, en effet, de se renflouer. Le 10 août, il a participé au déménagement de l'entrepôt d'un Israélite, à l'angle des rues Taitbout et Lafayette, en qualité de conducteur. Une bonne affaire, même si la police n'a pas mis longtemps à identifier quatre des cinq hommes de l'équipe : Alexandre Villaplana, dit « les Pompes », Charles Cazauba, dit « le Fébrile », Alphonse Alsfasser et Marius Bélier, ont été arrêtés les jours suivants. Seul Petit Mimile a réussi à passer à travers les mailles [1].

Un mois après leur rencontre, le couple se met en ménage. Mimile loue à la semaine des chambres dans les hôtels meublés : au Régine, rue Mazagran, au Boys Hôtel, square Montholon, puis rue Sainte-Appoline, près de la porte Saint-Denis. L'évadé, prudent, change souvent de point de chute. Très épris, Mimile emmène sa conquête partout avec lui. Chez la Mère Laval, rue d'Aboukir, Odette fait connaissance avec celui que Buisson surnomme amicalement « le Gros », ou « Mammouth ». Les deux hommes paraissent très liés.

---

[1]. Archives nationales, dossier Z6/3, audition Villaplana, 6 septembre 1944, et Archives de Paris. Le 22 février 1941, la 12e Chambre correctionnelle relaxe Villaplana et Bélier, faute de preuves, et condamne Cazauba à un an de prison. Alsfasser, qui s'est évadé de La Santé le 12 janvier, prend deux ans par défaut.

Chapitre 2

## *Autres temps, autres combines*

Après l'été et la période des amours, l'automne : il est temps d'engranger si l'on veut passer l'hiver au chaud. Dans le Milieu voyou, une certaine agitation est perceptible... En cette fin d'année 1940, les gratte-papier de la Préfecture voient les courbes de la délinquance grimper en flèche. Notamment celle des cambriolages à main armée qui ont lieu chaque nuit et parfois même en plein jour. La fuite, pendant l'exode, de nombreux détenus de droit commun ainsi que de certains pensionnaires des asiles d'aliénés explique, selon eux, en partie cette augmentation. Le marché de la voiture volée, bien que considérablement ralenti, offre toujours quelques débouchés. La plupart des véhicules sont destinés, après avoir été pourvus de papiers en « règle »[1], à

---

1. La période sera plus que jamais propice aux faussaires, qui exprimeront leur talent dans la reproduction des papiers d'identité, tampons et certificats officiels, sans parler des tickets de ravitaillement. La Résistance se servira de ce savoir-faire.

être utilisés lors de pillage de marchandises. Autre secteur en pleine expansion : celui des escroqueries liées au marché noir. Une activité nouvelle, liée aux pénuries et aux restrictions qui s'annoncent.

Depuis les débuts de l'Occupation, les prix n'ont cessé d'augmenter – 25% pour le seul mois d'août –, mais les salaires n'ont pas évolué. En septembre, le gouvernement « contingente les denrées », façon polie de rationner la population. Certains produits de consommation courante commencent à faire cruellement défaut et s'échangent maintenant contre des tickets distribués aux familles par les mairies. On ne parle plus en kilos ou en litres, mais en calories nécessaires à assurer le minimum vital. Certains petits malins voient là une bonne façon de s'enrichir : beurre, viande, charcuterie ou volailles, les fermes de Normandie, de Beauce ou d'ailleurs n'en manquent pas. À Paris, certains sont prêts à mettre le prix fort pour ne pas connaître les restrictions. Tant pis pour les pauvres.

Comme beaucoup, Danos se lance dans le marché noir, « pour vivre », dira-t-il plus tard... Il gagne suffisamment d'argent, en tout cas, pour louer en septembre un appartement au 6 rue Gustave-Rouanet[1], près de la Porte de Clignancourt. Il espère ainsi décider Simone à vivre avec lui. Son ami Roger Beckerich a vu, lui, ses revenus sensiblement augmenter depuis le départ en « maison », à La Flèche, de Gaby, sa « gagneuse ». L'opportunité est belle de gagner en peu de temps une petite fortune. Là-bas, comme partout en Zone occupée, les patrons manquent de « bras », et les besoins des troupes occupantes ont fait exploser le commerce. Dans certaines villes de garnison, non seulement les pensionnaires habituelles ne suffisent plus à satisfaire la demande, mais les locaux où elles officient ne sont plus

---

1. Sous le nom d'Arthur Berniard. En décembre, Beckerich emménagera dans un logement situé au n° 2 de la même rue.

adaptés. On ouvre de nouvelles « taules », on importe des filles de la France entière : des occasionnelles, poussées par les difficultés économiques, mais aussi des professionnelles qui quittent leur bout de trottoir devenu impraticable. Sous la pression de l'Occupant, Vichy a en effet renforcé le contrôle sanitaire des prostituées et pourchasse les filles des rues à grand renfort de paniers à salade.

Tandis que Gaby « s'explique » dans la ville sarthoise, dans Paris les hommes vont au charbon. Les quatre policiers allemands qui se présentent le 16 octobre à la grille du pavillon de Madame Faciolle, à Bry-sur-Marne, ne présentent aucune carte de service et ne portent pas d'uniforme. Mais ils disent être chargés d'une « opération » par la Gestapo. Deux d'entre eux font monter la propriétaire au premier étage et l'enferment dans une pièce pendant que les deux autres fouillent l'armoire de la chambre du rez-de-chaussée. Quelques instants plus tard, Madame Faciolle voit de sa fenêtre les quatre « Allemands » repartir dans une voiture. Après avoir réussi à s'échapper, elle constate la disparition d'une somme de 150 000 francs et de divers papiers. Elle comprend alors qu'elle vient d'être victime de « faux policiers ».

L'affaire est prise très au sérieux par la police, la vraie. Depuis les débuts de l'Occupation, de nombreuses plaintes font état de bandes de militaires allemands. Les *Feldgrauen* arrondissent-ils leurs fins de mois sur l'habitant ou a-t-on affaire à des petits malins porteurs d'uniformes ? Dans les deux cas, la police française doit régler ces affaires si elle tient à conserver de bonnes relations avec l'Occupant. Car ç'en est fini du faux plombier ou du faux employé du gaz : désormais, la mode est à la « fausse poule ». Français ou Allemand, les malfrats ont le choix de l'uniforme – avec, pourtant, une différence énorme : une fois arrêtés, les ersatz d'Allemands disparaissent à jamais de la circulation.

Les services de l'Identité judiciaire parviennent à relever quelques empreintes et présentent à la victime un lot de photographies anthropométriques. Madame Faciolle sélectionne celles des nommés Danos, Cot, Beckerich et Buisson. Selon elle, les deux premiers ont procédé à la fouille de l'armoire pendant que les autres l'accompagnaient à l'étage. Effectivement, l'Identité judiciaire trouvera des points de comparaison entre certaines empreintes et celles de Buisson. La réputation de l'Occupant est sauve pour cette fois [1].

## *Chamberlin, alias « Lafont »*

Escroqueries, marché noir, vol aux faux policiers, trafics en tout genre : la pègre ne le sait pas encore, mais la période qui commence va sans doute être la plus faste qu'elle aura à connaître. Déjà se mettent en place ceux qui tiendront le haut du pavé. Le plus célèbre étant sans conteste Henri Chamberlin, alias « Monsieur Henri ».

Des bureaux de l'hôtel Lutétia, siège de l'*Abwehr*, à ceux de la Gestapo, rue des Saussaies, son nom est sur toutes les lèvres. Il faut dire qu'il vient de réussir un coup de maître : enlever à Toulouse, en Zone libre où il s'était réfugié, un certain Lambretch, agent de renseignement belge [2]. En cette fin octobre 1940, Chamberlin est donc l'homme qui monte.

---

[1]. Cette affaire remontera à la surface quelques mois plus tard au moment de l'enquête sur la rue de la Victoire : d'après un tuyau récolté par Chenevier, Sellenet et Jolivot pourraient avoir participé à ce vol à la place de Buisson et de Cot. Le 21 décembre 1953, la cour d'assises de la Seine condamnera pourtant Buisson à cinq ans de réclusion. Il sera, *a priori*, le seul à être jugé pour ce vol.

[2]. Selon certaines sources, l'arrestation d'Otto Lambretch, chef de la Résistance belge, déclenchera six cents arrestations. Lafont, qui le livrera pieds et poings liés à la Gestapo de Bordeaux, expliquera que le Belge était un agent double responsable de l'arrestation d'une trentaine de soldats français avant son arrestation par Michel Savy, inspecteur de police de Montauban. Procès-verbal Chamberlin, septembre 1944, dossier Z6/3, Archives nationales.

Chamberlin, ou plutôt Henri Lafont, patronyme qu'il a choisi afin, peut-être, de se débarrasser plus vite de son passé.

Lafont avait toutefois bien besoin de redorer son blason : la libération, en juillet, des vingt-huit prisonniers de Fresnes n'a pas été du goût du colonel Rudolf, patron de l'*Abwehr*, qui est allé jusqu'à ordonner son arrestation. Heureusement, le capitaine Radecke a prévenu son ami des poursuites engagées contre lui. Lafont a fui en Zone libre, en compagnie d'une équipe composée de Robert Moura, dit « le Fantassin », d'André Girbes, surnommé « la Rigole », et du Basque Adrien Estébétéguy, un de ceux qu'il a contribué à sortir de Fresnes[1]. Mais après cet accroc, l'ascension de Lafont ne connaît plus d'obstacle : ses méthodes, si peu orthodoxes soient-elles, ont fait la preuve de leur efficacité. Elles imposent le respect, même auprès des anciens de l'*Abwehr*, qui constatent que l'espionnage n'est plus le « métier de seigneurs » d'antan... Les Max Stocklin, les Otto Brandl, les Radecke qui avaient misé, dès le début, sur le truand français, se félicitent tout en récoltant une partie des lauriers : n'était-ce pas eux qui prônaient la participation d'autochtones au sein des différents services allemands ? Qu'importe que ces volontaires soient motivés par l'appât du gain. Qu'importe qu'ils soient, pour la plupart, des gibiers de potence.

Avant d'être l'homme puissant et respecté qu'il va devenir, Chamberlin a connu nombre d'épreuves diffi-

---

1. Robert Moura, tenancier de maison : quatre condamnations pour vol, escroquerie et embauchage de femme en vue de débauche. Lafont l'a autrefois côtoyé à Bordeaux. André Girbes, trente-sept ans, surnommé « la Rigole », Bordelais lui aussi et ami de Moura. Il possède un bar à Montmartre. Ces deux hommes, avec Estébétéguy – dont les relations dans la région toulousaine ont grandement facilité l'opération « Lambrecht » – et deux Alsaciens, « Max » et « Eugène », forment le noyau de l'équipe Lafont. *Cf.* Procès-verbal Chamberlain, septembre 1944, dossier Z6/3, Archives nationales.

ciles. Né en 1902 à Paris, le petit Henri a onze ans lorsque son père meurt. Le même jour, sa mère quitte le domicile familial et abandonne son enfant à la rue. Henri passe sa première nuit d'orphelin sur la tombe toute fraîche de son père. Tour à tour manœuvre aux Halles, coursier et voleur d'occasion, c'est souvent dans les poubelles qu'il trouve de quoi survivre. À dix-sept ans, il vole une bicyclette et quelques francs pour assouvir son rêve de gosse : voir la Méditerranée. Il n'atteindra jamais les flots bleus : arrêté près d'Angoulême, il purge trois mois de prison avant de revenir dans la capitale. En août 1920, il rechute : accusé d'abus de confiance, un tribunal pour enfants le condamne à subir la dure discipline de la maison de correction d'Eysses, jusqu'à sa majorité. À sa sortie, en 1923, il est incorporé au 39e régiment de Tirailleurs algériens, où il passe ses deux ans de service militaire sans encourir la moindre punition.

Après son mariage en avril 1926, Chamberlin trouve un emploi de chauffeur à Marseille. Mais une histoire de voiture volée, où il semble, pour une fois, être totalement innocent, le mène devant les tribunaux. Résultat : deux ans de prison et surtout cinq ans d'interdiction de séjour. Il enchaîne alors les petits boulots un peu partout en France : commis de culture en Normandie, docker au Havre, gérant de magasin à Chambéry. Cette existence aventureuse le pousse à franchir les frontières de la légalité. Sa femme le quitte en emmenant avec elle leurs deux enfants et, au passage, 2 000 francs dans la caisse de l'entreprise qui l'emploie. Le casier judiciaire de son mari oriente rapidement les soupçons : Henri écope, par défaut[1], d'une lourde condamnation assortie de la relégation, qui le condamne à l'internement perpétuel en Guyane.

---

1. Un tribunal juge par défaut lorsque le condamné n'est pas présent à l'audience. La relégation s'applique aux délinquants récidivistes.

Mais Chamberlin parvient à s'enfuir et se cache sous la fausse identité de Henri Normand. La guerre éclate. Une chance pour le fuyard, qui dira plus tard avoir voulu se racheter sous l'uniforme. Le vieux fascicule de mobilisation qu'il possède lui enjoint de se rendre dans la ville de Saint-Gaudens. Mais, là-bas, les autorités militaires se font sourcilleuses : le fascicule est périmé, et l'homme insiste pour se battre. Bizarre... On lui demande de revenir. Deux gendarmes seront là pour l'arrêter. Le paria, une fois de plus en fuite, apprend qu'un certain Jacques Péricart a créé les « Volontaires de la mort », une formation militaire composée de « trop vieux » et de réformés qui accepte les missions désespérées. Henri est enrôlé. Hélas, après deux mois sur le front de l'Est, la « légion » est dissoute, rejetant du même coup le volontaire au fond du trou.

Puisqu'on ne veut pas de lui pour se battre, Chamberlin retourne à la vie civile. Toujours sous son identité d'emprunt il trouve, au bout d'un mois, une place d'agent de la marque Simca dans un garage de la Porte des Lilas, à Paris. Il a droit à un logement de fonction au-dessus du garage, on lui donne du « Monsieur Normand » gros comme le bras, et une jeune fille partage sa vie : Henri Chamberlin est enfin un homme respectable.

La consécration lui vient d'un agent de police. Quelques semaines après son installation, le concessionnaire fait cadeau d'un poste de TSF à un policier chargé de collecter des fonds pour une tombola. Ébloui par tant de générosité, ce dernier l'introduit au mess des gardiens de la paix de l'avenue Secrétan. Un renard dans un poulailler... Chamberlin comprend tout le bénéfice qu'il peut tirer de ces fréquentations : des clients, des relations, des combines, de l'argent. À condition de savoir s'y prendre. Monsieur Normand dépense sans compter pour ses nouveaux amis : pour une autre tombola organisée par la Préfecture de police, il va jusqu'à offrir une voiture ! Dernière phase :

il se lie d'amitié avec le commissaire Priolet, président de la Société amicale et de prévoyance de la Préfecture de police... Henri manœuvre tant et si bien qu'en avril 1940 on lui offre la place de gérant du mess de l'amicale ! Un choix dont d'ailleurs personne ne se plaint : l'ancien proscrit prend son rôle très au sérieux, organise des galas, engage des artistes et se démène sans compter. Dans l'euphorie, personne n'a pensé à vérifier son curriculum vitae.

L'attaque vient brusquement du côté où il ne l'attendait plus : arrêté pour insoumission, Normand-Chamberlin est écroué à la prison militaire du Cherche-Midi en attendant son jugement. Il risque deux à cinq ans de prison et, à l'issue de sa peine, son envoi dans une section spéciale où les disciplinaires cassent des cailloux à longueur de journée. Cette fois, la « scoumoune » semble l'avoir rattrapé.

En juin 1940, l'évacuation de la prison parisienne est décidée, et ses occupants dirigés sur le camp de Cépoy dans le Loiret. Les internés pour délits et crimes militaires comme Chamberlin y côtoient les étrangers soupçonnés d'appartenir à la 5e Colonne : c'est là que le Français fait connaissance de deux Allemands et de Max Stocklin, un Suisse agent de l'*Abwehr*. Mais, quelques jours plus tard, le camp est menacé à son tour. Formés en colonne, enchaînés, les prisonniers sont dirigés vers Montargis et bientôt pris pour cible par les *Stukas* allemands. Dans un souci d'humanité, les gardiens déferrent les hommes, qui se dispersent sous le mitraillage aérien. Le Français en profite pour s'enfuir, suivi par ses nouveaux amis. Les évadés parviennent à rejoindre sans encombre la capitale et, de là, l'Hôtel Lutétia.

Pendant le trajet, les Allemands ont avoué leur véritable identité au Français : ils appartiennent au service de renseignement de la Wehrmacht et se proposent de lui trouver un emploi. Après avoir tenté sans succès de renouer avec le commissaire Priolet, l'ancien gérant accepte. Il pense n'avoir plus rien à perdre. Stocklin présente alors son protégé à ses amis du Lutétia et le met en relation avec Hermann Brandl et Radecke. Les trois hommes sympathisent. Chamberlin, en fin psychologue, comprend vite à quel genre d'individus il a affaire. En leur compagnie, il fait la tournée des boîtes, parcourt les bonnes adresses de la capitale, les présente à quelques-unes de ses relations... De leur côté, les Allemands apprennent, eux aussi, à connaître leur hôte : un homme débrouillard, efficace, sans scrupules inutiles et décidé à prendre sa revanche sur l'adversité. Pour mieux s'assurer ses services, ils lui proposent une part du gâteau : ils lui faciliteront l'ouverture d'un bureau d'achat, antenne modeste des bureaux « Otto » du Bois de Boulogne.

Le système des bureaux d'achat mis au point par les Allemands permet d'officialiser le pillage de la France. Ils peuvent acheter tout ce qu'on leur propose, et à n'importe quel prix : le cours du mark a été artificiellement fixé à 20 francs, alors qu'il n'en vaut que 10 ou 12. Ils ne prennent de toute façon aucun risque, dans la mesure où l'argent qu'ils dépensent d'une main leur vient directement de l'autre : le gouvernement français verse en effet à l'armée allemande la somme de 400 millions de francs par jour au titre des frais d'occupation !

Le 19 juin 1940, Chamberlin installe donc sa première antenne dans un petit magasin de la rue Tiquetonne, dans le II<sup>e</sup> arrondissement de Paris. Stocklin a supervisé l'opération, qui se révèle très vite excellente. Le Français achète tout ce qui est à vendre au compte de l'Hôtel Lutétia : produits alimentaires, vêtements, tissus, or, argent et même des meubles anciens. Les matières premières, blé, maïs ou beurre sont récoltées en Ile-de-France et en Normandie, et parviennent par tonnes dans la capitale. Elles sont revendues avec de substantiels bénéfices à l'ami « Otto » Brandl après acceptation de Lafont, qui touche au passage 10 à 30 % du montant de la transaction. Ses rabatteurs, qui repèrent les entrepôts, prennent contact avec les industriels et recueillent des renseignements[1], ne sont pas oubliés – quand ils ne se servent pas eux-mêmes au passage.

L'équipe achète, passe commande, prend des échantillons, contrôle ou fait livrer les cargaisons. Tout est à vendre, il suffit de savoir acheter. La communauté israélite, fragilisée par les premières mesures antijuives de la fin septembre, est souvent victime de reprises forcées : commerçants et industriels, en textile notamment, acceptent, faute de mieux ou sous la menace à peine voilée de vol pur et simple, des sommes dérisoires pour leurs stocks. Tout se traite dans l'anonymat : pas d'adresse, pas de papiers, à plus forte raison pas de facture. Otto se fiche de la provenance de ce qu'il achète comme du nom du vendeur. De toute façon, il paye cash.

Les petits cadeaux entretiennent l'amitié, paraît-il. Partant de ce principe, Monsieur Henri «arrose» tout son entourage, français et allemand : après Radecke et Brandl, le chef de la Gestapo lui-même, Karl Boemelburg, succombe aux sirènes de l'argent facile. Tous les jours, des plats cuisinés, des vins fins, des alcools sont envoyés à la «villa Boemelburg» de Neuilly. Au fil des jours, Henri Lafont, le «Patron», devient de plus en plus puissant, incontournable[2]... Terrible revanche pour le pâle voyou d'autrefois : «Ce qui compte dans l'existence, explique-t-il à qui veut l'entendre, ce n'est pas ce qu'on fait, c'est la place qu'on occupe. Honnête ou pas, si tu es au bas de l'échelle,

---

1. Les hommes de Lafont reçoivent bientôt les autorisations nécessaires pour circuler librement d'une zone à l'autre et après le couvre-feu.

2. À la fin de l'année 1940, l'*Abwehr*, par l'intermédiaire d'Otto Brandl, enverra Lafont et une équipe composée de Français et d'Allemands en Algérie avec mission d'implanter un poste émetteur près d'Alger. L'affaire se soldera par un fiasco : repérés par les services de contre-espionnage, l'équipe parviendra néanmoins à prendre la fuite à temps, mis à part un Corse du nom de Venturini, qui sera arrêté et fusillé. Cet échec cuisant ne ternira pas pour autant l'auréole de Lafont.

personne ne s'intéresse à toi. Moi, je suis bien décidé à tenir le haut du pavé ! Et par tous les moyens [1] ! »

## Lutte souterraine à Marseille

À Marseille, les Travaux ruraux tentent de tenir la dragée haute à l'*Abwehr*. Pas question pour le capitaine Paillole de laisser les espions de l'Axe recruter des agents en Zone Sud, *a fortiori* en Afrique du Nord. Pour le commissaire Blémant, il faut à tout prix couper l'herbe sous le pied des « Boches », sous peine d'être débordé. Mais la tâche n'est pas aisée. Depuis l'Armistice, Marseille grouille d'une population remuante et incontrôlable : militaires de toutes armes et de plusieurs nationalités en attente de démobilisation, soldats coloniaux espérant une hypothétique traversée, étrangers, juifs, hommes d'affaires, aventuriers... tout ce que la France compte de « réfugiés » a échoué sur le Vieux Port. Mais c'est parmi les évadés, les repris de justice, les interdits de séjour ou les déserteurs que les services secrets allemands ont plus de chance de recruter : ceux-là n'ont souvent plus rien à perdre.

Blémant bat donc le rappel dans les bars mal famés de la cité phocéenne. Au nom de la Défense nationale, il s'est abouché avec tous les vauriens et les repris de justice de la ville. Il en est convaincu : c'est avec des hommes de leur trempe que la guerre du contre-espionnage doit être menée. Face aux hommes de la pègre que l'*Abwehr* et la Gestapo recrutent partout en France, il convient d'opposer des gens de la même espèce. Et tant pis si la morale le réprouve.

Agitant tour à tour la carotte et le bâton, le commissaire sait se montrer convaincant : « Il y a beaucoup d'agents boches qui

---

[1]. Fabrice Laroche « Henri Lafont, pape de la Gestapo française », *Historia*, n° 26, p. 68.

sont en train de constituer des bandes avec les gars du Milieu. Et je trouve ça honteux et dégueulasse. La France n'est pas tout à fait vaincue : nous réglerons leur compte aux Boches. Tous les bons Français, truands ou bourgeois, n'aiment pas les Boches. Alors il faut continuer la lutte contre eux, coûte que coûte, avec les moyens du bord. Cette lutte doit nous unir tous [1]. » À première vue, celle-ci est inégale : le Boche possède l'argent avec lequel on achète jusqu'aux consciences. Mais le discours simpliste du commissaire de la Sécurité du territoire trouve pourtant des oreilles attentives, et Blémant parvient peu à peu à mettre sur pied une équipe des plus solides.

À son arrivée à Marseille, le policier est devenu, à son corps défendant peut-être, le « spécialiste » de l'élimination physique. L'assassinat de l'espion espagnol dans les gorges du Galamus avait été un de ses premiers « contrats », d'où sans doute la bavure du chapeau. Passé cette période d'apprentissage, Blémant a su s'entourer de personnes qualifiées [2] : c'est le cas de Louis Raggio et de Pierre Rousset, que Blémant présente à Paillole au début du mois d'octobre 1940 dans une salle de la brasserie L'Ami Fritz, sur la Canebière. Si l'argent demeure le nerf de la guerre, les deux hommes semblent entrer dans la lutte avec les motivations plus nobles. Louis Raggio, dit « le Grand Louis » ou « Loulou », est un « Marseillais » né en 1902 à Grenoble. Ancien homme de main du caïd Paul Carbone, il paraît décidé à tout faire pour se réhabiliter : « Mon capitaine, j'ai fait toutes les bêtises imaginables. Ma mère ne veut plus me voir. Elle est vieille. Je veux lui prouver que je mérite son pardon. Faites-moi faire n'importe quoi contre les Boches [3]. » Pierre Rousset, alias

---

1. Témoignage oral cité par Philippe Aziz, *Au service de l'ennemi*, p. 114.
2. Un de « ses plus chers acolytes » est une sorte de monstre aux mains énormes et velues, surnommé « le Balafré ». Lorsque Blémant est empêché, c'est lui qui se charge des « missions spéciales ». *Cf.* Robert Terres, *Double Jeu pour la France. 1939-1944*, p. 117.
3. Paul Paillole, *Services spéciaux. 1935-1945*, p. 246.

« Petit Pierre », un « Stéphanois » de trente-cinq ans, est tout aussi volontaire. Paillole est conquis par l'accent de sincérité de leur engagement et les intègre aux Travaux ruraux sans, pour le moment, leur donner de mission précise.

Après Raggio et Rousset, un certain Albert Pin rejoint l'équipe, suivi par Alphonse Alsfasser, trente-sept ans, le complice de Buisson et Villaplana mouillé dans le cambriolage de la rue Taitbout. Après être parvenu à s'évader de La Santé en janvier, il s'est réfugié à Marseille sous l'identité de Louis Granger [1].

En novembre 1940, c'est au tour de Charles Eymard de s'engager comme « honorable correspondant », « HC » selon la terminologie des services spéciaux : trente-huit ans, petit, blond et rondouillard, « Charlot Paletot de Cuir », en référence à ses habitudes vestimentaires, n'a rien, à première vue, d'un homme de main. Apparences trompeuses : ce voyou parisien, reconverti dans le démarchage en vins et liqueurs, est un homme chatouilleux sur les principes. Deux hommes qui lui avaient manqué de respect n'en étaient pas revenus : Eymard les avait occis sans faiblir dans un de ces accès de violence éthylique dont il avait le secret. Condamné à la réclusion criminelle à perpétuité pour assassinat en 1932, Paletot de cuir s'était livré à une cavale de quatre ans. Aux assises, le témoignage de sa vieille mère couchée sur une civière avait ému les jurés, qui l'avaient acquitté au bénéfice du doute. Depuis, Eymard a su plus ou moins se faire oublier sous le soleil de la Côte d'Azur [2]. Très vite, il va devenir un des piliers de l'équipe Blémant.

---

1. Alphonse Alsfasser, né à Brest en 1903. Jugé en 1932 pour escroquerie, et acquitté. Après avoir effectué plusieurs missions au sein de l'équipe Blémant, il rejoindra ce dernier à Alger début 1943. En novembre, au retour d'une mission à Toulouse, il sera abattu par les Allemands sur une plage de Ramatuelle. Une place de cette ville porte son nom.
2. Charles Eymard a été condamné à deux reprises pour coups et blessures par le tribunal de Nice en 1938.

Mais ces opérations de recrutement ne suffisent pas au bouillant commissaire : au mois d'octobre, Paillole le sent lassé par l'inaction et prêt à quitter la Surveillance du territoire pour se lancer dans des actions clandestines violentes. Une grosse perte pour le contre-espionnage. Tout en lui demandant de garder sa place, il le prend officieusement sous sa coupe et lui confie l'organisation répressive et clandestine des Travaux ruraux. Du sur-mesure pour l'ancien policier lillois qui va appliquer, envers les espions de l'*Abwehr*, des méthodes radicales. Pour les agents allemands pris au piège, terminus Marseille.

Le plus souvent, le gibier est attiré dans un lieu public[1], aux heures de l'apéritif. Histoire d'endormir sa méfiance. Assis devant un verre, accoudés au bar ou plongés dans la lecture d'un journal, les hommes de Blémant sont là, qui épient leur proie. L'arrestation s'effectue à la sortie : deux hommes ceinturent l'« objectif », lui passent une paire de menottes dans le dos et le fourrent de force dans un véhicule. Le tout ne prend que quelques secondes. La suite dépend des « vagues » provoquées par l'arrestation, de la position, des relations des suspects... et de leur chance. Au mieux, ils peuvent espérer s'en tirer en bénéficiant de ce que Paillole nommera plus tard la « mesure F » : un jugement en bonne et due forme rendu par un tribunal militaire[2] ; au pire, leur sort se règle par la « mesure D », dont se chargent les tueurs de l'équipe.

---

1. Le lieu de rendez-vous le plus communément choisi pour monter la souricière est la brasserie-bar Le Cintra : elle offre l'avantage d'être située à cheval sur le quai du Vieux-Port et sur la rue Beauvau, qui débouche sur la Canebière. On peut ainsi entrer par une rue et sortir incognito par l'autre.

2. Ce dernier décide alors des suites à donner : au mieux, l'incarcération, au pire, une condamnation à mort... En 1940, 1 250 agents de l'Axe seront jugés pour espionnage, trahison ou atteinte à la sûreté extérieure de l'État, dont 26 seront condamnés à mort entre janvier et mai.

Mais les hommes du contre-espionnage mesurent vite les risques qu'ils prennent à respecter les procédures légales : un homme emprisonné n'est jamais tout à fait muet. En laissant échapper un agent de l'Axe, l'existence et l'action des Travaux ruraux risquent d'être démasquées. Avec les conséquences les plus graves, tant pour leur survie que pour la bonne marche des relations entre Vichy et Berlin. Au cours des premiers mois de 1941, plusieurs affaires démontreront d'ailleurs les limites des pouvoirs et des appuis dont bénéficient les services de Paillole[1]. Blémant, à juste titre, est donc favorable à la disparition pure et simple des individus tombés dans ses griffes. Reste à convaincre son chef qui, lui, tient à conserver une façade respectable.

En octobre 1940, le commissaire fait l'acquisition d'une propriété en bord de mer. La villa, cachée dans une calanque de la Pointe Rouge entre Marseille et Toulon, est ancrée directement dans les rochers qui bordent la Grande Bleue : un escalier offre un accès direct à la mer, au pied duquel un petit bateau se balance au gré des flots. « On pourra comme cela se débarrasser des paquets encombrants sans déranger personne », confie-t-il à Paillole. Autrement dit, se débarrasser des cadavres... L'habitation possède en outre une grande pièce voûtée, que le nouveau propriétaire a aménagée aux fins d'« interrogatoires poussés ». Car si les « suspects » arrêtés par son équipe sont en principe promis à une fin prochaine, l'usage veut qu'ils soient au préalable interrogés, dans le cas où ils détiendraient des renseignements intéressants pour la Défense nationale.

Reste à les décider à parler, ce que le commissaire s'ingénie à faire à coups d'arguments imparables. « Blémant avait, à l'aide de chaînes et de tenailles suspendues aux

---

1. Affaires Silberstein et Van de Casteele, notamment, arrêtés comme espions et en faveur desquels des pressions s'exerceront en vue de leur remise en liberté.

murs, d'éclaboussures judicieusement réparties au sol, de quartiers de viande pourrie entreposée çà et là pour reproduire avec un émouvant réalisme l'odeur des cadavres en décomposition, mis en œuvre toutes les ressources de son imagination féconde. Il avait ainsi, dans l'intimité d'un éclairage subtil conçu à base de spots braqués en plein dans les yeux, une ambiance propre aux confidences [1]. »

Cet investissement « professionnel », Blémant le réalise seul, sans l'aide de son chef, qui s'interroge sur l'origine de ses fonds [2]. Car Blémant met un point d'honneur à s'autofinancer sans ponctionner le budget déjà réduit du patron des TR. Quand ce dernier lui a proposé de l'aider, le policier lui a répondu, outré : « Il ne manquerait plus que ça ! Moi, vous pomper vos maigres ressources ? Vous n'y pensez pas [3]. » Sans doute les « Boches » arrêtés par son équipe sont-ils souvent en possession de fortes sommes d'argent confiées par leurs employeurs dans le but de payer les informateurs. Suffisent-elles pourtant à subvenir aux besoins de l'équipe ? Rien n'est moins sûr. Outre les goûts dispendieux du commissaire, toujours soucieux de son élégance, son service doit faire face à d'innombrables dépenses : frais de fonctionnement classiques et, bien entendu, tous « faux frais » néces-

---

1. Robert Terres, *op. cit.*, p. 116. Selon cet ancien officier des TR, Blémant serait sinon l'inventeur, du moins l'un des premiers utilisateurs du courant électrique en matière de torture, sous la forme d'un fil dénudé introduit dans le rectum de ses victimes, fil qu'il désigne sous l'anodine appellation de « bibi chatouilleur ». L'action du commissaire Blémant semble avoir pris, dès cette époque, un côté incontestablement malsain, comme en témoigne Roger Wibot, ancien chef du BCRA puis patron de la DST, qui le décrit comme un tueur froid et méthodique procédant à l'élimination des agents ennemis « avec une cruauté, un raffinement et une sombre allégresse de tueur de la Mafia ».

2. *Cf.* Paul Paillole, *op. cit.*, p. 245. Curieusement, à plusieurs reprises dans son livre, l'ancien chef du contre-espionnage insiste sur l'aspect occulte du financement de l'équipe Blémant.

3. Paul Paillole, *ibid.*, p. 244.

saires à la rémunération d'un main-d'œuvre consciente de sa valeur.

Début janvier 1941, justement, le commissaire fait une nouvelle recrue : le nommé Arthur Berniard, représentant de commerce, né à Tauriac en 1906. *A priori*, pas le genre de la maison... Sous cette identité se cache Danos[1], présenté et chaudement recommandé par « Loulou » Raggio. Comme lui, « Bibil » ne « blaire » pas les Frisés et a des choses à se faire pardonner. Tout pour plaire à Blémant, qui projette des missions délicates. Mais l'urgence, pour l'instant, est de renflouer les caisses du service. « Du fric, j'en trouverai », a-t-il promis à Paillole. De quelle façon ? Il ne l'a pas précisé... Manifestement, le policier a plusieurs cordes à son arc.

---

1. Arthur Berniard, né le 17 septembre 1906 à Tauriac, existe bel et bien. Il est mécanicien chez Citroën à Paris (témoignage Francis Laville). Danos dira avoir trouvé un fascicule de mobilisation à son nom sur les routes de l'exode et fait faire ses papiers à Marseille.

Chapitre 3

*L'affaire de la rue de la Victoire*

Février 1941, Alexandre Villaplana, qui vient d'être relaxé dans l'affaire du cambriolage de la rue Lafayette, passe le porche de la prison de Fresnes[1]. « Les Pompes », qui avait connu son heure de gloire dans les années 30 comme goal de l'équipe de France, a tout perdu. Sa femme l'a quitté avec ses enfants, il n'a plus un sou et il ne sait rien faire d'autre que jouer sur un terrain. Villaplana possède heureusement quelques relations susceptibles de lui donner un coup de pouce. L'une d'entre elles n'est autre qu'Albert Pin, l'homme de Blémant, qui lui propose une affaire : servir d'intermédiaire dans la vente de 25 kilos d'or en bons

---

1. Alexandre Villaplana, né à Alger en 1904. Titulaire de 25 sélections en équipe de France de 1926 à 1930. En 1936, accusé de tentative d'escroquerie et de recel, il est condamné à six mois de prison. Pour les mêmes raisons, il est condamné à deux mois, en 1940, alors qu'il est sous les drapeaux. Fait prisonnier, évadé, il s'adonne au marché noir avec Marius Bellier avant d'être arrêté le 23 août dans l'affaire de la rue Lafayette.

lingots estampillés et toucher une substantielle commission. Difficile de refuser. Pin ne s'adresse pas à «Alex» par hasard : il sait qu'il est en contact avec Nicolas Gourari, dit «Robert le Pâle», un homme de Lafont récemment spécialisé dans ce type d'affaires.

Gourari non plus n'est pas un voyou dans l'âme. Fils d'un médecin et d'une femme de l'ancienne bourgeoisie russe, il a autrefois obtenu un diplôme de secrétaire interprète après avoir suivi d'assez brillantes études secondaires. Son dérapage date de 1935 : sans travail, sans domicile fixe, après sa démobilisation de la 4ᵉ escadre d'Aviation d'Afrique où il s'était engagé, il tombe dans la débine. Par deux fois il tend la main vers un pardessus qui ne lui appartient pas. Une peccadille qui lui coûte malgré tout deux mois de prison. Les hommes qu'il fréquente à cette occasion lui expliquent le vrai sens de la vie et l'initient à quelques combines. Gourari reprend courage. De fait, les choses se sont arrangées pour lui quand éclate la guerre : il fréquente une jolie brune de vingt ans[1] et gère ses affaires d'un appartement assez confortable du centre de Saint-Denis. Un redressement spectaculaire dû sans doute à la contribution de ses relations, en particulier celle de Georges Boucheseiche, hôtelier à deux pas de son domicile. En ces temps difficiles, l'amitié de «Bouche», homme débrouillard et sans scrupule inutile, est précieuse.

Mais pendant la «Drôle de guerre» Gourari est atteint par le cafard : en février, il «oublie» de rentrer de permission. Trois petits jours d'absence qui lui coûtent huit mois de prison. De désespoir, le déserteur se tire une balle de revolver dans le bras, aggravant du même coup sa situation : déclaré «exclu de l'armée», il est dirigé sur un camp d'«indésirables» dans le Sud. À sa libération, en juillet, Boucheseiche, qui trafique avec les bureaux d'achat de la rue Tiquetonne, le présente à Lafont.

---

1. Carmen Andrée Fernandez, qu'il épousera en novembre 1939.

Après le beurre, le cuir, le tissu et autres marchandises, le Patron préfère désormais se consacrer au marché plus rentable des devises et des métaux précieux. Son équipe, composée de Jean Sartore, Adrien Estébétéguy, Auguste Jeunet, Lucien Prévost, Charles Cazauba et de quelques autres[1], est chargée de débusquer les vendeurs et, occasionnellement, les trafiquants. Détenir des métaux précieux, à plus forte raison tenter d'en vendre hors du circuit officiel du DSK[2] de la rue Pillet Will, est formellement interdit par les Allemands. Cet organisme installé dans les locaux de l'ancienne banque Lazard a pour mission de convaincre ceux qui possèdent de l'or de le vendre à un cours fixé officiellement au plus bas. Les « vendeurs » sont naturellement enclins à chercher meilleur payeur et prennent souvent le risque de se faire confisquer la marchandise s'ils tombent sur des faux acheteurs, sur des policiers ou sur des trafiquants. Dans cette jungle où tous les coups sont permis, Nicolas Gourari et ses compères occupent une place de choix : ils débusquent les vendeurs d'or, particuliers ou trafiquants, les appâtent en leur proposant un bon prix, puis les dépossèdent le moment venu en leur qualité de (faux) policiers. Ne reste à Lafont qu'à remettre le tout à son ami Murdrah, responsable du DSK, après avoir bien entendu touché une confortable commission.

L'affaire dans laquelle Villaplana doit servir d'intermédiaire pour Lafont est un peu différente : en fait d'or, ces lingots ne sont que du vulgaire cuivre traité par galvanoplastie. Villaplana

---

1. Pierre Maillebuau, Louis Miclar, Paul du Helder, Elie Capone, Paul et Raymond Clavié, tous deux neveux de Lafont, et leur père Joseph. Dossier Z6/3, Archives nationales.

2. DSK : *Devisenschutzkommando* ou DDK : *Deutchdevisenkommando* : service de police économique allemand, chargé de repérer les infractions aux ordonnances sur les devises édictées par l'administration militaire allemande et de confisquer les avoirs issus de la contrebande financière comme les devises, les diamants, l'argent et l'or. À partir d'août 1940, le DSK, en quête de biens ennemis, se consacre à l'ouverture de coffres-forts.

l'ignore, tout comme Gourari. Derrière ces marionnettes, c'est Robert Blémant qui tire les ficelles. Le commissaire cherche à joindre l'utile à l'agréable en récupérant de l'argent frais à la source, c'est-à-dire auprès de ceux qui pillent la France jour après jour. Albert Pin a été chargé d'appâter le poisson : un petit, Villaplana, a mordu, puis un plus gros, Gourari. Reste à faire avaler le tout à Murdrah : un requin, celui-là. L'Allemand, en confiance, paye 6 millions de francs cash et ne s'aperçoit que trop tard de la supercherie. Gourari est arrêté, puis très vite libéré par Lafont. Après tractations, les Allemands acceptent un accord à l'amiable à condition qu'ils s'engagent à rembourser intégralement la somme. Villaplana, qui a réussi à les convaincre de son innocence, participera lui aussi aux frais. À sa sortie de détention, Nicolas Gourari le présentera à l'équipe des chercheurs d'or de Lafont. Le début de l'engrenage[1].

Le 22 février 1941, Blémant sable le champagne : il fête sa première grosse affaire et célèbre son mariage. Il a dit « oui » à une certaine Nelly Leroy, jeune Lilloise de vingt-six ans habitant sur la Promenade de la Plage, non loin de la Villa Éole. Ses témoins sont Monsieur Oswald, commissaire principal à « l'Évêché »[2], et un certain Joubert, capitaine d'état-major, tous deux amis du capitaine Paillole. Du beau monde...

*Le premier hold-up de l'Occupation*

À Paris, l'hiver 1940-1941 est particulièrement rude. La population, qui a pris l'habitude de faire la queue de longues heures durant devant les boutiques à moitié vides, commence à ressentir les effets des restrictions, surtout alimentaires.

---

[1]. Déposition Villaplana, septembre 1944, dossier Z6/3, Archives nationales.
[2]. Surnom du siège de la police judiciaire de Marseille.

Abel Danos est dans la gêne. Il y a longtemps que sa part du cambriolage de Bry-sur-Marne a fondu comme neige au soleil. Il en est réduit à travailler aux Halles de Baltard. Simone, elle, quitte Montreuil pour travailler avec Roger Beckerich, qui s'est inscrit à la Préfecture de police en tant que camelot. Dans le ménage Buisson-Genvois, les fonds commencent également à manquer. Jusqu'ici, Odette se laissait entretenir par son amant sans trop se poser de questions. « J'ignore d'où il tirait ses ressources, mais d'après ce que j'ai compris par ses confidences, c'est qu'il devait disposer d'une certaine somme. D'après lui, après son évasion de Troyes, il aurait récupéré de l'argent qu'un ami lui avait gardé pendant sa détention », expliquera-t-elle aux policiers. Mais ce probable reliquat de l'attaque de Troyes a disparu depuis longtemps. Émile, qui mène « la vie large », dépensant en moyenne 1 000 francs par jour (300 euros environ) est devenu très regardant...

Fin janvier, Mimile avoue à sa maîtresse qu'il est à sec[1]. Pourquoi ne proposerait-elle pas ses services à sa sœur, « la Sourde », tenancière de maison de tolérance au Touquet-Paris-Plage ? Momentanément, bien sûr... Pour l'encourager, Mimile invoque l'avenir : « Va gagner un peu d'argent, pendant ce temps-là cela me permettra de faire mes affaires, et en plus avec l'argent que tu auras gagné nous pourrons changer notre vie[2]. » Changer leur vie... Sur l'oreiller, Émile a confié ses projets à Odette : aller en Amérique, acheter un commerce et se faire oublier... Quelques jours plus tard, une lettre postée du Touquet arrive sur le comptoir de la Mère Laval : Jeanne Buisson accepte de prendre Petite Main dans son personnel. Mimile va pouvoir faire ses « affaires », tranquille.

---

1. Il semble qu'à cette époque Buisson ait été impliqué dans une affaire de fausse monnaie étrangère avec Charles Cazauba.
2. Procès-verbal Odette Genvois, juillet 1941, dossier « Rue de la Victoire », Archives de la Préfecture de police.

Depuis peu en effet, Buisson est sur un gros coup : l'attaque d'un transport de fonds du Crédit industriel et commercial devant le siège de la banque, rue de la Victoire. En ce début 1941, l'époque n'est pas spécialement propice aux attaques à main armée, mais nécessité fait loi. Et puis, Mimile est confiant : il est équipé avec « le Gros » et « Jeannot le Corse », deux hommes qu'il connaît bien, deux hommes sûrs. Les autres complices lui sont inconnus, mais Abel, qui amène l'affaire, en répond. Tout est prêt : la voiture, le faux *Ausweiss*, la planque... Il suffira d'intimider les convoyeurs pour qu'ils lâchent le pognon[1]. Du gâteau... En fait de passeport pour l'Amérique, Mimile s'embarque dans une drôle de galère : l'affaire de la rue de la Victoire aura des répercussions qu'il est loin de soupçonner. Elle se soldera par un mort et un blessé grave qui, à l'heure des comptes, pèseront lourd dans la balance. Quant à sa part du gâteau, il n'aura pas le temps d'en profiter longtemps...

24 février 1941, 15 heures 30. À l'angle des rues Taitbout et de Chateaudun, le buraliste Henri Maynier est derrière sa caisse quand trois clients vêtus de pardessus et coiffés de chapeaux mous entrent dans son établissement. L'attention de Maynier est attirée par le plus petit d'entre eux, vêtu d'un pardessus et d'un chapeau à bords baissés bleu nuit, et à l'élégance qu'il qualifiera d'« un peu spéciale ». Âgé de trente ans environ, mesurant 1,65 mètre, de corpulence assez forte, l'homme a les cheveux et les yeux noirs, le teint mat, ce qui fera dire au buraliste qu'il est « de type espagnol ».

---

1. Une affaire qui ne date pas d'hier, du moins dans son étude. En 1926, un nommé Albert Milleraud, incarcéré au Dépôt pour carambouillage, avait reçu les confidences d'un certain « Simon » : « Cet individu m'avait expliqué que des hommes décidés qui se posteraient rue de la Victoire pourraient s'emparer d'une petite voiturette servant habituellement au transport des fonds et conduite par des convoyeurs du Crédit industriel et commercial. Une poignée de poivre pourrait suffire à [les] paralyser. ».

Accoudé au comptoir, l'homme demande des sandwichs. Le patron ne peut lui proposer que des bretzels et deux ou trois biscottes... Est-ce la faim qui le tenaille ? Le petit homme est nerveux, fébrile, et ne cesse de faire des allers-retours du comptoir à la porte, les yeux rivés sur la rue de la Victoire. Le commerçant, intrigué, trouve son attitude «anormale».

L'un des trois individus est ressorti peu après être entré. Carré, âgé environ de quarante ans, mesurant dans les 1,70 mètre et de type «français» selon Maynier, qui a le temps de noter son «profil plat». Côté vestimentaire, sobrement vêtu d'un pardessus et d'un chapeau mou gris beige. Le troisième reste calmement accoudé au comptoir. C'est le plus grand des trois : 1,75 mètre environ, de corpulence ordinaire et, comme le plus petit, de type «espagnol» – la peau bronzée, les yeux et le cheveu noir –, sous un chapeau marron assorti à son pardessus.

L'homme au pardessus beige revient : c'est le signe du départ. Les trois hommes ressortent. Il est 15 heures 45.

À la même heure, exactement, trois convoyeurs de fonds vêtus de l'uniforme bleu du Crédit industriel et commercial quittent une des succursales de la banque située 2 rue des Halles. Ils s'apprêtent à rejoindre, à quelques rues de là, le siège, au 66 rue de la Victoire. Dans la poussette verte que conduit l'un d'eux, trois sacs de toile cachetés. Le premier contient 1 150 000 francs en billets neufs – résultat d'une collecte effectuée quelques heures plus tôt à la Banque de France, rue de la Vrillère. Répartis dans les deux autres sacs : 2 600 000 francs en coupures usagées, provenant des coffres de l'agence CIC des Halles. Au total, donc, la coquette somme de 3 750 000 francs[1] ! Une petite fortune ambulante fermée par un simple cadenas...

---

1. Un peu moins d'un million d'euros actuels. La Banque de France est dépositaire des versements colossaux des «frais d'occupation» Sur les 96 milliards déposés dans ses coffres, seuls 45 milliards ont été utilisés, à la date du 12 février 1941. Renaud de Rochebrune et Jean-Claude Hazera, *Les Patrons sous l'Occupation*, p. 579.

Les trois convoyeurs ne sont pas armés. Pourtant, ils ne sont pas inquiets. Question d'habitude : ils effectuent ce genre de transfert quotidiennement avec, parfois, des sommes plus importantes. N'ont-ils pas convoyé 8 millions de francs en sens inverse au début de l'après-midi ? De mémoire de convoyeur, ces transports de fonds n'ont jamais fait l'objet d'aucune attaque, *a fortiori* depuis le début de l'Occupation. Ils n'en marchent pas moins vite : le règlement l'exige, et l'humidité commence à tomber sur les épaules. En silence, le convoi remonte les deux kilomètres du trajet : rue des Halles, rue Coquillère, rue de la Vrillière, rue de la Banque, avenue du 4-Septembre, rue Gramont...

En tête, François Brégéon, quarante-deux ans, garçon de recette, pousse la voiturette à trois roues et porte une sacoche en bandoulière contenant 21 millions en bons du Trésor perçus aux guichets de la Banque de France. À ses côtés, un peu en retrait, son collègue Louis Gosselin, vingt-six ans et, fermant la marche, le sous-brigadier encaisseur Henri Guérin, quarante-neuf ans, dont vingt et un d'ancienneté au CIC. Quelques mètres encore avant de tourner, à gauche, dans la rue de la Victoire. Au carrefour, ils croisent Maurice Gaumont, cantonnier de la Ville de Paris qui termine de balayer le caniveau. Sur deux cents mètres, jusqu'au croisement de la rue de la Chaussée-d'Antin, la large rue de la Victoire dévoile sa perspective.

L'artère est calme, presque déserte. Rien à signaler, ou presque : une dizaine de mètres avant la banque, à hauteur du n° 58, une traction avant Citroën de couleur noire est stationnée, sa calandre ornée des deux chevrons caractéristiques tournée vers la rue Taitbout. Derrière elle, devant le n° 60, le conducteur d'un camion de matériaux décharge sa cargaison. Le convoi parvient à hauteur de la traction. Un homme, jusqu'alors appuyé à la carrosserie du véhicule, se baisse comme pour inspecter les pneus. L'encaisseur Brégéon le remarque à peine mais enregistre que le coffre du véhicule est ouvert... Il est 16 heures 30. Pour les trois hommes, le destin va basculer.

Des fenêtres de son bureau installé au premier étage du n° 58, Aymar de Montjoie, inspecteur d'assurance à la compagnie Gresham, suit la progression des encaisseurs. Soudain, il voit quatre individus venir à leur rencontre et tenter de s'emparer de la poussette, en les bousculant, déclarera-t-il. Mais très vite, la « bousculade » dégénère. Des coups de feu retentissent : trois ou quatre, selon Joseph Mayran, concierge au n° 65 et ancien fonctionnaire de la Préfecture de police. Se précipitant au bruit des détonations, il remarque aussitôt la poussette verte rangée le long du trottoir opposé. À la droite du petit véhicule, au milieu de la chaussée, un homme armé, habillé d'un pardessus de couleur claire, semble commander l'opération. Il est apparemment l'auteur des coups de feu. Ses complices se tiennent légèrement en retrait, sur sa droite. Tous pointent leurs armes en direction de l'encaisseur Guérin.

Soudain, Mayran voit ce dernier vaciller et s'écrouler « en travers du trottoir de tout son long ». A-t-il été poussé par un de ses agresseurs ou a-t-il trébuché ? Une chose est sûre : à ce moment précis, il n'est pas encore blessé. Le cantonnier Gaumont, qui assiste à la scène à une cinquantaine de mètres, le voit tenter de se relever. Mais, avant qu'il y parvienne, un des bandits, en pardessus bleu marine se plante face à lui et tire. L'encaisseur ne bougera plus... Le convoyeur Brégéon s'enfuit à toutes jambes vers le siège du CIC pour donner l'alerte. Mais, se ravisant, il fait subitement demi-tour et revient vers son camarade. Trois ou quatre coups de feu retentissent alors. Touché aux jambes, il s'effondre, parvenant à se rattraper au mur du n° 58.

Les malfaiteurs ne perdent pas de temps. Après avoir tenté de l'ouvrir en la projetant sur le sol, deux des bandits poussent la voiturette jusqu'à la traction et la renversent, roues en l'air, dans le coffre ouvert du véhicule. Des employés de la compagnie d'assurance L'Européenne, au troisième étage du n° 58, leur jettent des encriers – gestes dérisoires qui n'entraîneront pas même une riposte. Les deux hommes montent à l'arrière de la Citroën. Mayran entend le grand au pardessus clair donner le signal du départ, en faisant un signe de la main gauche : « En route ! », puis il s'engouffre dans la voiture, à côté du conducteur.

Brégéon tente de les rejoindre en boitant. Un coup de feu tiré dans sa direction, le fait se plaquer au mur. Le véhicule démarre en trombe vers la rue Taitbout, poursuivis par quelques personnes criant et en gesticulant...

Les poursuivants ont depuis longtemps abandonné la partie quand la traction emprunte la rue d'Aumale pour remonter la rue La Bruyère jusqu'au croisement avec la rue Blanche. Malgré sa vitesse, l'industriel Jacques Dupin l'identifie comme « une 15 chevaux Citroën, 6 cylindres, berline 4 portes, 4 glaces, de couleur noire, en très bon état ». En remontant la rue Blanche à vive allure, la traction des bandits aborde le croisement avec la rue Moncey. Une femme qui traverse la chaussée les contraint à ralentir. Un jeune boulanger qui discute avec un camarade remarque ses roues peintes en jaune et note son numéro d'immatriculation, 1 031 W 1, « inscrit sur une toile cirée tenue par des élastiques à l'arrière ».

Le véhicule emprunte ensuite la rue de Calais à gauche jusqu'au boulevard des Batignolles, tourne sur les chapeaux de roues, à droite, dans la rue Bourseault, puis vire à gauche rue Legendre. Toujours lancée dans sa course vers l'Ouest parisien, la traction débouche à vive allure dans le boulevard de Courcelles. À l'intersection avec la rue de Prony, elle évite de justesse un médecin qui s'apprête à traverser. Un peu plus tard encore, elle manque écraser un serrurier à l'angle rue Denis-Poisson-avenue de la Grande-Armée. L'artisan la voit filer dans la rue Pergolèse, vers l'avenue du Bois-de-Boulogne. On perd sa trace ensuite.

## Les débuts de l'enquête

Alerté, le commissaire Maurice, du secteur Chaussée-d'Antin, avise par télégramme la Direction de la police judiciaire (DPJ), puis se rend sur les lieux de l'agression avec ses agents. Rue de la Victoire, c'est la confusion. La foule curieuse s'est amassée, que les pèlerines ont du mal à tenir à distance. Des employés entourent le corps de l'encaisseur Guérin. Il respire encore. Très vite, le commissaire donne des ordres : les deux blessés sont conduits à l'hôpital Marmottan [1] et les agents relèvent les premiers indices. Parmi les débris d'encriers qui jonchent le sol, ils ramassent plusieurs fragments de projectiles, qu'ils placent sous scellés [2].

La Peugeot noire de la DPJ klaxonne pour se frayer un passage dans la foule. Le commissaire principal Badin, son adjoint Berthommet et les inspecteurs Nicolas, Prince et Henri descendent de voiture. Ils vont prendre la charge de l'enquête.

Les premiers témoins se font rapidement connaître : Gaumont le cantonnier, Mayran l'ancien policier, Marcel Pluym, le chauffeur du camion de matériaux, qui dit avoir jeté quelques briques en direction des agresseurs avant de battre prudemment en retraite. Les inspecteurs recueillent leurs témoignages, en particulier celui du troisième encaisseur, Gosselin, qui n'a presque rien vu. Pendant l'attaque, il s'est rencogné contre une porte ; réflexe de survie qui lui vaut d'être sorti indemne de l'attaque mais aussi d'attirer quelques soupçons sur sa personne [3]. La plupart des autres

---

1. Situé rue d'Armaillé dans le XVIIe arrondissement, le poste de secours de Marmottan avait été, en 1936, spécialement aménagé pour les soins d'urgence aux blessés et accidentés de la voie publique.

2. Sept douilles et six balles de revolvers de deux calibres différents.

3. Marié, deux enfants, l'homme n'est pas connu des services de police ni noté aux sommiers judiciaires. Mais ses voisins de la rue Michelet,

témoins sont des employés d'assurances ayant assisté à la scène depuis leur fenêtre. Sur quatorze témoignages, seuls ceux de Piétri et de De Montjoie seront suffisamment précis pour être exploités, les autres n'apportant que quelques nuances dans la description vestimentaire des agresseurs.

À Marmottan, les chirurgiens extraient deux balles des jambes de Brégéon. Pour Guérin, il n'y a plus rien à faire : décédé peu avant son arrivée à l'hôpital, son corps a été envoyé à l'Institut médico-légal. L'autopsie du Docteur Paul, achevée le 10 mars, révélera que la balle qui a tué le malheureux convoyeur a été tirée de haut en bas, a traversé la boîte crânienne avant de terminer sa course dans le bulbe rachidien. Elle provient d'un pistolet automatique Browning, de calibre 7,65 : celui de l'homme au pardessus bleu sombre que le cantonnier Gaumont a vu faire feu.

L'identification des principaux protagonistes sera assez rapide. Grâce aux tuyaux fournis par des informateurs de premier ordre, il faudra à peine cinq mois pour les démasquer et les arrêter les uns après les autres. Une affaire rondement menée... Pourtant, l'attaque de la rue de la Victoire, considérée comme le « premier hold-up de l'Occupation » laissera un goût amer aux enquêteurs, un goût d'inachevé. Outre le fait que le dossier ne sera jamais jugé, l'enquête n'apportera aucune certitude et, malgré les preuves tangibles et irréfutables, les trois principaux suspects nieront toujours leur participation à cette affaire. Peut-être se sentaient-ils intouchables... Leur implication ultérieure dans l'équipe de Robert Blémant fera connaître de nombreux rebondissements à l'affaire et en fera émaner de forts relents de politique et de trahison. Elle indisposera les fonctionnaires du

---

à Montreuil, signalent qu'il s'adonne à la boisson et joue aux courses. Gosselin sera, à plusieurs reprises, pris en filature sans que l'on puisse relever quoi que ce soit contre lui.

ministère de l'Intérieur, de la Justice et, particulièrement, les militaires des services spéciaux, soucieux de cacher aux Allemands leurs agissements sous couvert des BMA. À cause de cela, obstructions et pressions contrarièrent sans doute le travail des policiers et du juge Ménégaux. La découverte récente d'archives inédites[1] permet aujourd'hui d'éclaircir quelques-uns des aspects méconnus de cette affaire.

Pour l'heure, au soir de ce 24 février 1941, les enquêteurs s'interrogent sur l'identité des agresseurs. Ils ne sont pas légion, qui pourraient se risquer à commettre un coup de cette envergure dans la capitale occupée. À n'en pas douter, du travail de professionnel. Sans doute les policiers passent-ils en revue les figures des Milieux lyonnais ou stéphanois, où se recrutent la plupart des braqueurs. Mais ils se trompent : plusieurs des bandits sont en effet « montés » au braquage pour la première fois.

Avec le recul, on peut désigner avec une quasi-certitude trois d'entre eux. D'abord, Abel Danos. C'est très sûrement l'homme au pardessus gris clair de « type français », apparemment le chef de l'opération et l'auteur de la plupart des coups de feu[2]. Un rôle de premier plan qui peut surprendre quand on considère son passé de petit cambrioleur et de voleur d'autos récemment converti dans le vol aux faux policiers. L'implication du Mammouth dans cette affaire surprendra les spécialistes de la pègre. Chenevier se dira étonné et même « contrarié ».

---

1. Dossier « Rue de la Victoire », Archives de la Préfecture de police, mais aussi dossier « Danos », établi par les services du contre-espionnage de Paillole en 1941 et conservé sous la cote 46238 (Archives russes, SHAT), qui faisait partie d'un lot d'archives enlevé par les Allemands et récupéré par les Russes en 1945 avant d'être restitué à la France entre 1993 et 2000.

2. Danos est réputé pour son adresse au tir, ce qui lui vaudra plus tard le surnom de « Buffalo ».

Deuxième suspect de cette affaire : Joseph Rocca Serra, dit « Jeannot le Corse ». À trente-cinq ans c'est un homme déterminé, impulsif, titulaire de cinq condamnations pour vol, coups et blessures, et violence à agents. C'est sans doute l'individu de « type espagnol » décrit par le buraliste Maynier, coiffé et vêtu de marron. Comme Danos, « Jeannot » est réputé pour son adresse au tir mais, contrairement à lui, il a l'habitude d'être « enfouraillé », c'est-à-dire armé. Homme de main du clan Stéfani, qui tient le marché de la cocaïne à Paris, Rocca Serra n'hésite pas à sortir son revolver pour défendre sa liberté. En 1934, rue Trudaine, n'a-t-il pas tenté de tirer sur les policiers qui l'arrêtaient ? « Tu es payé pour être tué... » a-t-il répondu au commissaire Priolet, qui s'étonnait de son geste[1]. Pourtant, Joseph Rocca Serra n'a pas toujours été ce fauve décrit par la police : « C'était un très gentil garçon, doux. Il m'adorait, j'étais sa petite sœur, à peine cinq ans plus jeune. Quand nous étions enfants, au Bois de Boulogne, il s'était interposé avec beaucoup de courage alors qu'un homme tentait de m'enlever. J'en garde un souvenir très ému[2]. » Peu après sa naissance, le 4 novembre 1905, les Rocca Serra avaient quitté Porto Vecchio pour Paris. Grâce à leurs maigres économies, ils avaient acheté un petit restaurant, rue Morère, dans le XIV$^e$. Le père, Jean-François, avait connu la misère et voulait assurer à ses enfants une vie meilleure. De là, sans doute, les débuts de la rupture : « Notre père avait été beaucoup trop dur avec lui. Trop rigide et très exigeant, il aurait voulu qu'il fasse de grandes études. Joseph, qui n'aimait pas étudier, avait fini par claquer la porte, assez jeune », rapporte encore sa sœur. Dans la famille Rocca Serra, jamais plus on n'avait évoqué son nom...

---

[1]. Rocca Serra a été condamné à treize mois de prison pour détention, vente de cocaïne et rébellion à agents le 23 février 1935. En juillet de la même année, il écope de cinq ans pour vol, coups et blessures, et violence à agents. Libéré le 3 octobre 1939, il est incorporé au 24$^e$ BIL.

[2]. Témoignage de Madame F., née Rocca Serra.

Le troisième homme est Émile Buisson. Auprès de ses deux complices, il fait figure de voyou confirmé avec ses neuf condamnations, même si la plupart ne concernent que de petits délits, le plus souvent des vols. Il est pourtant le seul à avoir déjà participé, comme chauffeur il est vrai, à un hold-up : celui de Troyes en 1937. Là encore, de très nombreux coups de feu avaient été tirés, mais les encaisseurs n'étaient pas visés et il n'y avait pas eu de victime. « Avant guerre, il existait encore des valeurs dans le Milieu : on ne touchait pas aux gosses ni aux vieillards, on baisait pas la femme des copains, on ne tuait pas pour de l'argent seulement pour se défendre. Si on ne respectait pas ça, on n'était pas admis », témoigne un « ancien »[1]. L'affaire de Troyes, malgré tout, lui vaudra quelques années plus tard la perpét', c'est-à-dire les travaux forcés à perpétuité. Buisson peut-il être l'auteur du coup de Browning mortel ? Dans l'absolu, pourquoi pas. Le voyou n'en est pas à son premier cadavre, même si ses cibles n'ont été, jusqu'à présent, que des gens de son milieu...

Danos, Rocca Serra, Buisson : trois des agresseurs. Manque un, peut-être deux complices. Car si l'identité de certains des participants reste mystérieuse, leur nombre est sujet à caution. Officiellement, l'attaque est le fait de quatre hommes : trois en pardessus et chapeaux mous, aidés d'un quatrième en blouse grise et casquette[2]. L'ancien policier Joseph Mayran affirme que le conducteur n'a pas quitté sa place au volant, et certains témoins privilégiés par leur vision plongeante de la scène font état de quatre attaquants[3]. Resteraient donc deux inconnus à identifier : l'homme au

---

1. Témoignage A. P.
2. Il semble que Buisson soit ce petit homme que les témoins ont aperçu un peu en retrait de ses complices.
3. De Montjoie au premier étage du 58 rue de la Victoire ; Michel, au troisième ; Piétri, de l'autre côté, au deuxième étage du 63 *bis*. Tous trois attestent la présence de quatre hommes s'enfuyant en voiture. Brégéon parlera de quatre agresseurs, sinon cinq.

pardessus bleu et le conducteur du véhicule. Si la description du premier a été assez précisément rapportée par le buraliste Maynier, seuls deux témoins apercevront le second alors que la voiture passe à vive allure devant eux[1]. Le chauffeur est décrit comme un homme de corpulence assez forte, présentant un prognathisme inférieur marqué et vêtu d'un paletot de cuir...

Au cours des premiers mois de l'enquête, les noms de nombreux repris de justice seront avancés, sans résultat probant. Curieusement, alors que les trois voyous seront « balancés » les uns après les autres par les indics, la pègre restera muette sur le ou les complices de cette agression. La preuve peut-être qu'elle ne les connaît pas. Soixante ans plus tard, le mystère n'est pas levé...

Le dimanche 2 mars, coup de théâtre : la poussette est découverte par un certain Paul Bourlange dans un garage souterrain de la rue Adrien-Hébrard dans le XVIe arrondissement. Après vingt-cinq ans de campagnes en Syrie et ailleurs, ce sous-officier de l'Aviation a demandé à être placé en congé d'armistice. Non sans amertume : l'armée est toute sa vie. Mais la nouvelle orientation politique du gouvernement Pétain l'a conduit à prendre cette douloureuse décision. Comme la majorité des Parisiens, il ne possède pas de permis de circuler pour sa voiture, un cabriolet décapotable Fiat stationné dans le box n° 16. Ce dimanche, vers 12 heures, Monsieur Bourlange décide malgré tout de procéder au lavage de son véhicule. C'est alors qu'il constate qu'il ne peut plus ouvrir son box et qu'un nouveau cadenas bloque les rideaux métalliques. Après l'avoir fracturé, il découvre la poussette du CIC, rangée sous la bâche qui protège sa voiture. Soumis aux questions des policiers, le

---

1. Témoignages Galland et Dupin, dossier « Rue de la Victoire », Archives de la Préfecture de police.

militaire ne peut fournir aucun renseignement intéressant supplémentaire.

Les enquêteurs se questionneront longtemps sur le choix de ce garage. Certes, avec ses quatre entrées distinctes, c'est l'endroit rêvé pour introduire un véhicule et le cacher sans attirer l'attention. Mais le secteur est inhabituel pour un « décarpillage » – le partage du butin, au calme. Les terrains vagues, les hangars désaffectés ou les garages ne manquent pas dans les zones de Saint-Ouen, d'Aubervilliers ou de la Courneuve. Incontestablement, le choix de cette planque ne doit rien au hasard et a nécessité une complicité intérieure ou de nombreux repérages. Les policiers, qui penchent d'abord pour la première hypothèse, interrogent la totalité des habitants du groupe d'immeuble. Sans succès. À l'issue de vérifications fastidieuses, ils préféreront croire à des bandits très observateurs [1].

Le 4 avril, un tuyau – provenant d'une personne « désirant garder l'anonymat » aiguille les policiers sur la piste d'un certain Abel. L'indic se trouvait vers le 15 mars en compagnie d'amis au bar Le Coppola, 138 rue de Vaugirard, lorsqu'il a surpris la conversation de cinq ou six consommateurs attablés dans la salle. Il décrit assez précisément l'un d'entre eux, le fameux « Abel » : 1,75 mètre environ, de forte corpulence, les cheveux châtains, le front assez dégagé et le teint hâlé. Ses pommettes sont légèrement colorées, son visage

---

[1]. L'enquête portera non seulement sur les quarante-quatre utilisateurs de boxes, mais aussi sur les cent cinquante locataires de l'immeuble, même les anciens. Des recherches seront effectuées dans plusieurs garages des quartiers autour d'Auteuil et de Passy pour tenter de découvrir la traction avant Citroën des bandits, et une enquête auprès du fabricant de cadenas et de ses revendeurs sera faite. Sans résultat. Fait notable, les policiers découvriront quelques mois plus tard que Rocca Serra louait depuis le 15 février un studio situé à proximité, 59 rue Boileau.

est rasé et souriant. Il est, en outre, vêtu avec recherche d'un costume sport à double pli dans le dos, et une gabardine claire accrochée à l'entrée pourrait lui appartenir.

S'ils n'ont porté jusque-là qu'un intérêt tout relatif à ce que leur raconte leur informateur, les policiers ne tardent pas à dresser l'oreille : « M'étant rendu aux W-C, j'ai surpris une conversation entre le prénommé Abel et un de ses amis, qui lui tenait les propos suivants : "Dis donc, quand t'arrêteras-tu de dépenser le pognon comme ça ?! Tu vas nous faire marron ! Si tu veux, on amènera la poussette dans le milieu de la salle !" » Une conversation sibylline au premier abord, mais dont l'intérêt n'échappe pas aux fins limiers de la Préfecture. Pour finir, le témoin prétend que plusieurs milliers de francs ont filé entre les doigts d'Abel, ce soir-là : des billets extirpés par paquets des poches intérieures de son veston...

« Abel » est rapidement identifié comme étant Abel Paul Guillaume Danos, dit « le Dijonnais », repris de justice condamné à plusieurs reprises pour vol, violence et port d'arme, dont une à cinq ans par contumace. Les inspecteurs battent le rappel de leurs informateurs et, très vite, un autre tuyau tombe : Danos, en possession d'une somme d'argent très importante, serait à Toulouse et chercherait à obtenir les papiers nécessaires à son départ en Amérique, via le Portugal. L'information paraît suffisamment crédible pour qu'une commission rogatoire soit délivrée par le juge Ménégaux, chargé de l'affaire de la rue de la Victoire.

Mais, malgré quatre jours de « planque » dans les bars mal famés de la Ville rose, entre le 9 et le 12 avril, les policiers restent bredouilles. Le Mammouth a-t-il déjà passé la frontière ? À la Préfecture, deux employées se souviennent qu'il s'est présenté quelques jours auparavant au guichet pour les formalités à remplir pour l'obtention d'un passeport. La piste du Mammouth, encore tiède, s'arrête là... Après cet échec, les quatre inspecteurs, accompagnés de deux confrères de la 8ᵉ Brigade mobile, décident de faire un crochet par le village natal du suspect, Saman. Au point où ils en sont... À la gendarmerie de Boulogne-sur-Gesse, le chef-lieu de canton, les braves pandores exhibent fièrement sa fiche de recherche mais ne peuvent rien de plus pour les policiers de Paris.

Dans le village de Saman, tout est calme. On interroge quelques habitants. Connaissent-ils Abel Danos ? De réputation, ma foi oui, mais Abel n'est revenu qu'une fois au village, en 1929 ou 1930. Depuis... Les policiers finissent par dénicher quelqu'un de plus prolixe : et pour cause, il est de la famille. Il s'agit de Louis Danos, tailleur de son état et adjoint au maire. Il est également l'oncle du recherché. Il confirme que son neveu n'a pas reparu dans le pays depuis 1929 et ajoute : «Je sais d'ailleurs que c'est un dévoyé et je n'hésiterais pas, s'il reparaissait, à le faire arrêter par la gendarmerie. Je ne puis, à mon regret, vous fournir aucun autre renseignement.» En désespoir de cause, les inspecteurs se dirigent vers la mairie. Leur calcul est simple : si le Dijonnais cherche à faire établir un passeport à son nom, il devra faire une demande d'extrait de naissance. Élémentaire...

Alberte Fort a dix-huit ans et aide son père Jean, le secrétaire de mairie, à faire «ses écritures». Très impressionnée, c'est elle qui reçoit les deux policiers de Paris. Malgré son trouble, la jeune fille confirme les propos du tailleur : un acte de naissance a bien été demandé par Abel Danos à la mairie de Saman, mais la demande portait l'adresse du camp du Ruchard et remonte à la fin 1939 [1]. Les policiers demandent le registre des naissances de 1904 et l'ouvrent à la date du 4 octobre : Abel Danos est bien là, né ce jour à 7 heures du matin, de Jean-François et de Bernarde Maria Fort.

---

1. Cette demande pourrait avoir servi à la publication des bans du mariage avec Simone Bouladour.

Ils n'en apprendront pas davantage. Faute de mieux, les inspecteurs épinglent un petit papillon sur la page : « *En cas de demande d'acte de naissance par le dénommé Danos Abel ou de renseignements sur cet individu, prière de contacter de toute urgence la gendarmerie ou la police aux numéros de téléphone suivants*[1]... »
Le soir même, les policiers repartent pour Paris...

Ils ignorent qu'ils ont frôlé la piste du Mammouth. À Escanecrabe, 4 kilomètres plus loin, dans la ferme familiale des Fort, Danos a fait étape quelques jours plus tôt, en compagnie de sa maîtresse Simone. Le grand-père Bertrand est mort en 1930, mais sa femme Jeanne vit toujours. À quatre-vingt-sept ans, la vieille dame a ouvert les bras à ce petit-fils qu'elle connaît à peine : « La grand-mère était contente de le voir : elle ne savait rien des agissements d'Abel, que la famille lui avait toujours caché », raconte Mme T.[2]

Rentré à Paris, Berthommet fait son rapport. Malgré quelques renseignements glanés çà et là, les policiers parisiens ne rapportent pas grand-chose de nouveau. La Préfecture de police sait pourtant qu'elle n'est plus seule sur cette affaire : leurs concurrents et néanmoins collègues de la 8e Brigade mobile leur ont fort courtoisement montré un télégramme daté du 6 avril : « *Danos, Abel Paul Guillaume, né le 4 octobre 1904 à Saman (Haute-Garonne) de Jean et de Fort Marie* [sic], *1,75 mètre, force herculéenne, armé, réputé dangereux, évadé de la prison de Dijon occasion repliement – figure BPC n°1677, 1717 et 1726*[3] *– se trouve en Zone libre sous faux état civil en*

---

1. Louis Danos sera élu maire de la commune en 1944, pour deux ans. Dès sa prise de fonction, il retirera le papier du registre. Témoignage Alberte Fort.
2. Durant ce séjour, qui dure environ une semaine, Abel renoue avec certains membres de sa famille, notamment sa tante et marraine Marie, qui tient une épicerie dans le village de Ciadoux.
3. Bulletin de police criminelle.

*compagnie Bouladour Simone Marie Jeanne, née le 26 février 1922 à Montreuil-sous-Bois (Seine), soupçonné agression suivie meurtre sur employés banque à Paris, auxquels il fut volé 3 700 000 francs. En cas découverte garder à vue, aviser d'urgence Inspection générale Police criminelle, Vichy et moi-même.* » Le télégramme émane de l'inspecteur Chenevier. Dans la guerre qui oppose la Préfecture de police à la Sûreté nationale, cette dernière semble posséder une petite longueur d'avance [1].

---

1. Selon l'inspecteur Borniche, qui travailla sous les ordres de Chenevier, cette rivalité, véritable obsession, motiva une guerre des polices acharnée. Dans les lignes qu'il consacre à l'affaire de la rue de la Victoire, Chenevier laisse croire qu'elle lui a été confiée. Cf. *La Grande Maison*, pp. 82-83.

## Chapitre 4

## *En mission pour la Défense nationale*

En fait d'Amérique, Danos et sa maîtresse ont regagné Paris. Là, une mauvaise nouvelle les attend : l'état de santé de Roger Beckerich, ami et complice, malade depuis le mois de mars, s'est brusquement aggravé. Le couple lui fait une visite puis redescend vers Marseille, deux jours plus tard, le 15 avril. Cette fois encore, Chenevier est informé de leur départ par son «correspondant». Décidément, le Mammouth devrait se méfier de ses fréquentations.

À leur arrivée dans la cité phocéenne, début mai, Abel et Simone sont hébergés par un ami dans un appartement cossu des beaux quartiers du centre ville [1]. L'ami en question, Jacques Ortoli, vit là avec sa sœur Géromine, employée d'administration à la Marine nationale. Plus modestement garçon de café, «Jacky» n'occupe plus aucun emploi depuis

---

1. 4, rue Édouard-Delanglade, dans le VIe arrondissement de Marseille.

sa démobilisation du BIL en septembre 1940. Le travail n'a jamais été l'obsession du jeune homme : à trente-trois ans, il préfère « bricoler » et vivre aux crochets de Rose Demarchi, une jeune fille de vingt-sept ans qui fait le trottoir pour lui. Danos et lui se sont connus en 1937 à La Santé[1]. Trois ans plus tard, les deux hommes se sont retrouvés au sein de l'équipe Blémant, pour qui « travaille » aussi le Marseillais.

Le couple Danos séjourne à Marseille jusqu'au 18 mai 1941, date à laquelle il trouve une location à Cassis, dans une résidence répondant au nom ensoleillé de « Picouvan ». Danos n'y vient pas par hasard : quelques jours plus tôt, Monsieur Baux, un des occupants de l'immeuble, a prévenu la gardienne de son arrivée. Ce locataire, n'est autre que Rocca Serra.

Pas loin de là, à la Villa Éole, Paillole et son entourage sont inquiets. Au fil des mois, les services secrets allemands ont continué de remporter de nombreux succès, notamment dans le noyautage de la Zone libre. Leurs agents sont d'autant plus dangereux qu'ils ne sont pas forcément répertoriés dans les fichiers du service de renseignement ou du contre-espionnage. Ce sont, très souvent, des « commerçants » voyageant sous leur propre identité et munis d'autorisation de circuler en bonne et due forme, à la recherche de marchandises pour le compte des bureaux d'achat. Sous cette couverture, ils fournissent à l'occasion des renseignements d'aspect moins anodin aux Allemands, tels que l'implantation des casernes de l'armée vichyste, l'importance de leurs troupes, du matériel, peu importe : ils sont prêts à tout pour de l'argent... Ces espions d'un nouveau genre sont néanmoins très souvent connus des sommiers ou des

---

1. En 1937, Ortoli a été condamné à six mois de prison pour vol de voiture par la 12e chambre correctionnelle de Paris. Sa compagne, Rose Demarchi, condamnée pour recel dans la même affaire, a pris trois mois.

services de l'Identité judiciaire. Peu regardants sur le recrutement, les services allemands emploient la fine fleur de la pègre française pour exécuter leurs plus ou moins basses besognes. Des bandes parfaitement structurées et organisées se sont même constituées dans la capitale : celle de Lafont, par exemple, installée depuis le mois de mai rue Lauriston.

Faut-il, pour lutter à armes égales contre les exactions de ces mercenaires, tenter de recruter également au sein du Milieu ? Au siège des TR, telle est la question. Paillole semble réticent à employer les mêmes méthodes que ses ennemis. Robert Blémant, qui tente de l'en convaincre, a depuis longtemps tranché – même s'il n'a apparemment pas jugé bon d'informer son supérieur de l'existence de ses équipes de « nervis ». Partagé entre la légalité et la réalité, Paillole hésite, puis finit par donner son feu vert. Blémant ne cache pas sa joie : « Enfin ! Nous y voilà ! À truand, truand et demi. Je m'en occupe. »

Le commissaire propose rapidement de recruter le trio Buisson, Danos, Rocca Serra[1]. Mais le chef du TR fait la fine bouche : les malfrats ne lui sont pas inconnus et il répugne à leur servir d'alibi. Le policier, au contraire, est enthousiaste, et défend leur cause d'une manière pour le moins inattendue : « Ces gars ont fait leurs preuves. Ils étaient dans l'affaire de la rue de la Victoire le 24 février. Si nous voulons être efficaces, nous ne pouvons recruter ni des enfants de chœur ni des bourgeois du XVI$^e$. Le Grand Louis propose de les accompagner. C'est une garantie. Rencontrez-les, vous verrez bien[2]. »

---

1. Dans son livre, Paillole ne met pas en scène Rocca Serra au cours de l'entrevue du 19 juin 1941. Rappelons que Danos a été recruté par Blémant en janvier 1941.
2. Paul Paillole, *Services spéciaux. 1935-1945*, p. 311. Au milieu du mois de juin, la culpabilité de Buisson est loin d'être prouvée : son nom n'a été mentionné qu'une fois et « sous toutes réserves » par Chenevier dans une lettre adressée à Delgay (avec copie à Veber), datée du 15 mai. Il

Paillole accepte enfin le principe d'une entrevue avec Danos et Buisson. Celle-ci aura lieu le 19 juin dans l'arrière-boutique de L'Ami Fritz... À 23 heures, le capitaine finit de dîner avec Blémant quand arrive Louis Raggio, accompagné des deux voyous. Plus tard, Paillole se souviendra de sa « mauvaise » impression : « Le premier est de taille moyenne, maigre, le visage mat, les yeux mobiles et brillants. Quarante ans peut-être. L'autre, grand, massif, la tête lourde, l'expression bestiale, vingt-huit à trente ans. Les regards sont fuyants [1]. » Sèchement, le patron du contre-espionnage questionne : « Robert me dit que vous seriez disposés à nous aider en Zone occupée. À quel prix ? » Louis Raggio répond à leur place : « Dites-nous ce qu'il faut faire. Vous verrez après ce qu'ils méritent. » Tandis que Buisson opine, Danos semble absent. Paillole réfléchit... Avant la rencontre, il a envisagé deux possibilités : si les « gaillards » paraissent dignes d'une certaine confiance, il pense les envoyer rue Lauriston infiltrer l'équipe de truands de Lafont. Dans le cas contraire, son intention est de leur confier une affaire simple pour les mettre à l'épreuve, sans toutefois faire courir trop de risques à Raggio. Après réflexion, Paillole choisit la seconde.

### L'affaire Mercier

« L'affaire » n'est toutefois pas aussi simple que le présente Paillole dans ses souvenirs [2]. Depuis janvier 1940, un agent de l'*Abwehr* de Dijon, Alphonse Mercier, alias Hans Binder,

---

faudra attendre le 17 juillet, soit deux mois plus tard, pour que sa culpabilité soit, pour la deuxième fois, évoquée (dans un télégramme du même Chenevier aux mêmes destinataires) puis parfaitement établie, le 25 du même mois, grâce au témoignage de sa maîtresse Odette Genvois.
1. *Idem.*
2. *Ibid.*, pp. 310-314.

s'est installé à Paris dans un appartement près de la Porte Champerret. Outre que le personnage mène grande vie et fait du marché noir, il est considéré comme le principal agent recruteur du service de renseignement allemand. D'après les informations dont dispose le service français, il conserve ses archives chez lui. Le chef des Travaux ruraux a décidé de s'en emparer.

La mission est difficile et délicate : pour ne pas provoquer d'incident « diplomatique » entre Vichy et l'Occupant, le cambriolage doit être couronné de succès et s'opérer avec le maximum de discrétion. En conséquence, elle devra être confiée à une équipe de « professionnels » décidés et faisant preuve d'un « patriotisme parfait[1] ». À l'époque, Buisson, Danos et Rocca Serra semblent posséder les qualités requises pour cette mission[2]. Leur « professionnalisme » ne fait aucun doute et leur patriotisme paraît irréprochable, si ce n'est parfait, à Blémant. Ce noble sentiment suffit-il aux trois hommes pour qu'ils s'engagent dans la voie de la Résistance ? Probablement pas. Espèrent-ils en tirer quelques subsides ? Peut-être, bien qu'il soit peu probable que Mercier ait représenté une cible intéressante de ce point de vue. Dans ses souvenirs Paillole, pourtant peu suspect de favoritisme envers ses nouvelles recrues, ne mentionne pas cet aspect des choses. Il est donc plus probable qu'en échange de leur participation Blémant leur ait promis une amnistie future, sorte de « reconnaissance nationale » dont tiendraient compte les juges à la Libération ou même,

---

1. Selon les propres termes d'un compte rendu du BMA daté de la fin août 1941, ce qui relativise quelque peu les commentaires de Paillole quant à la motivation de l'équipe Danos-Buisson-Rocca Serra.
2. D'après Chenevier, Buisson se glorifiait de ses états de service durant son service militaire au Maroc, Rocca Serra vouait, semble-t-il, une véritable aversion pour les « Verts de gris » (dossier Préfecture de police) et Danos, selon son ancienne maîtresse Hélène Maltat, ne cachait pas ses sentiments à l'égard des Frisés.

pourquoi pas, leur réhabilitation et leur reclassement... Mais, pour l'instant, les voyous doivent faire leurs preuves : « Ramenez-moi les papiers de Mercier et la documentation qui est dans son salon. [...] Je ne veux ni bruit ni bavures. Si vous réussissez, je penserai à vous pour autre chose. [...] Je vous attends au plus tard dans un mois », conclut le chef des TR.

Au Picouvan, les hommes s'activent aux préparatifs. Louis Raggio, le chef de l'expédition « Mercier », a fixé le départ au lendemain 20 juin. Les bagages sont vite bouclés : quelques vêtements de rechange, des affaires de toilette et un « soufflant[1] ». Le strict nécessaire. Buisson, prévenant, confie sa maîtresse, enceinte de sept mois, aux bons soins de Simone Bouladour. Que les femmes ne s'inquiètent pas : dans trois jours, tout au plus, ils seront de retour. Et bientôt, à eux l'Amérique ! En attendant, Danos et Buisson rejoignent le reste de l'équipe à la gare Saint-Charles : Jacques Ortoli, Albert Pin et Charles Eymard sont du voyage. Louis Raggio et Pierre Rousset partent directement de Vichy et les rejoindront plus tard. Jeannot le Corse, lui, est déjà à Paris, Villa Dancourt, au domicile de sa maîtresse Yvonne Coespel[2].

Première étape : Clermont-Ferrand, où les TR disposent d'une antenne très active en la personne du capitaine Johanès, alias « Jansen »[3]. L'équipe se rend ensuite jusqu'au Veurdre, une petite localité des bords de l'Allier qui présente l'avantage de se situer à proximité immédiate de la ligne de démarcation. Le soir venu, Jansen leur fait traverser

---

1. Revolver ou pistolet, en argot.
2. Selon Danos, l'équipe comportait six personnes. Raggio, lui, dira avoir eu sept membres des renseignements, dont Danos, sous ses ordres.
3. TR n° 113. À cette époque, les différentes antennes des travaux ruraux sont identifiées par des numéros. Elles porteront ensuite des noms de fleurs.

la frontière à bord d'une barque[1]. Ils sont à présent en Zone occupée. À Nevers, les hommes se séparent : certains, dont Petit Mimile, empruntent la ligne du PLM via Orléans. Danos passe par Lyon. Un rendez-vous a été fixé le lendemain dans la capitale.

En cette fin juin 1941, la chaleur s'est abattue sur la France. Dans le compartiment tranquille où il s'est installé, Buisson tombe la veste et la dépose dans le filet au-dessus de la banquette. À Moulins montent deux *Feldgendarmes* qui, poliment, saluent le truand. Les choses se gâtent à l'arrivée du contrôleur après Nevers. « Je me lève, je prends ma veste. Crac ! Voilà mon calibre qui glisse, tombe par terre aux pieds des Fritz. Je le ramasse vite fait, baisse la vitre et le balance dans la nature... Les Frisés me tombent dessus, tirent le signal d'alarme. Tout le monde cherche mon flingue sur le ballast. Ils le trouvent pas... » racontera-t-il plus tard. Confié aux autorités allemandes dès son arrivée à Orléans, Buisson passe en jugement sous l'inculpation de port d'arme prohibée. Petit Mimile a beau jurer qu'il s'agissait d'un jouet d'enfant, le juge l'envoie à l'ombre pour un an. Il est incarcéré à la prison d'Orléans sous l'identité de Charles Métadieu qui figure sur ses papiers[2].

À l'arrivée à Paris, Petit Mimile manque donc à l'appel. De toute façon, l'action est reportée : trop dangereuse. L'appartement de Mercier, au quatrième étage d'un immeuble situé Square du Vivarais, près de la Porte de Champerret, est en effet gardé jour et nuit par un homme armé. L'immeuble lui-même est surveillé. Après quelques discrets repérages, les hommes se séparent de nouveau.

---

1. Déclaration Paul Johanès, 9 mai 1949, dossier « Danos », DCAJM (Dépôt central d'archives de la justice militaire).

2. Les papiers de Charles Métadieu (né le 26 mars 1904 à Malakoff) avaient été dérobés par Buisson à Paris le 24 mars, alors que leur propriétaire effectuait un déménagement avenue Deschanel. Les papiers de son chauffeur avaient alors également disparu.

Danos passe la nuit dans son ancien logement de la rue Gustave-Rouanet et profite de l'occasion pour régler quelques affaires avec son coreligionnaire Gaston Philippe. Après un jour ou deux à Paris, il repart pour Marseille retrouver Simone... Rocca Serra redescend lui aussi vers le Sud : il ne peut « souffrir les Allemands à Paris », indique-t-il à sa concierge de la rue Boileau.

« Au plus tard dans un mois », avait prévenu Paillole. Début juillet, alors qu'il commence à désespérer, le chef des TR apprend que le cambriolage chez Mercier est pour la nuit suivante. Resté à Paris, Raggio est finalement parvenu à trouver un stratagème pour entrer dans la place. Une chance : l'appartement du cinquième étage, au-dessus, était à louer. Après avoir visité les lieux en compagnie de sa femme, le Grand Louis a prétexté des travaux de réfection pour introduire dans la place Danos, Rocca Serra et Ortoli, déguisés en ouvriers peintres. Le reste de l'équipe attend à distance. Pendant qu'ils « retapissent[1] » les lieux en attendant le moment propice pour agir, le reste de l'équipe attend à distance.

Cette nuit-là, le fonctionnaire allemand qui monte la garde est assommé et rapidement saucissonné. Après avoir fouillé l'appartement, les « peintres » s'emparent d'une grosse valise de documents et prennent la fuite. Mission accomplie « en grande partie grâce à l'activité qu'a déployée Abel Danos », dira plus tard Raggio, qui repart seul pour Marseille[2]. À 2 heures du matin, le Grand Louis traverse le cours de l'Allier, le précieux bagage à ses pieds. Pour l'occa-

---
1. « Retapisser » : « observer », « effectuer un repérage », en argot.
2. Dossier d'instruction Danos, DCAJM. Le courage et l'habileté de Danos dans cette affaire seront soulignés à plusieurs reprises. Curieusement, dans son livre, Paillole fait tenir un autre discours à Raggio : « Danos n'était plus très chaud. J'ai dû le secouer et pratiquement me débrouiller tout seul », *op. cit.*, p. 312.

sion, Paillole s'est déplacé en personne. Les deux hommes rejoignent en silence la traction garée, à deux pas, dans le village de Lurcy-Lévis, puis prennent la route de Vichy.

Le militaire commence impatiemment l'inventaire de la valise pendant son retour vers Marseille. Il est déçu : des quittances, des factures, des lettres d'amour, des fiches, des répertoires, des chiffres... Peu de choses intéressantes à première vue. À son arrivée à Cambronne en début d'après-midi, il tend la valise à son adjoint Challan-Belval avec une mimique déçue. Après deux heures d'un tri plus attentif, celui-ci trouvera de quoi relativiser cette mauvaise impression.

## *Le goût de la délation*

Pendant l'été, en attendant de pouvoir boucler l'affaire Mercier, le Mammouth a souvent parcouru la région de Marseille à moto avec son ami Rocca Serra. Missions ou simples promenades ? Peut-être les deux à la fois [1]. Le 24 juin, l'engin file en direction du nord avec un nouveau passager : un certain Antoine Peretti, né à Zicavo (Corse), quarante-deux ans plus tôt. Peretti est un petit cousin de Paul Venture Carbone, caïd marseillais et grand ami de Joseph Marini, dit le « Capitaine des Corses » – sous-entendu : ceux de Paris, notamment de Montmartre, où se brassent les principales affaires des insulaires de la capitale. Comme Marini, Antoine Peretti a touché un peu à tout sans toutefois trop se faire remarquer de la justice, ce qui lui permettra, après-guerre, une reconversion exemplaire [2].

---

1. Danos parlera plus tard de « missions de protection des membres du 2e Bureau ».

2. Peretti s'était quelque peu éloigné de son cousin : tandis que Venture s'investissait de plus en plus dans la collaboration, protégé par son ami Simon Sabiani du PPF, lui s'était rapproché du clan adverse, c'est-à-dire de Blémant, de Renucci et des frères Guérini, qui commencent à faire

Cette fois, Danos et lui doivent faire un rapide aller-retour entre Marseille et Clermont-Ferrand : il s'agit d'une simple liaison entre états-majors, en tout cas d'après les deux ordres de mission aux noms d'Arthur Berniard, photographe et d'Antoine Peretti, professeur de mécanique, qui leur ont été remis par le capitaine Baggio, chef du BMA marseillais.

17 juillet 1941, à 10 heures, le Mammouth hèle un vélo taxi devant la Gare de Lyon, à Paris. La veille, près de Nevers, il a rempli une autre mission. « Exécuté » serait d'ailleurs le mot plus juste, puisqu'il s'agissait cette fois de supprimer un homme. C'est Jansen, l'officier des TR, qui l'a chargé de ce contrat à son retour de l'expédition chez Mercier[1]. La cible était un ouvrier agricole italien sur le point de divulguer l'emplacement d'un dépôt d'armes aux Allemands. La conscience sans doute agitée, l'homme a tenté de prendre la fuite : il s'apprêtait la veille, vers 18 heures, à franchir la ligne de démarcation à Saincaize quand Danos lui a froidement tiré dans le dos avant de rejoindre Nevers, où il a pris le train pour Paris. Le Mammouth ne le sait pas encore, mais la mort de cet Italien va lui porter malheur. Le 18 juillet, les consommateurs du café Le Ruisseau[2] l'aperçoivent au comptoir. Pour la dernière fois.

Ces derniers temps, le commissaire Chenevier avait fait savoir dans les rades de la Porte Saint-Martin qu'il recherchait

---

parler d'eux sur la Canebière. Question de convictions, d'intérêts et de hasard... Côté business, Antoine Peretti partagera de gros intérêts dans les maisons de jeu de Paris en partenariat avec ses amis Blémant, Francisci, Léandri et Zenatti. Côté officiel, il sera décoré de la Légion d'honneur, de la médaille militaire et de la Grande médaille de la Ligue universelle du Bien public. Il obtient, en outre, le poste de consul honoraire en Haïti en août 1959.

1. Déclaration Danos du 17 janvier 1945, qui affirmera, le 30 avril 1949, être venu à Paris pour « arrêter Mercier pour le compte du 2e Bureau ».
2. 93 rue du Ruisseau, Paris XVIIIe.

Petit Mimile. À toutes fins utiles : l'évadé était soupçonné d'avoir participé au hold-up de la rue de la Victoire. Un beau jour, le tuyau finit par tomber : « Il y a un certain Métadieu en cabane à Orléans, vous devriez aller le visiter. Il s'ennuie de vous [1]. »

Le 15 juillet, Chenevier s'est donc rendu à Orléans et a fait amener ce Métadieu qu'il ne connaissait pas. Plutôt, qu'il croyait ne pas connaître : sous ce nom d'emprunt se cache en fin de compte une vieille relation. Après un moment de surprise, les deux hommes se sont mis à bavarder : Mimile a raconté sa mésaventure du train puis a fait part de son désir de « s'arracher vite fait » de sa cellule. Petite Main, enceinte, a besoin de lui. Sans parler du reste... Après avoir rappelé son patriotisme, Buisson s'est vanté de son engagement contre les « Boches » avec ses potes Rocca Serra et Danos. À propos, que devient Danos ? s'est inquiété Chenevier. Buisson a justement des nouvelles fraîches : le Mammouth marche pour Blémant, un policier du 2e Bureau, à Marseille. Un patriote, ce Danos, courageux comme lui, qui a fait la guerre du Rif... « J'apprenais du Petit Mimile qu'il avait un goût aigu de la délation, mais en gardant les formes [2] », écrira plus tard Chenevier. Buisson tient en effet à sauver la face. Jamais il ne dira, par exemple : « Vous trouverez Danos, tel jour, à tel endroit... » Non, Buisson préfère emprunter des chemins détournés pour faire dériver la conversation là où il veut en venir...

Un type bien, donc, Danos, et serviable. Petit Mimile lui a écrit récemment, à son adresse de la rue Gustave-Rouanet, pour lui demander un petit service. Abel n'y était pas, et c'est un de ses amis, Gaston Philippe, qui a réussi à obtenir un parloir ; un « bon garçon » lui aussi. Il occupe son appartement en ce moment. Enfin, ils s'arrangent : quand Abel

---

1. Charles Chenevier, *La Grande Maison*, p. 230.
2. *Ibid.*, p. 229.

vient sur Paris, il prévient Gaston de sa visite. Par politesse... C'est ce dernier qui lui a donné des nouvelles du « Gros » : il sera à Paris ces jours prochains, le 18 ou le 19[1].

« Je ne fus pas long à comprendre que ce qui l'irritait le plus était que lui soit au trou pendant que d'autres se pavanaient au soleil[2] », dira Chenevier. Un petit coup de téléphone à ses collègues parisiens suffit à réparer cette injustice. Aux premières heures du 19 juillet, les inspecteurs Berthomet, Nicolas, Cazaulon et Henri planquent dans la cour du 6 rue Gustave-Rouanet. Bien « tuyautés », ils connaissent jusqu'à l'étage et le numéro de la porte de Danos[3]. À 8 heures 30, alors qu'il sort de l'immeuble, Danos est « sauté » par les hommes de la PJ[4]. Il est aussitôt fouillé. Il n'est pas armé, mais les poches de son costume prince de Galles renferment un jeu de fausses pièces d'identité au nom d'Arthur Berniard, une lettre expédiée par Buisson, alias Métadieu, et la somme de 23 600 francs. Les inspecteurs découvrent, en outre, les ordres de mission du 24 juin établis au nom de Berniard et de Peretti, que Danos a imprudemment conservés. Il est aussitôt conduit au commissariat des Grandes Carrières, rue Belliard, et mis au frais.

À 9 heures, les policiers se remettent en planque, cette fois dans l'escalier du 2 rue Gustave-Rouanet. La chasse n'est pas terminée. Une demi-heure plus tard, trois autres

---

1. La responsabilité d'Émile Buisson dans l'arrestation de Danos sera confirmée par un compte rendu émanant d'un responsable BMA : « Son interrogatoire permit d'opérer l'arrestation de deux de ses complices qui avaient pris part au cambriolage », *in* compte rendu du directeur de l'administration pénitentiaire, octobre 1941, dossier 46238, SHAT.

2. Charles Chenevier, *op. cit.*, p. 229.

3. Ces renseignements, le commissaire Chenevier les détient depuis le décès de Roger Beckerich, le 28 avril, à Bichat, d'une méningite tuberculeuse. Chenevier n'a eu qu'à relever son adresse et mener sa petite enquête rue Gustave-Rouanet.

4. Contrairement à ce qu'écrira Chenevier, qui parle d'une arrestation opérée lors d'un banal contrôle de police.

suspects sont arrêtés : Augustine Sauvagnat, l'ancienne compagne de Beckerich, un certain Albert Santini et Gaston Philippe.

La perquisition du logement de Gaby ne donne pas grand-chose : quelques factures suspectes, une feuille de faux tickets de rationnement. Rien de grave. Sur le buffet de la cuisine, pourtant, les enquêteurs dénichent un automatique, «le Sans Pareil» dont Santini endossera courageusement la propriété. Dans le deux-pièces que partagent Danos et Philippe, une autre arme est découverte, un 7,65 de marque Ruby, soigneusement enveloppé dans un chiffon et deux journaux : le *Paris-Soir* daté du 26 juin et *Le Petit Parisien* du 17 juillet. Manifestement, son propriétaire l'a très récemment emballé... Les enquêteurs pensent aussitôt à Danos, arrivé précisément le 17 juillet à Paris. Mais ni lui ni Philippe ne se rappellent avoir possédé ce pistolet...

Selon les lois édictées par l'Occupant, les affaires de détention d'armes sont justifiables devant les tribunaux allemands. Le 20 juillet, le commissaire principal Georges Veber adresse un rapport à son homologue le major Koppenhofer, officier allemand chargé des questions criminelles. Dans son résumé de l'affaire, il expose les faits reprochés aux différents inculpés, et notamment les cas de Danos, Santini et Philippe, soupçonnés d'être les possesseurs de ces armes. Dans l'immédiat, Veber souhaiterait conserver tous les protagonistes de l'affaire sous sa coupe. De même pour Buisson, qu'il conviendrait de placer, selon lui, au secret le plus absolu. Les Allemands acceptent de patienter.

Quai des Orfèvres, les auditions commencent. Deux jours après son arrestation, Danos a déjà été entendu trois fois. Le juge Ménégaux lui a notifié son inculpation pour infraction à un arrêté d'interdiction de séjour et usage de fausse identité. L'inculpé respire : si ce n'est que ça...

Les questions sont pour l'instant restées anodines : aucune allusion à la rue de la Victoire. Et pour cause : à part les tuyaux de leurs indics, les policiers ne détiennent aucune preuve. Dans les réponses qu'ils ont obtenues à leurs prudentes questions, rien ne leur permet encore de confondre le Dijonnais. Ils marchent sur des œufs... Les enquêteurs, d'autre part, cachent mal leur embarras devant la découverte des ordres de mission signés des BMA. S'agit-il de vrais ou de faux? Les confidences de Danos n'ont pas permis de répondre : « J'ai effectué ce voyage pour des raisons personnelles qui ne regardent que moi », a-t-il indiqué lors de sa première audition. D'un côté comme de l'autre, la méfiance est de mise.

Danos a rapidement demandé à voir le commissaire principal Badin : « Le commissaire Blémant m'a dit qu'au cas où je serais arrêté par la police en Zone occupée je n'avais qu'à me prévaloir au nom de Monsieur Badin et demander à ce dernier de me libérer », expliquera-t-il plus tard. Le commissaire accepte de le recevoir en présence toutefois de son homologue Veber[1]. Ironie de l'histoire : le voyou ne sait pas qu'il va se retrouver devant les deux policiers chargés l'affaire de la rue de la Victoire ! Devant eux, le Mammouth se livre : « Je suis au service de l'état-major de la 15e Division, explique-t-il. L'ordre de mission militaire établi au nom de Berniard m'a été délivré par les autorités militaires à Marseille pour me permettre de circuler librement dans la zone non occupée. » Badin acquiesce mais ne remet

---

[1]. Georges Veber, commissaire principal, chef de la Brigade spéciale criminelle à la direction de la PJ parisienne. Cette brigade, crée officiellement en novembre 1941, mais dont l'existence est attestée dès juillet 1941, est chargée de la lutte contre les « terroristes », autrement dit : les résistants. Elle s'illustrera notamment dans le cadre de l'enquête sur l'attentat contre le *Feldkommandant* Hotz, le 20 octobre à Nantes : plusieurs personnes seront arrêtées, parmi lesquelles sept jeunes gens seront fusillés) À la Libération, Georges Veber sera suspendu de ses fonctions, arrêté, puis son dossier provisoirement classé. En 1948, la commission chargée d'examiner une nouvelle fois son cas conclura à une suspension de retraite de six mois.

pas, bien entendu, l'inculpé en liberté. Danos demande, malgré tout, que les ordres de mission soient retirés du dossier : il redoute en effet qu'ils tombent sous les yeux des Allemands.

Sur l'invitation de son supérieur Delgay[1], chef de la 1re Brigade mobile, Chenevier, depuis Vichy, monte à Paris. Le 21 juillet dans l'après-midi, il rencontre Danos à huis clos. Le Mammouth a «exigé» de lui parler seul à seul. Il a des choses délicates et confidentielles à lui révéler : «Je sais que je peux avoir confiance en vous car ce que je vais vous apprendre est particulièrement grave, car je joue ma tête. Mais le commissaire Blémant m'a parlé de vous en nous disant que vous étiez du bon côté et en liaison avec le 2e Bureau. Moi aussi je travaille pour la France. Je viens de participer, il y a peu de jours, à une affaire intéressant la Défense nationale, aussi faites-moi sortir d'ici[2]. »

Danos compte avant tout sur ses chefs du 2e Bureau, c'est-à-dire sur Blémant ou Jansen. C'est d'ailleurs à ce dernier que s'adresse plus particulièrement son appel au secours[3]. Chenevier promet de s'en occuper. Mieux : il fera transférer le prisonnier en Zone libre sous prétexte d'une affaire à laquelle Danos sera supposé avoir participé. Un vieux truc de taulard pour intégrer une prison plus «perméable»...

Danos, qui ignore les vraies raisons de son arrestation, peut croire à une libération plus ou moins rapide. Pas Chenevier, qui connaît mieux que personne la gravité de

---

1. Le commissaire divisionnaire Delgay et plusieurs enquêteurs de la Sûreté nationale, dont Chenevier, participeront activement à la résolution de l'affaire de Nantes.
2. Lettre de Chenevier à Paillole datée du 18 janvier 1974, fonds Paillole, SHAT, reprise dans le livre de Chenevier, *op. cit.*, p. 84.
3. «Je lui [Chenevier] ai expliqué ce qu'il se passait. Il me dit alors qu'il allait envoyer un message au capitaine Jansen», rapport Garreau, 17 janvier 1945, dossier «Danos», DCAJM. Le seul à répondre à son appel sera le colonel Rivet, chef des BMA.

son affaire[1]. Le jour même, les BMA sont informés par l'intermédiaire de l'Inspection générale des services de police judiciaire (IGSPJ) à Vichy que Danos et Buisson se sont réclamés de leur autorité[2]. Question discrétion, Danos pouvait s'attendre à mieux...

## *Sûreté nationale contre services spéciaux*

Le 24 juillet, dans l'après-midi, Charles Chenevier débarque gare Saint-Charles à Marseille. Il est accompagné de l'inspecteur Nicolas, de la PJ parisienne. Dès son arrivée, il se dirige vers les locaux de la Surveillance du territoire, où il a rendez-vous avec Robert Blémant. Un collègue que, selon ses propres termes, il « connaît très bien ». Dans ses souvenirs, l'entrevue est orageuse. Officiellement, le policier de la Sûreté n'apprécie pas le recrutement de suspects par les « services ». Aux reproches de son homologue, Blémant se défend en invoquant la Défense nationale. Chenevier n'en a cure : « Tes histoires de Défense nationale, il est bien temps d'y songer [...]. Dans tous les cas, moi, j'ai une commission rogatoire. Ces gaillards, il me les faut[3]. » Il se peut toutefois que d'autres contentieux aient empoisonné leurs relations : des divergences de vues plus profondes sur la façon d'exercer la profession en ces années d'Occupation, par exemple. Si Blémant paraît prêt à toutes les extrémités pour mener à bien la lutte contre l'Occupant, Chenevier n'a

---

[1]. Curieusement, Chenevier soutiendra qu'il était seul à connaître sa culpabilité dans l'affaire de la rue de la Victoire. Les raisons de cette contrevérité restent obscures. Lettre de Chenevier à Paillole datée du 18 janvier 1974, fonds Paillole, SHAT. Version reprise dans son livre *La Grande Maison*, p. 83.

[2]. Lettre de Chenevier au chef de l'IGSPJ, 23 juillet 1941, dossier 46238, SHAT.

[3]. Charles Chenevier, *op. cit.*, p. 83.

pas encore pris son virage. En cet été 1941, le commissaire est encore un commissaire comme les autres au service de la Sûreté nationale de Vichy, qui exécute ses missions avec un zèle plus qu'irréprochable [1].

On ne connaîtra sans doute jamais la véritable nature de leurs tractations. Tout au plus peut-on constater l'inflexion que va prendre l'enquête. Devant la détermination de Chenevier, Blémant lâche du lest. Défense nationale ou pas, l'affaire de la rue de la Victoire est trop grave pour qu'il se permette de continuer à couvrir ses HC – ses « honorables correspondants »...

Le lendemain de son arrivée à Marseille, Chenevier se rend, pour l'interroger, auprès de la maîtresse de Buisson,

---

1. Certes, le commissaire aura l'honneur d'être répertorié au sein du SSM FTR (Service de sécurité militaire) et obtiendra après-guerre plusieurs certificats élogieux, dont un, celui de Paillole justement, attestera qu'il « a bénévolement offert ses services au contre-espionnage français, et ce dès le début de 1941 ». Il semble toutefois qu'il y ait eu de la part de l'ancien chef des SSM FTR et du commissaire une petite erreur de date, erreur que rectifiera un courrier adressé à Chenevier par le siège des FFC (Forces françaises combattantes) en date du 5 août 1957, et fixant officiellement cette offre de services au 1er janvier 1942. *Cf.* dossier « Chenevier », Bureau de la Résistance, Vincennes. À la lumière des faits reprochés ensuite par la commission d'épuration réunie le 1er mars 1946, cette date d'homologation de Chenevier apparaît comme très « raisonnable ». Le commissaire, nommé principal en novembre 1942, sera, entre autres, accusé d'avoir livré à la Préfecture de police les noms des résistants communistes arrêtés dans le cadre de l'enquête sur l'exécution du lieutenant-colonel Hotz devant la cathédrale de Nantes le 20 octobre 1941. Outre les nombreuses arrestations suivies de déportation que cette affaire engendra, l'Occupant procéda à l'exécution de sept jeunes communistes en mars 1942. Autre grave dossier : l'arrestation sans mandat d'arrêt, en juin 1941, du général Cochet, chef d'un réseau de Résistance. Échappant de peu à l'accusation d'« intelligence avec l'ennemi » et d'« atteinte à la sûreté de l'État », Chenevier est mis à la retraite d'office par un arrêté du 2 octobre 1946. Après une vigoureuse contre-attaque et grâce, semble-t-il, à l'appui de certains politiques socialistes, il est réintégré le 15 janvier 1948.

Odette Genvois, réfugiée sous le nom de Bernard dans une chambre d'hôtel, 36 boulevard Salvator[1]. Odette parle. Le soir même, les policiers mettent la main sur le « trésor » de Buisson, dans une valise, au Picouvan. Le lendemain, grâce aux renseignements que leur a fournis une source « ultra confidentielle » dans les locaux de l'Évêché, c'est la part de Rocca Serra qu'on découvre chez un mécanicien de la banlieue, un certain François Rossini. Probablement l'œuvre de Blémant. Par la même occasion, cet indic d'exception révèle l'adresse du Corse et la date de son retour. Là encore, le tuyau sera fiable : à l'aube du 28 juillet, alors qu'il revient du Veurdre, Joseph Rocca Serra est arrêté. Décidément, enquêter à Marseille est un vrai plaisir...

Son séjour n'a duré que six jours quand le commissaire Chenevier reprend le train pour Vichy. Il est parvenu à rassembler la plupart des éléments de la nébuleuse affaire de la rue de la Victoire. Huit personnes ont été inculpées, trois des participants au hold-up identifiés, et deux parts du butin récupérées. Un exploit digne de figurer dans les annales de l'histoire policière.

Point culminant de ce marathon, l'arrestation de Simone Bouladour, la veille, à sa descente du bateau en provenance de Corse, grâce aux indications de Petite Main. Le 16 juillet, la jeune fille avait embarqué pour l'Île de Beauté en compagnie de son amie Rose Demarchi. Un simple voyage d'agrément, soutient-elle au policier qui en doute. Son interrogatoire n'apporte rien de nouveau à l'enquête. Elle ne sait rien, parce que son amant ne lui a jamais rien dit : « C'est bien mal connaître Abel que de croire qu'il pourrait confier ses affaires à quelqu'un, surtout à une femme »,

---

1. Blémant pourrait avoir fourni son adresse au policier, à moins que ce ne soit Buisson, qui a donné plusieurs tuyaux le 15 juillet (« 4 rue Édouard Delanglade » et « Cassis », sans précision).

dit-elle. La jeune fille ignore même ce qu'ont pu devenir les bagages qui se trouvaient dans l'appartement de Cassis, avant son départ : « Je suis stupéfaite d'apprendre par vous que je n'ai plus de linge et que toutes nos affaires ainsi que celles d'Abel ont été déménagées de Cassis. » Chenevier a compris qu'il peut dire adieu à la troisième part du butin.

Enfin, avant de clore son enquête, il auditionne Jacques Ortoli, le 30 juillet. Lui non plus ne sait rien de l'affaire, même s'il avoue connaître Rocca Serra et Danos depuis longtemps. Il admet aussi à demi-mot s'être rendu à Paris au mois de juin, en insistant sur le fait qu'il n'y avait pas mis les pieds depuis cinq ans. Chenevier, qui sait qu'il appartient à l'équipe de Blémant, n'insiste pas... Mais, à part ses « mauvaises fréquentations », peut-on suspecter Jacky de faits plus graves ? De l'équipe Blémant à la rue de la Victoire, il n'y a qu'un pas, que Chenevier franchit à la fin de l'interrogatoire : « Où étiez-vous, l'après-midi du 24 février 1941 ? » lui demande-t-il. Question à laquelle Jacky répond en exhibant un certificat médical, daté en bonne et due forme et conservé fort à propos.

Une question qui aurait mérité d'être posée à Eymard, l'homme au paletot de cuir, et pourquoi pas à Blémant...

## Une « belle » très risquée

D'où, ou de qui, vient l'idée de jouer la carte allemande ? Danos déclarera avoir été conseillé par un certain « Serge Parafphe » (*sic*), détenu avec lui [1]. Sans doute un mensonge...

---

[1]. Serge Dimitri Paraf, quarante-quatre ans, Israélite russe, cambrioleur de petite envergure, impliqué dans une affaire de vol chez l'ancien Président Daladier (dix-huit mois de prison le 13 octobre 1941), puis déporté. Paraf n'est sans doute pas à l'origine de cette « idée », qu'il est plus plausible d'attribuer à Lebib Kherlakian ou à Jacques Darmon : deux amis de Danos incarcérés dans cette même affaire et par ailleurs

De toute façon, à La Santé, le téléphone arabe fonctionne sans friture. Qu'elles proviennent de l'extérieur ou qu'elles naissent entre les murs, les nouvelles vont vite. Personne ne peut ignorer que les services allemands recrutent : les libérations de Fresnes par Lafont, l'année précédente, ont fait suffisamment de bruit. Début août, une dizaine de jours après son arrestation, le Mammouth prend donc sa plus belle plume :

« Monsieur le Chef de la Gestapo,

« Étant arrêté à Paris depuis une dizaine de jours et détenu à la prison de La Santé, seulement aujourd'hui je peux vous adresser cette lettre.

« Je vous demande de me rendre service de toute urgence. Je suis venu à Paris pour vous être présenté par un ami qui est à votre service depuis très longtemps parce que étant en possession d'une liste de très grande organisation contre vous je voulais avec vos hommes participer pour vous livrer *des documents d'une très grande valeur et très précieux* que vous recherchez depuis longtemps ainsi que *dépôts d'armes* et surtout autre chose d'une *très grosse importance et très grave.*

« C'est pour cette cause que je voulais vous être présenté pour vous expliquer ma situation pour travailler avec vous en vous demandant votre protection complète pour entrer dans votre service, malheureusement le lendemain de mon arrivée à Paris, je me suis fait arrêter pour une affaire où je suis complètement innocent. Sans que peut-être vous ne me connaissiez je vous ai rendu de grands services, ceci est peut-être la cause essentielle de mon arrestation.

« Aussi, Monsieur le Chef de la Gestapo, je m'adresse à vous pour me rendre visite de toute urgence ainsi que par un de vos agents, M. Weiss, ce que je vous recommande *une très grande discrétion* pour ma lettre. Je vous expliquerai la cause de vive voix.

---

en relation commerciale avec les services allemands. Kherlakian, dit « le Manchot », sera d'ailleurs libéré quelques jours plus tard sur intervention directe de Boemelburg. Archives de Paris.

« C'est ainsi que je vous attends, Monsieur le Chef de la Gestapo, avec la plus grande impatience, *trouvez une excuse personnelle* pour me toucher où je suis détenu. *On me veux [sic] du mal.*

« Recevez avec tout le salut que je vous dois l'expression de mon plus profond respect.

DANOS<br>Danos Abel, 7<sup>e</sup> division, cellule n° 14 ter.<br>La Santé, Paris XIV<sup>e</sup> [1]»

Danos tentera plus tard de justifier son acte par son désir de sortir de La Santé à tout prix, et arguera d'un projet d'évasion. Une « belle » problématique, mais qui méritait peut-être d'être tentée. Quand on n'a plus rien à perdre...

Le voyou a en effet tout à craindre de l'avenir. Les ordres de mission, d'abord : ni Veber ni Badin ne lui ont donné l'assurance de les « oublier ». La crainte d'avoir à s'expliquer devant les Allemands est toujours présente. À ce sujet, d'ailleurs, Maître Lhermitte, son avocat, lui a indiqué « que les Allemands s'étaient intéressés à [son] dossier » : une nouvelle lourde de menaces. Plus grave : le 22 juillet, il a appris son inculpation pour « vol et assassinat » dans l'affaire de la rue de la Victoire. En plus du peloton d'exécution, il risque maintenant le « massicot ». Deuxième conséquence : il a compris qu'il est vain d'attendre de l'aide de la part de Jansen ou de tout autre du service.

Pour ne rien arranger, la situation ne cesse de s'aggraver à l'extérieur. Après un début d'Occupation qu'on peut qualifier de correct, la situation se dégrade, particulièrement à Paris, où plusieurs faits divers traduisent l'amorce d'un tournant [2] : le 1<sup>er</sup> juillet, par exemple, les vitrines de la librairie

---

1. Deux copies dactylographiées figurent dans le dossier Danos 46238 du SHAT. Les passages en italique sont soulignés sur ces deux exemplaires formellement identiques.

2. Dû à l'entrée du PCF en Résistance, suite à l'attaque de l'URSS par Hitler.

allemande Rive gauche ont volé en éclat. Le 14, une manifestation dans le quartier de la République a donné lieu à de nombreuses arrestations. Face à la sédition, l'Occupant réagit avec une extrême vigueur : le 19 juillet, un ouvrier est fusillé pour avoir injurié l'armée allemande. Le 24, un autre est passé par les armes pour avoir chanté *La Marseillaise* dix jours plus tôt. En août, la situation continue à se dégrader : du 3 au 16, les tribunaux allemands prononcent plusieurs condamnations à mort, dont certaines sont suivies d'exécutions. Le 13, les actes anti-allemands prennent une tournure extrêmement sérieuse : un officier est abattu près de la Porte d'Orléans. Chaque fois, des otages sont pris parmi les « politiques » incarcérés, et fusillés [1]...

En tant qu'inculpé de droit commun, Danos ne risque théoriquement pas grand-chose. Mais cette épée de Damoclès a toutes les chances de se déplacer au-dessus de sa tête si les services allemands apprennent son appartenance au « 2e Bureau » [2].

## *Post-scriptum*

La lettre tombe un beau jour sur le bureau du juge Ménégaux. Rien d'étonnant à cela : en tant que magistrat chargé d'instruire l'affaire Danos, la correspondance

---

[1]. L'attentat contre l'aspirant Moser, tué d'une balle dans la tête sur le quai du métro Barbès-Rochechouart le 21 août, sera à l'origine du « code des otages » qui stipule que : « Tous les Français détenus, de quelque façon que ce soit, par des services allemands, sont considérés comme otages à partir du 23 août. »

[2]. C'est en substance ce qu'expliquera plus tard Danos à Chenevier : « Vous savez je m'impatientais en taule. Et puis, j'étais un voyou mouillé dans vos histoires de services secrets. J'avais peur d'être pris comme otage. Il me fallait filer, me "desserrer" vite fait. J'agissais contre personne. Personne ne s'est jamais occupé de Danos. Fallait bien que je m'occupe de moi... », *in* Charles Chenevier, *op. cit.*, p. 108.

du détenu doit obtenir son aval pour être acheminée à son destinataire. L'enveloppe est libellée au « chef de la Kommandantur »[1] et n'est pas cachetée, comme l'exige le règlement carcéral. Sa lecture ne peut manquer d'interpeller le magistrat : la lettre s'apparente à un véritable acte de traîtrise envers son pays et ceux qui tentent d'en défendre l'honneur. Malgré cela, il n'estime pas utile de l'intercepter.

Sans doute l'identité de son destinataire lui intime-t-elle la plus extrême prudence ; le juge dira également avoir craint d'éventuelles représailles de la part de Maître Jean Lhermitte, l'avocat de Danos, qu'il qualifiera d'« ultra-germanophile excité »[2]. Les BMA ne l'en jugeront pas moins très sévèrement : « un veule ou un imbécile », écrira de lui un responsable dans un compte rendu adressé au cabinet du ministre de la Guerre[3]. Cependant, Ménégaux a-t-il été mis au courant des attaches du prévenu avec les BMA ? A-t-il eu connaissance des ordres de mission trouvés en sa possession ? Il semble que non, même si cela ne l'exonère que d'une partie de sa responsabilité.

Responsabilité apparemment partagée par un des autres acteurs de cette étrange affaire. Par une « extrême coïn-

---

1. Dans un interrogatoire daté du 30 avril 1949, Abel Danos déclarera avoir adressé sa lettre « à un Allemand demeurant à l'hôtel Chatham à Paris » – un hôtel du quartier Saint-Augustin apparemment réquisitionné par l'Occupant.
2. Déclaration du directeur de l'administration pénitentiaire, 28 octobre 1941. Il s'agit de Jean Lhermitte, né à Brest, 1895-1950. Son cabinet était situé 151 rue de Rome (XVII$^e$). Un avocat brillant, mais dont la carrière semble avoir été handicapée par l'attitude de son épouse pendant l'Occupation. Le 22 juillet 1941, Yvonne Coespel et Augustine Bouladour le chargent de défendre Danos. Il avait auparavant défendu Simone dans l'affaire d'Avrillé.
3. « Cette façon de faire du juge d'instruction dénote de la part de ce fonctionnaire une veulerie ou une imbécillité qu'il est difficile de qualifier. Elle mérite une sanction exemplaire. » Jugement approuvé par le destinataire du compte rendu, qui note en marge : « Inouï ! À signaler au garde des Sceaux. » Compte rendu secret, août 1941, dossier 46238, SHAT.

cidence », le commissaire Chenevier dira, en effet, avoir été présent dans le bureau du juge lorsque celui-ci décida d'acheminer le courrier. « Avec un regard qui en disait long », le magistrat lui aurait alors confié la fameuse missive avec mission de la poster « le soir même ». Le policier croit y voir une invitation à en prendre connaissance. À la vapeur d'une casserole d'eau bouillante, il racontera avoir décacheté la lettre. Son contenu lui apparaît dans toute son horreur... Mais ne pouvant « faire photocopier cet étonnant document sans prendre des risques inutiles », Chenevier se contente de la recopier, « mot pour mot, lettre pour lettre et phrase soulignée pour phrase soulignée ». Après coup, il glisse la missive « diabolique » dans la boîte la plus proche : « Je l'ai promis au juge Mennegaud [sic] », écrit-il pour expliquer ce geste suicidaire [1].

Les pérégrinations de cette lettre ne sont pas terminées. Quelques jours plus tard, la copie de ce document est saisie par la police de Montargis, qui la remet au tribunal chargé de l'affaire de la rue de la Victoire [2]. Par quel miracle ? Personne ne le saura sans doute jamais. Tout au plus peut-on mettre hors de cause les services des Postes et Télégraphes dans cet étrange retour à l'envoyeur.

Vers le 16 août, le chef des BMA est informé par l'inspecteur général des services de police criminelle de la trahison de leur ancien HC. Aussitôt, c'est le branle-bas de combat au sein des différents ministères de la Guerre, de la Justice et de l'Intérieur, qui tentent de se préparer au pire. L'affaire pourrait « provoquer de la part des Allemands une réaction énergique », prévient le BMA, qui rassure toutefois son correspondant en écrivant : « *1° L'ordre de mission n'est pas établi au nom véritable de l'individu. 2° Il sera toujours possible de*

---

1. Charles Chenevier, *op. cit.*, p. 87.
2. Origine notée en marge d'une copie de la lettre de Danos, dossier 46238, SHAT.

*rétorquer aux Allemands que les déclarations d'un bandit de droit commun, probablement promis à l'échafaud, sont sans valeur*[1]. » Les inquiétudes de ces dignes fonctionnaires sont vaines, puisque la lettre ne parvient pas à son destinataire...

Au fil du temps, ne voyant rien venir, un certain optimisme renaît. Le juge Ménégaux, qui estimait probable la trahison de Danos, suppose maintenant qu'« il y a lieu de penser qu'il n'a rien dit de l'affaire à laquelle il a participé » : les Allemands seraient furieux et Danos risquerait d'être immédiatement passé par les armes... Quelques semaines plus tard, le magistrat a tout à fait repris son aplomb : « Il n'y a rien à craindre de la part de Danos, à moins qu'il ne soit condamné à mort et sur le point d'être exécuté. On n'en est pas là[2]. »

Le calme paraît revenu quand, le 20 septembre, une autre lettre signée Danos part du cabinet du juge. Cette fois encore, Ménégaux n'estime pas utile de l'intercepter. Est-elle identique, du moins dans son contenu, à la première ? Rien dans l'état actuel des recherches ne permet de le dire. L'enveloppe est libellée au nom de « M. le Chef de la Gestapo. Troisième étage, rue des Saussaies (Monsieur Boemelburg) »[3]. Celle-ci atteint apparemment son objectif, puisque, vers la fin septembre, le prévenu est extrait de sa cellule et conduit au siège de la Gestapo.

Le nom de Danos n'est pas sans évoquer quelques souvenirs au policier berlinois : le 25 juillet, un rapport adressé par Veber sur l'enquête sur la rue de la Victoire énumérait les antécédents du Mammouth et faisait mention des soupçons qui pesaient sur lui. Boemelburg se fait communiquer son dossier : les archives de la Sûreté sur lesquelles il

---

1. Compte rendu secret, *idem*.
2. Déclarations du directeur de l'administration pénitentiaire, 28 octobre 1941, *idem*.
3. D'après une lettre du directeur de l'administration pénitentiaire du 28 octobre 1941.

s'est empressé de mettre la main dès son arrivée à Paris lui permettent de se faire une idée du personnage : un informateur peut-être, mais aussi et surtout un repris de justice, soupçonné d'assassinat sur un encaisseur. Dossier délicat...

Le chef de la Gestapo s'attend, sans doute, à ce que les motivations de Danos soient plus pratiques qu'idéologiques : un « traître », désireux avant tout d'échapper aux poursuites et à la prison. Mais Boemelburg reste policier dans l'âme : il entre dans ses attributions d'entendre les témoignages, quels qu'ils soient et d'où qu'ils viennent. Malgré sa répulsion, il doit voir ce Danos et écouter ce que l'homme a à lui dire. Avec toute la réserve nécessaire.

« Au bout d'un mois d'incarcération, j'ai été convoqué rue des Saussaies, où l'on me demanda des précisions sur les ordres de mission qui se trouvaient dans mon dossier et que la PJ n'avait pas retirés. J'ai répondu qu'il s'agissait de papiers que je m'étais procurés. Je n'ai donné aucun nom du 2ᵉ Bureau », dira Danos. Il rajoute : « Il m'a déclaré qu'il savait que j'étais inculpé dans l'affaire de la rue de la Victoire et m'a demandé quel rôle j'avais joué dans cette dernière affaire. J'ai répondu que j'y étais complètement étranger. Il m'a parlé également d'une affaire de détention d'armes à Strasbourg. Il a voulu savoir si j'avais, de près ou de loin, été mêlé à cette affaire. J'ai répondu négativement. Il m'a alors fait réintégrer à La Santé, ajoutant qu'éventuellement il me reconvoquerait[1]. »

Danos persistera toujours à dire qu'il n'a jamais rien révélé de ses activités au sein du 2ᵉ Bureau : les suites prouveront qu'il ne ment pas[2]. On est loin des révélations promises dans la (ou les) lettre(s) de Danos : dépôts d'armes, liste d'une organisation résistante, documents « d'une très

---

1. Procès-verbal de l'interrogatoire, 30 avril 1949, DCAJM.
2. Chenevier écrira par la suite : « [Des] choses importantes dont il avait eu connaissance à travers les missions confiées pour les services secrets par Blémant, aucune ne parvint à la connaissance des Allemands après la "trahison" de Danos », *op. cit.*, p. 88.

grande valeur et très précieux ». Si loin, qu'on peut légitimement se demander si la lettre n'a pas, une fois de plus, été interceptée.

### *Période de vacances*

Le 15 août 1941, laissant pointer sa déception entre les lignes, le journaliste du *Parisien* rend compte du procès de la veille : « *Paul Danos, le chef des bandits tragiques de la rue de la Victoire, comparaît en correctionnelle pour des vols d'autos. Mais il est acquitté...* »

Le juge Ménégaux est en vacances. Soucieux de réparer sa bourde, sans doute, il a promis de faire traîner l'instruction. Mais, du côté de l'Occupant, on s'impatiente : le 20, un courrier du major Koppenhofer atterrit sur le bureau du commissaire Maurice Legay, remplaçant Veber, lui aussi en congé. La lettre se résume à sept questions :

1. Qui se trouvait dans la voiture ?
2. Qui conduisait ?
3. Qui a tiré ? Qui a tiré le coup mortel ?
4. Qui portait une arme ?
5. Quels sont les complices de l'attentat, qui l'a favorisé ou a recelé, et de quelle façon ?
6. Quelle somme chacun a-t-il reçu ?
7. Quelle somme d'argent a-t-elle été fournie, par qui l'argent a-t-il été mis en sûreté ?

Réponse embarrassée du policier français : « J'ai l'honneur de vous faire connaître que je ne suis pas en mesure de répondre actuellement à vos questions en raison de ce qu'aucun des personnages arrêtés n'a passé d'aveux. […] Le juge n'a toujours pas interrogé les détenus au fond se réservant de ne le faire que lorsqu'il aura tous les éléments nécessaires pour cela. » Mais Ménégaux devra attendre encore s'il veut entendre Jeannot le Corse : le 16 août, à 15 heures, après seulement quinze jours d'incarcération, il s'est évadé de la prison Chave. En pleine sieste...

Cet échange de correspondance clôt l'affaire de la rue de la Victoire. Personne ne répondra jamais aux questions de Koppenhofer. Après-guerre, l'instruction ne sera pas reprise, pas plus qu'elle ne sera jugée. En 1948, le dossier sera transmis au juge Daniault, en charge de plusieurs instructions concernant Danos. Mais le prévenu sera fusillé en 1952 sans que cette sombre affaire soit évoquée.

Deux ans plus tard, son complice Buisson entamera un marathon judiciaire qui l'amènera, entre 1954 et 1955, à passer neuf fois en cour d'assises. Cette affaire, dont la simple évocation, paraît-il, suffisait à lui faire voir rouge, ne sera pas portée à son actif. Il sera guillotiné le 28 février 1956 sans avoir trahi le secret.

Il faudra attendre 1962 pour que, sous la plume de Charles Chenevier, le nom du quatrième homme soit enfin dévoilé : il n'est autre que Jean-Baptiste Chave, son ancien « correspondant ». Jamais auparavant son nom n'avait été évoqué : ni par les nombreux indics de cette affaire, ni par les non moins nombreux policiers qui se penchèrent sur l'enquête. Chenevier lui-même en premier lieu d'ailleurs. Mais il n'est jamais trop tard pour se souvenir...

Chave, coupable idéal, puisqu'il avait eu le bon goût de se faire détester par à peu près tous ceux qui l'avaient côtoyé : au sein du Milieu où il apparaissait comme un traître, rue Lauriston où son empressement à torturer rebutait apparemment les plus endurcis et, enfin, dans la région de Tulle, où il se fit largement remarquer par ses exactions répétées. Chave, le « monstre », le « coupeur de têtes », homme de paille idéal, qui allait jusqu'à correspondre, grossièrement, au portrait-robot du tueur de la rue de la Victoire... Chave, enfin, qui ne pouvait rendre de comptes, puisqu'il avait été fusillé dans les fossés du Fort de Montrouge pour « intelligence avec l'ennemi » le 31 mai 1945.

## Chapitre 5

## *93 rue Lauriston, centre d'affaires*

Prison de La Santé, janvier 1942. Bruits de chasses d'eau, pas traînant des matons et raclements de clés : comme tous les matins, la prison s'éveille. Il est 6 heures 30, le haut-parleur crachouille, les hommes se lèvent. À 7 heures a lieu la distribution de «jus», puis, à 9 heures, on sert la soupe, un brouet innommable où surnagent quelques rutabagas. Tout à l'heure, vers 11 heures 30, ceux qui disposent de suffisamment d'argent pourront cantiner, c'est-à-dire passer commande de ce que le «chef» propose : une ration de pois cassés ou de choux pour 3,50 francs, de betterave, de fromage blanc pour 2 francs, ou de pâte de raisin pour 4 francs. Le luxe. On permet à ceux qui le peuvent de noyer tous les deux jours leur cafard dans un quart de vin à 1,20 franc. À 17 heures, le «gamelleur» distribue un liquide qui n'a de soupe que le nom.

En ce début d'année 1942, la France a faim et les prisonniers plus encore. Abel Danos, lui, fait figure de nanti, grâce aux mandats et aux colis que lui font parvenir les parents Bouladour. Outre les denrées qui améliorent un peu l'ordinaire de la cellule, Abel reçoit aussi des vêtements chauds, des chandails, des chaussettes en laine bien épaisse. Après la faim, c'est le froid qui torture les « taulards ». Par le battant de l'imposte dont ils ont tenté de calfeutrer les fissures, un air glacé et humide les pénètre jusqu'aux os. Si les grosses chaleurs d'été les transforment en étuves, l'hiver, les cellules sont des glacières. La chaleur humaine remplace le chauffage. À quatre, parfois plus, dans un espace de douze mètres carrés, la promiscuité peut presque devenir un avantage.

À la mi-mars, Danos parvient à être transféré à l'Infirmerie centrale des prisons de Fresnes (ICPF). Œdème facial, a diagnostiqué le médecin de La Santé. Son « affection », résultat d'un savant « maquillage » à force de petits coups de sac de sable patiemment assénés sur la même zone, a de quoi impressionner : l'enflure qui part de la mâchoire englobe toute une partie de son visage. Le Mammouth est méconnaissable.

À quelques kilomètres de Paris, Fresnes-les-Rungis a des allures de province, presque de campagne. De l'extérieur, les trois divisions qui la composent ne sont pas moins imposantes et lugubres que celles de La Santé[1]. Mais, au lieu des marronniers poussiéreux et des alignements de façades du boulevard Arago, les détenus profitent d'un paysage de petits pavillons de meulière entourés de jardins, des arbres des squares et même de quelques champs encore cultivés. Les mieux lotis, dans les étages, parviennent à avoir un horizon.

---

[1]. L'établissement, géré à la fois par l'administration pénitentiaire française (APF) et par les Allemands, est composé de trois bâtiments, appelés « divisions », qui renferment à la fois des droits communs et des politiques.

Accolée au nord de la prison, l'Infirmerie centrale est composée de deux bâtiments situés dans un parc arboré, ceint d'un simple mur de clôture : le principal, dit « Grand quartier » et l'autre, réservé aux femmes, dit « Quartier d'isolement ». Dès son admission, le 16 mars, le « malade » a droit à une auscultation par le médecin avant d'intégrer sa « chambre » aux murs blancs et à large fenêtre ouverte sur le parc[1]. À côté des geôles sales et malodorantes de « la Santuche », cette cellule apparaît comme un « petit paradis ». Pourtant, malgré le confort et la tranquillité, le Mammouth n'a pas l'intention de moisir à Fresnes.

À l'époque la prison est une véritable passoire : plus de vingt tentatives de « belles » réussies, entre 1941 et 1942 ! Des évasions si fréquentes qu'en décembre 1942 un nouveau règlement menacera le surveillant de service de prendre la place de l'évadé. Une apparente facilité qui s'explique par les complicités extérieures impliquant parfois les gardiens eux-mêmes. Techniquement, les évadés recourent à deux accessoires essentiels : une lame de scie à métaux pour couper les barreaux et une corde faite de draps torsadés pour sauter le mur. Du classique qui a fait ses preuves...

Danos n'a pas choisi d'autre procédé. À partir de l'infirmerie pénitentiaire, l'évasion est encore moins risquée : murs moins hauts, surveillance moins stricte. Côté complicités, il bénéficie de l'aide de François et Jolivot tout d'abord, « des gens d'Aubervilliers, des amis sûrs... C'est eux qui ont amené l'échelle au pied du mur d'enceinte et ont déposé un vélo à proximité », se souvient Georges Baudry.

Danos a fait connaissance de Paolo C., dit « François », vers 1938. Discret, courageux, intelligent, cet Italien de trente ans

---

1. *Cf.* Docteur Lucien Diamand-Berger, *Prisons tragiques, prisons comiques, prisons grivoises*, p. 97. Condamné par un tribunal allemand à quatre ans d'emprisonnement pour marché noir, ce médecin fera fonction de chirurgien auxiliaire à l'ICPF de juin 1941 à juillet 1943. Il évoquera dans son livre l'évasion de Danos, ce « gangster simulateur ».

vivait à proximité de la rue de Flandres (XIX$^e$) où sa maîtresse possédait un bistrot. Un secteur que fréquentait alors assidûment le Mammouth : après avoir résidé un temps au 31 de la rue Pelleport (XX$^e$), il occupait une chambre meublée dans un hôtel au 68 de la rue Manin (XIX$^e$). À l'époque, l'Italien donnait quelques coups de main à Bibil lorsque le besoin s'en faisait sentir sur les marchés – ou ailleurs…

Reste un troisième complice. Le 20 mars, Augustine Bouladour franchit le portail de Fresnes avec un colis de ravitaillement. Quelques jours auparavant, elle a obtenu un permis de visite. Attentive à la santé de son « gendre », la marchande de chaussures lui apporte une paire de chaussons en feutre. Elle passe la fouille sans encombre. Dans les semelles de ces pantoufles a été cachée une lame de scie à métaux. Dans la nuit du 22 au 23 mars, entre les rondes, Danos se met fébrilement au travail. Après quelques heures d'effort, un barreau est scié puis tordu. La corde lui permet ensuite de descendre les deux étages. Dehors, on attend son signal. En un tournemain, l'échelle est envoyée, le mur escaladé. Il ne lui reste plus qu'à enfourcher le vélo : « François lui avait amené une veste, une casquette et une musette… Abel est rentré comme ça sur Paris : comme un "boulot" qui part à l'usine », témoigne Georges Baudry. À la ronde suivante de 6 heures 30, quand l'alerte est déclenchée, Danos est déjà loin.

## *Faux et usage de faux*

L'évadé trouve refuge chez André Jolivot, qui occupe depuis deux ans un petit logement rue d'Aubervilliers, près de la station de métro Boulevard de La Chapelle. Un secteur tranquille, habité par des familles d'ouvriers trop occupés à subvenir aux besoins du ravitaillement pour se montrer curieux. Abel peut donc rester autant qu'il le souhaite chez

Dédé. À condition de prendre certaines précautions, il sera « peinard ». Jolivot, lui-même en cavale depuis son évasion de juin 1940, ne se gêne pas pour faire ses affaires au grand jour[1]. Après les cambriolages et les vols de voitures de ses débuts, le voyou « donne » à présent dans le faux ticket de rationnement. Une activité lucrative et en pleine expansion.

En ce début d'année 1942, manger à sa faim est la préoccupation essentielle des Français, particulièrement dans les villes, où tout manque. Pour faire face à la raréfaction des produits, l'État a édicté des mesures de restriction et mis en place un système de ravitaillement. Depuis septembre 1940, des tickets servent de monnaie d'échange contre le pain, la viande, le café mais aussi le tabac, les textiles et autres produits de consommation. Un minimum vital qui n'assure que six à dix jours par mois de subsistance. Pour le reste, il faut se débrouiller.

La pègre a vu là un moyen de s'enrichir à bon compte : sur le dos de l'État, en plus, ce qui ne gâte rien. Armes à la main, les bandits montent à l'assaut des mairies et des centres de distribution : on assassine pour s'emparer de stocks de dizaines de mille, parfois de centaines de milles de tickets. À côté de la manière forte, les faussaires emploient la taille-douce pour reproduire le dessin et les couleurs des « cartons ». Sous les rotatives, des centaines de milliers de feuilles de « bons matière » sont encrées dans des imprimeries clandestines. Malgré les mesures prises par le gouvernement[2], la courbe du trafic ne s'infléchit pas. Au contraire : une véritable économie parallèle s'est développée au fil des mois. Plutôt que de faire la queue des heures devant les mairies, les ménagères elles-mêmes préfèrent s'adresser aux trafiquants qui, pour un

---

1. Jolivot se cache sous l'identité de Gérard, nom de famille de sa mère.

2. À partir de 1942, les personnes impliquées dans les affaires de tickets sont passibles des travaux forcés à perpétuité.

prix modique, leur fournissent les cartes les plus diverses. Falsifiées, sans doute, mais qu'importe ? Vrai ou faux : personne ne s'y retrouve !

Dans ses affaires de « cartons », Jolivot est en cheville avec Charles Cazauba, dit « Charlot le Fébrile » à cause de la tremblote qui agite ses mains sans discontinuer. Un handicap qui ne l'a pas empêché d'œuvrer depuis toujours dans le « faux faff ». Sous ses doigts habiles ont été imprimés nombre de certificats, d'actions et de « fafiots » en tout genre : activité aussi lucrative que délicate qui lui a rapporté pas mal d'oseille [1] mais aussi de nombreuses années de prison avant guerre. De ce côté-là, « le Fébrile » n'est pas un chanceux. À trente-six ans, il totalise pas moins de quatorze années de placard : cinq en 1935, quinze mois l'année suivante, cinq plus trois « piges » pour la seule année 1938. Pas de quoi pavoiser... L'année 1941 aura été la pire : après sa condamnation à un an dans l'affaire de la rue Lafayette, Charlot a cru bon de faire appel. Mal lui en a pris : le 14 juin suivant, la cour d'appel a arrondi sa peine à trois ans. Sans l'aide de Lafont, il y serait encore [2].

Depuis qu'il a rejoint la rue Lauriston, Cazauba a œuvré un temps dans le trafic d'or avec ses potes Sartore, Gourari, Jeunet et Clavié et a traité, occasionnellement, quelques affaires à la « fausse poule » avec les mêmes ou avec d'autres. Son investissement aux côtés du Patron lui a valu de devenir peu à peu un de ses hommes de confiance.

---

1. En gestionnaire avisé, Cazauba a investi dans l'achat de l'Hôtel de Nice, rue Victor-Massé (dans les sous-sols duquel il exploitera à partir de début 1943 et jusqu'à son décès en juillet 1944 une affaire d'imprimerie en faux « ticsons »). Il possède des parts dans le Fanfan Bar, dans un autre café et dans une propriété près d'Angers. Il a par ailleurs acheté une propriété pour ses parents. Dossier Z6/3, Archives nationales.

2. Évasion ou sortie en douceur ? On ignore la façon dont Cazauba est parvenu à sortir de Fresnes. Une chose est sûre : il doit à la protection de Lafont sa relative liberté.

Pendant les heures de repos, le faussaire fréquente assidûment les « tapis francs » ouverts dans les caves du Fanfan Bar, du Double Chevron ou Chez la mère Laval[1]. Dans la fumée des cigarettes et les vapeurs d'alcool, en compagnie de ses « collègues » Girbes, Moura ou Villaplana, il dispute de furieuses parties de poker ou de passe anglaise. Son péché mignon. Autour du « tapis », les « carlingueurs » de la rue Lauriston côtoient souvent des flambeurs de l'autre bord comme Joseph Soro, René Gotteland ou Frantz Puech[2]. Tous savent à quoi s'en tenir sur leurs partenaires d'un moment. Mais qu'importe : pendant les heures, parfois les jours que durent les parties, les louis et les dollars d'or changent de main, en harmonie quasi parfaite. Et si parfois des heurts se produisent, ils n'ont que peu de rapport avec les opinions politiques des uns et des autres...

## *93 rue Lauriston*

En mai 1941, Lafont, qui se sentait à l'étroit rue Pierre-I[er]-de-Serbie, s'est mis à la recherche de locaux plus vastes et

---

1. Le Fanfan Bar, 4 rue de Douai, géré par Joseph Soro et Paul Milani, devient le rendez-vous de la colonie corse gestapiste en 1942. Le Double Chevron et Chez la mère Laval sont situés dans le quartier de la Porte Saint-Martin.

2. Joseph Soro, dit «Jo Catch», né en 1913 à Oran, sera répertorié au réseau Jacques OSS (réseau de renseignement auquel appartiennent Charles Chenevier, Gustave Frelin, Jean Chausse et Raymond Delalaye) à partir d'avril 1944. Au cours d'une dispute, le 16 juillet 1944 à La Varenne, Soro tue Robert Moura avant d'être lui-même flingué par un inconnu le 23 juin 1945. René Gotteland, dit «Le Petit», condamné à mort par contumace et réfugié en Amérique du Sud, décédera d'un cancer vers 1970 à Paris où l'auront ramené des amis. Frantz Puech, dit «le Gitan», né en 1907 à Bergerac, affilié au réseau Marco-Polo à partir d'avril 1944, il participe à la libération de Paris en compagnie de son ami Auguste Monfort, dit «le Breton».

plus adaptés. Après avoir visité plusieurs adresses, le Patron a jeté son dévolu sur un pavillon particulier réquisitionné par Raedecke. L'immeuble, érigé sur un sous-sol, comprend quatre niveaux principaux avec terrasse et jardin intérieur. Le luxe. Dans une vaste pièce claire et aérée du second, Lafont a installé son bureau après quelques travaux : la porte a été blindée de l'intérieur, tout comme celles de deux meubles scellés dans le mur. On est jamais trop prudent.

Autour de lui, la composition de l'équipe n'a pas beaucoup varié : Robert Moura, André Girbes, Adrien Estébéteguy, Jean Sartore, Nicolas Gourari, Paul Clavié – son neveu –, Lucien Prévost, Charles Cazauba, Auguste Jeunet et quelques autres anciens[1] sont toujours fidèles au poste. Ceux-là sont en possession de la carte jaune du service : un document portant l'identité de l'individu, son numéro de *Feldpost* [2] et le certificat de son appartenance à un service de police allemand. Ils bénéficient le plus souvent d'un permis de port d'arme et, suprême distinction, d'un véhicule. Des privilégiés.

Aux côtés des voyous, on trouve également, en bonne place, trois fonctionnaires de police : Pierre Maillebuau, dit « Simon », ancien inspecteur de la police judiciaire parisienne qui doit sa libération de Fresnes à Lafont ; Jean Bernolle, dit « Mathias », qui vient de rejoindre l'équipe, en avril[3]. Il connaît le Patron depuis 1930, quand ce dernier ne s'appelait pas encore Lafont et grenouillait dans les bas quartiers de Toulouse. À cette époque, Chamberlin était son indic… Autre flic, et non des moindres : l'ex-inspecteur Pierre Bonny, sacré

---

1. Charles Fels, dit « Gros Charles », Louis Miclar, dit « Gros Louis » (ils ouvrent ensemble un bureau d'achat rue d'Amsterdam), Marcel Carrier et Roger Tissier (que Lafont avait libérés en juillet 1940).
2. *Feldpost* : numéro de secteur postal militaire.
3. Jean Bernolle, né en 1900 à Savignac, a été inspecteur à la Brigade mobile de Marseille, de Toulouse puis à Paris. Reims est sa dernière affectation avant qu'il ne se mette en disponibilité et se lance dans les affaires. Lafont et lui se sont retrouvés à la fin 1941, à Paris.

« premier policier de France » dans les années 30. Depuis, l'homme a connu quelques déboires mais compte bien se refaire. Il a lui aussi été recruté officiellement, en même temps que Bernolle [1]. Son arrivée marque un changement radical de méthode. Jusque-là, Edmond Delehaye [2], ami de longue date de Lafont, assurait les fonctions de secrétaire. Bonny lui laisse sa place mais apporte avec lui son savoir-faire. Désormais, chaque affaire traitée par la rue Lauriston donnera lieu à l'ouverture d'un dossier. Bonny classe, étiquette, fiche tous ceux qui, de près ou de loin, ont affaire avec le service. Sous son impulsion, le 93 devient une véritable officine de police, au moins administrativement.

Ponctuellement, d'autres hommes gravitent autour de l'équipe Lafont : le plus souvent ce sont des voyous, des aventuriers ou des affairistes qui veulent eux aussi leur part du gâteau ou cherchent à se placer hors d'atteinte de la justice. Les premiers sont en principe présentés par l'un des membres de l'équipe : ils apportent parfois comme caution l'adresse d'un trafiquant, d'un détenteur d'or ou celle d'un réseau de « terroristes ». Lafont recueille les renseignements, envoie ses équipes ou aiguille les tuyaux au service concerné : Otto, Murdrah ou Boemelburg, qui fait suivre.

Cette masse fluctuante de nouveaux venus varie au fil des mois : ils ne plaisent pas toujours au Patron, qui ne se gêne

---

[1]. Pierre Bonny, né en 1895 à Bordeaux, a été mêlé aux affaires Stavisky, Seznec, Prince, etc. Après avoir été porté aux nues par le ministre Chéron, il est condamné à trois ans avec sursis le 3 octobre 1935 pour concussion, puis à trois mois avec sursis le 21 juillet 1937 pour violation du secret professionnel. Renvoyé de la police après sa première condamnation, il ouvre un cabinet privé avant de devenir le second de Lafont en avril 1942. Il sera fusillé en même temps que lui le 26 décembre 1944.

[2]. Edmond Delehaye, né en 1913 à Clichy, est une vieille connaissance de Chamberlin-Lafont. Arrêté une première fois le 9 septembre 1944, relâché par erreur puis arrêté le 12 septembre, il mourra en prison d'une crise de diabète pendant son procès en décembre 1944.

pas pour les renvoyer d'où ils viennent quand ils font preuve d'indélicatesse à son égard ou envers les Allemands. Ces recrues n'ont, de toute façon, pas droit à la carte ni, à plus forte raison, au permis de port d'arme comme les «ténors». À charge pour eux d'obtenir le sésame en fournissant les preuves tangibles de leur efficacité.

Les hommes de Lafont ont jusqu'alors principalement travaillé pour le compte des bureaux «Otto» d'Herman Brandl ou de Murdrah du DDK, quand ce n'est pas pour leur propre compte. Ponctuellement, ils ont également participé çà et là à quelques opérations d'aspect moins «commercial», lorsque l'avenue Foch ou Boemelburg sollicitait leur aide. Mais, en ce printemps 1942, le «service» est secoué par un séisme dont l'épicentre se situe à Berlin. En avril Hitler, sous la pression de Himmler, a nommé Karl Oberg chef de toutes les polices en France occupée. Cet homme de quarante-cinq ans, chauve et ventripotent, est un ancien combattant de 1914, adhérant à la SS dès 1931, qui a abandonné son bureau de tabac pour entrer à l'état-major de Heydrich. Devenu *Brigadefürher* – «général» –, il va régner à la fois sur le SD, la SiPo[1] et la Gestapo. Heydrich, le chef du SD, voulait profiter de l'occasion pour placer la police française sous sa coupe, mais son secrétaire général René Bousquet a tenu tête : on s'est entendu sur une «simple» coopération... Le *Standartenfürher*, colonel Helmut Knochen, ancien chef du SD à Paris, a été désigné comme l'adjoint de Oberg[2].

En ce mois de mai 1942, d'autres loups sont entrés dans Paris. Ceux-là n'ont pas les dents longues comme Radecke ou Brandl de l'Hôtel Lutétia. L'argent ne les intéresse pas personnellement : ce sont de vrais nazis, fanatisés, incor-

---

1. SiPo : *Sicherheit Polizei* : police de sécurité.
2. Karl Oberg et Helmut Knochen seront condamnés à mort en 1946, peine commuée une première fois en perpétuité puis en vingt ans de détention. Libérés en 1962, ils seront renvoyés en Allemagne.

ruptibles et obsédés par la mission qui leur a été confiée : une lutte à outrance contre les agents alliés, la Résistance intérieure, les juifs et tous « les ennemis de l'État ». Vaste programme, auquel ils comptent associer les dizaines de milliers de mercenaires français de la Gestapo, dont Lafont et son équipe. À l'Hôtel Ritz où il est venu présenter ses poulains aux représentants français, Heydrich a abattu ses cartes : « Il n'est plus question de confier la sécurité de nos armées aux seuls militaires. Il faut des spécialistes. » Pour l'*Abwehr*, le service de renseignement militaire, est venu le temps de la disgrâce... D'ici peu, les services de l'Hôtel Lutétia devront communiquer leurs dossiers à ceux de la Sipo et du SD, et les fiches de leurs « VM[1] » aux archivistes de la section IV du SD : la Gestapo proprement dite, que dirige depuis le début de l'Occupation le Kriminarat Karl Boemelburg[2].

## *Premiers pas dans la Carlingue*

C'est le moment que choisit Jolivot pour soumettre à Cazauba le cas d'Abel : un « bon garçon » en cavale, ami de Mimile Buisson et recherché pour plusieurs grosses affaires, dont celle de la rue de la Victoire[3]. Du sérieux. Avec ça, deux « sapements »[4] par défaut et deux « belles » réussies. Inutile de préciser qu'il a les poulets dans les reins. Ce qu'il

---

1. VM : *Vertrauen Mann*, « homme de confiance ».
2. La section IV de la Gestapo, située 11 rue des Saussaies dans le VIIIe arrondissement, sera reprise par Stindt à partir de la fin 1943. Le siège principal de la Gestapo se trouvait 80-84 avenue Foch, dans le XVIe arrondissement.
3. La plupart des renseignements concernant cette première approche avec la rue Lauriston proviennent des interrogatoires de Danos des 17 janvier 1945 et 23 décembre 1948.
4. « Sapement » : « condamnation », en argot.

lui faudrait, c'est un « condé » qui lui permette de mettre le nez dehors sans risquer d'être « marron » à chaque coin de rue. L'idéal serait la carte jaune de la Gestap' allemande, devant laquelle les poulets et même les Frisés sont obligés de « rengracier ».

Très vite, en effet, l'évadé s'est rendu compte du danger qu'il court à sortir au grand jour : il risque à tout moment d'être contrôlé. Les flics sont dans les rues, dans le métro, sur les routes, accompagnés par leurs homologues « vert-de-gris ». Un risque pour lui, mais également pour son pote Jolivot et sa famille. Dédé le lui a confirmé : le seul homme qui pourrait le sortir de l'impasse, c'est Monsieur Henri, le tout puissant homme de la rue Lauriston. Cazauba, qui est un intime du Patron, pourrait peut-être lui glisser un mot... « Charlot » ne dit pas non, mais demande à rencontrer le Mammouth.

L'entrevue se déroule sans doute devant le zinc d'un bistrot. Pas de grandes phrases ni de discours : en quelques mots, Charlot résume la combine. Rue Lauriston, on est entre soi : à part quelques « caves », il n'y a pour ainsi dire que des voyous. Les hommes travaillent en équipe sur des tuyaux qu'ils apportent ou que le Patron leur communique. L'oseille est pour le « service », moins une part pour chaque participant. Tout le monde est libre de « travailler » comme il l'entend à l'extérieur mais, en principe, sur chaque affaire réussie, Henri prend son « blot ». Normal... Et mieux vaut jouer franc jeu avec lui, car il aime les gens réguliers. En contrepartie, il assure le condé. De temps en temps, le Patron bat le rappel quand il y a un coup de main à donner : des gros « chantiers » pour lesquels il faut de la main-d'œuvre. C'est tout. D'ailleurs, Danos connaît le genre d'affaires qu'on traite rue Lauriston : Dédé, qui « travaille » parfois pour eux, sait de quoi il retourne et le lui a sans doute raconté dans les grandes lignes... Il n'ignore pas que le condé implique un engagement aux côtés des « Boches », puisque ce sont eux qui «drivent» la Carlingue en sous main. Malgré tout, le Mammouth accepte la proposition : après tout, Cazauba, Jolivot et tant d'autres n'ont pas l'air de se plaindre. «L'affaire me tenta», dira-t-il plus tard.

«Charlot» s'acquitte de sa mission et rapporte la réponse quelques jours plus tard : Monsieur Henri accepte de protéger Danos. Officiellement, pour être «agréable» à Cazauba. Une manière polie, pour Lafont, de montrer le respect que lui inspire le nom de Danos, auréolé d'une gloire grandissante depuis l'affaire de la rue de la Victoire et sa dernière évasion. Il aidera Mammouth. D'abord parce que selon la tradition on doit porter secours et assistance à un homme en cavale – l'homme de la rue Lauriston n'a jamais fait partie du Milieu : il n'est qu'un petit voleur, un escroc sans envergure, un indic, toute sa vie méprisé par le haut du panier de la pègre ; en se pliant à la règle, il accède à une légitimité à laquelle il a toujours aspiré –, et puis Abel Danos n'est pas n'importe qui : c'est un voyou unanimement respecté, ami des plus grands... On dit qu'il a participé au «Train de l'or», la mythique affaire de 1938[1]. La demande flatte l'orgueil de l'ancien relégué, le valorise : une revanche sur les humiliations passées. Lafont sait, en outre, qu'une large publicité sera faite à son geste dans les rangs de la pègre. Après l'épisode des libérations de Fresnes, sa réputation de toute puissance ne peut en sortir que grandie... Enfin, le Patron tend la main à Danos sans doute parce qu'il espère l'adjoindre au «service» : il est toujours bon de s'entourer de gens fiables et compétents. Du haut de son bureau

---

1. En référence à l'attaque par une bande corse d'un train contenant 180 kilos d'or et une fortune en pierres précieuses, le 22 septembre 1938, à Marseille. Un épais mystère enveloppera longtemps cette fameuse affaire, faisant naître de nombreuses rumeurs : entre autres, celle que Danos y aurait participé, ce qui paraît assez improbable. Curieusement, le Mammouth, qui comptait indéniablement de nombreuses relations, et non des moindres, au sein du Milieu insulaire, laissait dire «qu'il en était».

de la rue Lauriston, Lafont fait donc dire par Cazauba que Danos n'aura «qu'à lui téléphoner au cas où il arriverait quelque chose»...

Un premier problème survient le 20 juillet 1942. Ce soir-là, le gardien de la paix Turlotte a été chargé de monter la garde devant la sous-station électrique du 278 boulevard Saint-Antoine, dans le XIIe arrondissement de Paris. Tout est calme. Soudain, vers 21 heures 30, une Simca de couleur «café au lait» débouche de la rue des Boulets. Événement suffisamment inattendu en cette période de restriction de circulation pour que Turlotte décide de contrôler son permis de circuler de nuit.

Il y a trois hommes dans le véhicule. À l'arrière, six à huit valises empilées sur la banquette laissent peu de place au passager. En réponse à la demande du policier, le conducteur exhibe un porte-cartes sur lequel figure une inscription que Turlotte a du mal à déchiffrer. Un cachet rond paraît représenter l'aigle allemand. Comme pour dissiper l'équivoque, le conducteur annonce la couleur : « Nous sommes de la police allemande. » Inconscient, le gardien de la paix insiste pour qu'on lui présente le permis de circulation de nuit que tout conducteur se doit de présenter aux contrôles des agents de la force publique. C'est écrit sur le cahier de consignes... Les deux passagers avant du véhicule descendent. Le conducteur mesure environ 1,78 mètre. Il est tête nue, châtain, le visage rasé, et porte une chemise blanche à col ouvert sous un costume gris sport. Son passager, plus petit, est un brun vêtu d'un costume marron. En fait de permis, le grand exhibe un revolver qu'il braque sur la poitrine du policier : « Tu n'as donc pas encore compris ? Tire-toi de là où je te mets le bidonnant en l'air ! » Cette fois, Turlotte a enregistré : après avoir maîtrisé un mauvais réflexe de défense, il reprend sa faction sur le trottoir. Devant la sous-station électrique...

Le lendemain, le gardien de la paix identifie formellement Danos dans le conducteur de la voiture. Les deux autres passagers, qu'il a moins détaillés, restent anonymes. De toute façon, cette affaire n'aura pas de suite : vérifications faites, Danos « relève en effet des services allemands de la rue Lauriston et, pour cette raison, il n'a pas été possible de l'interpeller[1]. » Quant au véhicule dont le policier a relevé le numéro d'immatriculation, il appartient à une certaine Madame Cécile Collard arrêtée au mois de mars par l'officine de Lafont.

## *Jo Attia dans l'œil du cyclone*

Au printemps 1942, Abel Danos fait la connaissance d'un autre membre de l'équipe Cazauba : un nommé Jo Attia, dit « Grand Jo » ou « Le Boxeur » – en souvenir d'une époque où il montait sur les rings. Une carrière stoppée par le gong, à la fin d'un combat truqué : « l'homme aux muscles de soie », comme on l'avait surnommé, pourtant sorti vainqueur, a refusé de se coucher comme prévu devant le favori. Un trait de son caractère : quel que soit son adversaire, Jo ne plie jamais.

Né en 1916 dans un petit village d'Ille-et-Vilaine, Joseph Brahim Attia est le fruit des amours d'une petite repasseuse et d'un « travailleur colonial » venu de son Maghreb natal contribuer à l'effort de guerre. L'Armistice signé, le père ne revient pas au foyer ; une terrible blessure pour Jo, qui

---

1. Le rapport de cette affaire sera transmis le 17 mars 1943 au chef de la section IV de la Gestapo par le commissaire principal Veber avec toutes les précautions d'usage : « Le nommé Danos pourrait être employé par un service auxiliaire allemand. » Curieusement, cette affaire ne sera pas évoquée au cours de l'instruction de l'affaire Danos en 1948-51, alors que l'accusation cherchera à déterminer la date l'entrée de Danos au sein du service de Lafont.

préfère s'inventer un mythique héros plutôt que d'accepter la réalité : jusqu'à la fin de sa vie, il racontera que son père est mort à Verdun d'une balle en plein front. À quatorze ans, Joseph en paraît dix-huit. Sportif, tout en muscles, il rêve de devenir champion cycliste. Avec ses potes des Halles, il se livre à des petits trafics, vole des cageots de légumes pour les revendre ensuite. Des bricoles. Le jeune vaurien se lance ensuite dans le « vol au poivrier » qui consiste à repérer les fêtards éméchés et les dévaliser. Résultat, à dix-huit ans Jo possède une solide expérience de la vie... et de la prison : il a pris six mois de préventive à quatorze ans, et un mois ferme pour recel à seize. La boxe, où il se fait remarquer par son allonge, aurait pu être une planche de salut. Mais à sa descente du ring, il a continué ses « bêtises ».

Jo a prévenu sa mère : « Dans la vie, y a les caves et les autres. Moi je ne serai pas un cave. » Moyennant quoi, Attia est pris quelque temps plus tard en train d'écouler de fausses pièces d'une « thune ». Verdict des juges : trois mois et un jour... Presque rien dans une affaire de fausse monnaie, mais juste ce qu'il faut pour partir au Bat' d'Af. À Tatahouine, c'est un bon soldat, un bon tireur mais indiscipliné. Toujours sa mauvaise tête... Il a accumulé plusieurs années de « rabiot » quand la guerre arrive. Dans le Sud de la Tunisie, elle se borne à monter la garde face aux Italiens de Tripolitaine. Plus que jamais l'ennui et la désespérance règnent sur l'Empire du Cafard.

À sa libération en décembre 1940, Attia retrouve des amis, qui lui mettent le pied à l'étrier : marché noir, trafics en tout genre, le travail ne manque pas pour qui veut se débrouiller. À cause peut-être de ses origines ou de son passé tunisien, on l'appelle « Jo le Moko » dans les tapis où il joue des nuits entières au poker. Au début de l'année 1941, il est contrôlé en possession d'un revolver. Verdict : trois mois ferme. Rebelote le 4 mai 1941 : Attia est arrêté et, dans sa chambre, les Allemands retrouvent une arme. L'époque n'est pas encore aux attentats et, le 21 juin, le tribunal allemand ne le « fade » pas trop : Attia passe six mois à Fresnes avant de pouvoir reprendre ses combines de marché noir.

Au début de l'année 1942, au cabaret L'Heure Bleue de Pigalle, Attia retrouve par hasard Pierre Loutrel, un ancien de Tatahouine avec lequel il s'était lié « à la vie, à la mort »[1]. Après avoir largement évoqué le passé autour d'une « roteuse », son « frangin » lui propose d'intégrer une équipe de « fausse poule » composée de Zimmermann et d'Edmond Courtois[2], deux copains rescapés de l'enfer du Bat' d'Af. Attia accepte : Loutrel paraît se défendre mieux que lui avec son costume de bonne coupe, son laisser-passer, son autorisation de port d'arme et sa voiture... Autant de faveurs difficiles à obtenir sans se mouiller avec l'Occupant. Après des débuts laborieux, Pierrot est en effet parvenu à s'imposer. Avec sa maîtresse Marinette Chadefaux, il a obtenu la gérance d'un bar et d'un hôtel : une façade derrière laquelle il cache son recrutement au sein des équipes de l'avenue Foch. Il a servi quelque temps de garde du corps à Joseph Joanovici, le « ferrailleur » de Clichy, mais sa soif d'indépendance s'accommode mal de ce boulot de « porte flingue ». Loutrel préfère travailler à son compte tout en mûrissant de futurs projets de braquages.

---

1. Loutrel, né en 1918, est issu d'une riche famille de négociants de Château-sur-Loir dans la Sarthe. À quatorze ans, il quitte le domicile familial, s'embarque sur un navire marchand à Marseille et navigue jusqu'en mars 1938, date à laquelle il est incorporé dans l'Artillerie de côte à Cherbourg. En juillet, suite à plusieurs manquements graves à la discipline, il est versé au 1er BILA en Tunisie.

2. Edmond Courtois, dit « Momon », né en 1902 à Boulogne-Billancourt, tient, sous l'Occupation, un restaurant à Alfortville, puis se recycle dans l'élevage de chiens à Porcheville avant d'être arrêté en juin 1949 dans une affaire de faux billets. Il avoue avoir participé à l'inhumation du cadavre de Pierre Loutrel, en novembre 1946. Il sera condamné à trois ans dans la première affaire et à un an pour recel de cadavre. Il meurt en 1957.

Gabardine, chapeau mou enfoncé sur les yeux, la bande de « faux lardus » exhibe ses fausses cartes à tout va. Et ça marche. En cette époque troublée, il suffit d'arborer le sésame tricolore en annonçant « Police » pour que les coffiots ouvrent grandes leurs portes. Loutrel a dit vrai : « Y a qu'à se servir... » La bande s'étoffe de quelques pointures du Milieu comme Cazauba, Jeannot le Toulousain et Abel Danos, qui vient de s'arracher de Fresnes et cherche à se refaire. L'oseille entre, mais, pour Attia, les ennuis se profilent à l'horizon.

Au cours de l'hiver 1942-43, « Charlot » le présente rue Lauriston : Attia a, paraît-il, d'intéressantes révélations à faire au sujet d'une organisation « terroriste » qui sévit entre Paris et Gentilly. Bonny prend note et très vite la machine se met en branle : le voyou est présenté à Hesse, qui met sur le coup les services allemands de l'avenue Foch. Un peu plus tard, l'opération est déclenchée : une quinzaine de personnes sont arrêtées... puis relâchées. Après interrogatoires, les renseignements fournis par Attia se sont révélés faux. Sale temps pour le Moko : à présent, c'est à lui que les Allemands veulent demander des comptes...

Il semble que le Grand Jo manque de se faire arrêter une première fois[1] mais parvient à prendre la fuite, protégé par Cazauba, qui refusera toujours d'indiquer sa retraite à Lafont[2]. Le Patron, qui a fait de cette histoire une affaire personnelle, ne décolère pas. Il veut coincer celui qui s'est moqué de lui. « Je n'ai pas lâché Attia jusqu'à ce que je l'arrête », avouera-t-il plus tard[3]. Dans des circonstances mal élucidées, Attia fini pourtant par être arrêté par la police

---

1. Selon Nicole Attia, la fille du truand, les activités résistantes de son père sont la cause de ses ennuis avec Lafont.
2. Déclaration Bonny, septembre 1944, dossier Z6/3, Archives nationales.
3. Je ne suis pas un délateur. Je n'aime pas les délateurs. Chaque fois qu'un est venu chez moi et a donné, il a fini par se retrouver en prison. » *Idem.*

française le 16 mars 1943, rue Labat. Est-ce à la suite d'une bagarre résultant d'un accrochage entre un vélo taxi et trois hommes, dont lui, ou plus simplement après un banal contrôle de papiers ? Toujours est-il que le « Grand » se retrouve emballé rue Lauriston...

La suite, il la racontera lui-même[1] : Lafont, ivre de haine, le confie à Maillebuau et aux mains expertes de Chave pour, officiellement, lui faire avouer son appartenance à un réseau de Résistance. « Nez de Braise » est ensuite chargé de l'éliminer... Après avoir longuement torturé son prisonnier, Chave s'apprête à le tuer lorsque l'arrivée inopinée de Danos et de Cazauba l'en empêche. Attia bénéficie provisoirement d'un sursis mais il faut prendre une décision au plus vite : avant que le Patron ne reprenne les choses en main. Faute de mieux, le Mammouth tente de convaincre Maillebuau de livrer Jo aux Boches de la rue des Saussaies. C'est le seul moyen qu'il a trouvé pour l'arracher à la mort. L'ancien policier, qui garde peut-être un faible pour les procédures régulières, se rallie à cette solution qu'il tentera ensuite de faire accepter à Lafont.

Après plusieurs interrogatoires et un séjour de cinq mois au quartier des condamnés à mort de Fresnes, Jo Attia est déporté à Mauthausen le 15 août 1943. Il y fera preuve d'une humanité et d'une solidarité exemplaires, dont témoigneront plus tard de nombreux rescapés.

## *Des taupes rue Lauriston*

Depuis le début de l'année 1942, le service de Lafont est dans le collimateur du contre-espionnage français.

---

[1]. Par l'intermédiaire de ses biographes Nicole Attia, sa fille, et Jean Marcilly, journaliste de ses amis. Quelques années avant sa mort, en juillet 1972, il était question de réaliser un film avec l'histoire du « Grand Jo ».

Paillole a chargé Blémant du dossier. Le policier en a tout le loisir : depuis quelques mois il est en « disponibilité ». Une manière polie de dire que ses méthodes ne sont plus du tout en accord avec la politique menée par les services de la Surveillance du territoire. Blémant a donc les mains libres. L'ancien patron des TR[1], qui reste malgré tout son chef virtuel, lui a confié la mission d'infiltrer la rue Lauriston. Une tâche que le commissaire mène tous azimuts[2].

L'idée n'est pas nouvelle : dès juillet 1941, Paillole avait envisagé d'y envoyer Danos et Buisson en éclaireurs. En avril, un certain Jean Chausse, contacté par Chenevier, s'est introduit dans la place, suivi par d'autres voyous comme Gabriel Meunier, Casseli, puis un certain François Suzzoni. Leurs états de service et leurs relations au sein du 93 leur ont servi de sésame... Les taupes fournissent au « capitaine Maréchal »[3], leur responsable, les noms des « gestapistes » et fournissent ensuite des rapports verbaux sur leurs activités : ce qui permet aux TR de connaître à l'avance certaines opérations. « Je le savais », dira plus tard Lafont. « Je ne

---

1. Paillole, « grillé », a passé le flambeau au capitaine Verneuil en mai 1942. Il sera ensuite exfiltré vers l'Algérie, où il prendra la direction du Service de sécurité militaire (SSM), créé en remplacement du BMA.

2. Avec un certain succès : grâce à Blémant, le Suisse Max Stöcklin, dit « Beau Max », agent de l'*Abwehr*, proposera ses services d'agent double à Paillole, qui les refusera. Par ailleurs, le commissaire sait pouvoir compter sur Jo Renucci, son associé dans certaines affaires, introduit rue Lauriston grâce à son ami et compatriote Charles Palmiéri. Tous deux bénéficient de l'appui de Roland Noseck, un des responsables du service VI (renseignement et contre-espionnage) de la Gestapo. Blémant lui-même parviendra à faire croire à son désir de passer du côté adverse. À noter que Villaplana déclarera être entré rue Lauriston sur les conseils d'un certain monsieur X du 2e Bureau (nom rayé). Déclaration du 7 septembre 1944, Archives nationales.

3. De son vrai nom Henri Mayeur. Ancien du SR Aviation détaché au CE. Après l'Armistice, Mayeur travaille un temps au PC des BMA établi Hôtel Saint-Mart à Chamallières avant de rejoindre le TR 112 *bis* (Secteur Nord Paris).

pouvais pas me fier à tout le monde. Il y avait chez moi des gens qui travaillaient avec l'IS et le 2ᵉ Bureau. » Le Patron soupçonne entre autres, Gourari et un certain Manuel Rodriguez d'être « doubles ». Selon lui, cette situation lui aurait permis de jouer lui-même une sorte de double jeu, en annonçant les opérations devant eux [1]...

Mais, en octobre, les affaires de Blémant se corsent. À la fin du mois d'août, avec son équipe, il a enlevé Alex Villaplana près de Périgueux [2]. L'ancien footballeur connaît ses ravisseurs : il a été leur complice – involontaire – dans l'affaire des faux lingots d'or vendus à Gourari. Depuis, « les Pompes » a choisi son camp : celui des Allemands du DDK, pour qui il travaille conjointement avec la rue Lauriston. Cette fois, il peut croire que son heure a sonné.

Après un passage dans la « villa des supplices », Villaplana accepte de travailler pour Blémant : il est chargé, entre autres, de repérer les agents ennemis qui s'infiltrent en Zone Sud. Quelques jours plus tard, Pin, Eymard et un certain Dédé le contactent : un gros poisson se présente dans la nasse : Jean Bernolle, l'ancien policier passé à la Carlingue, de retour d'un baptême. Le 6 octobre, Villaplana le désigne discrètement à Eymard, qui s'occupe ensuite de livrer le colis à Marseille.

Une bonne prise... Dans ses poches, les policiers trouvent un *Ausweiss*, la carte d'un service allemand et une somme d'argent conséquente : les preuves de sa trahison. Blémant projette de l'inviter à la traditionnelle promenade en mer, mais il est contraint par Verneuil, le nouveau patron

---

[1]. Déposition Lafont, dossier Z6/3, Archives nationales.
[2]. Villaplana, poursuivi par la colère de Murdrah, qui lui reprochait d'avoir averti Louis Raggio de sa prochaine arrestation, avait été contraint de fuir en Zone libre. Fin 1942, il sera contacté par Gourari, qui lui annoncera que le chef du DDK accepte de passer l'éponge. Il reviendra à Paris et reprendra contact avec Lafont.

des TR, de le livrer à la ST. Mais pour eux le poisson est trop gros... Les Allemands sont alertés et font pression sur Bousquet pour le faire libérer. C'est chose faite trois jours plus tard. Un mandat d'arrêt est lancé... contre Blémant et les «inspecteurs» qui ont procédé à l'arrestation. Paillole lui-même est éclaboussé par le scandale.

Le 12 novembre, prenant prétexte du débarquement américain en Algérie, les troupes allemandes envahissent la Zone libre [1]. Pour Paillole, il est temps de quitter le secteur. Le 16, l'ancien chef des TR passe la frontière espagnole en direction d'Alger, via Barcelone, Madrid et Londres. Il est de toute façon promis à de hautes fonctions auprès du général Giraud. Quelques jours plus tard, Blémant lui confirme par téléphone la main mise des services spéciaux allemands sur Marseille.

Pour l'ancien commissaire de la ST, l'air devient de plus en plus malsain. Il accepte la proposition de Paillole qui lui conseille de le rejoindre à Alger. Mais il doit auparavant régler quelques affaires urgentes [2]. Quelques exécutions

---

1. En août, les Allemands avaient protesté devant la multiplication des émissions radio vers l'Angleterre. Devant la menace d'envahir la Zone libre, Vichy avait baissé pavillon : en septembre, la mission dite «Desloges», chargée officiellement de repérer des postes émetteurs, avait parcouru le Sud de la France. Chaque commando comprenait des membres de l'*Abwehr* (dont les spécialistes radio de la Funck *Abwehr*), une équipe du SD de dix hommes désignés par la rue des Saussaies, et une équipe de policiers français, le plus souvent de la ST. Selon certaines sources, Abel Danos aurait fait partie de l'équipe chargée du secteur «Marseille», même si son dossier d'instruction pour intelligence avec l'ennemi ne fait aucune allusion à cette affaire. Selon le témoignage de Georges Baudry, Danos aurait bien effectué un voyage vers Marseille à cette époque : séjour pendant lequel il aurait flingué les assassins de son pote Rocca Serra.
2. De son hôtel vichyssois, Raggio continuera de travailler pour le SSM avant de rejoindre, en septembre 1943, le réseau Jacques OSS. Il sera notamment responsable du terrain d'atterrissage de Cindre (Allier) puis passera au réseau Fitz Crocus en janvier 1944. Sa tête sera mise à prix 5 millions de francs par la Gestapo. Cité à l'ordre du corps d'armée par De Gaulle pour son action résistante, il mourra en 1974.

de mesures D, dont il pense laisser à Raggio le reliquat. Quelques semaines plus tard pourtant, en décembre, il doit se résoudre à quitter son équipe. Il passe la frontière, accompagné de son fidèle garde du corps, « le Balafré ». Autour de sa taille, une ceinture de toile bourrée de louis d'or lui permet d'envisager l'avenir avec confiance [1].

---

1. Robert Terres, *Double Jeu pour la France*, p. 138. Blémant, devenu chef de la sécurité personnelle de Giraud à Alger, s'introduira dans le Milieu d'Afrique du Nord au sein duquel il recrutera à plusieurs reprises des truands « repentis ». À la Libération, il reviendra à Marseille, où il occupera les fonctions de chef de la ST, puis sera nommé à la direction du service à Paris. Parallèlement à ses fonctions officielles, il s'associera ou gèrera de nombreuses affaires, notamment des cabarets dans la région marseillaise : Le Drap d'Or avec Jo Renucci, le Paris-Montmartre avec Dominique Colonna et Dominique Paoleschi, mais aussi en Afrique du Nord (le Sphinx à Fédala et Le Grand Chabanais à Alger). Il renouera avec quelques-unes de ses anciennes relations, en tout premier lieu les Guérini, rivaux de Carbone et Spirito, dont l'un des frères, Barthélemy, dit « Mémé », est du côté de la Résistance, avec François Luchinacci, dit « le Notaire », Marcel Franscisi qu'il a connu dans la garde personnelle de Giraud et beaucoup d'autres Corses. Quand ses relations commenceront à être un peu trop voyantes, en 1946, il se mettra en disponibilité puis démissionnera de la police en 1949 pour se consacrer à ses affaires. Mais une rivalité mal élucidée avec Antoine Guérini le condamnera à mort. Il sera abattu le 4 mai 1965 à Lançon-de-Provence.

# Chapitre 6

## *Paris sera toujours Paris*

1<sup>er</sup> janvier 1943. Pour la troisième année consécutive, Paris se réveille avec la gueule de bois. Pour la majorité de ses habitants, le repas de réveillon s'est résumé à accommoder au mieux les quelques denrées obtenues chez les commerçants en échange des tickets de rationnement. Quelques légumes secs, un peu de riz ou de pâtes, parfois un peu de viande à déguster avec les 250 grammes de pain généreusement octroyés par adulte et par jour. Certains chanceux auront pu toutefois agrémenter leur menu d'une boîte de légumes en conserve achetée à prix d'or, d'un peu de beurre récupéré au prix de centaines de kilomètres à travers la campagne normande, ou d'un reste de sucre d'avant-guerre parcimonieusement économisé. À moins qu'ils n'aient eu vent d'une « bonne affaire » : du beurre à 52 francs le kilo, du vrai café à 90 francs, du fromage à 40, de l'huile ou encore du porc, vendus sous le manteau du marché noir.

Nul besoin de publicité, d'annonces tonitruantes : le bouche-à-oreille suffit à attirer le client là où se déroulent les transactions : dans l'arrière salle d'un bistrot ou au troisième étage d'un immeuble cossu. À Paris comme dans toutes les grandes villes de France, tout s'achète, tout se vend et tout s'échange : de la viande aux boutons de culotte, des cigarettes aux pneumatiques, du papier à lettres au charbon, on trouve de tout... à condition d'y mettre le prix.

Le marché noir ? Un système de débrouilles, de combines, qui touche tout le monde, de l'écolier à l'ouvrier, du professeur au policier, de la vendeuse à la ménagère, et qui perdure depuis novembre 1940. Après deux ans d'Occupation, le marché noir a perdu sa teinte sombre des débuts : il s'étale au grand jour, au vu et au su de tout le monde. La police impuissante laisse faire : c'est un mal nécessaire en ces années de guerre ou tout manque.

La pègre elle aussi s'intéresse au business. À l'échelon supérieur. Au début de l'Occupation tout ce que les bas-fonds de Paris comptaient de trafiquants a flairé la bonne affaire. Certains amateurs se sont contentés de traficoter les denrées de première nécessité auprès des Parisiens affamés, mais d'autres, professionnels de la spéculation, ont vu plus grand : leur unité de mesure n'est pas le kilo mais la tonne. Leurs acheteurs ? Les rabatteurs des fameux bureaux d'achat qui étranglent, depuis la fin 1940, l'économie française. Avec, au bout de la chaîne, les Allemands : malgré la loi qui punit le marché noir, ce sont eux qui encouragent les trafics et l'organisent en sous main. Un moyen comme un autre de désorganiser un peu plus la nation tout en subvenant aux immenses besoins de leur armée. Un fabuleux potentiel, donc, pour les trafiquants...

Joseph Joanovici, dit « Joano » ou « Monsieur Joseph », est de ceux-là. Il est né à Kichinev en Bessarabie en 1902 ou 1905 : ses origines, comme de nombreux aspects de son existence, restent floues : dans l'histoire de Monsieur Joseph, la légende supplante souvent la vérité. Arrivé en France en 1925, sans le sou, il a commencé, le crochet à la main, par fouiller les poubelles et, à force de travail et de manœuvres plus ou moins louches, a réussi à représenter un des plus gros acheteurs de métaux parisien. Il aurait été un peu receleur, dit-on sans certitude.

Mais c'est avec l'entrée des nazis en France que ses affaires se sont mises à prospérer : de son entreprise de récupération de métaux de Clichy, des centaines puis des milliers de tonnes par mois de cuivre, d'étain et de laiton sont parties pour l'Allemagne. Son partenariat privilégié avec Hermann Brandl, alias Otto, a été pour beaucoup dans l'explosion de ses livraisons. À la fin de 1943, Monsieur Joseph s'est bâti une fortune colossale, que certains estiment aujourd'hui à quatre milliards de francs... Hermann Brandl n'est pas seulement son partenaire commercial : il est aussi son protecteur contre les attaques des épurateurs du « service antijuifs » de l'Amt IV... Car Joanovici est juif. Bien qu'ayant tenté par tous les moyens de faire oublier ses origines en payant des certificats et des faux papiers, il reste menacé de saisie et, pourquoi pas, de déportation[1].

Monsieur Joseph et Lafont se connaissent bien : Joano est un hôte assidu du 93 et l'obligé du Patron, à qui il doit une certaine protection et une partie de ses affaires. Leur partenariat a débuté en 1940, quand ils ont ouvert ensemble « l'Union économique », un bureau d'achat, 16 rue George-V. Les occupations de chacun avaient ensuite pris une tournure différente même si les deux hommes restaient très liés. Mais ce qui pourrait passer à première vue pour de l'estime mutuelle, voire de l'amitié, n'est en fait qu'une relation d'affaires très ambiguë où l'intérêt personnel prime sur tout

---

1. À la fin 1943, à la suite de la disparition progressive des bureaux d'achat et avec la baisse de la puissance d'Otto, le ferrailleur se tournera vers son « ami » Lafont. Moyennant une substantielle commission, celui-ci lui assurera la sécurité grâce, semble-t-il, à l'aide de Boemelburg.

le reste. Lafont, qui paraît n'avoir eu aucune illusion sur sa loyauté de son partenaire [1], aura bientôt l'occasion de s'en apercevoir.

## Orchidées, gigots et pain blanc

Pour quelques privilégiés, le choix de la soirée du réveillon s'est révélé cornélien : fallait-il écouter Lucienne Delisle, à l'Écrin, rue Joubert, assister au souper spectacle donné par l'Ange Rouge, rue Fontaine, fêter le réveillon au Gipsy's dans le Quartier Latin ou encore admirer la revue déshabillée proposée par le Paradise ? Difficile de trancher... *L'Annuaire du Spectacle,* qui énumère les attractions du « *Paris bei Nacht* » de ce réveillon 1942-1943, a dénombré pas moins de 102 boîtes de nuit – et il ne s'agit que de celles qui ont accepté de payer pour figurer dans cette brochure ! Outre les spectacles, cette année encore, la tradition française de bonne table a été respectée : huîtres, dinde et foie gras au menu, le tout arrosé des meilleurs crus. Sans oublier le traditionnel champagne...

Où le Patron a-t-il passé la soirée ? Au Florence, rue Blanche, où il lui arrive d'entrer lorsqu'il reçoit des hôtes de marque, à La Boîte à Cocktails, rue du Commandant-Rivière, où l'on sert sans restriction toute la gamme d'apéritifs et de cocktails d'avant-guerre, ou bien au Chantilly, où on annonçait un « formidable spectacle » de 23 heures à l'aube, ou encore Au Monseigneur ? À moins qu'il n'ait entamé, comme cela lui arrive parfois, la tournée des grands ducs au bras d'une de ses maîtresses couverte de bijoux et emmitouflée de fourrure... Lafont, qui respecte la particule,

---

1. Dans un de ses interrogatoires, Lafont qualifie Joanovici d'« un des principaux chefs de l'IS [*Intelligence Service*, service de renseignement anglais]. »

aime s'entourer de marquises ou de duchesse plus ou moins authentiques... Ont-ils goûté à leur juste valeur les mets qui leur ont été servis ? Rien n'est moins sûr : rue Lauriston, du 1er janvier au 31 décembre, « la chère est agréable et les vins choisis », selon Georges Prade, vice-président du conseil municipal de Paris qui vient dîner parfois en compagnie de son épouse[1]. Une « consécration suprême » qui lui permet de savourer quelques tranches de succulents gigots de présalé, alors que la ration hebdomadaire des français s'établit aux alentours de 70 grammes de viande par personne, de la carne le plus souvent.

Monsieur Henri possède ses fournisseurs particuliers : pour la viande, le boucher du cirque Amar lui réserve les meilleurs morceaux. En septembre 1941, Mustapha, son directeur, a dû à l'intervention de Lafont d'être relâché après seulement quinze jours de prison. Son très important stock d'or lui a été confisqué, mais qu'est-ce que l'argent[2] ? L'argent n'est rien, ne vaut plus rien... Madame Prince, l'épicière installée 84 rue Lauriston, peut en témoigner : elle qui fournit en fromages, laitages et crème fraîche ses voisins du 93 doit dépenser des fortunes pour s'approvisionner auprès des fermiers normands. Heureusement, ses clients la payent rubis sur l'ongle... D'ailleurs, tous les membres de la « bande » y ont ardoise ouverte, quand ce n'est pas ellemême ou ses employés qui livrent la marchandise[3]. Pour l'approvisionnement en pain blanc, croissants, gâteaux, le patron compte sur la boulangerie Coulon, avenue Montaigne. Une bonne maison, dont la réputation n'est plus à faire : la preuve, la queue qui s'allonge de longues

---

1. Collectif, « Paris 40-44 », *Les dossiers du clan*, p. 120.
2. Dans cette affaire, Lafont avait été contacté par un certain Barbier, propriétaire du cabaret Le Royal, à Pigalle, ami d'enfance d'Amar. Dossier 46220, SHAT.
3. Témoignage Hélène Maltat. Madame Prince comptera parmi ceux qui dénonceront les Maltat aux FFI à la Libération.

heures devant la boutique. En deux files bien distinctes : d'un côté les clients avec tickets, de l'autre, les sans tickets. Surtout, ne pas mélanger les torchons et les serviettes. Le 93 fait partie des clients privilégiés, livrés tous les matins, quelles que soient les restrictions du moment : de toute façon, les ingrédients sont fournis par le 93[1]. Lafont aime le pain raffiné, les douceurs : une façon, peut-être, d'oublier les années noires...

Monsieur Henri a une autre manie : il adore les fleurs. De toutes sortes : orchidées, dahlias, muguet, lilas, roses selon la saison... Les jours de livraison, compositions, bouquets et pots s'accumulent sur le trottoir le temps que le planton les dépose dans les différentes pièces l'immeuble. Il y en a tant qu'elles sont parfois distribuées aux concierges du quartier pour embellir leurs loges[2].

## *Des gens simples*

Les Maltat, concierges au numéro 101 rue Lauriston, ne sont pas de ceux qui acceptent des cadeaux de n'importe qui. Trop de fierté, d'amour-propre, sans doute chez ce couple modeste, discret, scrupuleux et honnête. Des gens simples... Henri Maltat a quarante-six ans[3]. À une époque, il était un cuisinier réputé pour son savoir-faire : pendant la Grande Guerre, le général Pétain lui-même l'avait pris à son service. Ses prestigieuses références lui ont ensuite permis d'entrer à la très réputée Compagnie nationale des wagons-lits. Mais, depuis le début de l'Occupation, comme

---

1. Dossier Z6/3. Archives nationales.
2. Témoignage d'un ancien, rapporté par Philippe Aziz, *Tu trahiras sans vergogne*, p. 119.
3. Henri Maltat est né en 1897 dans un village près de Melun. Sa femme, Marcelle, née en 1902 près d'Arpajon, est la fille d'un émigré italien.

des millions de français, Henri Maltat est sans emploi. «Vols au vent», «homards à l'armoricaine» et autres spécialités ne sont plus au goût du jour. Pour occuper ses journées, il aide à l'entretien de la loge pendant que Marcelle, sa femme, se livre à quelques travaux de couture. On n'est pas riche chez les Maltat, mais on ne se plaint pas.

Autour de la table familiale, la conversation tourne parfois autour des voisins du 93 et de son propriétaire, dont il arrive qu'on aperçoive la Bentley crème. Ce ne sont d'ailleurs pas les voitures qui manquent : certains matins, des files entières stationnent devant l'hôtel particulier. Beaucoup de Citroën noires. D'après les voisins immédiats, le trafic ne cesse jamais, même après le couvre-feu. Des hommes en costume en descendent, parfois avec des femmes à leurs bras. Aux tenues souvent tapageuses, comme celle qui vient de temps en temps, en robe à traîne, à bord de son tilbury en osier. Une duchesse, à ce qu'on raconte [1]... On y voit pas mal d'Allemands aussi : des galonnés, paraît-il. Un défilé qui commence à faire jaser dans le quartier : on dit qu'il se passe de drôles de choses certains soirs au 93. Des parties fines. Certains parlent même d'orgies «romaines»...

Henri Maltat s'intéresse plus au sport qu'aux ragots du quartier. Boxe, cyclisme, football, course à pied : sa passion dévorante le poussait tous les dimanches avant guerre sur les gradins des stades, vélodromes et autres temples dédiés au culte du corps. Lui-même a pris le départ de quelques courses de vélo quand il était jeune, en amateur. Des vedettes, par contre, il en a connu ! Carpentier, Pelissier, Criqui, Borotra... Du temps où il sillonnait l'Europe dans le wagon des cuisines, il n'était pas rare qu'un champion soit

---

1. Témoignage Hélène Maltat. Il s'agit de la marquise Lumay d'Abrantès, née Sylviane Quimpfe en 1912. Elle est une des nombreuses «comtesses de la Gestapo», maîtresse de Lafont, puis d'Eddy Pagnon. On l'arrêtera le 3 novembre 1944.

dans le train. Avec ça, pas fiers pour un sou : ils ne refusaient jamais de lui serrer la main et de lui donner un autographe pour Rose-Hélène, sa fille...

Henri et sa femme n'ont eu qu'un enfant : leur grand regret... Lui qui espérait tant avoir un fils avec qui pédaler le dimanche, assister aux matchs et le voir, pourquoi pas, devenir champion un jour, a dû se résoudre à inculquer sa passion à sa fille. Toute petite, « Rosette » a donc baigné dans l'atmosphère survoltée des stades, connu l'âpreté des combats « d'anglaise », assisté avec son père aux départs du Tour de France, du Paris-Tours, du Petit Tour à Buffalo... Des expériences marquantes.

Pendant que les fillettes de son âge jouaient à la poupée, Rose faisait de la bicyclette, lisait le *Miroir des Sports* et collectionnait les images de coureurs. Elle apprenait par cœur leurs résultats, connaissait les « fôtballeurs » par leur prénom, les performances des anciens « cracks » et les petits travers des jeunes espoirs... Ce qui ne l'empêchait pas, sur les bancs de l'école, d'être dans le peloton de tête des bons élèves. D'ailleurs, après son certificat d'études obtenu haut la main, elle a bénéficié d'une bourse pour continuer jusqu'à un diplôme de sténo-dactylographe. Mais en ces années de guerre, le travail est une denrée rare, comme le reste. Alors la jeune fille navigue de place en place sans trop d'espoir de trouver un travail sérieux. Son moral s'en ressent : « Pour dire la vérité, je ne savais pas quoi devenir à ce moment-là. C'était tellement difficile de s'en sortir... » se souvient-elle.

## *La rencontre*

Un jour de mai 1943, un homme au volant d'une traction avant noire l'aborde alors qu'elle rentre chez elle : « Nous nous sommes rencontrés par hasard rue Lauriston. Il m'a gentiment courtisée par la portière ouverte de sa voiture :

Alors, ma petite demoiselle, quand est-ce qu'on se voit? Demain, vous êtes libre?» Le coude à la portière, l'homme sourit. Surprise, la jeune fille a le temps de répondre d'un trait d'humour : «Ah, mais avant il faut demander à mon père!» Avant que la six-cylindres redémarre en douceur.

Quelques jours plus tard, le prince charmant à la traction ne l'a pas oubliée : «C'est qu'il avait pris ça à la lettre! Dans la même semaine, je l'ai revu, et là, il est descendu de voiture. Il m'a reposé la même question, toujours avec le même sourire.» Elle tombe sous le charme. «Abel était bel homme, grand, baraqué, avec un beau sourire. C'est comme cela que ça a commencé...» Après quelques compliments, deux ou trois plaisanteries, Danos sent la jeune et jolie brunette sensible à ses avances. À l'occasion, le voyou sait se montrer fleur bleue. À la fin, il pousse un peu plus loin ses pions en lui donnant rendez-vous Place du Trocadéro, le lendemain matin, à 7 heures.

Le «Bel Abel» n'a pas sous-estimé son pouvoir. Paris s'éveille à peine quand la jeune fille et le «gestapiste» font connaissance devant un café-crème. Connaissance? Façon de parler, car Danos reste très discret sur sa vie privée et sur ses occupations : il est dans les affaires, le commerce... Rose Maltat n'est pas beaucoup plus avancée. En cette époque troublée, «faire des affaires» veut tout dire. Mais la jeune fille ne cherche pas à en savoir plus : «Je n'ai pas su tout de suite qu'il faisait partie du 93. Il ne m'a rien dit et je n'ai rien demandé.» Elle devra attendre pour apprendre quelques «détails».

Fatalement, on se met à parler d'âge : Abel a trente-huit ans. Elle, est née le 1er janvier 1923. Quelques années de différence, mais où est le problème? Ça n'empêche pas de boire un café ensemble, n'est ce pas? Puisqu'il ne peut pas parler du présent, Danos remonte le temps. Vers une époque où il était encore présentable : «L'année où tu es née, je faisais la couverture de *Moto Revue*.» La «môme» est épatée. L'ancien coureur énumère alors ses performances. Le vélo ? Ça le connaît : il a été un espoir amateur dans les années 20... Dijon, l'USD, tout y passe. Les yeux de la jeune fille s'arrondissent d'admiration devant cet ex-champion reconverti dans les affaires...

À l'époque Abel a dix-huit ans et la vie devant lui. Enfin, la vie peut-être pas, mais depuis deux ans qu'il cotise à l'Union sportive dijonnaise, « société de sports athlétiques », il a remporté assez de succès pour se laisser aller à rêver. À l'entrée de cette saison 1923, il se sent prêt à franchir la ligne, la vraie : celle qui sépare les amateurs des champions. Francis et Henri Pelissier, Léon Scieur, Firmin Lambot, Eugène Christophe, Alavoine ou Buysse : des « cracks » de l'époque. Combien de fois a-t-il imaginé égaler ses héros au guidon de sa bicyclette ? Ou plutôt de son vieux « biclou », un engin monté de bric et de broc. Mais qu'importe... à l'époque du Tour, il se sent prêt à soulever des montagnes... C'est grâce à « Mimile » qu'il a débuté dans la course : le constructeur lui a prêté une machine et a payé sa cotisation au club[1] : « Quand il était jeune, Abel voulait s'acheter un vélo. Sa mère aurait sans doute dit oui, mais son père était contre à cause d'une histoire de vol. La mère Danos était une petite bonne femme soumise et effacée devant son mari. Un peu comme "la Sardine", vous savez, la femme de Dominici. D'après ce que je sais, son mari n'était pas un commode... » raconte Hélène Maltat. Comme Gaston, le patriarche de la Grand-Terre, Jean-François Danos règne d'une poigne de fer sur sa famille. Avec Abel, particulièrement, il a la main lourde et la rancune tenace. À chaque supplique de son voyou de fils, il remet l'affaire de la poste américaine sur le tapis...

---

1. À Dijon, plusieurs constructeurs se partagent la clientèle. Lejeune, rue du Transvall, Clémencet, rue du Petit-Citeaux, Mimile, Griffon ou Mongenet, rue du Bourg. Pour assurer leur publicité, tous patronnent une course annuelle dotée de prix parfois prestigieux.

L'histoire remontait à la fin de 1918. Le clairon de l'Armistice venait de sonner, les survivants rentraient chez eux. Mais Dijon n'était plus la même : la paisible préfecture s'était métamorphosée en une cité bruyante et cosmopolite. Plus grave, les affaires de vols, de prostitution et de vagabondage noircissaient les colonnes du journal *Le Bien Public*. Résultat, les deux chambres correctionnelles de Dijon jugeaient à plein régime : souvent des jeunes, et même des gosses, qui se livraient en bandes au pillage des magasins militaires ou des wagons de marchandises. Des trafiquants, des adultes, tiraient les ficelles en sous main. Il faut dire que pendant quatre ans les enfants ont été livrés à eux-mêmes : les pères dans les tranchées, les mères à l'usine... Résultat : une montée en flèche de cette délinquance juvénile qu'un journaliste du quotidien dijonnais qualifiera de «pègre» et même de «lèpre». D'autres, parleront plus pudiquement de «jeunesse de guerre».

Un jour, Abel est ramené chez lui entre deux soldats de la Military Police. Depuis quelque temps, les employés au courrier américain se sont aperçus que des sacs disparaissaient. Pas perdus pour tout le monde : les voleurs, une bande de gamins, procèdent à leur «tri» dans les terrains vagues des environs. Montres, pipes, tabac, chocolat, gants et autres petits objets sont subtilisés, puis partagés. Le 9 janvier, la bande a été prise la main dans le sac. «Avec des copains, ils montaient dans les camionnettes militaires et y chapardaient des tas de choses. Évidemment, quand Abel est revenu entre deux policemans, le père a mal pris les choses...» Si le tribunal a fait preuve d'une certaine mansuétude, la «justice» personnelle du père Danos est tombée sans appel. «Abel ne se plaignait jamais. Jamais. Même dans les moments les plus difficiles. Pourtant, je me souviens qu'il m'avait dit que son père avait été très dur. Il prenait des coups de lanière quand il était gosse. Après cette histoire, il avait pris une raclée à coups de ceinture [1]. Vous savez, je crois que son enfance a motivé beaucoup de choses. Ça n'explique pas tout, mais... »

## *Palmarès*

Pour ne rien arranger, Abel a échoué au certificat d'études : « Élève assez intelligent, mais peu soigneux, peu appliqué et d'une conduite médiocre », a écrit le professeur en marge de son bulletin en 1918. Dès son retour de la guerre [2], le père lui a mis la truelle à la main. Il sera maçon : un boulot comme un autre après tout...

À vélo, par contre, Abel est doué : il n'a pas son pareil pour réparer une « perçure » sur un boyau, jauger à vue d'œil le pourcentage d'une pente et inverser sa roue arrière en un minimum de temps. Petit pignon à la montée, gros pignon à la descente, et rebelote [3]. Le père a fini par accepter cette passion pour le sport : après tout, si le vélo lui permet de rester dans le droit chemin...

Avec la formidable puissance qu'il a dans les jambes, c'est un des espoirs du club. « Le "grand" ira loin », a prédit

---

1. « Un homme excessivement violent et brutal », selon A. B., son petit-fils. Jean-François Danos sera confronté trois fois aux tribunaux : le 25 juillet 1924 à Dijon et le 10 décembre 1927 à Lons-le-Saunier pour coups et blessures volontaires. Le 30 juin 1922, il avait été condamné à Dijon pour outrages à agent assermenté et usurpation d'état civil.

2. Jean-François Danos, soldat au 29e régiment d'Infanterie, est démobilisé le 7 février 1919. À cette époque, son fils suit des cours d'électricien à l'École pratique.

3. L'invention du dérailleur n'a pas encore bouleversé la machine : en conséquence, chaque côte ou descente nécessite le retournement de la roue qui ne comporte qu'un pignon fixe, de diamètre différent de chaque côté. « J'ai entendu dire que Danos avait cassé son pédalier, un jour pendant qu'il montait une côte un peu raide... C'était un type d'une force phénoménale », témoigne l'ancien coureur André Pousse, qui l'a bien connu.

Mimile, qui s'y connaît. Comme chaque année, le fabriquant organise une course : le Grand Prix Mimile. Inutile de dire qu'à cette occasion Abel met les bouchées doubles : en 1923, par exemple, il s'est classé deuxième. Il n'a pas eu de chance : sur plus de 120 kilomètres il a mené devant ses concurrents avant de se tromper bêtement d'itinéraire... Un peu plus tard, dans le Circuit Griffon, il a encore fait deuxième. Du coup, il a été sélectionné pour concourir le Challenge d'honneur de l'UVF, à Poissy.

Cette fois encore il s'est distingué : il a fini troisième au classement général et premier des équipes régionales, au coude à coude avec un certain André Leducq : «Je sais que Leducq et lui avaient fait connaissance dans les années 20, lors d'une compétition de jeunes amateurs. À Poissy, peut-être...» «Dédé», le parigot du VCL, un costaud lui aussi né en 1904, champion du monde amateur en 1924 et deux fois vainqueur du Tour. Comme lui, Abel aurait pu devenir quelqu'un d'autre, se faire un nom, s'il n'avait pas dérapé. «Un soir, pendant l'Occupation, dans un restaurant, Leducq est venu nous dire bonjour : Abel et lui avaient l'air de très bien se connaître...» Dans son coin, Rosette assistera, médusée, à la rencontre de son idole avec l'homme du 93[1].

Pendant été 1923, Danos a fait quelques infidélités à la «Petite Reine» : sous le pseudonyme de «Marc», il s'est lancé dans les courses de motocyclettes. D'autres sensations, d'autres plaisirs. Sa moto était une Alcyon, 350 $cm^3$ : celle du père, qui a fini par céder. Sa première course s'est déroulée le 14 juillet, à Château-Thierry : une épreuve de côte – 500 mètres, départ et arrivée arrêtés. Une chaleur torride. Le plus dur était d'arriver pile à cheval sur la ligne. Quelques jours plus tard, il s'est engagé sans trop y croire pour le

---

1. À la fin, son amant s'excusera : «Je ne t'ai pas donné la parole parce que telle que je te connais tu lui aurais sorti son pedigree...» Témoignage Hélène Maltat.

Grand Prix de France à Montargis. Près de 400 kilomètres, trente-six tours de piste enchaînés sous le dossard n° 36 : un bon numéro, puisqu'il est arrivé premier de sa catégorie. Les représentants d'Alcyon ont commencé à regarder d'un autre air ce jeune coureur de province.

En octobre, il a participé au Concours du litre d'essence de Chanteloup, organisé par le magazine *Moto Revue* : il a fini premier, en parcourant 77 kilomètres et 716 mètres avant d'être à sec ! C'est cette victoire qui lui a valu une médaille d'or et la couverture de la revue...

Entre deux exploits, Hélène Maltat parle un peu d'elle, de sa vie calme de jeune fille rangée, de son ennui... Elle évoque son père fana de sport en général et de vélo en particulier : il ne rate pas un événement. Mais en ce moment, c'est plutôt le calme plat... Justement, Danos raconte la course de demi-fond à laquelle il a assisté le dimanche précédent au Vel' d'Hiv'. Une belle course. Le gagnant est un obscur amateur de vingt-trois ans, né en Haute-Saône. Il ira loin [1]. Comme tout ce qui touche de près ou de loin à la petite reine, Hélène sait de qui il s'agit : « Ah oui, je le connais, c'est Jean-Jacques Lambolley. »

Pour le coup, c'est Danos qui est épaté : « Tu sais ça, toi ! ? » L'ancien champion n'en revient pas. Mais Rose Hélène sait « ça » et beaucoup d'autres choses... C'est à son tour de parler. « Ce jour-là, je crois que j'ai marqué des points auprès d'Abel et, aussi drôle que cela puisse paraître, je crois que c'est cette passion commune qui l'a poussé vers moi. »

Place du Trocadéro, la matinée est déjà bien avancée quand Abel et Rose se séparent. On convient de se revoir et, pourquoi pas, de faire une petite ballade à vélo ensemble...

---

[1]. Conformément aux prévisions de Danos, Jean-Jacques Lambolley devint champion du monde de demi-fond en 1948 et gagna les 100 Milles l'année suivante, avant de s'effacer progressivement.

*À bicyclette...*

Au fil des mois, Danos s'attache à cette «gosse» qui a tout pour plaire : jolie comme un cœur, de la conversation, pas compliquée et discrète... Et un bon coup de pédale avec ça : lui qui croyait l'impressionner s'est rendu compte que sa passion pour la «Petite Reine» n'est pas seulement platonique. Dans les côtes, surtout, où la jeune fille lui a mis plusieurs longueurs d'avance. L'ancien coureur, derrière, s'essoufflait! «J'ai toujours été bonne grimpeuse. Dans les côtes, je laissais tout le monde derrière moi. Abel avait un peu perdu l'habitude, depuis le temps...»

1923-1943. Vingt ans. Vingt longues années durant lesquelles Danos n'a guère eu l'occasion de remonter sur un vélo : il en a passé près de la moitié à l'ombre. Pour le reste, ses occupations l'ont poussé plus souvent au volant d'une automobile qu'au guidon d'une bicyclette. Question de métier.

Dans les années 30, André Jolivot et lui s'étaient spécialisés dans le vol d'autos. Une branche autour de laquelle gravitait tout un monde interlope : indicateurs, rabatteurs, voleurs, receleurs sans parler des garagistes, maquilleurs d'autos et faussaires en cartes grises. Résultat : rien que dans la capitale, près de quatre mille vols comptabilisés pour la seule année 1932. Des automobiles remises pour l'essentiel dans le circuit officiel, après passage dans un des garages clandestins de la banlieue parisienne. Une fois métamorphosées, les Hotchkiss, Citroën, Talbot et autres Delage étaient alors acheminées principalement vers Marseille pour être revendues. À moins qu'elles soient acquises par un «pigeon» dans les points de vente parisiens de la Porte Maillot, de la place des Ternes ou de Levallois, hauts lieux du commerce automobile. Quelques-uns de ces véhicules servaient aux truands pour transporter le produit de leurs vols – les coffres forts par exemple – ou, tout simplement, pour se déplacer. Après utilisation, les véhicules finissaient par disparaître définitivement en pièces détachées.

Un peu plus tard, en 1937, Danos s'est acoquiné avec un certain Roger Wolfinger : un Dijonnais lui aussi. Il n'était pas de la trempe de son ancien complice, mais Dédé était en taule pour longtemps, alors, faute de mieux... À l'époque, les voitures les plus prisées pour leur qualité, leur confort et leurs performances étaient les Hotchkiss. Mais les préférences de Bibil, en tant qu'utilisateur, allaient vers les nouveaux modèles des usines du Quai de Javel. Moteurs flottants, carrosseries monocoques et à traction avant, les Tractions 7 et 11 CV Citroën offraient des performances et une tenue de route inégalées. L'amateur de vitesse qu'il était ne s'y était pas trompé : « Abel ne voyait que les tractions ! Et en voiture, je ne vous dis pas ! Il était très casse-cou, mais on n'avait pas peur avec lui. C'était un as du volant... Il avait un très bon mécano [Gros Raymond], qui avait modifié le moteur de sa 15 sur ses directives : on n'avait personne devant nous, je vous garantis ! » Les propriétaires de tractions avant allaient faire les frais de cette passion des années durant.

Au gré de l'emploi du temps incertain du « gestapiste », les deux amants se voient parfois plusieurs fois par semaine, ou pas du tout. La jeune fille ne s'étonne pas et ne pose aucune question. Le Mammouth n'a pas d'explication à fournir : il est libre. Mais dès qu'il prévoit quelques heures de liberté, il s'arrange pour donner rendez-vous à la jeune fille, devant chez elle rue Lauriston. En l'attendant, Hélène fait la conversation au « gendarme » de faction devant le garage situé en face[1]. Pour la prévenir de son arrivée,

---

1. Ce garage, où étaient garées des voitures allemandes, était gardé par des Français en uniforme. Aucun n'ignorait les relations qu'entretenait la jeune fille avec Danos. Après la guerre, l'un d'eux dira pourtant : « Les salauds. Je ne le savais pas, sinon je leur aurais mis une rafale de mitraillettes, à tous les deux. »

Abel klaxonne au moins cent mètres à l'avance. Discrétion assurée ! Puis, la portière refermée, la voiture démarre sur les chapeaux de roues et vogue la galère... Selon l'époque, l'heure, le temps à passer ensemble, la traction passe les portes de Paris ou se gare au pied d'un petit hôtel tranquille ou d'un restaurant.

Quand le temps est au beau fixe, les deux amants s'aventurent à vélo sur les départementales de Seine-et-Marne. Au hasard des ballades, les deux cyclistes font halte dans une des petites auberges accueillantes qui jalonnent la campagne : comme celle de Gaston, un ami d'Abel, qui tient l'Hôtel de la Gare à Dammartin-sur-Tigeaux, près de Mortcerf[1]. C'est comme ça qu'un beau jour Abel et Rosette sont devenus amants.

Sur l'oreiller, Danos se laisse parfois aller à confier quelques souvenirs de son passé de voyou. « Abel n'était pas un expansif, et puis tout ça est loin. Mais je me souviens qu'il m'avait raconté cette affaire de plaque de vélo. Vingt ans après, il les avait toujours en travers... » L'affaire avait débuté le 31 janvier 1923, par un entrefilet dans *Le Bien Public* : « AUDACIEUX ATTENTAT. Il nous revient qu'un attentat d'une audace inouïe aurait été commis avant-hier vers dix heures rue Jeannin. Au moment où elle procédait à la fermeture de son magasin, une commerçante de ladite rue aurait été assaillie par un individu masqué qui l'aurait bâillonnée. Pendant que l'individu mettait sa victime dans l'impossibilité d'appeler au secours, un complice, également masqué, pénétrait dans le magasin où il faisait main basse sur différents objets de minime valeur. La recette journalière, contenue dans le tiroir-caisse, avait été mise en lieu sûr quelques instants avant l'attentat. »

---

1. Dans un rapport de police de 1947, on soupçonne Danos de s'y être réfugié pendant sa cavale. Ancien navigateur, Gaston, dit « Gastounnet le Tatoué », sera également soupçonné d'avoir recelé Jo Attia blessé après la fusillade des Marronniers en 1946.

Le butin s'était résumé à un lot de timbres, un peu de monnaie et quelques plaques «vélocipédiques», cet impôt que tout cycliste se devait d'acquitter en début d'année sous peine d'amende. Une amende justement, Danos venait d'en payer une : le 24 décembre 1922, quelques jours avant le coup, les flics de la «Cipale» lui avaient collé une contravention pour «défaut d'appareil sonore et défaut de plaque d'identité à sa bicyclette»[1]. Le 24 décembre... tu parles d'un cadeau ! Le manque d'argent avait fait le reste. L'idée de se servir dans la caisse de la buraliste avait germé puis s'était peu à peu imposée. Une mauvaise idée[2].

Les mois avaient passé. À vélo ou à moto, Danos avait remporté des victoires. Il avait sans doute fini par oublier cette histoire de plaques de vélo quand il avait été arrêté en compagnie de son complice, un nommé Albert Cote. Le coup dur...

### *Erreurs de jeunesse*

Le vendredi 20 juin 1924, après un mois d'incarcération, les deux prévenus étaient passés devant les juges. L'accusation n'avait pas fait dans la dentelle : une agression ! Voilà ce dont avait été victime la veuve Chatelet. La technique des deux accusés, très au point, témoignait de leur disposition pour le crime ! Une criminalité en perpétuelle recrudescence qui gangrenait depuis plusieurs années cette bonne ville de Dijon. Le châtiment se devait donc d'être exemplaire, sous peine d'inciter à la récidive. En voulait-on une preuve ? Danos avait été jugé, ici même, cinq ans plus tôt pour vol... Maître Vieillard Baron, son avocat avait eu

---

1. *Le Bien Public* du 27 décembre 1922.
2. Selon Charles Chenevier, Danos aurait volé pour s'acheter des boyaux neufs.

beau dire et beau faire, le verdict s'était soldé par huit mois de prison pour les deux jeunes voleurs. *Dura lex, sed lex...* Une chance : les juges leur avaient concédé des circonstances atténuantes...

À la sortie, le Mammouth aurait pu encore s'amender, reprendre le droit chemin. Pourquoi pas celui de la course ? Mais en attendant, il devait faire son temps sous les drapeaux. Il avait fauté ? Il irait donc à Biribi « casser des cailloux » sous l'uniforme des Joyeux [1] : l'armée ne pardonnait pas les erreurs de jeunesse.

> *Pour être Joyeux, chose spéciale*
> *Il faut connaître Fresnes ou Poissy*
> *Ou bien sortir d'une centrale*
> *C'est d'ailleurs là qu'on nous choisit...*

Marseille, Tunis, puis terminus Gabès : au-delà commençait l'extrême Sud tunisien, l'Empire du Cafard. C'est vrai que le temps semblait long à Tatahouine. Des marches, des exercices à la baïonnette sous le soleil brûlant et pas moyen de refuser : à la moindre des rouspétances, les sous-offs et leurs chaouchs étaient là pour faire plier. Dans le camp de Déhibat, Abel s'était mêlé aux escrocs, aux souteneurs, aux voleurs et aux violeurs qui composaient le 5ᵉ BILA : une sorte de Cour des miracles au fond de la Tunisie. Il avait connu le « coup de sonnette », cérémonie d'accueil à laquelle tout arrivant devait se soumettre, sous peine de servir de larbin ou de gonzesse, aux caïds. Il s'était battu et même bien battu : il faut dire que, de l'avis général, Danos était doué d'une force surhumaine, « herculéenne », écrira Chenevier.

---

1. « Biribi », terme générique symbolisant l'arsenal répressif en usage dans l'armée française de 1830 à 1962. Le système, regroupant les corps d'épreuve, les sections de discipline, d'exclus et les établissements pénitentiaires est destiné à mater les fortes têtes. Les Joyeux qui composent le Bataillon d'Afrique (Bat'd'Af ou BILA) sont des appelés frappés d'une condamnation de droit commun à au moins trois mois de prison.

C'est là qu'avait sans doute commencé son apprentissage de malfrat. Vol à la tire, au fric-frac, au baluchon...

C'est d'ailleurs comme ça qu'il avait commencé : comme « balluchonneur du dimanche ». Rien dans les mains, rien dans les poches : il suffisait d'ouvrir l'œil et de repérer les maisons inoccupées. Une fois à l'intérieur, un drap, le baluchon, servait à transporter le butin.

Au Bat' d'Af, toutes les combines étaient bonnes à apprendre : les recettes de « maquillage », par exemple, qui permettaient de couper à une marche, d'éviter une corvée ou même, dans certains cas, de se faire réformer. Elles lui serviraient plus tard, en taule. Bibil, en revanche, avait refusé de se laisser aller à la « bouzille », le tatouage. Il faut dire qu'en 1925 la pratique était un peu passée de mode : le temps des Joyeux « bleus » des pieds à la tête était révolu. Cela ne servait qu'à se faire repérer par la « maison poulaga ». Il avait néanmoins sacrifié à la tradition avec une discrète demi-bague sur l'annulaire gauche...

Au moment de la guerre du Rif, le bataillon était parti pour le Maroc[1]. Là-bas, Danos avait fait le coup de feu contre les « arbis » d'Abd-el-Krim. Il avait appris à tuer... Au retour, il n'était plus le même : un peu plus cynique et désabusé, un peu plus insensible devant la mort. On ne fait pas la guerre sans y laisser quelques plumes. « Abel parlait peu de cette époque. Je sais que sa mère lui envoyait des colis. Il faisait la tambouille pour ses copains. Des fois, pour le taquiner, je lui disais : "Dis donc, t'es un dur ! T'as été au Bat' d'Af !" Il rigolait. » Danos pouvait rire... La jeune fille avait raison : là-bas, dans les sables de la Tunisie et du Maroc, il avait perdu une partie de sa jeunesse... Puis le clairon avait battu le rappel. La guerre était terminée et, pour Danos, c'était l'heure de la classe. Il avait eu

---

[1]. Danos arrive en Tunisie en février 1925 au 5e bataillon d'Infanterie légère d'Afrique. En août, le bataillon d'Infanterie est envoyé combattre dans le Rif, au Maroc.

la chance de s'en tirer : certains avaient gagné la Croix et la réhabilitation, mais c'était souvent à titre posthume...

> *Avec pour croix une baïonnette*
> *À l'endroit où nous sommes tombés*
> *Qui voulez-vous qui nous regrette*
> *Car nous ne sommes qu'des réprouvés*

Le 8 juillet 1926, la troupe avait rembarqué dans les wagons du tortillard de la ligne Tanger-Tunis. À défaut de se couvrir de gloire, Danos avait, au moins, vu du pays[1].

## *Bonnes adresses parisiennes*

Pendant que le commun des mortels se contente de rutabagas et de topinambours, le couple fréquente les bonnes adresses de la gastronomie clandestine. Il n'a que l'embarras du choix : sans parler de La Tour d'Argent ou Maxim's qui continuent de servir des dîners somptueux pour une clientèle triée sur le volet, on ne meurt pas de faim dans Paris, pour peu que l'on dispose de suffisamment d'argent. Et Danos n'en manque pas... Dans les quartiers des Halles, des Grands Boulevards ou de la Bourse, les noms des bonnes tables se communiquent entre initiés. Devant le Relais de Porquerolles, boulevard des Batignolles, la Bonne Franquette, Chez Pomme à Montmartre ou ailleurs, Abel stoppe parfois sa traction pour un repas sans ticket[2].

---

1. Abel Danos n'avait apparemment encouru aucune punition susceptible de rallonger son temps de service militaire. Mais l'autorité militaire lui refusa malgré tout le « certificat de bonne conduite » accordé à ceux qui « ont accompli leur service militaire en servant avec honneur et fidélité ». Il avait en outre, droit au port de la médaille coloniale avec agrafe « MAROC 1925 ».

2. Un soir, Danos a la surprise de ne pas retrouver sa voiture : « Abel s'était fait faucher sa traction, à la sortie du Shangaï [7 rue de Sèze, près

Soumise aux restrictions comme l'ensemble des Parisiens, sa maîtresse se laisse aller à sa gourmandise naturelle pour les gâteaux : le soufflé au Grand Marnier notamment, dont elle raffole. Pendant qu'elle se régale, Abel mange du bout des lèvres ou la regarde en fumant sa cigarette. Cela semble lui suffire : « Abel était assez réservé lorsque nous allions dîner ensemble. Il préférait me voir manger que manger lui-même. Mais c'était un bon vivant, dans le sens qu'il aimait les bons petits plats et les bons vins. Il était amateur de Bourgognes, surtout le Nuits-Saint-Georges, où, entre parenthèses, il avait des amis vignerons. Une bonne bouteille, mais pas plus, c'était pas son truc. »

Leur vrai plaisir est d'aller assister à une course, un critérium. Le sport est un bon moyen d'oublier les restrictions : l'Occupant, qui l'a bien compris, a autorisé la reprise de certaines compétitions. La saison cycliste 1943 voit le redémarrage de Paris-Roubaix. Le Paris-Tours se dispute depuis deux saisons, le Paris-Dijon également. L'occasion, pour les amants, d'une virée dans une des villes étapes, un petit gueuleton à la clé... Mêlés aux « Verts de gris », ils vont aussi applaudir « Dédé Pousse » au Vél' d'Hiv', un « môme » qui promet[1].

Parmi ceux qui l'acclament, rue Nélaton, qui se souvient des huit mille juifs raflés quelques mois plus tôt lors de l'opération « Vent printanier » ? Sans doute personne. D'ailleurs, tout est bon pour oublier : les salles de cinéma, les théâtres, les cabarets n'ont jamais été autant fréquentés. On se bouscule aux expositions, aux concerts. Malgré les restrictions,

---

de la Madeleine]. Il y tenait comme à la prunelle de ses yeux. "Faut me la retrouver", avait-il dit partout. Je crois qu'effectivement quelqu'un lui avait ramené... » témoigne Georges Baudry.

1. Danos était un admirateur du coureur de fond André Pousse, à qui il rendra plusieurs services au cours de l'Occupation, ce que certains tenteront de lui reprocher à la Libération. *Cf.* André Pousse, *Touchez pas aux souvenirs*, p. 138.

les otages fusillés et les juifs montrés du doigt, « Paris sera toujours Paris », affirme « Momo », le canotier sur l'oreille. Tino, quant à lui, pousse la romance au Théâtre de l'Empire, au profit des légionnaires de la LVF. Il n'est pas le seul à qui le bolchevisme fait peur...

« À part quelques repas au restaurant, on allait, de temps en temps, passer deux heures dans un hôtel un peu chic... Mais on ne peut pas dire qu'on menait la grande vie. En fait, il me sortait assez rarement. » Madame Maltat se rappelle toutefois avoir passé quelques soirées au cabaret. Apparemment sans enthousiasme excessif de la part de son amant : « Abel était assez gai avec moi, mais ce n'était pas à proprement parler un joyeux drille. Au fond, c'était un type assez solitaire. Moi, par contre, je m'amusais. »

Les « noceurs » sont allemands pour la plupart, bien sûr, mais pas seulement : à côté des casquettes à croix gammée, des chapeaux mous font souvent vestiaire : ceux de Français enrichis par le marché noir ou par les affaires avec les bureaux d'achat. Il y a plusieurs sortes d'établissements : ceux qui sont bien vus par l'Occupant et les autres. Le Florence, Le Grand jeu, le Lido, Le Monseigneur, Le Tanagra, Le Shéhérazade et Le Chantilly reçoivent de la Kommandantur le charbon nécessaire au confort de ces messieurs et peuvent fermer à l'aube, quand les seconds n'ont que l'autorisation de onze heures, puis minuit – juste le temps d'attraper le dernier métro. Une débauche d'amusement qui flatte l'esprit parisien et son rayonnement à travers le monde, explique un journaliste de *L'Illustration* : « Il est heureux que la tradition se conserve. Sans le luxe et le plaisir des uns, il y aurait pour d'autres plus de misère et de tristesse. » Cette « tradition » émeut les services de propagande allemands : « En France, on constate que certains amusements subsistent, qu'une certaine façon de vivre existe encore, qui n'a aucun rapport avec la Grande Guerre. Si ces conditions existent, il est nécessaire pour le moins d'éviter que la presse s'en fasse l'écho. »

Hélène Maltat a gardé un bon souvenir du Shéhérazade, rue de Liège : un cabaret au décor oriental où le dîner spectacle lui fait oublier un moment la réalité... Elle s'ennuie par contre au Chantilly, rue Fontaine, tenu par Antoine Peretti et Paul Miki : « L'ambiance était pas terrible. » se souvient-elle. Pourtant, le programme propose, selon les jours, un spectacle de danse plus ou moins déshabillée ou le tour de chant d'un artiste en vogue qui pousse sa goualante sur une estrade au fond de la salle. À la fin, le traditionnel french cancan remporte chaque fois le même succès, notamment auprès des troupes vert de gris : le « *gay Paris* » fait plus que jamais recette... Ce soir-là, la « Môme » Piaf, invitée par Danos, boit une coupe à leur table.

Derrière le bar officie Maguy, une ancienne barmaid du Sphinx que Peretti a recrutée à la fin 1942. Une bonne affaire : d'origine alsacienne et maîtrisant parfaitement la langue teutonne, la jeune femme est devenue irremplaçable auprès de la clientèle partagée entre Allemands et Corses [1]... Il arrive même certains soirs que soldats et officiers, membres de la Carlingue, trafiquants en tout genre et résistants boivent et chantent au coude à coude [2]. Il n'empêche, les patrons ont beau tenir leur boîte d'une main de fer, les bagarres ne sont pas rares entre Corses de clans rivaux. Le plus souvent sans lendemains, solidarité insulaire oblige : après qu'un fiacre ait évacué les blessés enveloppés dans une nappe vers l'hôpital Marmottan, la fête reprend de plus belle... « Corsicos » ou pas, les « carlingueurs » de la rue Lauriston paraissent avoir apprécié l'endroit. Mammouth le premier, qui retrouve là son ami Antoine Perreti, Pierre Loutrel, mais aussi Auguste Ricord, avec qui Hélène Maltat se souvient avoir trinqué.

---

1. Maguy quittera Le Chantilly en 1944, quelques semaines avant la Libération, pour servir au Petit Chapiteau, rue Delambre, qu'avait récemment ouverte l'actrice marseillaise Milly Mathis.

2. Jacques Doriot, le leader du parti collaborationniste PPF, aurait lui-même fréquenté l'endroit, *cf.* Auguste Le Breton, *2 sous d'amour*, p. 223.

## Sous la toile du Chapiteau

Le Chapiteau, place Pigalle, est également très prisé de la pègre gestapiste. Lafont, un grand ami de « Jeannot » Rossi, le patron, a sans doute contribué à drainer la clientèle [1]. Les deux hommes avaient fait connaissance à Bordeaux au début de l'été 1941 par l'intermédiaire du Basque Estébétéguy. Robert Moura, un autre ami, aurait été témoin de cette rencontre. En indélicatesse provisoire avec les Frisés [2], Lafont avait démontré à cette occasion tous les avantages qu'il y avait à posséder la carte jaune de la Gestapo. La libération du Fort du Hâ d'un jeune trafiquant d'or, la mise au pas d'un commandant de gendarmerie acharné à entraver les affaires du bordel de Moura et d'autres petits services les avaient convaincus de l'utilité du sésame boche.

À l'époque, il n'était question que de prendre de la monnaie, rien que de la monnaie sur le dos de ceux qui la brassait par millions. Or, de l'argent, les trois compères aux dents longues étaient d'accord pour en prendre, quitte à se compromettre avec les Chleus si besoin.

Mais cette belle entente commença à se fissurer un mois plus tard lorsque le même Lafont revint, accompagné de Gourari récemment libéré, de Cazauba et de Buisson alors en cavale [3]. Lafont se proposa alors d'enlever un parachutiste anglais réfugié en Zone libre et de le ramener à Paris. Mais Rossi, Moura et Estébétéguy refusèrent de l'aider : de

---

1. Rossi, né en 1915 à Lyon, est titulaire de trois condamnations mineures : un mois pour vol et recel (1933), un mois pour rébellion (1937) et quatre mois pour vagabondage qualifié et usurpation d'identité.

2. Pour une histoire d'escroquerie, selon Auguste le Breton, *op. cit.*, p. 199. Probablement l'affaire des fausses barres d'or vendues par Gourari au DDK de la rue Pillet-Will.

3. Rapporté par Auguste le Breton, *ibid.*, p. 202. On peut situer ce séjour à Bordeaux en mai 1941, lorsque Buisson cherchait, avec Odette Genvois, à gagner la Zone Sud. Robert Moura accepta sans hésiter de le laisser se mettre au vert chez lui quelque temps.

la monnaie, d'accord, mais pas en faisant du boulot de flic. Gourari et Cazauba, eux, ne firent pas de sentiments. Le fossé se creusa un peu plus encore avec l'affaire Lambretch, l'espion belge que Lafont livra aux Allemands [1]. Rossi, qui penchait plutôt pour l'autre côté de la balance, n'approuva pas. Plus tard, il s'engagea avec les TR et donna des coups de main à la Résistance, ce que le patron de la rue Lauriston n'ignorait pas. Pourtant, bien que la méfiance se fût instaurée entre les deux hommes, l'amitié n'eut pas eu trop à souffrir de leurs différences de vue. Quand Rossi monta son Chapiteau, Lafont fut l'un des premiers à s'abonner à une table. Ses hommes, depuis, avaient suivi...

C'est semble-t-il le capitaine Mayeur, alias « Maréchal », du TR 112 *bis*, qui avait encouragé Rossi à reprendre la gestion de L'Abbaye de Thélème. Le bail de la célèbre boîte de la place Pigalle était à céder depuis que son animateur vedette O'Dett avait préféré se faire oublier : dans la presse collabo, on ne pardonnait pas au chansonnier ses féroces imitations de Hitler d'avant-guerre. Pour Rossi, la reprise représentait une bonne affaire commerciale, doublée d'un investissement moral. Pour les représentants du TR de la région Nord de Paris, le but était plus prosaïquement de surveiller la clientèle qu'ils espéraient majoritairement composée d'Allemands et de collabos [2]. En s'associant à deux de ses amis, Henry Garcia de la Palmira et Robert Moura, « Jeannot » avait réussi à réunir les fonds nécessaires [3].

---

1. Enlevé cette fois avec Estébétéguy, Moura et Girbes, selon Henri Lafont.

2. Le cabaret servira également de plaque tournante au trafic d'armes à destination de la Résistance parisienne.

3. Malgré ses fréquentations assez douteuses, Garcia de la Palmira affichait une façade respectable : ancien héros de la Grande Guerre démobilisé en 1919 avec le grade de capitaine et décoré de la Légion d'honneur sur le champ de bataille, il s'engagea du côté de la Résistance (contre-espionnage) dès le début de l'Occupation allemande. Grand habitué des salles de jeu, dont il avait assuré la gestion de plusieurs

En 1943, les affaires marchent au-delà de toutes les espérances. Sous la toile à rayures rouges et blanches figurant le chapiteau d'un cirque, la « monnaie » entre par paquets de billets de mille. Le maître des lieux, s'est mis au diapason : smoking, œillet à la boutonnière et fume-cigarette, il accueille la clientèle sous le dais en velours de l'entrée. Principalement des officiers allemands qui viennent s'encanailler auprès des « petites femmes » et des voyous du *Gross Paris*. Pendant qu'ils font sauter les bouchons de Ruinart, Don Pérignon et autres magnums de « roteuse », Rossi leur fait les poches ou écoute les conversations déliées par l'abus d'alcool. La récolte est ensuite envoyée aux militaires du 2$^e$ Bureau. Un travail de fourmi parfois payant, quand il permet de contrer certaines opérations décidées par l'Occupant.

Dans les stalles disposées tout autour de la piste, les hommes de la « gestapache » sont placés par affinités. Rossi les connaît : Bonny, par exemple, se tient à l'écart puisque personne ne parvient à oublier son passé de flic ; « Michel » Chave, Lucien Prévost et Étienne Cizeron, qui marchent ensembles sur les affaires comme à table, peuvent à la rigueur côtoyer Villaplana, les frères Moura, Paul Clavié ou Cazauba. On peut aussi voir ces derniers s'asseoir avec Danos, sachant qu'il préfère s'entourer de ses potes Francis le Nantais, de son frère Georges et d'Henri Fefeu, avec qui il est plus ou moins en affaires [1]. Des susceptibilités à ménager, sous peine de grabuge...

---

dans les années 30, il perdit sa fortune sur les tapis verts après la guerre. Robert Moura, bordelier à Bordeaux, sera tué par Joseph Soro le 16 juillet 1944 après une dispute. Sa femme Louise, dite « Lily », épousera Mémé Guérini en 1949, et son demi-frère Pierre, enfui fin 1944 en Espagne, sera lui aussi abattu, mais dans des circonstances mal définies.

1. Plus les surnommés « Panafieu », « Henri l'épicier », « Auguste le Fou » ou encore « Dédé le Toulousain », selon Auguste Le Breton, *op. cit.*, p. 323.

## Chave, dit « Nez de Braise »

À de rares exceptions près, le gestapiste semble en effet ne pas apprécier la compagnie de certains de ses « collègues » : ils l'« emmerdent », a-t-il coutume de dire [1]. En particulier Jean-Baptiste Chave, dit « Michel » ou « Nez de Braise », un malfrat stéphanois de quarante-cinq ans, alcoolique et dégénéré. Repris de justice habitué des tribunaux [2] et recherché pour désertion, Chave a trouvé refuge avenue Foch avant d'être imposé à Lafont en 1942.

Décrit par certains comme un colérique, violent et bagarreur, tueur sadique, psychopathe et cruel selon d'autres, l'homme fait semble-t-il office d'exécuteur des basses œuvres rue Lauriston [3]. Avec une certaine légèreté : on raconte que Nez de Braise n'hésita pas un jour à livrer au Patron la tête d'un homme, dans un carton à chapeau. Après avoir commis une erreur sur la personne une première fois, il voulait prouver que le contrat avait bien été exécuté [4].

---

1. Auguste le Breton, *ibid.*, p. 211.
2. Né en 1898, Chave est condamné pour la première fois à seize ans pour vol et tentative de vol. Trois autres condamnations pour les mêmes faits jalonnent ensuite son parcours jusqu'en 1929.
3. Chave, qui bénéficie d'un fixe de 10 000 francs par mois, aurait par ailleurs trempé dans un trafic de tickets et de chronomètres importés de Suisse, ce qui lui assurait 85 000 francs supplémentaires. Dossier F7 15302, SHAT.
4. Simples légendes ou réalités, de sombres histoires de cadavres dépecés et de têtes coupées circulent autour de Chave. Danos et Cazauba sont parfois associés à ces crimes (voir l'affaire Tissier) qui concernent généralement des transfuges de la rue Lauriston. Selon certains, Lafont aurait pu être à l'origine de ces macabres histoires pour s'assurer une fidélité à toute épreuve du reste de la bande. Quoi qu'il en soit, Chave paraît avoir été un personnage violent (même si aucune de ses condamnations n'y fait référence) et bagarreur. Au cours d'un dîner, il provoque Violette Morris, la fameuse « discobole aux seins coupés », ancienne championne émargeant avenue Foch, qui lui met une raclée. Un soir de décembre 1943, il forme le projet avec son complice et ami

Du reste, l'homme est généralement méprisé par la plupart de ses collègues et pas seulement en raison de ses méthodes de travail rebutantes. Selon certains bruits qui courent sur son compte, Chave serait une « mouche » autrement dit un indicateur de police. Ces rumeurs, heureusement pour lui, invérifiables, sont exactes : le Stéphanois est un ancien indic de Chenevier. C'est grâce à lui, entre autres, que Buisson et ses complices avaient pu être arrêtés après l'affaire du hold-up de Troyes en 1937.

Jusqu'à la guerre, Chave avait vécu tranquillement auprès de sa concubine, une prostituée marseillaise surnommée « Dany la Brune ». Moyennant ses tuyaux, le commissaire fermait les yeux sur l'arrêté d'interdiction de séjour qui le frappait et le laissait faire ses petites affaires. Il avait fallu cette condamnation à trois ans de prison pour désertion pour qu'il le lâche, Depuis, l'indic vouait une haine inexpiable envers son ancien « condé »[1].

Lorsqu'il a dépassé la dose de champagne, « Michel » devient chatouilleux, susceptible, cherchant querelle à tout propos et à tout le monde. Dans ces moments-là, sa trogne d'alcoolique vire à l'écarlate, d'où son surnom de « Nez de Braise » ou « Nez Rouge ». Danos évite donc sa compagnie – au moins lors des soirées arrosées du Chapiteau. Mais malgré leurs relations tendues, Danos lui sauve la vie, en 1943 : « Un soir qu'il me ramenait chez moi, Abel a croisé rue Lauriston une voiture arrêtée avec ses phares allumés. C'était celle de "Michel" Chave, qui était blessé à l'intérieur. Un coup de couteau à la fémorale, c'était pas brillant. C'est Abel qui l'a amené à l'hôpital », raconte Madame Maltat.

---

Cizeron Étienne, dit « Cheucheu le Stéphanois », de tuer Yves Montand, qui se produit sur la scène du Chapiteau, au simple motif qu'il chante en anglais. Pour éviter ce meurtre, Rossi exécute le Stéphanois.

1. Chave formait le projet de passer Chenevier sous sa « petite guillotine », révèlera Danos lors de ses interrogatoires de 1949. *Cf.* Charles Chenevier, *La Grande Maison*, p. 109.

*Autres lieux, autres plaisirs...*

Afin d'amuser sa jeune maîtresse, Abel Danos pousse un jour la porte à tambour du 31 boulevard Edgard-Quinet. L'immeuble d'aspect cossu abrite Le Sphinx, la célèbre et très luxueuse maison close du quartier Montparnasse. Une visite en tout bien, tout honneur... À l'ouverture, au printemps 1931, la patronne du lieu, Marthe Lemestre, dite «Martoune»[1], a bousculé les habitudes : au Sphinx, les hommes peuvent entrer accompagnés de femmes de l'extérieur, officiellement pour danser sous le regard énigmatique du grand pharaon de pierre, symbole de la boîte. En pratique, la bordelière ferme les yeux sur les couples désireux de connaître le grand frisson dans une des douze chambres luxueusement meublées que renferme l'édifice. Une innovation en contradiction formelle avec les lois en vigueur au Chabanais ou au One Two Two, les deux autres «maisons à salons» de Paris.

En 1943, le bordel a perdu un peu de sa superbe. La faute à l'Occupant : eu égard à sa réputation, Le Sphinx a été d'abord réservé aux seuls officiers. Une initiative *a priori* rassurante... Très vite, pourtant, les patrons ont dû déchanter. Sur la Côte d'Azur où ils s'étaient repliés leur sont parvenues des nouvelles alarmantes : grisés par la victoire aussi bien que par le champagne et les filles, les galonnés se comportent comme de vulgaires soudards, se saoulant et partouzant sans retenue. Freda, la sous-maîtresse à qui ils ont laissé les clefs en partant, n'est d'ailleurs pas la dernière à participer aux agapes[2]. Une nuit, une bagarre entre clients français et allemands a même fait un mort. Freda, qui avait gardé des relations avec certains membres de l'état-major,

---

1. Officieusement, c'est son mari Georges Lemestre qui tient l'affaire.
2. Elle connaîtra quelques ennuis à la Libération : arrêtée par les FFI, elle sera tondue puis promenée nue dans tout Montparnasse.

a pu obtenir la réouverture du Sphinx quelque temps plus tard mais, depuis, les Allemands y sont interdits de séjour...

Au One Two Two, en revanche, Marcel Jamet, dit « Fraisette », accepte encore la clientèle en uniforme. Sa femme Fabienne dira plus tard son dégoût à entendre relater les exploits des « salauds », occupés à vider magnum sur magnum en compagnie de ses filles. Elle les aurait même vus arriver un soir revêtus de l'uniforme *Feldgrau* : « Des Français habillés en Boches. Quelle honte ! J'avais envie de prendre leurs revolvers et de les tuer sur place qu'elles qu'en soient les conséquences. » Devant leur bel argent français, Madame Jamet réussit malgré tout à se contrôler. Parmi sa clientèle d'après-midi elle citera les noms de Clavié, de Villaplana, de Danos et d'un certain « Poupon », jeune voyou de vingt-deux ans, que connaît bien le Mammouth.

Poupon, de son vrai nom Roger Lentz, est comme un poisson dans l'eau au One. À vrai dire, il fait presque partie de la famille. À quinze, seize ans, il avait déjà ses entrées au Fourcy et au Panier Fleuri, deux maisons d'abattage parisiennes « drivées » en sous main par son oncle Charles Codebo, ancien de la « remonte » vers les Amériques. Des souvenirs qui marquent : « Toutes ces dames venaient autour de nous, on dansait, elles étaient gentilles avec moi... Et comme j'avais une petite figure, on m'appelait "le petit poupon". » À l'époque, Roger n'est qu'un jeune titi grandi sur le pavé de Belleville, officiellement employé au service des Postes et Télégraphes. Mais le télégraphiste quitte rapidement ce paravent pour gravir les échelons de la voyoucratie. Avec ses potes du quartier Jean Palisse et Henri Gellio, dit « Didi la Mèche », Lentz s'est lancé dans le vol en tout genre, avec une préférence pour les cambriolages et, plus tard, les casses. L'Occupation a mis le pied à l'étrier à ces jeunes gens prometteurs.

Fraisette, écrira Fabienne[1], connaissait «vaguement» Lafont avant la guerre. Une amitié un peu embarrassante par la suite et dont elle cherchera, dans ses mémoires, à se défaire. Selon elle, Monsieur Henri se serait contenté de proposer ses services : «Si tu as des copains à faire sortir de tôle, tu n'as qu'a me demander, je peux.» Bien entendu, son mari aurait refusé poliment. En réalité, Jamet devait à Lafont de s'être débarrassé de personnages peu recommandables qui avait tenté de le racketter. À cinquante-trois ans, l'ancien des «Amériques» aurait pu subir le même sort que son vieux pote, le rital Codébo, obligé de vendre la majorité de ses parts de à de plus gros poissons que lui[2]. Henri avait réglé le problème. Moyennant quoi, Lafont avait table ouverte au 122, rue de Provence où il s'annonçait chaque fois qu'il voulait honorer un hôte de marque[3].

## Réceptions avenue Charles-Floquet

À une date que l'on peut vraisemblablement situer au début de l'année 1943, Danos a quitté la rue d'Aubervilliers pour le 50 avenue Charles-Floquet, dans le quartier résidentiel du Trocadéro. L'appartement, un trois-pièces situé au troisième étage, appartient à un certain Margolin, Israélite réfugié au début de l'Occupation en Zone Sud. Réquisitionné par la Wehrmacht, le logement a ensuite été rétrocédé au service de Lafont dans le but, semble-t-il, d'y loger Charles Cazauba. Mais c'est finalement Danos qui y a emménagé, en compagnie de Simone Bouladour[4].

---

1. Fabienne Jamet, *One Two Two*, p. 141.
2. En l'occurrence, le Marseillais Paul Carbone.
3. Entre autres, le fils de Boemelburg, mais aussi Hesse et Willy Karhof, deux sous-officiers allemands chargés par Knochen de surveiller les agissements de la rue Lauriston.
4. Selon ses déclarations, Danos aurait visité l'appartement avec Cazauba, vers la fin de 1942. À cette époque, le duc d'Ayen était encore

En ce printemps 1943, en effet, la jeune Montreuilloise est toujours à ses côtés. Après avoir séjourné quelque temps à Marseille fin 1941 [1], la jeune fille a réintégré le domicile parental puis a retrouvé son amant. Son adaptation au luxe et à la richesse de sa nouvelle résidence s'est apparemment bien passée : depuis qu'elle est «dans ses meubles», la petite secrétaire s'est métamorphosée. «Simone Bouladour était une belle jeune femme brune, très fine, très élégante. Elle était cliente chez Van Cleef, Place Vendôme, elle s'achetait les plus belles toilettes, des fourrures : Abel pouvait la sortir... Et avec ça, très bonne maîtresse de maison», témoigne Hélène Maltat.

On reçoit effectivement avenue Charles-Floquet, mais les réceptions ont, d'après elle, essentiellement un caractère familial : Abel ne fréquente, semble-t-il, personne en dehors des heures de «travail». Les commerçants de Montreuil, par contre, sont toujours les bienvenus... En cette période de disette, le 50 avenue Charles-Floquet est en effet une bonne adresse : «Les Bouladour étaient reçus comme des rois par leur fille. J'ai vu parfois les vestiges des réceptions qui avaient eu lieu la veille... Ah, Simone Bouladour savait recevoir!» se souvient Madame Maltat. Lorsqu'une invitation est lancée, elle fait livrer des plantes vertes, sort la vaisselle d'argent de l'infortuné Margolin et met les petits plats dans les grands. Autour de la table on oublie un instant la guerre et ses restrictions, on s'inquiète pour Roger dont les nouvelles parviennent d'Allemagne au compte-gouttes [2].

---

retenu dans l'appartement, et gardé par Louis Pagnon, dit «Eddy», le chauffeur de Lafont. Cazauba, ayant choisi une autre adresse, aurait ensuite proposé le logement à Danos, qui l'aurait accepté. Déposition Danos janvier 1945 et 1948, DCAJM.

1. Hébergée par la femme d'Octave Jean-Pierre, ami de Danos mais aussi d'Alsfasser, avec qui il avait été mêlé à une affaire d'escroquerie en 1932.

2. Roger Bouladour, frère de Simone, né en 1918, typographe de métier est prisonnier de guerre en Allemagne. À son retour, il intégrera la police.

Une certaine Elvire, qui a été autrefois la bonne du « Tigre » Clemenceau, sert le Mammouth. Les temps sont durs pour le petit personnel...

Devant tant de faste et d'opulence, Fernand et Augustine ne peuvent sensément avoir d'illusions sur les véritables occupations de leur « gendre ». Ils savent à présent que l'employé de commerce que leur avait présenté leur fille est loin d'être un enfant de cœur. Malgré tout, les Bouladour accordent à Danos une estime et une confiance sans réserve[1]. Qu'importe si l'argent du dîner n'a pas été gagné à la sueur de son front : après tout, il n'est pas le seul à pratiquer le marché noir ou à vivre de trafics. En cette époque troublée, qui peut se vanter d'être tout à fait honnête ? Et que l'appartement soit celui d'un juif contraint à l'exil paraît ne pas leur couper l'appétit...

*Comédie de boulevard*

Abel n'a rien dit à Rosette de sa double vie de bourgeois. Rien, non plus et à plus forte raison, de l'existence d'une « régulière ». L'heure n'est pas aux confidences. À quoi cela servirait-il ? Les deux amants prennent du bon temps, s'entendent bien au lit comme ailleurs, ont les mêmes sujets d'intérêt et ne se sont rien promis. La jeune fille fait preuve d'une discrétion exemplaire, sentant inconsciemment, peut-être, qu'il ne servirait à rien de poser des questions embarrassantes. Elle est en outre d'une disponibilité à toute

---

1. Celle-ci ne se démentira apparemment jamais, si l'on en croit le témoignage de l'avocate Madame Baillet, qui entendit Simone dire à Abel durant l'instruction du procès, en 1948 : « Si tu as besoin de quelque chose, on ne sait jamais, adresse-toi à mes parents... » Ce que confirme Hélène Maltat : « Abel connaissait très bien les Bouladour et a toujours eu de très bons rapports avec eux, même bien après que leur fille s'était séparée de lui... »

épreuve et paraît n'avoir de comptes à rendre à personne : « J'étais fille unique, assez indépendante... Je n'ai pas eu d'explications à donner à mes parents : il venait me chercher, je sortais, il me ramenait et voilà ! » De quoi plaire à Abel, qui n'aime pas les complications.

C'est tout à fait fortuitement qu'Hélène apprend un jour l'existence d'une « concurrente » : « Abel m'avait fait faire une paire de chaussures chez Préciosa, le chausseur de la rue Notre-Dame-de-Lorette. Et un jour, en cherchant quelque chose dans le coffre de la voiture, j'ai trouvé une autre paire identique. De la même pointure, 38 ! J'ai compris que je n'étais pas la seule. » Double vie, doubles cadeaux, c'est tout aussi accidentellement qu'Hélène Maltat rencontre sa rivale : « Il m'avait offert une bicyclette ultra-légère, en carbone, fabriquée chez Carrara, l'ancien coureur cycliste. Un beau jour, j'ai croisé une femme montée sur le même vélo. J'ai su tout de suite que c'était elle... » Ni jalouse ni, encore moins, possessive, Hélène Maltat n'est pas choquée par sa découverte, bien plutôt amusée... Le lendemain, elle s'en ouvre à son amant, qui ne fait aucune difficulté pour avouer. Dans le fond, il n'est pas fâché : cela simplifie encore un peu les choses.

Au fil des semaines, Danos s'enhardit jusqu'à inviter sa maîtresse avenue Charles-Floquet. En l'absence de Simone, bien entendu, à qui il arrive de rendre visite à ses parents ou de séjourner chez des amis hôteliers en Bourgogne. En ces rares occasions, Abel prévient Hélène que la voie est libre : il sait pouvoir compter sur la discrétion de la gardienne et de la bonne dont la réputation n'est plus à faire... Un beau jour, donc, Simone a annoncé son départ pour Nuits-Saint-Georges : pour Hélène et Abel, une bonne occasion de passer la nuit ensemble. La soirée a été excellente : après un bon petit repas mitonné par Elvire, les deux amants se sont couchés dans le lit conjugal et somnolent enlacés. Soudain, la porte s'ouvre et la lumière s'allume : c'est Simone, qui ne prononce pas un mot et repart aussi discrètement qu'elle est venue. Fin du premier acte.

Les jours qui suivent, Abel apprend de la bouche de Simone qui l'a balancé : l'indic est son propre frère Roger : « Quelques semaines auparavant, Abel m'avait présentée, très fier de lui, à son frère. C'est lui qui, au cours d'une dispute avec Simone, lui a dit : "T'inquiète pas, de toute façon, il y en a une autre que toi..." Sous-entendu, dans le cœur d'Abel... »

Cris, pleurs, séparation : après plusieurs jours de disputes et de bouderie, Simone paraît disposée à passer l'éponge. Mais le Mammouth tient à régler ses comptes : « Abel était très en colère après son frère. Le jour même où il a su qu'il avait cafardé à Simone, il est allé chez lui, rue Vercingétorix, et il a tout cassé[1] ! » À cause de cette indiscrétion, ou grâce à elle, Abel Danos joue maintenant sur du velours : Simone sait pour Hélène et réciproquement, les deux jeunes femmes paraissant s'accommoder de cette situation.

Avant de pardonner, Simone Bouladour a sans doute reçu des gages de la part de son amant. Hélène Maltat, aujourd'hui encore, ne se fait guère d'illusions : « Je me demande si je n'ai pas été un peu secondaire dans la vie d'Abel. À cette époque, si elle lui avait dit, c'est elle ou moi, je ne sais pas ce qu'il aurait fait. » Jalousie, clairvoyance ? Le fait est que Danos n'a pas le même comportement avec ses deux femmes : argent, bijoux, fourrures, cadeaux somptueux, rien n'est trop beau pour Simone... Hélène, elle, doit se contenter du reste, c'est-à-dire peu de chose : « Abel m'avait acheté une bague et une montre.

---

1. Les rapports déjà difficiles entre les deux frères s'aggraveront à la suite de cette affaire. Roger gardera une rancune tenace envers son aîné avant de se fâcher tout à fait avec lui, après son retour de la campagne d'Indochine où il s'était engagé.

Mais, contrairement à madame Bouladour, je n'ai jamais été entretenue. Ni mes parents, d'ailleurs... De temps en temps il leur faisait livrer 10 kilos de pomme de terre ou autre chose par un Maghrébin de la rue Lauriston, mais à part cela mes parents n'ont jamais profité de rien ! » Une disproportion évidente, qui peut sans doute expliquer l'amertume qu'éprouve aujourd'hui la vieille dame : « J'ai parfois l'impression d'avoir été sacrifiée, d'avoir fait preuve de naïveté... »

Est-ce ce même sentiment de frustration qui la pousse un jour à fouiller les affaires de sa rivale ? Inconsciemment, peut-être. « Chez Abel, j'avais trouvé de l'argent allemand, une petite liasse de billets. Je ne sais pas ce qui m'est passé par la tête... Je l'ai pris. » Un geste impulsif, irréfléchi, dont elle pense qu'il pourra passer inaperçu. La jeune fille espère changer cet argent contre des coupures françaises par l'intermédiaire d'une de ses amies qui fréquente un soldat allemand. Mais c'est mal connaître la mentalité teutonne... Le *Feldgrau*, incorruptible, confie dès le lendemain cette affaire à son lieutenant. Dès lors, la lourde machine policière allemande se met en branle : enquête, convocation, interrogatoires...

« Un matin, j'ai été convoquée au Majestic, avenue Kléber, un hôtel réquisitionné par les Allemands. J'ai compris très vite la raison de cette convocation. » La jeune fille n'en mène pas large : l'officier qui l'interroge a beau faire preuve de courtoisie et de correction, il n'en est pas moins insistant : « Madame, il est défendu de posséder de l'argent allemand. D'où tenez-vous ces espèces ? » Pressée de questions, Hélène Maltat est prise au piège. Un seul espoir de s'en sortir : Abel. Elle demande à téléphoner... Tirée du lit à 9 heures du matin, Simone Bouladour le lui passe sans poser de question. « Voilà, Abel, je crois que j'ai fait une bêtise. Je suis au Majestic... Je suis très embêtée... » Une heure plus tard, elle est libre.

Danos a alerté Lafont qui, lui-même, a téléphoné aux autorités allemandes compétentes. Affaire classée[1]. Aujourd'hui, Hélène Maltat s'amuse de cette aventure : « J'ai su après que Simone Bouladour avait cherché désespérément cet argent pendant plusieurs jours. C'est la seule fois où j'ai eu, indirectement, affaire à Lafont. Je ne l'ai jamais rencontré, même si je le voyais souvent passer dans la rue Lauriston au volant de sa Bentley blanche. »

---

[1]. Hélène Maltat sera condamnée à 300 Reichmarks d'amende et à quinze jours de prison par un tribunal allemand, condamnation dont elle n'aura jamais connaissance. Dossier Danos, DCAJM.

## Chapitre 7

## *Sus aux « terroristes »*

On dit de Lafont qu'il a le bras long et l'oreille des Allemands. Sans doute la raison pour laquelle, côté français, le 93 rue Lauriston est une adresse à la mode. Le Patron connaît Pierre Laval, le président du Conseil, qui lui a été présenté par Jean Luchaire, tout puissant président du syndicat de la presse et hôte assidu du 93. Les deux hommes se sont plu et, bientôt, se sont tutoyés. Laval s'adresse à lui lorsqu'il a des gens à faire libérer ou des démarches difficiles auprès des Allemands[1]. Cela va plus vite que de passer par la voie hiérarchique. En outre, ses demandes ont plus de chance d'aboutir avec celui qu'il appelle « Monsieur Henri »…

Lafont, depuis toujours en mal de notoriété, fréquente à présent du beau monde. Son carnet d'adresses renferme les

---

[1]. Otto Abetz, ambassadeur d'Allemagne en France, s'étonnera toutefois devant De Brinon que Laval entretienne des relations avec Lafont, « un vulgaire indicateur et agent de police allemand », dossier F7 15302, Archives nationales.

noms de dizaines de personnalités issues des sphères politique, journalistique, artistique ou financière qu'il s'enorgueillit « d'avoir dans sa fouille ». Il est un ami de René Bousquet, connaît Bussières, le préfet de police... La réputation d'efficacité de « l'homme le plus puissant de France » n'a pas mis longtemps à se propager, au moins dans la capitale... Son numéro de téléphone, Passy 38-80, se transmet de bouche à oreille, comme un talisman.

Devant l'hôtel particulier, le Tout-Paris se bouscule au portillon dans l'espoir de gravir les marches jusqu'à son bureau : demandeurs d'*Ausweiss*, parents ou amis de prisonniers de guerre ou de juifs raflés, candidats à l'exemption du STO : de tous côtés on sollicite son aide souvent providentielle. Trop heureux de montrer l'étendue de ses pouvoirs, Monsieur Henri se met en quatre pour satisfaire les quémandeurs : ses bonnes œuvres[1].

En retour, Lafont ne demande rien : il n'a pas besoin d'argent. Alors, de chez Moreux, avenue Victor-Hugo, de chez Orève, rue de la Pompe, de chez Lachaume, rue Royale affluent des tombereaux de lilas, de roses ou d'orchidées, seuls présents qu'il consent à accepter...

## *La fin de Dédé la Vache*

Le 14 juin 1943, Abel Danos apprend la mort de son ami André Jolivot, tué par les Allemands. Un fait de Résistance ?

---

[1]. Maître Floriot, défenseur de Lafont, citera de nombreux cas, assortis parfois de témoignages, prouvant que son client avait incontestablement contribué à la libération de dizaines de personnes en intervenant auprès des autorités allemandes. Philippe Aziz, *Tu trahiras sans vergogne*, p. 166. Intercessions que Grégory Auda, dans son livre *Les Belles Années du « Milieu ». 1940-1944*, p. 147, qualifie d'« interventions de prestige », expliquant que Lafont, aidé d'un certain Docteur Lapiné, faisait par ailleurs payer très cher aux familles la libération de leurs proches.

Pas tout à fait... Avec une équipe, Dédé la Vache a tenté de s'emparer d'un stock important de tickets de rationnement dans une annexe de la mairie d'Auxerre, rue Paul-Bert. Malheureusement pour les cambrioleurs, les policiers ont été informés du projet et leur ont tendu un piège, renforcés par les hommes de la *Feldgendarmerie* locale.

Peu avant minuit, trois hommes sont descendus d'une traction et ont réussi à pénétrer dans le local à l'aide de fausses clés. Immédiatement, sur un signal du chef de la police Bichler, deux inspecteurs les ont suivis, les prenant la main dans le sac. Une lutte violente, puis une fusillade ont éclaté. Mortellement touché par une balle, Jolivot est parvenu à sortir du bâtiment avant de succomber sur les marches du perron. Son complice Louis Largeron a été plus légèrement blessé [1]. Les deux autres participants à l'affaire, Auguste Jeunet et Jean Sartore, ont été arrêtés et sont retenus dans les cachots de la police auxerroise.

Alerté, Lafont monte une expédition pour tenter de récupérer ses hommes. Dans l'heure qui suit, deux véhicules foncent en direction de l'Yonne : dans le premier, conduit par Danos, le Patron en grand uniforme et Bonny. Dans le second s'entassent quatre hommes armés. Arrivé dans les bureaux de la Kommandantur, le Patron se fait connaître : « Henri Lafont, chef de la Gestapo parisienne. » Après quelques instants de flottement, les Allemands l'introduisent auprès d'un commandant de *Feldgendarmerie*. La réputation de la rue Lauriston s'est répandue dans l'ensemble du territoire. Problème : les prisonniers ne dépendent pas de la gendarmerie allemande mais de la police française. Lafont ne se démonte pas. Il se rend dans les locaux de la Gestapo d'Auxerre, où il est reçu avec les honneurs dus à son rang.

---

[1]. Selon une autre source, l'affaire se serait soldée par un bilan plus lourd : plusieurs passants auraient été atteints et trois *Feldgendarmes* grièvement blessés. *Cf.* Rowland W. Black, *Histoire et crimes de la Gestapo parisienne*, p. 122.

L'affaire se dénoue alors très vite : la Gestapo auxerroise se saisit de l'affaire et fait libérer, une heure plus tard, Jeunet et Sartore. Leur voiture leur est même restituée.

## *Métamorphose rue Lauriston*

L'affaire d'Auxerre ne ralentit pas l'ardeur des voleurs de « cartons » : quelques jours plus tard, le 23 juin, 22 000 feuilles de tickets disparaissent du centre de ravitaillement de Montreuil. À Évreux, c'est 14 500 jeux de titres d'alimentation qui changent de main. À Marseille, deux faux agents escortant un prisonnier, faux lui aussi, désarment des vrais policiers et raflent 30 000 feuilles. Plus que jamais, dans la pègre, la mode est au déguisement. Avec Fefeu, Francis le Nantais et quelques autres, Danos fait partie des inconditionnels du chapeau mou et de la gabardine [1].

Le Patron n'approuve apparemment pas ces méthodes qui ternissent la réputation du service : « Je n'ai jamais couvert les hommes compromis dans ce genre d'affaires », dira-t-il plus tard. Et de citer les cas de Villaplana, Bonhoure, Carli et Bernolle : virés ou livrés aux Allemands. De même pour une quinzaine de Corses, exclus du service après seulement quelques semaines de présence [2].

---

1. Le 14 décembre 1942, Danos aurait participé à une affaire aux faux policiers à Hautefort en Dordogne, en compagnie de Joseph Réocreux, d'Adrien Estébétéguy, de Cazauba et d'un sous-officier allemand. Expédition au cours de laquelle une fortune en dollars et en louis d'or sera volée au propriétaire Monsieur Joulop. Réocreux et Estébétéguy ayant conservé la totalité de leur part sans « honorer » Lafont tomberont en disgrâce, ce qui les décidera à tenter le voyage vers l'Amérique.

2. Parmi lesquels Lucaroti, Scotti, Discepolo, Delchiapo, Berangier Guglieri, imposés par l'avenue Foch fin 1943, et renvoyés par Lafont début 1944 Déclaration Delehaye, 12 septembre 1944, dossier Z6/3, Archives nationales.

De fait, rue Lauriston l'atmosphère a changé. Une métamorphose qui ne se résume pas seulement à la mentalité de Lafont mais touche également ses activités propres : après la traque aux trafiquants d'or ou de marché noir des débuts est venu le temps de la chasse aux « terroristes ». Sous la pression des nouveaux responsables de l'avenue Foch, sous l'influence de l'ancien policier Bonny, la nature crapuleuse et désordonnée du service évolue lentement mais sûrement vers une officine de police structurée et spécialisée dans le combat contre la Résistance.

En cette année 1943, partout en France, celle-ci marque des points : attaques de convois, déraillements de trains, assassinats de collabos ou de soldats allemands sont devenus quotidiens. À Paris, il ne se passe pas une semaine sans qu'un nouvel attentat, suivi de représailles, se produise, confortant toujours un peu plus le climat de peur dans lequel la capitale s'enfonce. Reflet de la psychose qui s'installe, la rumeur enfle rue Lauriston : après les échos des partouzes, on croit percevoir à présent les cris de souffrance de résistants interrogés. Mais si le sort des torturés paraît dramatique, l'inquiétude vient plus de possibles représailles : et si la Résistance faisait sauter l'immeuble ? Et si la rue Lauriston était visée par les forteresses volantes ? Dans le quartier, les concierges ne dorment plus.

Chez les Maltat, forcément, l'inquiétude est un peu différente mais néanmoins palpable : « À un moment donné, ma mère m'a alertée : "Tu sais, Rosette, il paraît qu'au 93 il s'en passe de bonnes..." » De « bonnes » quoi ? Les gens ne savent pas exactement mais on parle de supplices, de viols et de crimes horribles perpétrés dans les caves aménagées en chambres de torture. Allégations qu'Abel a eu vite fait de balayer : « T'en fais pas, Rosette, tout ça, c'est des histoires. Du bidon... Si j'avais pas peur de te compromettre, je te ferais visiter et tu verrais qu'il n'y a pas de chambres de torture. C'est pas vrai ! »

Danos est convainquant. D'ailleurs, la jeune fille ne demande qu'à le croire. Des « parties fines », sans doute : ceux du 93 ne sont pas des anges, son amant pas plus qu'un autre, mais des persécutions, des supplices, ça non ! « Tout ce que l'on voyait, c'était des gens bien habillés avec de belles voitures qu'ils arrêtaient tous les matins devant l'immeuble. Alors, bien sûr, les gens avaient brodé... Mais je suis certaine que ce n'était pas vrai, j'en mettrais ma tête sur le billot ! »

Dans le quartier, personne n'ignore sa liaison avec le « gestapiste ». Ni elle, ni lui ne s'en cachent. Jour après jour, au vu et au su de tout le monde, la traction noire de Danos s'arrête devant le 101. Personne parmi les voisins ou ses relations n'ose critiquer ni même émettre quelque réserve quant à leur relation. Du moins ouvertement, car par derrière les gens jasent : « Un jour que je descendais en vélo, vers le pont d'Iéna, ma jupe s'est prise dans les rayons... Je suis passée par-dessus le guidon, sans me faire trop mal. Un automobiliste, très gentiment, s'est arrêté et m'a ramenée chez moi. Mais les gens m'ont vue revenir avec mes vêtements déchirés et le visage un peu tuméfié. Dans le quartier, on a raconté que j'avais été attaquée par des résistants ! »

*Fausses alertes*

Le 24 octobre 1943, deux gardiens cyclistes du XIVe arrondissement font leur ronde. Quelques minutes plus tôt, les sirènes d'une alerte aérienne ont retenti. Les rues sont désertes, seuls quelques retardataires se pressent encore en direction des abris souterrains, aiguillés par les agents de la défense passive. Depuis le début de l'année, les bombardements anglo-américains se sont multipliés. Les objectifs, des installations industrielles et militaires, sont précis, mais les bombes, beaucoup moins. Paris et sa banlieue ne sont pas épargnés : le nord et l'est, particulièrement, où sont concentrés les usines et des nœuds ferroviaires importants en direction de l'Allemagne. Heureusement, les sirènes mugissent le plus souvent pour rien : fausses alertes.

Les deux gardiens pédalent à présent dans la rue Vercingétorix. À la hauteur d'un bistrot, au 84, une Traction 15/6 est stationnée. Devant le comptoir, plusieurs consommateurs n'ont pas l'air d'avoir entendu la sirène. Les « hirondelles » décident alors de verbaliser le patron. Mais Marcel Girard, le tenancier, ne se laisse pas faire [1]. En infraction? Et pourquoi donc? Et si ça lui plaît, à lui, de mourir écrasé sous une bombe? Après tout, il est chez lui ! Un des consommateurs approuve largement. Marcel a raison : si on a plus le droit de boire un coup sans être emmerdé par les flics, où va-t-on? Les deux représentants de l'ordre le savent, eux : quelques minutes plus tard, un car de Police-Secours s'arrête devant le débit. À son bord, pas moins de dix hommes venus en renfort du XVe arrondissement, prêts à faire évacuer l'établissement coûte que coûte.

L'effectif ne paraît nullement impressionner le consommateur en question, un individu grand et imposant. Les policiers qui veulent l'empoigner se heurtent à une forte résistance. Les coups pleuvent, et malgré la disproportion des forces, les képis en prennent pour leurs grades. À la fin, cependant, la rébellion faiblit devant la poussée. Face à un adversaire supérieur en nombre et en moyens matériels, l'homme est acculé contre le mur de la salle. C'est alors que sortant un revolver de sa poche, il se fait connaître comme Abel Danos, appartenant à la police allemande [2]...

La vue de l'arme jette un froid parmi les assaillants, qui battent prudemment en retraite. Du côté policier, on

---

1. Girard avait participé à l'affaire du coffre for d'Avrillé, près de Sables-d'Olonne en juillet 1939.
2. Selon un rapport de 1947, Danos possède une carte immatriculée 03069CC.

cherche à apaiser la fureur de ce mastodonte qui continue de se montrer menaçant. Le brigadier Estrade tente de parlementer : « Monsieur » est de la police allemande ? Dans ce cas « faites excuses », mais il « n'aurait pas dû prendre position contre les gardiens qui relevaient une infraction ». Mais le coup du « nous sommes entre collègues » ne marche pas avec Danos. Finalement, après une mêlée confuse où les policiers parviennent à s'emparer de l'arme, le Mammouth est menotté et placé dans le panier à salade, « avec beaucoup de difficultés », concédera un des policiers présents[1]. Le trajet jusqu'au commissariat n'est pas moins mouvementé, puisque Danos, maintenu solidement à terre, rue et tente de mordre. Au commissariat du Parc Montsouris, les policiers sont « dans l'obligation de le malmener », selon l'expression consacrée. Ivre de rage, sous les coups, Danos injurie et frappe les policiers, crache sur le secrétaire...

Entre-temps, Lafont a été prévenu, sans doute par Girard. Il appelle aussitôt le chef de poste. Premièrement, il exige que l'on rende son arme à Danos ; deuxièmement, qu'il soit amené rue Lauriston... avec tous les gardiens qui ont procédé à son arrestation. Coup de froid parmi les pèlerines du XV$^e$. Le car PS reprend la route...

À l'arrivée, le comité de réception est prêt. « Trois individus de vingt à vingt-cinq ans » font descendre les policiers sous la menace de mitraillettes. Invité par Lafont à désigner les plus virulents, Danos passe la troupe en revue : il pointe du doigt les gardiens Jarry et Tournois. Les deux hommes n'en mènent pas large : ils peuvent légitimement craindre des sanctions, la déportation ou, pire, la mort. Ils tentent de se disculper : les coups ont été portés sous le feu

---

1. Rapports du brigadier Maurice Estrade du 24 octobre 1943 et du gardien Sylvain Courtine du 6 octobre 1944. Un mois plus tôt, un policier ayant verbalisé Robert Moura à la suite d'un accident avait été injurié et même frappé rue Lauriston.

de l'action et eux-mêmes sont blessés. Lafont commence par les sermonner : « La France est pourrie. Vous avez saboté le travail des Allemands. Je vais vous envoyer casser des cailloux en Haute-Silésie à deux ronds du kilomètre et ce ne sera ni Vichy, ni Londres, ni les Américains qui vous sortiront de là ! » Ce ne sera pas non plus le commissaire Jouanetton, que Lafont fait appeler mais qui refuse de se déplacer : si ses gardiens ont « fait une bêtise », ils n'ont qu'à la payer[1]. Boemelburg, qui sirote une coupe au Chapiteau, daigne faire le déplacement. L'officier allemand, en civil, interroge les gardiens avant de demander à Lafont de relever leurs états civils : il promet de régler cette affaire le lendemain.

Mais le gestapiste laisse courir[2]. Il a peut-être mieux à faire pour préparer sa reconversion après la défaite qui apparaît déjà comme inéluctable. D'ailleurs, en cette fin 1943, une page se tourne pour le vieux policier berlinois : à cinquante-huit ans, Boemeleburg a été condamné par ses chefs, qui jugent son action trop molle. Dans quelques mois, il quittera la rue des Saussaies pour remplacer Geissler, chef de la Gestapo de Vichy[3]. Un certain commandant Stindt le remplace rue des Saussaies.

Le 11 novembre, le même Geissler a arrêté le commissaire Charles Chenevier. Selon la version officielle, l'arrestation d'un autre policier, membre du réseau Jacques OSS, aurait permis de l'identifier : son nom était imprudemment noté, en même temps que d'autres noms de résistants, sur son petit calepin. L'hécatombe ne s'arrêtera pas là : ses collègues Porte, de la Sécurité nationale de Chartres, et Edmond Dubent, de la Préfecture de police,

---

1. Le gardien Tournois semble avoir toujours cette phrase en travers de la gorge lorsqu'il dépose, un an plus tard (6 octobre 1944), devant les policiers de la Section spéciale. Dossier « Danos », DCAJM.
2. Les policiers n'entendront plus jamais parler de cette affaire.
3. Ce dernier sera assassiné en juin 1944 à Murat par le maquis.

sont également arrêtés. Les trois commissaires travaillaient de concert à l'attentat projeté contre la Carlingue de la rue Lauriston [1].

À Alger aussi, la fin de 1943 sonne la fin d'une époque. Dans le bras de fer qui oppose Giraud à De Gaulle, les giraudistes perdent une nouvelle manche. Le 27 novembre, un décret venu de Londres entérine la fin du combat : les services spéciaux fusionnent sous le nom de DGER et sont placés sous la direction du gaulliste Soustelle. Les services d'Alger auront beau tenter une ultime résistance, le manque de crédits les réduits à l'impuissance dès le début de l'année 1944. Pour Rivet et Paillole, l'échec est cuisant, et la DGER n'a pas fini de faire parler d'elle.

## La Brigade nord-africaine

Selon Lafont, c'est Boemelburg qui en avait eu l'idée [2]. À l'époque, il ne s'agissait que de créer une troupe de supplétifs chargés de garder l'avenue Foch et ainsi de soulager le « service » : le Patron avait applaudi des deux mains. Le Kriminalrat avait d'abord pensé à des Géorgiens, puis l'on s'était orienté vers des « Arabes ». Là encore, le Patron s'était enthousiasmé : lui qui avait autrefois servi au 39e régiment de Tirailleurs algériens gardait une tendresse particulière pour les « Nord d'Af ».

---

[1]. D'aucuns verront dans cette affaire, mal élucidée, la patte de Joanovici. L'élimination de Dubent, le chef du récent réseau « Honneur de la Police », aurait permis la nomination de brigadiers et de gardiens de la paix plus perméables aux largesses intéressées du trafiquant bessarabien. Charles Chenevier attendra de longs mois dans une geôle de la prison de Vichy avant d'être transféré à Neuengamme, le 12 juillet 1944. Amaigri, malade du typhus et souffrant d'une pneumonie, il sera rapatrié sanitaire le 7 juin de l'année suivante. Pour lui, d'autres ennuis commenceront alors...

[2]. Déclaration Lafont, septembre 1944, dossier Z6/3, Archives nationales.

Au début de 1944, la création une troupe nord-africaine refait surface. Cette fois, plus question d'assurer des gardes de planton ou de donner la main ponctuellement, il s'agit de livrer bataille contre les maquisards. Alimentée par les nombreux réfractaires au STO, la Résistance a vu ses effectifs se multiplier. Partout en France et notamment dans l'ancienne Zone libre, des centaines de maquis ont pris naissance, soutenus, dans la plupart des cas, par la population. En février, l'Occupant décide donc de s'attaquer en priorité à ces « bandes ». Objectifs : leur destruction totale et la pacification des secteurs les plus touchés. C'est le fameux « ordre Sperrle », qui donne carte blanche aux commandants d'unités : incendie d'habitations, arrestations et exécutions d'otages civils, désormais tout est permis et couvert par la hiérarchie. En mars, l'état-major allemand décide l'envoi dans le Limousin [1] d'une troupe d'environ huit mille hommes, formée spécialement pour l'occasion, la Division Brehmer.

Lafont propose à Knochen de s'associer à cette campagne de « pacification ». Depuis 1940, explique-t-il, plus de cinquante mille prisonniers de guerre nord-africains moisissent dans des camps de la région de Bordeaux : autant de soldats, sans doute prêts à s'enrôler au sein d'une « légion » qu'il se propose de mener au combat. Depuis quelque temps, l'ambition du Patron ne cesse de croître. Il se voit bien s'asseoir dans le fauteuil du préfet de police ou rêve d'entamer une carrière militaire : capitaine pour commencer et pourquoi pas général [2]... Mais il voit trop grand. Knochen

---

1. Une des régions où les maquis se montrent les plus actifs. De plus, les Allemands redoutent d'avoir à combattre sur leurs arrières en cas de débarquement allié.

2. Philippe Aziz rapporte que Lafont ne supportait pas le moindre commentaire à ce sujet. Danos, qui avait osé émettre des doutes sur son avenir militaire, aurait été un jour giflé par le Patron, ivre de rage, *op. cit.*, p. 188.

ramène son plan à des proportions plus raisonnables : d'accord pour une «légion» africaine, mais de pas plus de cinq cents hommes. Autre déconvenue : pas question d'enrôler des prisonniers. Le recrutement se fera sur la base du volontariat au sein de la communauté nord-africaine de Paris. L'Algérien El-Maadi, ancien officier, chantre de la collaboration avec l'Occupant et éditeur d'une feuille de propagande collaborationniste, sera chargé de battre le rappel de ses compatriotes.

«De la racaille», prédit Lafont. De fait, la valeur combative des individus qui se pressent pour souscrire un engagement à la BNA laisse à désirer : leurs motivations principales résident dans la confortable solde proposée [1] et, pour certains d'entre eux, dans le désir de se faire oublier de la justice. Beaucoup, en effet, traînent un lourd passif : vols, trafics en tout genre, parfois meurtres, parmi les cinq cents premiers volontaires, plus de la moitié est éliminée. Fin janvier, seules cinq sections d'une trentaine d'hommes chacune sont officiellement prêtes au combat.

*Photographie souvenir*

Lafont prévoit d'encadrer sa troupe avec des hommes de son «service». Fin février, l'équipe est convoquée pour les essayages à Neuilly dans l'hôtel particulier du 101 boulevard de Seine, où Lafont s'est installé depuis un mois. «Au début 1944, Lafont m'a convoqué avec quelques membres de la rue Lauriston, tels que Cazauba, Pagnon, Villaplana et Prévost, enfin presque tous les membres, et nous a proposé de

---

[1]. 5000 francs pour les hommes et 5500 pour les caporaux. Sur un échantillon de 1940 «légionnaires» étudié par Grégory Auda, *op. cit.*, p. 180, 15 % sont notés aux sommiers judiciaires.

prendre la tenue allemande », racontera Danos[1]. L'uniforme SS est fourni par le service habillement de l'avenue Foch[2].

Mais beaucoup négligent l'invitation du Patron, au grand dam de ce dernier : « La plupart des membres de mon équipe, je dois le dire, Robert Moura et les autres, a refusé d'endosser l'uniforme », déclarera-t-il. Avec ceux que la tenue vert-de-gris rebute, le « capitaine » Lafont compose : ils pourront participer aux expéditions en civil[3]. Danos, lui, accepte le grade de sous-officier : à la clef, une carte de service, un permis de port d'arme et une autorisation de circuler de nuit[4]. De quoi voir venir...

Dans les salons lambrissés du pavillon, on essaie vestes, capotes, calot et casquettes à tête de mort. Les hommes perçoivent-ils la gravité du moment? Se doutent-ils qu'ils viennent de franchir un pas de plus dans la compromission avec l'Occupant? Rien n'est moins sûr... L'ambiance est plutôt celle d'un jour d'incorporation : on se moque, on se chahute. Pour un peu, les « conscrits » se croiraient revenus vingt ans en arrière. À la fin de la séance, un des hommes, qui possède un appareil photographique, propose d'immortaliser l'événement. Sur la pelouse, les lieutenants Clavié et Prévost, les sous-officiers Paul, Rolland, Loiseau, Fels, Astié, Haré et Bowing prennent la pose. Certains sont

---

1. Interrogatoire Abel Danos, rapport Pierre Garreau, 17 janvier 1945, DCAJM.
2. La troupe, composée principalement de Marocains et d'Algériens, porte un costume bleu, un béret basque et une canadienne à col marron pour les premiers, à col bleu pour les seconds. Leurs uniformes et le petit matériel sont fourni par Joanovici.
3. Ce sera notamment le cas de Riffart, Guillot-Moura, Moura, Digot, Tondut, Irwinsky, Bonhoure et Cartron, sans parler des membres du Rassemblement national populaire (RNP) de Déat, qui rejoindront ceux de la rue Lauriston.
4. À cette occasion, Danos dit avoir reçu de Lafont un Mauser 9 mm (audition 17 janvier 1945), affirmation sur laquelle il reviendra par la suite.

empruntés, quelques-uns sont graves... Danos, accroupi, est tout sourire. Une bonne blague, une rigolade, dont il présente le souvenir quelques jours plus tard à sa maîtresse : « Fallait voir comme il rigolait quand il m'a montré la photo. Un vrai gosse ! Quelle idée ! Surtout lui qui n'aimait pas les Allemands ! Je lui ai dit : "Mais qu'est-ce que t'as donc dans le citron ? Tu ne te rends pas compte ?" » Probablement pas. Plus tard, Danos regrettera amèrement cette « bêtise ».

## *Montbéliard-Tulle, via Austerlitz*

C'est apparemment dans cet uniforme que deux sections débarquent à Montbéliard à la mi-mars : « Le 15 mars 1944, un officier allemand, que j'ai su ensuite s'appeler Willy Kalhof, s'est présenté dans mon établissement pour y réquisitionner des chambres pour y loger une douzaine d'individus revêtus de l'uniforme allemand, armés de mitraillettes et de revolvers. [...] Ces individus ont logé chez moi à partir du lendemain[1] », témoignera Marcel Boilot, propriétaire de l'Hôtel de la Balance. À la tête de ces deux sections, les sous-lieutenants Maillebuau et Cazauba ont reçu pour mission de rétablir l'ordre dans la région avec deux objectifs principaux : les forêts des alentours, qui servent de refuge au maquis, et les usines Peugeot de Sochaux, où les opérations de sabotage se sont multipliées ces derniers mois[2]. Huit sous-officiers les secondent : parmi eux, Abel Danos[3].

---

1. Déclaration Marcel Boilot, 9 mars 1945. Selon lui la plupart de ses clients reprennent rapidement la tenue civile. DCAJM.

2. La BNA procédera à de nombreuses arrestations d'ouvriers supposés communistes et effectuera quelques actions contre le maquis de Maiche et de Friolet. Le 7 août, Maillebuau sera tué par les maquisards auxquels il tentait, semble-t-il, de se rallier.

3. Section Maillebuau : Ménigault, Engel, Rolland et l'Allemand Hesse. Section Cazauba : Paul, Tondut, Meunier et Danos.

L'encadrement prend pension à l'hôtel : un établissement confortable avec eau courante chaude et froide, service de gouvernantes, salle de bains et garage[1]. L'idéal pour goûter quelques jours de vacances au grand air des Vosges...

L'idée séduit semble-t-il, Deschamp et Dumesnil, deux civils du RNP de Déat, qui prennent pension deux jours plus tard en compagnie de leur femme, suivis peu après par Marinette Maillebuau venue rejoindre son mari. Un beau jour, Hélène débarque à son tour : « À Montbéliard, j'étais venue passer une semaine avec Abel. Il m'attendait à la gare, un peu inquiet. Le train avait été bombardé et avait pris pas mal de retard ». Mais la jeune femme ne rejoint pas le gros de la troupe : « Abel avait loué une chambre dans un petit hôtel. Je n'ai vu personne. Pendant ces quelques jours, il ne m'a pratiquement pas quittée, sauf peut-être une après-midi où je me suis mise à lire en l'attendant. Je me souviens que j'avais emporté *Toi et Moi*, de Paul Reverdy : des poèmes. Je ne sais pas ce qu'ont fait les autres. En tout cas, Abel n'aurait jamais fait quelque chose contre un maquis. Ce n'est pas possible. Au contraire... Chaque fois qu'il évoquait le sujet, il était du côté français : pour les maquisards. Tous ces mensonges qu'on a racontés sur lui : qu'il avait trahi, qu'il avait torturé... C'est faux, archifaux, j'en mettrais ma tête sur le billot. Et Chenevier qui a raconté cette histoire de fûts d'essence[2]... Où est-ce qu'il a été pêcher ça ? C'est drôle, mais Abel ne pensait pas qu'on pourrait un jour l'attaquer sur son patriotisme... "Tu te rends compte, Toutoune, il

---

1. La troupe, composée d'une soixantaine de Maghrébins, est logée dans les baraquements de l'usine Peugeot.
2. À Tulle, selon le policier, Danos aurait eu l'idée « diabolique » de cacher des SS armés dans des fûts d'essence vides, transportés sur des camions. Le maquis, « en mordant à l'appât », aurait subi une hécatombe. Une accusation aussi grave que gratuite, ignorée lors du procès Danos et que le témoin Chenevier n'évoquera jamais au cours de l'instruction. *Cf.* Charles Chenevier, *La Grande Maison*, p. 88.

me disait, c'est la seule et unique fois que je me suis mis cet uniforme sur le dos !" Oui, ben, elle a été de trop. »

Mais les « vacances » ne durent pas : Lafont, aux oreilles duquel est parvenue cette relative inactivité, donne l'ordre de repli à la section Cazauba. Le 30 mars, la petite troupe rembarque dans le train à destination de Paris. Dans un compartiment, toujours incognito, Hélène Maltat fait partie du voyage.

Les cinq gradés et leurs hommes doivent rejoindre le gros de la troupe à Tulle. Sur place, la situation est grave. Sous les ordres des Allemands, la BNA s'est s'associé à des opérations contre le maquis et à des représailles contre les villages supposés complices. Arrestations, exécutions et destructions se multiplient. Les « SS à Mohamed », comme on les surnomme, ont fait la preuve de leur médiocrité combative mais ils s'illustrent dans des actes de pillages, de vols, de viols, de tortures et même de meurtres... Leurs cadres ne sont pas en reste, loin s'en faut.

Les hommes de Lafont se livrent aussi à des « opérations de police » : perquisitions et arrestations au cours desquelles disparaissent les biens des « suspects ». Le Patron, qui prend son rôle de capitaine au sérieux, tente vainement de faire respecter une certaine discipline : à l'Hôtel Saint-Martin[1] où il a installé son état-major, il reçoit les plaintes des habitants, qu'il rembourse même parfois, et va jusqu'à se séparer des éléments les plus douteux. Tondut, Cartron et Digot reprennent ainsi la direction de Paris. Cazauba, qu'un conflit oppose « aux indigènes », est renvoyé lui aussi[2]. Mauvais calcul : ce fidèle d'entre les fidèles refusera ensuite de reprendre l'uniforme et semble, en outre, avoir cédé aux sirènes de la Résistance à peu près au même moment... Le

---

1. Danos occupera la chambre 16.
2. Cazauba voulait interdire la fréquentation des cafés aux légionnaires. Ces derniers porteront l'affaire devant leur « capitaine », en exigeant le renvoi de leur chef.

sous-officier Chave se fait lui aussi particulièrement remarquer : après-guerre, son nom sera cité par de nombreuses victimes de vols. Mais, plus discret sans doute, Nez Rouge reste à Tulle[1].

Le voyage n'enchante guère le Mammouth : « Il savait ce qui se passait à Brive [*sic*], les combats avec les maquisards, toutes ces atrocités... Il ne pouvait pas faire autrement que d'obéir aux ordres mais l'idée de partir là-bas le rendait malade », se souvient Hélène Maltat. Malade, Danos l'est au sens propre comme au figuré : à Montbéliard, il a été mordu à la main par un chien. La blessure, mal soignée, s'est infectée et a déclenché de la fièvre. Mais s'il espère ainsi pouvoir couper au départ, il en est pour ses frais. À Paris, le « lieutenant » Bonny ne veut pas se mouiller : seul Henri peut exempter un de ses hommes de service. Les ordres sont les ordres. Dès son arrivée à Tulle, Danos consulte un médecin qui le soigne et lui fournit un certificat médical. « Je [ne] suis resté que quatre ou cinq jours, car ayant été voir un docteur, je pus ainsi m'excuser auprès de Lafont qui m'a autorisé à remonter à Paris[2]. » On ne plaisante pas avec le règlement à la BNA...

À Paris, Hélène Maltat attend qu'il revienne : « Il a traîné là-bas quelques jours avant de m'annoncer son retour. Je me rappelle que j'avais été l'attendre à la gare d'Austerlitz. J'ai attendu toute une journée. Je m'en suis fait des trains ! Il n'est revenu que le lendemain... » Les deux amants reprennent leurs habitudes, les promenades, les petits restaurants de marché noir sans s'apercevoir que les nuages s'amoncellent autour d'eux. Signe de l'orage qui s'annonce : à Dijon,

---

1. Rapport de la Section spéciale sur la BNA, septembre 1944, dossier Z6/3, Archives nationales.

2. Interrogatoire du 17 janvier 1945. On peut situer son arrivée à Tulle au vendredi 31 mars ou au lendemain 1er avril. À Paris, Danos consulte deux médecins : le Docteur Chevillon, 10 boulevard Barbès, et le Docteur Richard, rue Victor-Massé, DCAJM.

où ils sont venus assister à l'arrivée de la course Paris-Dijon, organisée par la Société Simplex, un inspecteur de police a tenté d'arrêter Danos, et sa carte rouge de la Gestapo n'a pas suffi à l'intimider.

# Chapitre 8

## *Retournements de vestes*

Paris. Samedi 19 août, 7 heures. Au-dessus de la capitale s'installe un ciel sans nuages. Sur le toit de la Préfecture de police flotte le drapeau bleu blanc rouge : le premier bastion de la capitale a été libéré. Obéissant à un mot d'ordre conjoint des mouvements « Honneur de la Police », « Front national » et « Police et Patrie », deux mille policiers en tenue ont assisté au lever des couleurs dans la cour : pour beaucoup, le début de l'engagement... À 9 heures, le préfet de Police Bussières est arrêté, ainsi que certains chefs de service trop compromis. On distribue des armes et des brassards à croix de Lorraine en se préparant à une riposte de l'Occupant : malgré un repli amorcé dix jours plus tôt, les Allemands restent en position de force [1].

---

[1]. Le 9 août, les Allemands ont entamé l'évacuation de Paris. Ils disposent malgré tout de quinze mille hommes et d'une cinquantaine de chars.

Rapidement, la nouvelle de l'insurrection se répand dans la capitale : partout les rideaux se ferment. Après les cheminots, les postiers et la police, c'est la grève générale. Les chars se sont repliés après une tentative de contre-attaque contre les insurgés de la Préfecture. Impression de victoire... Mais l'Occupant s'est retranché, apparemment décidé à lutter pied à pied contre les patriotes. Bientôt, des Parisiens s'engagent aux côtés de ces derniers. Les rues s'animent. Aux quatre coins de la ville, les premières barricades s'élèvent. Des combats parfois violents éclatent : la « semaine glorieuse » commence...

Depuis plusieurs jours déjà flotte par endroit une neige de cendres noires. Les Allemands brûlent leurs archives. Des camions de la Wehrmacht chargés de caisses et de matériel sillonnent les rues. Vision exaltante. Quelques coups de feu éclatent sporadiquement sur leur passage. Pris entre deux feux, des passants tombent, premières victimes de la Libération qui s'annonce.

Rue Lauriston, l'hôtel particulier du 93 est désert. Un mois plus tôt, un camion et une camionnette ont déménagé meubles et bibelots[1]. Le coffre Fichet qui contenait l'argent et les bijoux du Patron a été vidé et refermé : en septembre, les enquêteurs tenteront vainement d'en percer les secrets. Avant de partir, Lafont a tenu à laisser place nette : fiches et dossiers ont été brûlés dans de grandes poubelles métalliques et les cendres dispersées... Contre l'avis de Bonny, qui aurait préféré garder intacte la mémoire du service : réflexe d'ancien policier conscient du fabuleux instrument de négociation que pourraient représenter ces archives. Mais le Patron est sans illusion : il devine qu'il n'y aura rien à négocier.

---

1. Selon Bonny, le déménagement de la rue Lauriston s'est effectué aux alentours du 20 juillet. Lafont qui, depuis janvier, est installé dans l'hôtel particulier de Neuilly, y a séjourné quelques jours avant de partir pour Bazoches.

## Chasse aux collabos

Le brassard FFI ou FTP au bras, des groupes armés sillonnent la capitale. À Paris comme dans toute la France, la chasse aux collabos commence. Violente, impitoyable et parfois injuste, l'épuration va être à la mesure du climat de haine et de vengeance qui règne depuis plusieurs semaines. « Mort aux boches et aux traîtres ! » ont imprimé certains journaux. Sur les antennes de la BBC, on a appelé à l'exécution des traîtres, des dénonciateurs, miliciens et autres collabos, tandis que, dans un dernier hoquet, Radio-Paris dénonçait les « terroristes », valets de Londres et de Moscou.

Il faut dire que les mois qui ont précédé le débarquement des Alliés ont été particulièrement sanglants : stimulés par le débarquement des troupes alliées et par la situation sur le front de l'Est, les maquis n'ont cessé de recruter et de harceler les troupes allemandes occupées à se replier. De terribles représailles se sont exercées contre les maquisards mais aussi envers la population civile. Des villages ont été rasés, incendiés, leurs populations déportées, fusillées, brûlées vives. L'horreur a atteint son paroxysme dans le Sud-Ouest de la France, là même où la BNA de Lafont avait sévi quelques mois plus tôt. Jamais sans doute au cours de ces quatre années d'Occupation la fracture ne s'était à ce point révélée entre les « patriotes » et les « traîtres ».

Les arrestations se multiplient[1]. Parmi les collabos authentiques, beaucoup d'hommes et de femmes sont victimes de jalousies, de vengeances... ou de simples erreurs. Des femmes soupçonnées d'avoir avoir eu des faiblesses envers l'Occupant sont soumises à la vindicte publique. Devant la foule hilare, parfois haineuse, les malheureuses sont mises

---

1. On estime à un million les arrestations opérées en France entre le 20 août et le mois d'octobre (cent mille dans la seule région parisienne) et à environ trente mille les exécutions sommaires.

à nu, exposées aux quolibets, leur chevelure tondue et leurs crânes encrés d'ignominieuses croix gammées. Au péril de leur vie, les vrais résistants tentent parfois de s'opposer à certains débordements. Le plus souvent sans succès : les exécutions sommaires, les arrestations arbitraires, les vols, les viols et autres exactions continueront pendant plusieurs semaines de ternir l'image de la Libération.

Au Dépôt de la Préfecture de police comme dans toutes les prisons on refuse du monde : débordés par l'afflux des « suspects », les gardiens n'ouvrent même plus les lourdes portes cloutées et se contentent de faire des signes de refus derrière leur guichet. Du coup, on exécute sur le quai de l'Horloge et on jette les corps à la Seine. Partout dans Paris des bâtiments pris par les insurgés se transforment en lieux de détention improvisés : on y interroge, torture et parfois fusille sur place.

### *L'heure du choix*

La grande majorité des voyous de la capitale en ont « croqué » avec les diverses « carlingues ». De près ou de loin, mais sans états d'âme : pour eux, l'Occupation a été une époque bénie dont ils auraient eu tort de ne pas profiter. Maintenant que le vent tourne, ils prennent le train en marche. À l'instar du reste de la population, pour le moins attentiste si ce n'est franchement pétainiste, le Milieu se découvre sur le tard la vocation patriote.

Pour certains, la métamorphose peut s'opérer assez facilement : le hasard et la chance veulent qu'ils aient mené leurs affaires avec discrétion. Suffisamment, en tout cas pour ne pas avoir à trop s'inquiéter dans l'avenir. Chez d'autres, l'engagement est à la hauteur du passif accumulé durant l'Occupation. Armes à la main, brassard FFI au biceps, des malfrats au passé chargé montent sur les barricades et se forgent, parfois avec courage, des titres qui plus tard serviront à leurs avocats pour les défendre.

Mais plus que d'autres peut-être les voyous sont conscients de la dangerosité du moment. Pour beaucoup l'héroïsme se borne à pourchasser Allemands, miliciens et autres « collabos » de loin, après avoir procédé, au domicile de ces derniers, à de fructueuses perquisitions. Histoire de ne pas perdre la main... Et puis, si la chaleur de l'été 1944 est propice aux retournements de vestes, les voyous n'oublient pas les bonnes manières. En leur temps, les hommes de Lafont ont rendu service aux amis chaque fois qu'ils le pouvaient : nombreux sont ceux qui leur doivent la vie sauve, au moins la liberté. Autant de dettes qui ne peuvent s'oublier.

Beaucoup de relations du Mammouth ont misé sur le bon cheval depuis longtemps : sans lâcher leurs lucratives activités, ils ont participé à des missions, parfois dangereuses, de livraison d'armes, de faux papiers, de plasticage et d'élimination physique confiées par des responsables de réseaux. Dès les premiers jours de l'insurrection, plusieurs se retrouvent en première ligne dans des actions plus conformes à leurs tempéraments.

Roger Lentz apparaît comme le type même de ces résistants de la seconde, si ce n'est de la première heure. Qu'importe que Poupon se soit souvent affiché avec ses amis de la « gest » dans les salons du One Two Two. Qu'importe qu'il ait trempé avec eux dans certaines affaires douteuses et que celles-ci l'aient obligé à posséder lui aussi une carte rouge de la Gestapo : « C'était une fausse carte, parfaite... Même les flics ont cru qu'elle était vraie[1]. » Tellement bien imitée qu'elle lui vaudra quelques « crosses » à la Libération. Vite aplanies, grâce à l'intervention d'amis hauts placés. Car seuls les « poulets » et les « caves » peuvent être surpris par

---

1. Propos recueillis par *Historia* en 1973.

ces mélanges de fréquentations et par ces vrais faux papiers. Dans le milieu des voyous, la politique est une chose, les affaires en sont une autre...

La « Résistance » de Poupon a débuté en 1943, lorsque la police française l'a piqué « pour une bricole » – une arrestation qui, sous l'Occupation, pouvait coûter cher : Lentz a donc fait donc appel à son ami Mammouth, qui répond présent et lui sauve la mise. Danos « n'était pas un type à vous laisser dans la merde », se souviendra Roger Lentz, un peu plus tard.

En août 1943, il est emballé par les Allemands. Cette fois, il se débrouille seul en leur faussant compagnie de l'Hôpital Saint-Louis où il s'était fait conduire sous prétexte d'une auscultation. Deux mois plus tard, sous le pseudonyme de « Serge », il entre officiellement dans le réseau Marco-Polo, mais se fait arrêter alors qu'il vient de livrer des armes à son ami Rossi, le patron du Chapiteau de la place Pigalle. Cette fois, l'affaire est plus sérieuse : après la rue des Saussaies et l'Hôtel Lutétia, il atterrit à Fresnes en instance de départ pour l'Allemagne. En février 1944, il s'évade du convoi et rentre à Paris.

Mais son plus haut « fait d'arme », qui motivera ensuite l'obtention de la Croix de la Résistance, est sans doute le flingage inopiné d'un speaker de Radio-Paris, le Docteur Friedrich, dans une boîte montmartroise. Avec René le Juif[1], son ami et complice, Poupon se met en cavale quelques semaines dans la région lyonnaise. Puis, après une mission dans la région toulousaine, il revient à Pigalle pour participer, avec le groupe « Rémy », à la libération du quartier[2].

---

1. René le Juif sera abattu à Montmartre par la Gestapo peu avant la Libération.
2. Roger Lentz habite 4 rue de Douai, dans le quartier. À ses côtés, sur les barricades du IXe arrondissement : Auguste Montfort, dit « Lamory » pour la Résistance, et Frantz Puech, dit « le Gitan », tous deux membres de Marco-Polo et amis du Mammouth. Ils seront cités à l'Ordre du régiment.

## Sur les barricades

En ce mois d'août 1944, la vie nocturne du secteur connaît un certain calme : si le jet d'eau continue de jaillir de la célèbre fontaine, les boîtes et les bistrots habituellement bondés ont momentanément baissé le rideau. Ainsi «Jeannot» Rossi, le patron du Chapiteau, est-il aux abonnés absents. Après avoir fait du «renseignement» pendant plusieurs années, il fait le coup de feu au sein du 1er Groupe de Corps franc. Jeannot obtiendra une citation mais connaîtra malgré tout quelques ennuis à la Libération : lui aussi à cause de ses relations...

Il n'y a pas que la capitale qui bouillonne. En banlieue, les milices patriotiques ont préparé le terrain depuis plusieurs semaines en cherchant par tous les moyens à se procurer des armes. Les flics ont été leurs cibles privilégiées. Dans le nord de Paris, majoritairement ouvrier, le mot d'ordre a été particulièrement bien suivi. Conséquence : le 13 août, les Allemands ont décidé le désarmement des commissariats de Gennevilliers, Saint-Denis et Aubervilliers. Trop tard : deux jours plus tard, la banlieue s'embrase. Les mairies de la Courneuve et d'Aubervilliers sont attaquées et plusieurs convois allemands qui cherchaient à quitter Paris sont détruits.

Le groupe «Muriane» se distingue particulièrement dans ces actions : une équipe au sein de laquelle plusieurs voyous sont en première ligne. Notamment Paul C., «François», évadé le 7 janvier de la caserne-prison de la Pépinière grâce à son ami Mammouth[1]. Le 20 août, la troupe commandée par un policier de Chelles se joint aux combattants parisiens. «François» fait le coup de feu aux côtés de ses potes Robert

---

1. Témoignage Georges Baudry et dossier «Paul C.», Bureau de la Résistance.

Régent[1], Faivre et Hubert. Et se distingue par son courage : le 28, il est nommé lieutenant par le capitaine Muriane[2]. Les résistants participent à la traque des miliciens, des gestapistes et des collabos qui tiennent encore des positions du haut des toits de Paris. Mais les plus mouillés ont pris la fuite depuis longtemps...

Avenue Charles-Floquet, on a remis les clefs à la concierge depuis quelques jours. Elvire, la gouvernante, a été congédiée. Non sans une certaine émotion : l'ancienne bonne de Clemenceau s'était habituée à ces patrons pas trop exigeants. Le 7 août, Simone Bouladour et Danos ont fait leurs valises avant de tirer sur eux la porte. La fin d'une époque... « Abel a tenu à ce que tout reste en état avant de partir. Tout est resté "nickel" », tient à préciser Hélène Maltat.

Après avoir passé une semaine chez ses parents à Montreuil, Danos a mis Simone dans un train à destination de Montpellier. Là-bas, des amis sûrs l'hébergeront en attendant que le calme revienne. Quant à Hélène, il lui a conseillé de quitter la rue Lauriston. Le secteur risque, en effet, de devenir malsain dans les prochains jours. « Juste avant la libération, Abel m'a dit de chercher un meublé à louer dans les environs. J'ai cherché un peu vers Passy avant de trouver une chambre d'hôtel place de Champerret. Je suis restée là pendant environ une semaine. Je mangeais place Pereire au resto Bleu. Abel était tout le temps dehors. Il portait un brassard FFI. Qui n'en avait pas à l'époque ? »

Frappé « FFI », « FTP » ou d'une croix de Lorraine, le brassard est en effet l'accessoire à la mode. Signe de reconnaissance entre les insurgés, il est indispensable pour se fondre dans la masse. N'empêche, Danos joue gros en se montrant

---

1. Robert Régent deviendra, comme Paul C., garde du corps d'Ange Sallicetti, dit « le Séminariste ». Il sera abattu dans le souterrain de la Porte de Champerret, le 20 août 1949, au cours de la fusillade visant son patron.
2. Archives Bureau de la Résistance, Vincennes.

à visage découvert : même s'il n'a pas encore fait la Une des journaux, les personnes susceptibles de le reconnaître ne manquent pas. De fait, on le croisera dans le secteur de Montmartre affublé de galons de lieutenant FFI[1]. Participe-t-il aux combats auprès de ses potes de la Résistance ? Il ne serait pas le seul à se sentir l'âme patriote en ces chaudes journées d'août 1944[2].

## Lieutenant Déricourt

À Toulouse, Pierre Loutrel tente de se faire oublier sous les couleurs du réseau Morhange. Et il y parvient assez bien. Après avoir émargé avenue Foch, côtoyé la rue Lauriston et servi, un temps, de garde du corps à Joanovici, il a fait part à son chemisier du Faubourg-Poissonnière de sa décision de partir pour la Ville Rose, « pour affaires » : quelques jours plus tôt, le 28 juin 1944, lors d'une tentative de racket au restaurant Le Chaplain, il a kidnappé l'inspecteur Ricordeau qui tentait d'intervenir. Dans la traction, il a tiré plusieurs balles sur le policier qui est parvenu à sauter du véhicule en marche. Malgré ses terribles blessures, Ricordeau a survécu. Depuis peu, on commence à surnommer Loutrel « Pierrot le Fou ».

---

1. Témoignage Delehaye 12 septembre 1944. Auguste Montfort raconte avoir croisé Danos sur un trottoir de l'avenue de Wagram.

2. Quelques-uns des membres de la rue Lauriston auront une conduite honorable au cours des combats de la Libération : le « sous-lieutenant » Tate par exemple, (arrêté le 12 septembre sur le Pont-au-Change) ou Haré, blessé par balle et arrêté sur son lit d'hôpital de la Salpêtrière, le 18 septembre. Curieusement, très peu d'hommes de Lafont quitteront la nasse avant qu'il soit trop tard. Au plus fort de l'insurrection parisienne, du 19 au 25 août, la plupart sont encore dans Paris, cachés, et il faudra attendre le mois de septembre pour que soient annoncées les premières arrestations.

Le 7 juillet, il a participé à une descente de la Gestapo au cabaret Chez Bob. Trois hommes ont été arrêtés. Sa dernière mission. Le soir même, il a fait la tournée des boîtes en compagnie de Ginette Leclerc qui portait quelquefois, pour plaisanter, sa mitraillette en bandoulière. Au Petit Chapiteau, rue Delambre, où il avait l'habitude de rencontrer son pote Mammouth, il a annoncé son départ éminent : « Salut les mômes ! Je pars dans le Midi. » Cette fois, le « Louf » est décidé à changer d'air. Il est vrai qu'à Paris les choses ont commencé à se gâter.

Toulouse lui semble parfaite pour une reconversion envisagée déjà depuis plusieurs mois. Depuis qu'un certain Roland Sicard, commissaire de la Sécurité du territoire infiltré au 93 rue Lauriston et membre du réseau de Résistance toulousain Morhange, l'a contacté. Et le hasard a voulu que, à son arrivée dans la ville, Rous, le chef de Morhange soit à la recherche d'un chauffeur n'ayant pas froid aux yeux.

Loutrel a abattu ses cartes : sa véritable identité, son appartenance à l'avenue Foch. Du passé... Le voyou a prétendu vouloir tourner la page, aider à présent la Résistance. Et malgré ses états de service, ou peut-être grâce à eux, Loutrel a été recruté. Paradoxes de l'époque... Curieusement, ses qualités de chauffeur émérite semblent ne pas avoir été seules à emporter la décision : « Loutrel, c'était un gars plein de santé, de bonne humeur, jovial, infiniment sympathique, dira plus tard Rous. Lorsqu'on le rencontrait, il était difficile de penser à toutes les saloperies qu'il avait sûrement commises à la Gestapo. Car, je le répète, il était vraiment très sympathique... »

La Ville Rose se libère le 20 août 1944. Loutrel s'y fait remarquer. Auréolé de la gloire de quelques semaines passées au sein du mythique réseau, il intègre l'équipe d'un certain André Finckheimer, dit « Lucien de Marmande » ou « le Manchot ». Si leurs actions sont loin d'égaler celles de

Morhange, les hommes de Lucien de Marmande sont tout de même connus : pour leurs beuveries et leurs excès de toutes sortes. C'est d'ailleurs au cours d'une soirée un peu trop arrosée que Finckheimer a perdu sa main : en voulant ramasser une grenade dégoupillée qu'un de ses hommes lui avait jetée. Pour plaisanter...

Loutrel, qui arbore un brassard FFI flambant neuf et deux barrettes sur son uniforme, se fait à présent appeler Pierre Déricourt : Lieutenant Déricourt... Comme beaucoup d'individus au passé trouble, il a trouvé dans la DGER (Direction générale des études et recherches) une protection imparable : l'officine militaro-policière du colonel Dewavrin, dit « Passy », qui étend ses ramifications sur tout l'Hexagone, ne regarde pas de trop près au passé des recrues qu'elle emploie pour certaines actions peu reluisantes [1].

Quoi qu'il en soit, nulle part à Toulouse on ne tarit d'éloges sur ce jeune résistant qui apporte à la chasse aux collabos une ardeur sans égale. Faute de grosses prises – la plupart des auxiliaires de l'Occupant ont passé la frontière espagnole toute proche – on pourchasse des fermiers, des gros commerçants, des notables coupables, à tort ou à raison, d'avoir amassé des fortunes pendant l'Occupation. Avec la bénédiction des autorités : le 31 octobre, aux termes d'une ordonnance, « sont confisqués tous les profits réalisés du 1er septembre 1939 au 31 décembre 1944 lorsqu'ils proviennent du commerce avec l'ennemi, du marché noir ou de toute autre spéculation illicite ». Mais le lieutenant Déricourt n'a pas attendu le feu vert des autorités pour s'occuper de ce fructueux « marché » : avec sa bande il rançonne, rackette

---

[1]. Dewavrin fera l'objet d'accusations très graves et sera, un temps, incarcéré en forteresse. Il frôlera la mort, terrassé par un mal inconnu. Son successeur Ribière fera lui-même l'objet d'une tentative d'assassinat maquillé en accident d'automobile. En 1946, le Service de documentation extérieur et de contre-espionnage (SDECE) remplace la DGER.

et torture au besoin ses victimes qu'il sélectionne d'après leur compte en banque.

Mais au fil des mois l'ordre se réinstalle dans Toulouse : quelques patriotes, authentiques cette fois, s'intéressent d'un peu plus près aux agissements de cet homme qui ternit à présent l'image de la Résistance. Après avoir mené l'enquête, le passé du gestapiste remonte à la surface. Pierrot le Fou préfère alors se faire oublier. À la fin 1944, il prend la route de Marseille avec son complice, un certain Raymond Naudy…

# Chapitre 9

## *Sauve qui peut, vers le Sud*

8 septembre 1944. Sur la nationale 7, un groupe de cyclistes glisse à l'ombre des platanes. À cause de la chaleur, les tenues sont légères et l'allure modérée. Sur les portes bagages, ni sac ni valise, mais le strict minimum nécessaire à la toilette et quelques provisions de bouche. Surtout, ne pas attirer l'attention... Le matin précédent, très tôt, Hélène Maltat a dit au revoir à sa mère puis a descendu la rue Lauriston sur sa bicyclette. Quelques minutes plus tard, elle a retrouvé son amant et pris avec lui la direction du Sud. La veille, le Mammouth a donné le signal du départ, l'air de Paris devenant un peu trop malsain à son goût. La fin août s'est en effet révélée particulièrement fructueuse pour les chasseurs de collabos : le 24, Villaplana a été arrêté, le lendemain, c'étaient Clavié et Joanovici et, le 30, c'était au tour du Patron[1]. Mieux vaut donc ne pas tenter le diable...

---

1. L'hécatombe se poursuivra en septembre : le 4, Labussière est arrêté ; le 10, Engel ; le 12, Delahaie et Tate ; le 14, Delval.

Le couple n'est pas seul à avoir pris cette sage décision : Jean Sartore, Nicolas Gourari et Auguste Jeunet font partie du voyage. Eux aussi préfèrent prendre le large quitte à abandonner leurs appartements réquisitionnés, leurs meubles et leurs automobiles. De toute façon, l'argent, l'or, les bijoux sont en sécurité. Terminé la belle époque où le simple mot de « Gestapo » suffisait à faire ouvrir toutes les portes. Pour les quatre hommes, le 93 appartient au passé. Aujourd'hui, les proscrits, les fuyards, ce sont eux.

Pourtant l'ambiance est « plutôt rigolote », se souvient Hélène Maltat. De temps à autre une plaisanterie fuse à travers le peloton. Avec les kilomètres, l'atmosphère se détend franchement. Si ce n'étaient les précautions prises pour traverser les villages, on pourrait se croire en ballade. C'est Hélène qui pédale en tête, histoire d'ouvrir la route... Car si les quatre hommes qui l'accompagnent feignent l'insouciance, la vigilance est de mise. Certes, ils ont en poche de quoi prouver leurs attaches avec la Résistance, mais le risque d'être arrêté par des maquisards un peu trop soupçonneux n'a pas disparu. Dans ce cas, le voyage pourrait se terminer plus vite que prévu, sur le talus entre deux platanes... « C'est vrai que je faisais un peu figure d'éclaireur. Il faut dire que derrière les hommes avaient du mal à suivre : déjà dans la côte d'Athis Mons, je les avais semés... »

Les quatre gestapistes ont décidé de se rendre dans l'Yonne, à Cravant, où Sartore possède un café-hôtel, en bordure de la nationale 6[1]. Ils y resteront planqués quelques mois : le temps de se faire oublier...

La jeune fille ne connaît pas les hommes qui l'accompagnent. Ou seulement de vue : « Un soir, nous étions allés à moto chez Sartore : un homme sympathique, avec un certain

---

[1]. Tenu en gérance par un certain Émilien Martin, qui sera plus tard inculpé d'association de malfaiteurs.

charme, je dois dire... Je ne me souviens de sa femme, une blonde très sophistiquée, et aussi, allez savoir pourquoi, du plafond de leur chambre tout tapissé d'étoiles. »

Jean Sartore, dit « le Chauve », est ce qu'on peut appeler un vieux cheval de retour : né en 1905 dans l'Isère, il a débuté à dix-sept ans une longue série de vols, recels, violences et port d'armes. Au début de 1941, lorsqu'il a intégré l'officine de Lafont rue Pierre-I[er]-de-Serbie, il totalisait pas moins de douze condamnations. Un beau palmarès. Au sein de l'équipe du 93, le Chauve s'est spécialisé dans le trafic d'or et de devises, agrémenté d'activités florissantes dans de multiples opérations aux « faux policiers » : trois ans plus tard, il a amassé une fortune colossale estimée à plusieurs centaines de millions[1]. Dans un autre domaine, il sera accusé d'avoir prêté la main au service pour des expéditions menées contre la Résistance, en particulier lors d'opérations de contre-parachutage. Son nom sera par ailleurs souvent cité par des victimes de sévices. Enfin, c'est un des meilleurs amis de Danos, qu'il a connu au Camp de Caylus, en 1939.

Nicolas Gourari, dit « Robert le Pâle », est lui aussi un trafiquant dans l'âme. Après avoir été introduit auprès de Lafont par Boucheseiche en juillet 1940, l'ancien interprète s'est mis à voler de ses propres ailes. Il a commencé à vendre et à acheter pour le compte de la rue Tiquetonne, notamment du tissu et des bas de soie. Puis, comme beaucoup de « commerçants » de son espèce, il a évolué ensuite vers la recherche de devises et d'or. Sa camaraderie avec Sartore a sans doute été déterminante dans son implication dans certaines actions plus violentes – comme les affaires aux « faux policiers » et les opérations de contre-parachutage auxquelles il sera soupçonné d'avoir prêté la main.

---

1. Sartore sera noté par le comité de confiscations des produits illicites de la Seine comme passible de 30 millions de confiscation et de 90 millions d'amende.

Quant à Auguste Jeunet, plus connu sous le nom de « Cajac », il est inséparable de son ami Sartore, à qui il a servi de témoin de mariage en 1941. Mais contrairement à lui, il n'est que peu condamné : une fois en 1927 pour vol et une autre en 1932. Jeunet a servi de garde du corps à Luchaire avant que celui-ci s'aperçoive de la piètre qualité de ses services. Comme Sartore, Jeunet est un vieil ami de Mammouth, qu'il a connu à la prison Saint-Paul de Lyon lors de sa première incarcération. Tous les trois étaient depuis longtemps rue Lauriston, quand Danos les a rejoints.

*Un cercueil par le courrier*

Dans sa tenue de cycliste, la jeune fille est fidèle à elle-même : insouciante. Pour un peu, elle se croirait en promenade avec Abel, en route vers une de ces accueillantes auberges de province où tous deux ont pris l'habitude d'aller prendre l'air. Pour elle, ce départ n'est qu'une péripétie de plus dans sa vie. Abel a jugé bon de partir, ils sont partis. Mais ils reviendront dès que « l'ébullition » sera passée. L'affaire de quelques semaines...

De toute façon, ces derniers temps, Paris est devenu irrespirable. Même pour elle. Rue Lauriston, les voisins ont commencé à avoir de drôles de regards. N'a-t-elle pas reçu un jour un cercueil dans un courrier qui lui était adressé ? Malgré la certitude « de ne pas faire de mal » à personne, le malaise était là, latent. La presse parlait à présent de résistants torturés, d'exécutions, d'orgies et de trésors cachés... « C'est vrai qu'Abel avait mis de l'argent de côté : je m'en suis aperçu plus tard quand nous étions en cavale. Les autres devaient en avoir autant, peut-être plus. De là à parler de trésor... » Quant au reste, on aurait sans doute étonné les anciens de la « carlingue » en les traitant de tortionnaires ou d'assassins. Ils avaient bien mis quelques coups de poings, de cravache, fait sauter quelques dents... Mais où était le mal? Et tuer, ils n'y prenaient pas un plaisir particulier mais quand il le fallait...

Selon Georges Prade, ami du Patron et habitué des soirées du 93, «il y eut quand même beaucoup moins de méchancetés qu'on ne l'a dit. Les hommes de Lafont étaient surtout des escrocs »[1]. Et si la recherche d'or et la lutte contre les réseaux de Résistance donne lieu à quelques «méchancetés», le témoin Georges Prade les situe ailleurs : «Contrairement à tout ce que l'on a pu écrire, on ne torturait pas dans les caves de la rue Lauriston, car ces caves avaient été transformées en cuisines. S'il y a eu des tortures, elles ont eu lieu sur le "terrain". Quant aux fameuses baignoires, qui ont fait couler tant d'encre, elles servaient surtout aux maîtresses de ces messieurs[2]! » Après la Libération, beaucoup affirmeront le contraire...

## Fin de parcours à Bazoches

Melun, Sens... La route s'étire sans problème. Bientôt, les chemins se séparent : Hélène continue seule tandis que

---

1. À ce sujet, Fabrice Laroche écrit : «Rares furent les tortionnaires du 93 dont Lafont, qui n'aimait pas les pervers, ne jugea pas préférable de se séparer. [...] Les hommes de la rue Lauriston n'étaient pas des tendres. Il y avait parmi eux quelques brutes, et surtout beaucoup de primaires, au sens psychologique du terme. Les résistants tombés entre leurs mains eurent l'occasion d'en faire l'effroyable expérience. [...] Ils frappent ceux qu'ils interrogent comme on frappe les "suspects" dans toutes les salles de police du monde. D'autant plus redoutables qu'ils sont indifférents à l'enjeu», in *Histoire de la Gestapo*, p. 64.

2. Selon Jacques Delarue, «on tortura bel et bien rue Lauriston». Grégory Auda, in *Les Belles Années du «Milieu». 1940-1944*, cite les témoignages de deux femmes de chambres employées par Lafont et qui virent à plusieurs reprises, des détenus portant des traces de coups sur le visage. Il semble établi par ailleurs, que le 93 rue Lauriston ne servit pas de lieu de détention contrairement au 3[bis] place des États-Unis où les enquêteurs découvriront les vestiges d'une dizaine de cellules lors d'une perquisition le 8 septembre 1944. Dossier Z6/3, Archives nationales.

le peloton prend la route de Cravant. « À Tonnerre, les hommes m'ont lâchée. Je suis allée chez ma cousine qui était couturière à Laignes en Côte-d'Or. J'arrivais à l'improviste, mais elle m'a accueillie gentiment. » Sans trop lui poser de questions. Les résistants du cru, plus soupçonneux, l'interrogent : d'où vient-elle, pourquoi est-elle là ? Il faut être prudent, faire attention à ce qu'on dit, car la vie ne tient qu'à un fil. Mais les explications d'Hélène Maltat paraissent plausibles : « Je m'en suis pas mal tirée. À l'époque, j'étais un peu comédienne... »

Pas très loin de là, Lafont et Bonny ont eu beaucoup moins de chance : le 30 août, ils ont été arrêtés à la ferme Baslins, près de Bazoches dans l'Yonne [1]. Joanovici serait à l'origine de leur capture. Quelques jours auparavant, le ferrailleur a été contacté par Jacques Bonny, le fils : les véhicules de la ferme ayant été réquisitionnés [2] par la Résistance locale, les fuyards se trouvent dans l'impossibilité de continuer leur route. Après avoir promis d'envoyer les moyens nécessaires, Joano s'est empressé de prévenir l'inspecteur Morin, que Lafont, par son intermédiaire, avait contribué à libérer des geôles allemandes quelques mois plus tôt. Mais en ces heures d'épuration on fait peu de cas des états d'âme : l'inspecteur n'écoute que son devoir et Joanovici retourne une nouvelle fois sa veste.

À 5 heures 30, Henri Lafont, Marie Jeanne Douflo sa maîtresse, le couple Bonny et leur fils sont arrêtés [3]. Les

---

1. Quelques mois plus tôt, Lafont avait acquis la propriété sous le nom de sa maîtresse.

2. Curieusement ces maquisards, qui ressemblaient, selon Madame Vieville, la fermière, « à de véritables bandits », avaient perquisitionné la ferme de fond en comble. Selon Lafont, un carnet de chèques à couverture noire appartenant à Joanovici, que ce dernier lui aurait donné pour « le préserver en cas d'arrestation », aurait également disparu. Dossier Z6/3, Archives nationales.

3. Lafont est accompagné de ses deux enfants, Pierre et Henriette, ainsi que de deux amies de leur âge.

trente hommes armés jusqu'aux dents, policiers et FFI, qui encerclaient la ferme, n'ont pas eu à tirer un seul coup de feu. Quelques heures plus tard, les policiers reprennent la route de Paris avec leurs prisonniers. Leur déception est grande : la fouille en règle de la ferme n'a pas donné les résultats escomptés. En lieu et place du « trésor » de la rue Lauriston et des archives du service, les policiers n'ont mis la main que sur 5 millions, quelques bijoux et des cartes et passeports en blanc [1].

## *Bonny à table*

En touchant la tête de la bande, les policiers ont, semble-t-il, précipité la chute des comparses : le 11 septembre, les journaux annoncent l'arrestation de trente-deux personnes. Et, le lendemain, huit nouvelles mises à l'ombre. Après les vedettes, c'est le tour des sans-grade : Monin, Louis Estébétéguy, Labussière et la maîtresse de Villaplana, Raymonde Garrot, dite « Minou », intègrent le camp de Drancy. Jean-Baptiste Chave s'est fait prendre lui aussi. Un monstre, aux dires du policier qui confie ses impressions au journaliste du *Parisien* récemment *libéré* : « J'ai pu voir Chave dans les couloirs du Quai de Gesvres. Ce sinistre individu, au front bas, de teint couperosé, à l'allure lourde de bête était l'un des tueurs les plus féroces de la rue Lauriston. » Il rajoute « qu'ayant reçu pour mission de ramener un membre du 2e Bureau mort ou vif, il ramena sa tête à Lafont ».

Quelques jours après l'inculpation de Bonny, les journaux ont annoncé : « Bonny se met à table... ». De fait, devant sa machine à écrire, l'ancien « premier policier de France »

---

1. Les enquêteurs trouveront un peu plus de 6 millions cachés à la ferme. 350 000 francs seront découverts dans une fosse d'aisance d'une habitation où s'était arrêté le groupe : les économies de Madame Bonny, modiste. Lafont dira être arrivé à la ferme Baslins avec 10 millions.

tape rapport sur rapport : il a obtenu de ses collègues l'insigne honneur de balancer à son compte... En en rajoutant dans l'horreur et dans le sensationnel, Bonny noircit page après page, répond aux questions avant même qu'elles lui soient posées. Il avoue l'inavouable, invente, affirme, mouille tout le monde dans l'espoir de sauver sa tête. Ses déclarations, amplifiées par certains journalistes, font la Une des journaux qui alimentent « la chronique sanglante de la Gestapo française ».

Plus de mille personnes sont arrêtées : il ne s'agit plus seulement de truands, d'escrocs ou de pseudo comtesses, mais de personnalités politiques, artistiques ou financières du Tout-Paris. Certains, comme le conseiller Georges Prade ou l'élu RNP Maurice Levillain, ont préféré se constituer prisonniers. Les artistes eux-mêmes ne sont pas épargnés : Maurice Chevalier et Tino Rossi font connaissance avec la paille des cachots tandis qu'avant de partir pour Drancy Arletty lance sa fameuse répartie : « Mon cœur est français, mon cul est international. »

Contrairement à son adjoint, il semble que Lafont n'ait balancé personne. Les journalistes rapportent qu'il a répondu calmement et intelligemment aux questions et, prenant sur lui toutes les responsabilités, a tenté de dédouaner au maximum ses anciens agents. Écœuré par l'attitude de Bonny il déclare : « Si par hasard je n'étais condamné qu'aux travaux forcés, je me tuerais, mais je descendrais Bonny avant... »

Bernarde et Jean-François Danos, les parents d'Abel. Une petite femme effacée et un homme excessivement violent.

Augustine et Fernand Bouladour, cordonniers à Montreuil, vers 1925, avec leur fils Roger. Jusqu'à la fin, le couple accordera une confiance sans faille à leur « gendre » Danos.

En 1924, Danos prend huit mois pour un premier vol et est envoyé dans les Bataillons d'Afrique.

Simone Bouladour « plonge » avec Danos dans une affaire de vol de coffre fort en 1940.

Après le vélo, Danos se lance dans les courses de motocyclettes. En 1923, il fait la couverture de *Moto Revue* (au centre).

Dijon, 1925. L'ancien « Joyeux » écoute son père pousser la chansonnette. Derrière lui, de gauche à droite : son amie Joséphine, ses sœurs Jeanne et Simone, et sa mère.

> Toutefois, il croit de son devoir de signaler, aux fins que la Direction de la Police Nationale jugera utiles, que BUISSON, ROCCA-SERRA et DANOS, et tout particulièrement ce dernier, avaient participé d'une façon active, et avec beaucoup de courage, au règlement d'une affaire intéressant directement la Défense Nationale.
>
> LE COLONEL
> Chef du Bureau M.A.
>
> Signé RIVET

Extrait de la lettre du colonel Rivet, chef des Services de renseignements clandestins, soulignant le rôle de Danos dans le cambriolage de l'agent allemand Mercier.

Le capitaine Paul Paillole, chef du contre-espionnage clandestin en 1940, recrute des truands pour certaines missions délicates à l'initiative de son ami Robert Blémant.

Partisan d'une lutte impitoyable contre l'ennemi, le commissaire Blémant n'hésite pas à se salir les mains avec ses équipes de tueurs.

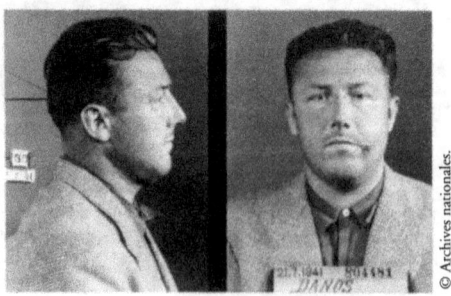

« Le Dijonnais », un des premiers suspects dans l'affaire de la rue de la Victoire. A l'époque, il n'est fiché qu'en tant que cambrioleur et voleur d'autos.

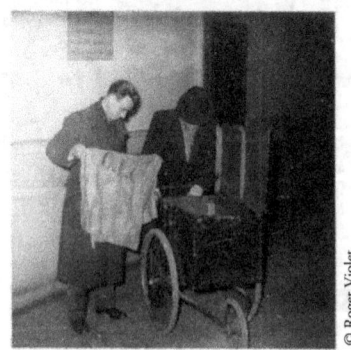

Le 2 mars 1941, on retrouve la poussette de la rue de la Victoire abandonnée dans un parking du XVIe arrondissement de Paris.

Joseph Rocca Serra, dit « Jeannot le Corse » et Emile Buisson, dit « Petit Mimile », impliqués dans « le premier hold-up de l'Occupation ».

Jean-Baptiste Chave, dit « Nez de Braise », un alcoolique violent et irascible. Ancien indic du commissaire Chenevier, il exécute les basses œuvres rue Lauriston.

Jean Sartore, dit « le Chauve », repris de justice engagé par Lafont dès 1941 et parallèlement affilié au réseau de résistance Marco Polo.

Alexandre Villaplana, ancien gardien de l'équipe de France de football reconverti dans les affaires louches, travaille un temps pour Blémant puis rejoint la rue Lauriston.

Charles Cazauba, habile faussaire, un des hommes de confiance de Lafont. Il disparaît mystérieusement en 1944 lors d'une mission effectuée pour la Résistance.

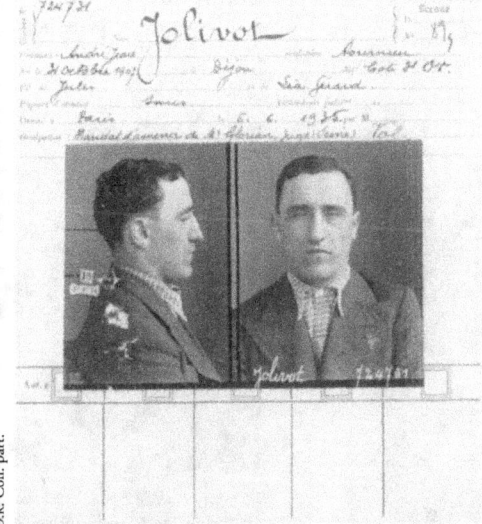

André Jolivot, dit « Dédé la Vache ». Vendeur de faux tickets pour le compte de la rue Lauriston, il présente Danos à Lafont par l'intermédiaire de Cazauba.

Henri Chamberlin, alias Lafont, chef de la rue Lauriston. Un pâle voyou devenu l'homme le plus puissant du moment grâce à ses amitiés allemandes.

 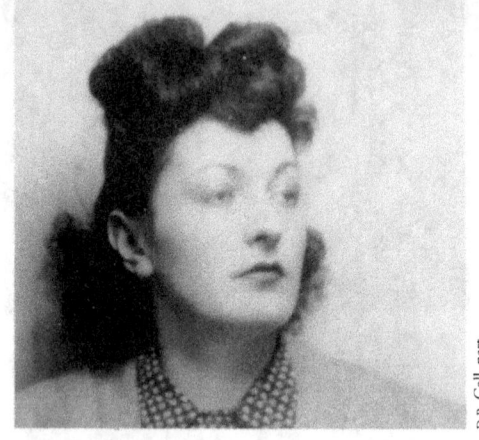

Simone Bouladour, en 1943, la « régulière » du Mammouth, et Rose Hélène Maltat, sa jeune maîtresse rencontrée rue Lauriston, où ses parents sont concierges.

En février 1944, Danos pose en uniforme allemand avec le cadre de la Brigade nord-africaine de Lafont. Une « bêtise » qu'il regrettera amèrement.

Danos, fin 1943, est approché pa[r] la Résistance. Grâce à ses papiers d[e] la Gestapo, il mène à bien plusieu[rs] dangereuses missions contre l'Occupant.

« Jeannot » Rossi, patron du cabaret Le Chapiteau, à Pigalle, plaque tournante de la résistance parisienne et rendez-vous de la pègre gestapiste.

Le « Grand Jo » Attia, un des plus fidèles amis du Mammouth, à qui [il] doit la vie. En 1943, sur le point d'ê[tre] exécuté par les hommes de Lafont, [il] est déporté à Mathausen, dont il réchappera.

Pierre Loutrel, dit « Pierrot le Fou ». Chef de la plus célèbre « bande des tractions avant » d'après-guerre, dans laquelle figurent Attia, Naudy et Danos.

Raymond Naudy, ancien horloger et maquisard. Sa rencontre avec Loutrel lui donne le goût des armes et de l'argent facilement gagné.

Le Marseillais Louis Discepolo, dit « Coq », et sa femme Carmella, membres de la pègre franco-italienne, accueillent Danos et Naudy à Milan.

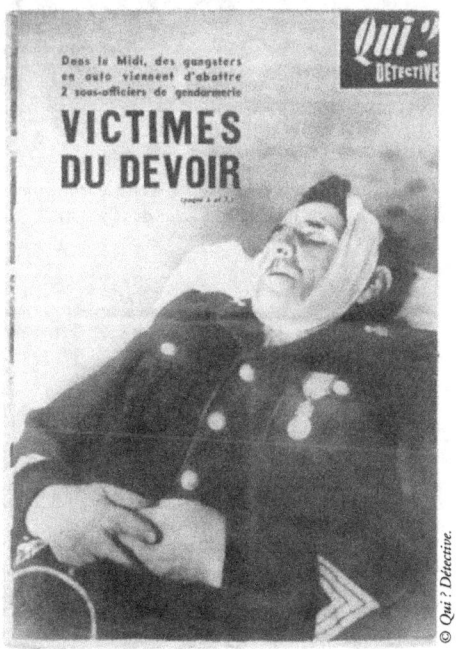

Début 1948, avant de trouver refuge en Italie, le tandem Danos-Naudy prend pour cibles de nombreux policiers, dont, à Agay, le gendarme Boix.

Abel Danos vers 1947, pendant sa cavale à Mimizan. Ses faux papiers lui permettront d'échapper aux recherches de la police pendant trois ans.

Abel Danos, recherché par toutes les polices de France et d'Italie, fait l'objet d'une fiche Interpol.

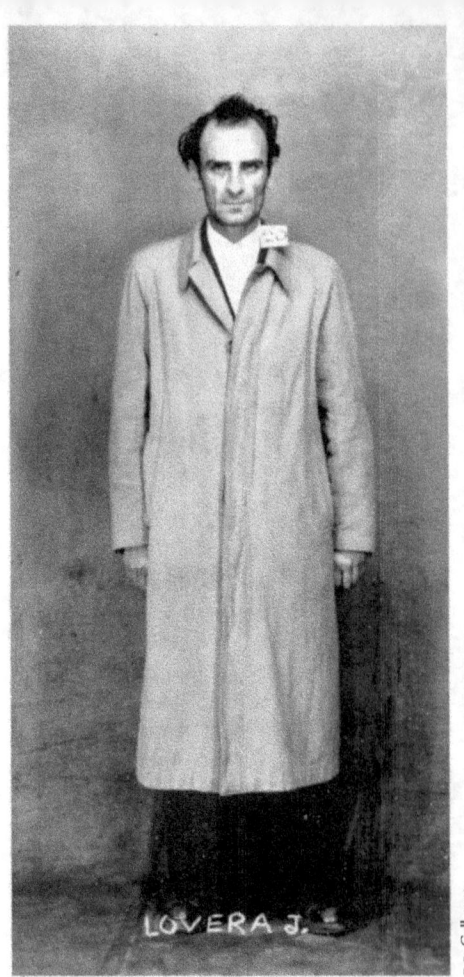

Lors du retour de Danos et de Naudy en France, l'agent Libessart est tué à Menton, le 1er novembre 1948, au cours d'une fusillade.

Giuseppe Lovera, soupçonné d'être le troisième homme du taxi et le tueur de Libessart. Danos sera accusé à sa place.

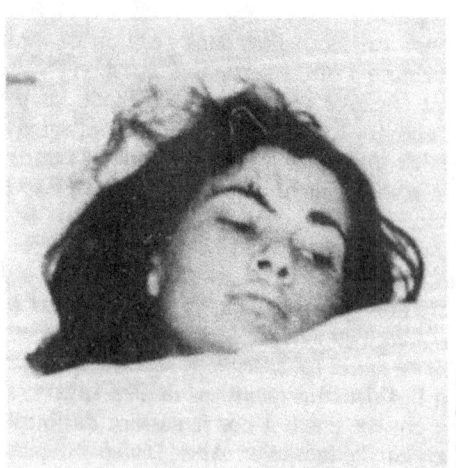

Peu après la fusillade, Danos et sa famille se cachent à Menton pendant que le mystérieux troisième homme et la compagne de Naudy prennent la fuite à bord d'un taxi.

Pierrette Chaude, la compagne de Naudy, touchée pendant la fusillade. Elle perd à la fois son amant et son enfant, mort né.

Traqué par la police, abandonné par le Milieu, Danos trouve refuge chez ses amis voyous et anciens résistants d'Aubervilliers. « Jo » Baudry n'hésite pas à lui ouvrir sa porte, « par mentalité ».

Germain Chanut et Roger Lentz, deux des acteurs du plan de sauvetage de la famille Danos après l'affaire de Menton.

Auguste Jeunet, dit « Cajac », ancien de la rue Lauriston, ami de Sartore et de Danos, offre l'asile aux fugitifs dans sa villa de Cagnes-sur-Mer, avant de se mettre en cavale.

Charles Vaillant, dit « Charlot Bonheur », un des rares amis du Mammouth à répondre à son appel au secours.

Au soir du 30 novembre 1948, Danos, qui cherche des papiers pour fuir à l'étranger, cambriole une chambre de bonne. Louis Baruteau, un valet de chambre, le surprend et donne l'alarme.

Daniel Levar, un jeune sapeur pompier, s'élance à la poursuite de Danos, qui fuit à bicyclette.

Après l'arrestation du Mammouth, le mythe du « gangster » aux abois, réduit aux cambriolages minables, se propage.

VII

Dans le bureau du commissaire principal Castex
(debout à droite). Les faux papiers de Danos, au nom de Morel,
n'ont pas résisté à la vérification de ses empreintes.

Le « bandit tragique », le « tueur de la rue Lauriston,
le « sanguinaire »… Pendant trois ans, à coups
de manchettes, la presse prépare le terrain d'exécution.

Le commissaire Charles Chenevier
(deuxième à gauche), le « chasseur de crânes »,
avec Danos à Nice pendant la reconstitution
de l'affaire de Menton.

En janvier 1949 débute la « première manche du duel
justice-Danos ». *Qui ? Détective* écrit : « Le public,
qui s'est fait de lui l'image d'un tueur redoutable,
a dû être déçu. »

Roger Bouladour,
le frère de Simone, entré
dans la police après
la guerre. « Surtout,
défendez bien Abel »,
dit-il à Carboni.

Après avoir obtenu la cassation d'une première
condamnation à mort, maître Charles Carboni tente
en vain de convaincre les juges du tribunal militaire.

Trois ans d'attente,
dont deux « de chaînes »
au quartier des
condamnés à mort,
ont rendu le Mammouth
méconnaissable.

Chapitre 10

*Des résistants aux mains sales*

Le mercredi 13 septembre, à Laignes, un médecin se présente chez Émilienne Boyer : c'est Danos, qui vient chercher sa maîtresse. Le couple part en bicyclette en direction de Tonnerre, où il ne fait qu'une étape : le Mammouth a en effet décidé de chercher une planque plus au Sud. Quelques jours plus tard, il jette son dévolu sur la petite ville du Pontet, près d'Avignon[1].

De leur refuge, Hélène Maltat et Danos suivent les événements avec une certaine inquiétude : leurs proches subiront-ils des représailles ? Seront-ils été arrêtés, malmenés, incarcérés ? Impossible d'avoir des nouvelles fiables, les journaux constituant la seule source d'information. Le couple décide donc un beau jour de « remonter » jusqu'à Paris pour prendre la température. « Une folie, mais avec Abel... »

---

1. Après avoir trouvé refuge dans un hôtel-restaurant à l'entrée du Pontet, le couple louera un petit logement plus discret.

À Tain-l'Hermitage, on fait une première étape dans une petite auberge. Hélène Maltat, qui se sent fatiguée, se confie à la patronne : « Je lui ai demandé si elle ne connaissait personne qui fasse la route vers Paris. Elle m'a promis de s'en occuper... » Le lendemain, la brave dame les présente à un capitaine de gendarmerie qui se rend à Dijon, avec toute son escouade. Impossible de refuser... « Nous avons fait le voyage jusqu'à Dijon, assis à l'arrière d'un car bourré de gendarmes avec les vélos sur le porte-bagages ! Abel racontait souvent cette anecdote en rigolant... après. »

À Dijon, les Danos ne subissent aucune représaille. À vrai dire, l'ancien gestapiste s'inquiète plus pour les Maltat et pour les Bouladour : les journaux rapportent le climat de terreur de la capitale, où l'épuration fait de nombreuses victimes. Ils n'ont aucune nouvelle de Montreuil. Simone non plus, à l'abri à Montpellier, ne sait rien du sort réservé à ses parents. Danos va assez souvent la voir, à vélo, pour la « soutenir », explique-t-il à Hélène. « C'est en revenant un jour de Montpellier qu'Abel a été arrêté par ce bon sang de Rhône. Moi, j'étais de l'autre côté, au Pontet, sans qu'il puisse me rejoindre à cause de la crue. Abel s'est arrêté au Prieuré, par hasard... »

Le Prieuré, à Villeneuve-lès-Avignon, est une auberge en bordure de la nationale 100. En 1944, elle est tenue par Roger Mille, un homme de quarante ans, et sa nièce, Blanche Chauvin. Une des bonnes adresses de la gastronomie avignonnaise... En attendant que le Rhône revienne dans son lit, Danos et Mille sympathisent. Plus tard, Blanche et Hélène deviendront amies à leur tour.

À la fin du mois d'octobre, l'affaire de la « Gestapo française » cesse momentanément de faire la Une. Au Pontet, la tension baisse d'un cran. Un beau jour, la jeune femme annonce à Danos qu'elle est enceinte : contre toute attente, la nouvelle déclenche l'enthousiasme de son amant. Balayés les soucis, l'angoisse et les mauvais souvenirs, le couple se prend à rêver à un avenir meilleur, à une nouvelle vie, pourquoi pas? Mais, quelques jours plus tard, un revenant s'annonce au Pontet : c'est Victor Paul, l'ancien sous-off de la BNA[1], lui aussi en cavale depuis juillet 1944.

Le Marseillais Paul, dit «Gueule d'Or», à cause de sa denture aurifée, est un grand ami du Mammouth. Peut-être en partie grâce à leur parcours commun : les deux hommes, en effet, se disputent la palme en matière de condamnations. Si Danos sort vainqueur avec vingt jugements, Gueule d'Or, avec «seulement» onze «sapements», est le gagnant du point de vue précocité. À douze ans, il prenait huit jours pour port d'arme prohibée, à quatorze, la cour d'assises des mineurs lui octroyait cinq ans de travaux forcés et dix ans d'interdiction de séjour pour violence à agent! Un record. Il avait ensuite collectionné les jugements pour vol ou pour infraction à «la trique». Spécialiste des affaires au faux policier durant l'Occupation, Paul avait ensuite été recruté, comme sous-officier, au sein de la BNA de Lafont. Les deux voyous s'étaient suivis de Montbéliard à Tulle avant de se perdre de vue après le retour prématuré de Danos à Paris. En Dordogne, Paul avait participé aux expéditions contre le maquis et aux arrestations, donnant «libre cours à ses instincts de rapine», selon l'expression de l'inspecteur Métra de la Section spéciale.

Les deux hommes se sont-ils revus depuis les événements? Très probablement. Gueule d'Or, en tout cas, n'est pas venu en Avignon par hasard. Après quelques conciliabules, Danos annonce à sa maîtresse qu'il doit partir pour Paris. Combien de temps? Pourquoi faire? Ces questions ne se posent pas[2]... Vers le 6 novembre, au matin, les deux hommes enfourchent leurs bicyclettes. «Je suis restée là, à

---

1. Paul faisait partie du cadre de la section Cazauba en compagnie de Tondut, Meunier et Danos.

2. Plusieurs indices permettent de penser qu'une tentative d'évasion de Lafont avait été mise au point par certains de ses hommes.

attendre Abel. Je ne lui en avais pas parlé, mais je n'avais plus l'intention de garder l'enfant... »

## Sartore et Gourari au service de la Résistance

Le 13 novembre, Jacques Barrat, jeune gardien de la paix du commissariat de Puteaux, est en route pour la Préfecture de police. Le policier tient à signaler aux inspecteurs parisiens un individu à l'allure suspecte. Un de plus... Trois mois après la Libération, les dénonciations, la plupart par lettres anonymes, submergent les commissariats. Le plus souvent, les policiers constatent, après enquête, qu'elles sont sans fondement. Mais qu'importe : qu'il s'agisse de ragots ou de pures calomnies, ces affaires sont traitées avec le plus grand sérieux. On ne sait jamais. Il est vrai qu'on est loin d'avoir identifié tous les miliciens, gestapistes et collabos de tout poil.

L'attitude du « suspect » n'avait pourtant rien de louche : vêtu sans ostentation, sagement assis à la terrasse de l'auberge au Capucin Gourmant de Coignières (Seine-et-Oise), il bavardait, le matin même, en compagnie d'un autre homme et de deux femmes. Barrat saurait-il expliquer pourquoi il a attiré son attention ? Sans doute non. Son crâne entièrement rasé, peut-être, y est-il pour quelque chose... Intrigué, le flic avait interrogé discrètement le patron de l'auberge. Son nom ? « Lechauve » a répondu l'aubergiste en ajoutant : « Attention, ce monsieur est un FFI, chargé de mission dans le secteur... »

Pourquoi pas ? Trois mois après les combats de la Libération de Paris, la région fourmille de porteurs de brassards à croix de Lorraine. Pourtant, le jeune policier ne se satisfait pas de cette explication. Pour en avoir le cœur net, il décide de se rendre auprès des spécialistes de la Préfecture.

Depuis le mois de septembre, le gouvernement s'est officiellement attaqué à la chasse aux gestapistes. Pour mener à bien cette tâche surhumaine, les autorités policières ont réquisitionné quelques bureaux à la Direction de la police judiciaire, 12 Quai de Gesvres, et désigné quelques inspecteurs sous les ordres du commissaire Clot, et ainsi créé la Section spéciale, plus communément appelée « service anti-Gestapo ». Très vite, les moyens mis à sa disposition se sont révélés insuffisants : jour et nuit, les inspecteurs Levitre, Halle, Métra, Petit et quelques autres interrogent et établissent des dossiers et des fiches sur des suspects qu'ils arrêtent ou qu'ils viennent cueillir dans les cellules du Dépôt ou de La Santé. Un réservoir inépuisable, tant sont nombreux ceux qui croupissent en cellule.

Hormis le manque de moyens, le service anti-Gestapo se heurte à une autre difficulté : malgré tous les pouvoirs dont ils disposent, les inspecteurs sont parfois obligés de classer certains dossiers. Sur ordres venus d'en haut... Si les raisons invoquées sont obscures, les policiers savent à quoi s'en tenir : certains noms contenus dans leurs fiches ne doivent pas être divulgués. Alors qu'ils pensaient n'avoir affaire qu'à des truands ou des droits communs, les enquêteurs ont pu constater que le « dessus du panier » était mouillé avec Lafont ou d'autres officines gestapistes.

Quand ils reçoivent les informations de Barrat, les policiers sursautent : « le Chauve » est le surnom de Jean Sartore, un gestapiste qu'ils pourchassent, en vain, depuis plusieurs semaines... Les inspecteurs Métra et Petit, de la Section spéciale, sont prévenus. Immédiatement, leur traction prend la route de Coignières. Dans un autre véhicule, Barrat et deux collègues : si ce « chauve » est le bon, ce n'est pas un tendre et mieux vaut prendre ses précautions. À toute allure les deux Citroën traversent Paris et, parvenues à Coignières, se garent à distance respectable de l'auberge.

Au premier coup d'œil, les inspecteurs savent que leur instinct ne les a pas trompés : sur la terrasse, Jean Sartore et Nicolas Gourari prennent l'apéritif sous le pâle soleil de novembre, aux côtés de deux femmes [1]. Avant qu'ils aient pu réagir, trois canons de revolver sont braqués sur eux. Les bras en l'air, ils sont fouillés tandis que leurs amies se mettent à pleurer... Dans les poches de Sartore, les inspecteurs trouvent des papiers d'identité à son nom et à celui d'un certain Jean Ségur, habitant 7 rue Mansard dans le IX$^e$ arrondissement de Paris [2] : un des nombreux « alias » du Chauve. Gourari est également trouvé en possession de plusieurs jeux d'identité : une de ses spécialités. Surprise : les inspecteurs découvrent « une attestation comme ayant rendu des services à la Résistance depuis deux ans ». Des faux, probablement...

Les chambres qu'occupaient les deux bandits sont fouillées : de nombreux bijoux sont saisis ainsi que la somme de 683 000 francs en billets de banque. Bonne prise pour les inspecteurs Petit et Métra. On se congratule avant de quitter l'auberge. L'agent Barrat est félicité pour son flair : sans doute de l'avancement en perspective... Puis les policiers poussent devant eux leurs prisonniers qu'on n'a pas jugé bon de menotter. Sartore et Gourari, en effet, paraissent accepter leur sort avec fatalisme : c'est vrai, ils sont des truands, mais ils protestent devant les accusations de collaboration. Ils font, au contraire, partie de la Résistance, comme l'attestent les documents en leur possession.

---

1. Marthe Sybille née en 1912 à Vizille, ancienne prostituée parisienne et maîtresse de Sartore. Gourari est en compagnie de sa femme Carmen, née en 1919 à Saint-Denis.

2. Un pseudonyme qu'il emprunte depuis le 10 août 1944. Outre son appartement de la rue Mansart, où il réside depuis janvier 1942, Sartore occupe également l'appartement d'un Israélite, 26 avenue Trudaine, dans le IX$^e$ également, sous le nom de Jean Lucas.

## Poursuite à Coignières

Tandis que le groupe rejoint les voitures, une traction s'arrête devant l'auberge. Deux hommes en descendent. L'un est grand, châtain, les épaules larges. L'autre, 1,65 mètre environ, plus âgé, blond, possède une denture en bel or jaune : deux clients de l'auberge, sans doute, qui regagnent leurs chambres. Mais soudain, en apercevant Sartore et Gourari entourés par les policiers, ils font demi-tour, remontent précipitamment dans leur automobile et prennent la fuite. Les inspecteurs se lancent immédiatement à leur poursuite.

La traction des bandits, une 15 CH Citroën noire conduite de main de maître, file à toute allure à travers la campagne. Elle gagne tout d'abord une avance appréciable, mais malgré les prouesses du conducteur, elle ne parvient pas à semer ses poursuivants. Derrière, la voiture des policiers s'accroche et parvient peu à peu à remonter son retard. Parvenu à cinquante mètres, l'un des inspecteurs lâche plusieurs rafales de mitraillettes. Après un long quart d'heure de poursuite, un des pneus est finalement touché par une balle. Déséquilibrée, la traction fait une embardée, franchit un fossé. Les policiers, qui se sont arrêtés, voient la voiture continuer, en zigzagant, sa course à travers champs...

Le véhicule sera retrouvé un peu plus tard dans l'ouest de la région parisienne[1]. Dans la boîte à gants, un des malfaiteurs a abandonné une carte d'identité établie au nom de Paul Richard, divers papiers portant tampons des «Forces françaises de l'Intérieur» et des ordres de missions en blanc. Les inspecteurs, qui connaissent par ailleurs les fréquentations de Sartore, ne tardent pas à identifier ce Richard comme étant Abel Danos...

---

1. La traction avait été volée le 9 novembre, avenue Victor-Hugo à Paris. Dossier d'instruction de la Cour de justice, DCAJM.

## L'ami de Montreuil

La gendarmerie, alertée, n'a pu, malgré les barrages, mettre la main sur les fuyards. Quai de Gesvres, une cellule de crise est organisée : il ne faut à aucun prix laisser échapper les deux hommes. Clot et ses lieutenants ont toutes les raisons d'être optimistes. Même s'ils ont momentanément réussi à échapper aux mailles du filet, les fuyards ne peuvent aller loin : à pied, sans papiers et blessés, ils devront rapidement trouver de l'aide...

Une aide qui pourrait venir de Montreuil, où résident les parents de Simone. Depuis la fin de la guerre, les relations des Bouladour et de leur « gendre » sont parfaitement connues des policiers. Les commerçants de Montreuil n'ont jamais cessé de fréquenter Danos, et ils ne pouvaient ignorer sa situation. Si l'attitude du père Fernand, considéré comme un personnage falot par les policiers, peut à la rigueur être pardonnable, sa femme Augustine ne bénéficie pas de la même indulgence : Madame Bouladour paraît avoir approuvé la liaison de sa fille en toute connaissance de cause. À Montreuil, sa réputation n'est plus à faire : lors de la libération de la ville, la marchande de chaussures et son mari ont été « interpellés » par les FFI de Montreuil. Fernande, comme des centaines de femmes, a payé de sa chevelure ses relations douteuses. Encore n'a-t-elle pas trop à se plaindre de son sort : après quelques jours de grade à vue elle a été relâchée, faute de preuve [1].

L'interrogatoire du couple ne donne rien... ou pas grand-chose : le 8 août, affirment les Bouladour, leur fille Simone est venue chez eux après le déménagement de l'appartement de l'avenue Charles-Floquet. Elle a passé

---

[1]. Ces faits se sont déroulés le 24 août 1944. Le 12 octobre, la police de Montreuil procédera également à une interpellation et à une perquisition. Sans résultat. Le 22 octobre, les Bouladour ont été interrogés par les inspecteurs de la Section spéciale.

une semaine à Montreuil avant de repartir au volant d'une voiture. Le lendemain, Danos est passé à son tour, et a emporté une malle en osier contenant des vêtements. C'est tout. Depuis, ils n'ont eu aucune nouvelle. Ni d'elle, ni de lui.

Les enquêteurs ne sont pas convaincus. Et pour cause : un « renseignement confidentiel » affirme que Danos est bien réfugié à Montreuil, chez un ami... Continuant leurs investigations, les enquêteurs s'intéressent donc aux relations du couple. Les agissements d'un certain René Thonne, ami d'enfance de Simone Bouladour, les intriguent particulièrement. Ce dernier, qui ne travaille pas, s'est mis à dépenser sans compter dans les bistrots des environs. De plus, il aurait procédé à de nombreux achats de victuailles, qu'il ramène chez lui en empruntant des chemins détournés.

Le 18 novembre, la surveillance mise en place devant son domicile, 92 rue Pasteur, donne des fruits : à 17 heures 30, les enquêteurs voient un homme sortir de l'immeuble et se diriger vers la mairie. Ils reconnaissent Danos... Le fugitif monte dans une voiture qui démarre en direction de Paris. « À ce soir », a-t-il dit, avant de partir...

Le domicile de Thonne est investi. Interrogé, celui-ci avoue avoir trouvé Danos devant sa porte, le 14 novembre au soir. Mal en point : « Il avait l'air très fatigué. Ses chaussures et le bas de son pantalon étaient maculés de boue. Il m'aborda en me disant qu'il venait de lui arriver un coup dur. » Thonne accepte « sans réfléchir » de l'héberger. Il sait, pour lui avoir été présenté en juillet chez les Bouladour, que Danos est le mari de Simone. Et, par certaines allusions, il a deviné que « Danos [a] une vie assez aventureuse », sans aller jusqu'à penser qu'il faisait partie de la Gestapo... La soirée durant, les inspecteurs ont le loisir de lui expliquer la véritable personnalité de « l'aventurier ».

Vers 22 heures 30, le bruit d'un moteur se fait entendre, puis des pas. Dans l'obscurité du vestibule, les inspecteurs Loyer et Prost se recroquevillent sous l'escalier. Danos entre... Tout à coup, Loyer surgit devant lui, pistolet au poing. « Haut les mains. Police ! » Sous la surprise, le truand recule de plusieurs pas. « Tu m'as fait peur... » dit-il en avançant sur le policier, un objet noir à la main. Coup de feu : Danos s'abat, atteint à la cuisse. Après une courte lutte, les inspecteurs parviennent à le maîtriser. Ce que le policier a pris pour une arme n'était qu'une vulgaire lampe électrique.

À l'extérieur, l'individu resté près du véhicule est arrêté. Face à la menace des mitraillettes braquées sur lui, il n'oppose aucune résistance. Interrogé, il dit s'appeler Toussaint Vidal, né le 18 décembre 1903, en Lozère. Il n'est pas armé. Dans une sacoche qu'il porte sur lui les policiers saisissent la somme de 2 millions, trois photos grand format de Simone Bouladour et une bague. Elle appartient à Hélène Maltat : « Un jour, Abel m'a dit : "Tiens, donne-moi ta main", et il m'a passé une bague au doigt. Elle était en or sertie de brillants et avait été faite par un bijoutier dans toutes les normes, attention... C'est le seul cadeau de prix qu'il m'ait jamais fait. Il faut dire que je ne lui ai jamais rien demandé... J'y tenais beaucoup : avant mon départ je l'avais confiée à ma mère qui l'avait cachée dans un pot de farine. Quand il a été arrêté, Abel a eu l'instinct de la cacher dans la manche de sa chemise. À l'hôpital, vous pensez bien, ils l'ont trouvée [1]. »

---

1. Le bijou semble donc n'avoir été remis que plus tard aux policiers. Pour simplifier, il apparaîtra dans l'inventaire de la sacoche. Malgré toutes ses demandes de restitution, Madame Maltat ne la récupérera jamais...

La balle a traversé la cuisse du Mammouth de part en part. Tandis que « Vidal » est conduit au commissariat de Vincennes avant d'être envoyé au Dépôt, le blessé est transporté à l'Hôpital Tenon. Il sera, le lendemain, transféré salle Cuzco, l'infirmerie pénitentiaire située sous les combles de l'Hôtel-Dieu [1].

Dans ses poches, les policiers ont fait une moisson de papiers en tout genre. Danos, qui se dit Paul Richard, né le 4 octobre 1903 à Lille, s'est fait fabriquer toute une batterie de documents pour le prouver : carte d'identité avec photo et tampon de la mairie de Cherbourg, autorisation de circuler délivrée par la Préfecture de police de Paris et ordre de mission permanent émanant du 2e Bureau des FFI l'autorisant à circuler avec le véhicule 9456 RN4. Celui-là même que les policiers ont pris en chasse à Coignières [2]. Danos avait tout prévu... sauf les impondérables. Et si la façon dont Sartore et Gourari ont été repérés reste pour lui inexplicable, il ne se fait aucune illusion en ce qui concerne sa planque de Montreuil : pour la première fois, il soupçonne Gros Raymond de l'avoir balancé [3].

Aux policiers qui l'interrogent sur son emploi du temps durant ces derniers jours, Danos raconte qu'après avoir erré dans la campagne il s'est réfugié dans un abri de défense passive et qu'il a ensuite volé une voiture pour rentrer à Montreuil [4]. Peine perdue : Thonne a avoué. Il sera inculpé de recel de malfaiteur.

---

1. La Salle Cuzco accueille les patients extraits de prison ou en instance d'être placés en détention. Danos y est inscrit sous le matricule 14106.

2. Ces faux papiers ont donc été fabriqués après le vol de ce véhicule, le 9 novembre. Il semble que le faussaire soit un ami de Jean Sartore, nommé Félix Lecerf, officiellement garagiste à Lamballe.

3. Témoignage Hélène Maltat.

4. En réalité, le 16 novembre, Danos s'est rendu à Courbevoie chez les Maltat, qui lui ont remis pour leur fille un paquet de vêtements et la bague. Le samedi 18 en fin d'après-midi, il s'est rendu à un rendez-vous

## Fausses cartes pour vrais FFI

Au Pontet, les distractions sont rares. Quand le temps le permet, Hélène prend le bac et traverse le fleuve pour rendre visite à ses amis du Prieuré. Elle effectue quelques travaux de repassage, la vaisselle, pour passer le temps. Les journées sont longues sans son amant... À l'affût de nouvelles, la jeune femme achète tous les jours la presse au kiosque. Le 21 novembre, une manchette lui apprend l'arrestation d'Abel : le jour même, elle prend la route de Paris à vélo. « Dès mon arrivée à Paris, je suis allée voir maître Lhermitte [l'avocat de Danos], rue de Rome. Je ne sais pas qui l'avait prévenu, ni qui le payait... Je me souviens par contre qu'il m'a dit qu'Abel était mort des suites de son arrestation. En redescendant à Avignon, je pleurais toute seule sur mon vélo... »

Mais le Mammouth, bien vivant, se remet lentement de sa blessure. Le 14 décembre, après moins d'un mois d'hospitalisation, il est incarcéré au Dépôt[1]. À cette époque, le centre de tri est devenu un simple lieu de détention provisoire. Dans le bâtiment surpeuplé, tous les étages du bâtiment ont été reconvertis en cellules. Conçues pour accueillir trois prévenus, elles en comptent parfois le double. Une promiscuité pratique pour les prisonniers, qui parviennent à se regrouper sous divers prétextes. Danos parvient ainsi à être enfermé dans la cellule 72, au deuxième étage, avec Toussaint Vidal dont la véritable identité, Victor Paul, a fini par être découverte. Avec eux, un certain Samuel Abouaf, un Tunisien de trente-trois ans que Danos a autrefois eu comme complice. Le lendemain de l'arrivée de Danos, Gabriel Meunier, autre sous-officier

---

avec Paul et un autre homme. Il en est reparti avec les 2 millions. Vers 22 heures, il a volé une traction, toujours avenue Victor-Hugo. DCAJM.
1. Le 1er décembre à 19 heures 45, sous le n°18887.

de la BNA, les rejoint[1]. L'équipe du défunt Cazauba se retrouve presque au complet.

Dans une autre cellule, Gourari et Sartore attendent la fin de leur instruction[2]. Depuis qu'ils ont été entendus par le juge, ils ne cessent de crier à l'injustice. D'après eux, ils ont rendu de grands services à la Résistance : les attestations trouvées en leur possession le prouvent... Mais, pour les enquêteurs, ces documents ne constituent pas des preuves. À leur avis, ils sont faux. Tout autant que ceux de Danos, leur complice.

En ces temps troublés, l'industrie des faux «faffes», les faux papiers, tourne à plein régime. De la carte d'alimentation à la carte d'identité en passant par les attestations de résistance, les spécialistes de l'imitation et du timbre humide font des affaires en or. Dans une ancienne villa, avenue de la République à Saint-Cloud, par exemple, un vieux faussaire a trouvé le filon : la fausse carte de résistant. Son officine fonctionne à plein régime à partir du début du mois d'août 1944 et jusqu'après la Libération de Paris. Pour 20 000 francs, une somme relativement importante, les truands en mal de respectabilité peuvent se refaire un état civil convenable avant de prendre le large[3]. Les policiers de la Section spéciale doutent donc, avec quelque raison, de l'engagement patriotique des deux malfaiteurs...

Mais Sartore et Gourari donnent des noms : sous les ordres d'un certain Pallatier, dit «Riquet», et d'un nommé «Michel», ils ont «travaillé» au sein du réseau Marco-Polo.

---

1. Garagiste de quarante-sept ans né à Montchanin en 1897, titulaire d'une condamnation à un an de prison pour vol prononcée le 20 novembre 1929. Infiltré rue Lauriston par le SSM FTR, sans être pour autant répertorié au réseau, il devient sous officier dans la BNA. Évadé avec Danos, il sera repris le 2 février 1945.

2. Sartore sera incarcéré à La Santé le 25 janvier suivant, Gourari, quelques jours plus tard, le 1er février. Archives Préfecture de police.

3. Témoignage Minard, in *Historia* n° 60.

D'après eux, depuis 1942 et jusqu'à la Libération. Pour accréditer leurs dires, ils énumèrent leurs faits d'armes : tout d'abord, assurent-ils, ils ont fourni des informations sur les opérations programmées par la rue Lauriston. Ils étaient, c'est vrai, bien placés pour le faire... Pour Michel, leur chef direct, ils ont tenté d'éliminer deux indics de la Gestapo... même si l'opération s'est soldée par un échec.

Intarissables, ils assurent avoir participé au vol « d'appareils spéciaux » fabriqués pour l'armée allemande dans les usines Nadela et Jaeger de Levallois-Perret. Les policiers écoutent d'une oreille attentive mais demandent des preuves. Et les deux malfrats en donnent : sur ordre du même Michel, trois traîtres, les époux Pibouleau et une certaine Madame Andrieux, ont été réduits au silence par leurs soins. Après ces aveux, Sartore et Gourari se drapent dans leur honneur de truands résistants. Ils ont, c'est vrai, travaillé pour Lafont, mais ils se sont également investis pour la Résistance.

### L'étrange réseau Marco-Polo

Devant ce palmarès, Clos et Levitre, les inspecteurs chargés du dossier, sentent que l'affaire se complique. Ils ne sont pas au bout de leurs surprises. En s'informant auprès de leurs collègues de la DGER, les policiers acquièrent très vite une certitude : le capitaine Michel, Pallatier et le réseau Marco-Polo ne sont pas le pur produit de l'imagination de Sartore et de Gourari, mais existent bel et bien.

Michel Hardivilliers, « Michel » dans la clandestinité, est un professeur de lycée de trente et un ans engagé très tôt dans la Résistance : le 1$^{er}$ juin 1941, il a été homologué au sein du réseau SR Kléber, puis est entré à Marco-Polo au moment de la création du réseau, à Lyon, au début de novembre 1942 [1]. Nommé capitaine il a été adjoint avant d'accéder au grade de chef de réseau en juillet 1944, suite à l'exécution de son chef René Pellet.

Quant au nommé Pallatier, « Riquet » dans la Résistance, les policiers trouvent une fiche à son nom dans un de leurs cartons. Marcel Pallatier, dit « Riquet le Rouge », né le 25 juin 1898 à Chambéry, est en effet titulaire de plusieurs condamnations. Mais, sous l'Occupation, le truand semble s'être racheté une conduite : résistant de la première heure, Riquet s'est engagé dès octobre 1940 dans un des premiers réseaux de renseignement, le « SR Air », puis, après un passage dans le réseau Éleuthère, est entré à Marco-Polo en avril 1943 et y a reçu le grade de lieutenant.

Mais Sartore et Gourari peuvent, sans crainte d'être démentis, continuer de dire qu'ils ont été recrutés par « Riquet » : on est sans nouvelle du résistant depuis qu'il a été déporté en Allemagne [2]. Michel, en revanche, est invité à donner sa version des faits. Dans un premier temps, l'ancien chef de réseau paraît « lâcher » ses anciennes recrues : du bout des lèvres, il confirme avoir recruté les deux hommes mais situe cette incorporation beaucoup plus tard, en juin ou juillet 1944. D'ailleurs, selon lui, les renseignements qu'ils fournissaient arrivaient toujours trop tard et n'étaient donc d'aucune utilité pour la Résistance [3]. À l'entreprise Nadela et Jaeger, de Levallois, on joue en revanche l'étonnement : le secrétaire général de l'usine ne voit pas pourquoi

---

1. Le réseau Marco-Polo est né à Lyon le 1er novembre 1942, créé par ordre du BCRA (Bureau central de renseignement et d'action) de Londres. Spécialisé dans la recherche de renseignements militaires, politiques ou économiques, le réseau dispose également d'une filière « évasion » et d'un groupe « action ». Ses effectifs compteront plus de huit cents membres au printemps 1944.
2. Pallatier rentrera des camps nazis le 22 avril 1945.
3. Grégory Auda, *op. cit.*, p. 211.

la Résistance et les Alliés se seraient intéressés à leur production d'innocents roulements à billes [1].

Mais cette histoire d'espionnage industriel est assez vite reléguée au second plan. Grâce aux aveux des deux truands, les policiers découvrent une facette peu reluisante du réseau Marco-Polo : les affaires que les policiers sortent du placard sentent le cadavre, à commencer par le dossier Pibouleau.

Louis Pibouleau, inspecteur de police, travaillait pour la Résistance depuis 1941 quand il a intégré le réseau : un engagement plutôt rare à l'époque au sein de l'administration policière. Mais surprise : au printemps 1944, un rapport envoyé à Londres l'a signalé comme un individu extrêmement dangereux pour le réseau, à cause de son imprudence et de ses besoins d'argent... Le policier et sa femme ont été exécutés près de leur domicile dans la nuit du 4 au 5 juillet 1944. L'enquête a été rondement menée : devant les deux cadavres, les inspecteurs, qui avaient eu vent de l'engagement de leur collègue, ont conclu à une exécution par la Milice. Affaire classée.

À présent, on s'intéresse d'un peu plus près aux raisons qui ont motivé l'exécution du couple. À Lyon, des bruits courent sur les relations de madame Pibouleau avec un certain Raymond Larcher, adjoint de Pellet, dit « Octave », chef de Marco-Polo. Est-ce lui qui a décidé de l'exécution du couple ? Cela se dit... De toute façon, l'ancien responsable n'est plus là pour le confirmer : le 26 août son corps a été repêché dans le Rhône, une oreille en moins et la poitrine criblée de balles. La Gestapo, selon la version officielle... mais des bruits courent qu'« Octave » aurait trahi le réseau...

---

1. Une des usines du groupe, située près du Puits Pigeot dans la région stéphanoise, a été pourtant bombardée par l'aviation alliée en tant que point de production stratégique. Elle produisait elle aussi des roulements : non pas à billes, mais à aiguilles.

Autre affaire, plus embarrassante encore pour la réputation de Marco-Polo : l'exécution d'Odette Andrieux, la semaine précédant la libération de Paris. Cette fois, le chef de réseau semble bien à l'origine de l'ordre de mise à mort. Interrogé en janvier 1945, il expliquera aux policiers que Madame Andrieux était coupable d'avoir dénoncé Maurice Martineau, membre du réseau, dont elle avait été auparavant l'épouse[1]. Un imbroglio dans lequel il paraît difficile de trouver la vérité...

« Le Chauve » et « le Pâle » sont les principaux protagonistes de ces trois exécutions[2]. Leurs mains ont frappé, mais sur ordres venus d'en haut. En l'occurrence, du capitaine Michel... Pas de chance pour eux, ce qu'ils croient être de hauts faits de Résistance s'apparente à de sordides assassinats...

*La belle du Dépôt*

Danos est-il au courant des efforts de Sartore et Gourari pour faire connaître leur double jeu ? Probablement pas. Le saurait-il que cela ne changerait sans doute rien à sa vision

---

1. En éliminant Madame Andrieux, Michel faisait taire un témoin gênant... pour lui-même. Arrêté par la Gestapo au printemps 1944, il aurait monnayé sa libération en donnant plusieurs agents doubles, ce que Madame Andrieux aurait appris... L'affaire Andrieux se complique du fait de la personnalité de son ex-mari Martineau, membre de Marco-Polo mais aussi du TR 112 $^{bis}$ (secteur Paris). Martineau sera accusé d'avoir trahi après son arrestation en août 1942. Il sera acquitté par le Tribunal militaire de Paris, qui le jugera pour trahison en 1950.

2. De sombres affaires que la justice préférera ne pas trop approfondir. L'enquête très complète de l'inspecteur Halle, en avril 1948, déterminera que de nombreux cadavres jalonnent l'histoire du réseau Marco-Polo. Outre l'exécution des époux Pibouleau et d'Odette Andrieux, celle d'un certain de Costaing et de sa famille, celle de Bonnet, de Coudier et de Mansuy, milicien assassin de Mandel, et, enfin, en août 1944, celle de Cazauba et d'« Amerlot ».

des choses : lui aussi à « rendu des services » à Marco-Polo, mais mieux vaut tenir que courir. S'il existe une chance de fausser compagnie à ses gardiens, il faut la tenter sans attendre le verdict des juges : quelques jours plus tôt, le 26 décembre, « Henri », Bonny, Haré, Delval, Clavié, Villaplana, Engel et Pagnon sont tombés dans les fossés du Fort de Montrouge. Et le Mammouth n'a aucune envie de les suivre...

Le 17 janvier 1945, pour la première fois, le prévenu est conduit Quai des Orfèvres, où l'inspecteur Garreau, de la Préfecture de police, recueille sa déposition [1]. Danos retrace succinctement sa vie depuis 1939 : la mobilisation, sa fuite du camp du Ruchard, son engagement au sein du 2e Bureau, son arrestation puis son évasion. Le Mammouth relate ensuite comment il intégra la rue Lauriston au « milieu de l'année 1943 », après avoir bénéficié de la protection de Monsieur Henri durant quelques mois... Il termine par son engagement dans la BNA, son voyage à Montbéliard et à Tulle avant de s'arrêter, épuisé... À la fin du rapport qu'il tape le soir même, Garreau rappelle l'état de faiblesse dans lequel se trouve Danos : l'homme n'a pu être amené dans son bureau que soutenu par deux inspecteurs. Selon lui, il conviendrait de surseoir momentanément à son audition. Il ne se doute pas que Danos s'apprête à s'évader le lendemain...

Ce soir du 18 janvier, il gèle à pierre fendre. Les gardiens emmitouflés dans leurs canadiennes ont relâché leur surveillance et se serrent dans l'unique pièce chauffée du bâtiment. Dans la cellule, la température ne dépasse pas quelques degrés. Après la soupe, la fenêtre est ouverte et la lame de scie passe de main en main : en quelques minutes, un des barreaux cède sous la pression. Vers 21 heures, la

---

1. Curieusement, la Section spéciale n'est pas la première à interroger Danos.

voie est libre. L'un après l'autre, les prisonniers passent sur la corniche couverte de glace et avancent jusqu'au coin du bâtiment.

À l'étage du dessous, le bureau des scellés : ses fenêtres ne sont pas grillagées. Arc-bouté sur l'étroit cheminement de pierre, Danos descend ses camarades à bout de bras jusqu'au niveau inférieur avant de les rejoindre à son tour. À coups de pieds une des ouvertures est forcée. Un à un, les hommes pénètrent dans la pièce, enfilent un couloir puis descendent un escalier. Au rez-de-chaussée, une porte est fracturée : au bout, la liberté [1] : « Et ils sont partis, comme de joyeux lurons, par le quai des Orfèvres... » sourit Madame Maltat.

Au Pontet, la jeune fille a retrouvé une certaine joie de vivre : Abel est vivant et libre... « Ma tante Talamona de Courbevoie avait entendu dire qu'Abel s'était évadé du Dépôt. Elle m'avait téléphoné la bonne nouvelle au Pontet. »

Durant le mois de janvier, des pluies diluviennes se sont abattues sur la région. Les eaux tumultueuses du Rhône charrient des tonnes de boue et de débris arrachés aux berges. Conséquence : le bac qui relie les deux rives ne se risque plus à une traversée périlleuse. Une nuit, pourtant, la jeune femme est réveillée par un homme qui lui explique qu'il a pour mission de la ramener sur l'autre berge : « Cette nuit-là, j'ai traversé le Rhône dans la barque d'un passeur. Il y avait tant d'eau qu'on ne voyait plus l'île de la Barthelasse. Des troncs d'arbres gros comme des voitures étaient emportés. J'ai encore le bruit que faisait le fleuve dans les oreilles... Malgré le danger, c'est pour moi un bon souvenir : je savais qu'Abel m'attendait de l'autre côté. »

---

1. D'après la relation du jugement pour évasion en 1949, Archives de Paris.

Danos n'est pas venu seul : avec lui, Roger Lentz et un autre homme, qui l'ont accompagné en voiture jusqu'en Avignon. Après les embrassades, le Mammouth s'étonne : « La première chose qu'il m'a dite en me retrouvant c'est : "Ah, je suis étonné, je croyais te retrouver toute grosse !" Mais moi, entre-temps, j'avais fait une "fausse couche" grâce à une sage-femme de Villeneuve-lès-Avignon. »

## Chapitre 11

## *Les affaires reprennent*

Le 9 janvier 1946, *France-Soir* titre : « Des maisons accueillantes aux chambres de torture », un article virulent dirigé contre les tenanciers de maisons de tolérance. Dernier acte de la lutte impitoyable que se livrent abolitionnistes et bordeliers depuis plusieurs années, l'article illustre bien les rancœurs accumulées pendant « les sombres jours de l'Occupation » : gestapistes, souteneurs, filles de joies, truands et miliciens sont clairement désignés comme seuls responsables de la honte.

L'auteur rappelle comment les maisons ont bénéficié de protection scandaleuse, comment les Jamet et les Codebo ont ouvert leurs portes à l'Occupant et à leurs sbires en s'enrichissant éhontément. Qu'on en juge : lorsque Carbone avait été inhumé à la fin 1943, au cours de grandioses funérailles, « Fraisette » avait offert une couronne de 50 000 francs[1] !

---

1. Décédé le 16 décembre 1943 dans un déraillement de train organisé par la Résistance. Le tout-Paris collaborationniste assistera à sa messe d'enterrement organisée à l'église Sainte-Marie-des-Batignolles.

Pendant que le débat sur la prostitution fait rage, Jamet est en prison à Fresnes [1]. Il n'est pas le seul, loin s'en faut, à s'être enrichi sur le ventre de l'Occupant : Georges Lemestre, du Sphinx, Codebo [2] et bien d'autres se sont largement rempli les poches. Mais si les attaques qu'on lui porte sont particulièrement virulentes, c'est que le One Two Two était le rendez-vous des hommes de Lafont...

Après avoir lutté plusieurs années contre les attaques abolitionnistes, les bordeliers, réunis au sein de l'Amicale des maîtres d'hôtels meublés de France, vont perdre la partie. À travers le procès qui leur est fait, c'est un peu le régime de Vichy qui est visé. Vichy, dont la complaisance à l'égard des tenanciers est unanimement dénoncée au sein de la nouvelle classe politique [3].

Marthe Bettenfeld, alias Richard, ancienne du 2e Bureau, ancienne prostituée selon certains, s'est engagée dans le combat abolitionniste. Son projet de fermeture définitive des maisons remporte tous les suffrages au conseil municipal de Paris, et le nouveau gouvernement ne va pas tarder à la suivre dans sa campagne d'épuration : le 16 avril 1946, les maisons closes reçoivent le coup de grâce. On ferme.

À côté des boucs émissaires, les collaborateurs en cols blancs, les industriels profiteurs de guerre, les fonctionnaires inféodés à Vichy et autres artistes compromis peuvent

---

1. Grâce à ses appuis, Jamet ne fera qu'une année de prison avant de se retirer dans sa propriété du Loiret. Il parviendra à se faire décorer de la Croix d'honneur franco-britannique pour services rendus aux Alliés et ouvrira successivement deux restaurants qui péricliteront l'un comme l'autre. Il meurt en 1964.
2. Codebo, patron du Fourcy, du Panier Fleuri, deux taules d'abattage, s'était quant à lui couvert depuis longtemps en émargeant, comme son neveu Lentz, au réseau Marco-Polo.
3. Après que l'État leur avait accordé une reconnaissance officielle dès décembre 1940, les bordels avaient été assimilés aux spectacles de troisième catégorie et rattachés, en avril 1942, au Comité d'organisation professionnelle de l'industrie hôtelière.

respirer : le processus de leur réhabilitation, l'oubli, sont en marche.

Pour peu qu'ils n'aient pas fait preuve de trop de zèle, les juges pourront bientôt reprendre leur place, les policiers leur képi, les parlementaires leur siège au palais Bourbon. En votant des lois vichystes, en raflant les juifs et en condamnant les « terroristes », ils n'ont fait qu'obéir au vieux Maréchal. Une erreur de jugement que la nation leur pardonne bien volontiers[1].

Beaucoup de Français se découvrent d'ailleurs subitement une âme de résistant : ils affirment avoir écouté Londres, sauvé des juifs, ils ont participé aux combats de la Libération, même s'ils n'avaient qu'une tondeuse à la main. Quoique « passive », leur résistance ne les empêche pas d'arborer ostensiblement rosettes et médailles à la boutonnière. La police parisienne, par exemple, sur laquelle l'Occupant s'est appuyé pour mettre en œuvre sa politique de répression, est revenue aux carrefours et arbore la fourragère rouge. Joanovici, le « chiffonnier milliardaire », est à l'apogée de sa puissance et trafique à présent avec les surplus américains. Tino Rossi, malgré ses airs de chanteur engagé, a été libéré trois semaines seulement après avoir été emprisonné à Fresnes. Au 12 Quai de Gesvres, les hommes de Clot ont plié bagages au mois de novembre 1945 : après à

---

[1]. À ce sujet, Jacques Delarue écrit : « Vingt ans après, quelques initiés seulement ont encore, parfois, un mouvement de recul en lisant certains noms dans la chronique financière, en reconnaissant certains visages sur les photographies de mondanités, au pesage d'Auteuil ou de Longchamp, aux grandes premières ou même dans de très "patriotiques" manifestations. Parfois élégants, souvent puissants, toujours repus et sûrs d'eux-mêmes, ils ne paraissent pas incommodés par l'insupportable odeur de pourriture, de misère, de larmes et de sang qui monte encore de leurs millions mal acquis, et ils en jouissent sans remords. Ceux-là furent les vrais profiteurs de l'Occupation », in *Trafics et crimes sous l'Occupation*, p. 139.

peine quinze mois d'existence, le service anti-Gestapo a été dissous... alors qu'il croulait sous les dossiers.

Tout rentre dans l'ordre...

À vrai dire, en ce début 1946 les Français veulent tourner la page. Et si le procès du Docteur Petiot[1] a passionné les foules, c'est plus pour son côté macabre que pour ses mystérieuses ramifications collabo-résistantes. En cette première année d'après-guerre, les Français s'intéressent plus aux difficultés de ravitaillement, à la politique, au sport et au cinéma qu'au passé. Les voyous sont coupables, ils ont payé, n'en parlons plus. Le gouvernement, qui cherche l'apaisement, la réconciliation et le redressement du pays ne peut que s'en féliciter.

## *Un couple ordinaire*

Depuis l'avancée des troupes débarquées en Provence, le Prieuré a été réquisitionné par l'armée américaine. Une douzaine d'officiers en occupe les chambres. « Une drôle de bonne planque ! » sourit encore aujourd'hui Hélène Maltat. L'auberge est devenue un no man's land où le couple peut se croire, avec raison, à l'abri des recherches.

C'est dans ce havre de paix qu'un jour d'automne 1945 Hélène Maltat a accouché d'un grand et beau bébé, joufflu comme « un poupon en celluloïd », que l'on prénomme Jean-Paul. Son père, qui attendait cette naissance avec une fébrile impatience, s'occupe du nourrisson avec une douceur et une patience insoupçonnées : « Il se levait la nuit pour lui donner le biberon, le changeait même parfois »,

---

1. Le 11 mars 1944, à la suite d'un banal feu de cheminée, les policiers découvrent les restes calcinés de plusieurs cadavres dans une cave de la rue Lesueur. Le propriétaire des lieux, un certain Docteur Petiot, inventeur d'une fausse filière d'évasion, brûlait là les candidats à la fuite. L'enquête établira que des juifs, des Allemands et plusieurs truands liés à la rue Lauriston faisaient partie des victimes. Petiot sera guillotiné le 25 mai 1946.

s'attendrit son ancienne maîtresse. Mais, malgré le soin attentif dont on l'entoure, la santé de l'enfant se détériore. La faute au climat, qui ne lui convient pas : « Paul était très grand et n'arrivait pas à prendre du poids, à cause du mistral qui soufflait en permanence. Un jour, une femme du service médical m'a conseillé de changer de région. Elle avait de la famille qui tenait un hôtel à Mimizan, dans les Landes, où le climat était réputé pour convenir aux enfants rachitiques. J'en ai parlé à Abel, qui m'a dit d'aller voir sur place. »

La jeune femme part donc en éclaireur. L'établissement de Mimizan est désert à cette époque de l'année. L'assurance d'une tranquillité à toute épreuve, d'autant que les hôteliers sont d'une discrétion exemplaire : « Les patrons de l'hôtel étaient très accueillants. Ils ne m'ont pas posé de questions. C'est vrai, une mère avec son enfant malade, ça n'éveille pas la curiosité... » De retour en Avignon, Hélène Maltat rend compte de sa visite : la planque paraît sûre. Après avoir fait ses bagages, le couple prend donc le train pour Bordeaux.

En quelques mois, les conseils de l'infirmière d'Avignon vont se vérifier : grâce à l'air vivifiant venu de l'Atlantique, l'enfant se refait peu à peu une santé. Le couple respire. « Sans doute la plus belle période que j'ai passée avec Abel, avec le Prieuré, où c'était assez décontracté. Après, ça a toujours été dur... » soupire Hélène Maltat.

À vélo ou à pied, les deux amants s'aventurent dans de longues promenades à travers les bois de pins ou le long des plages désertes. Solitude et quiétude qui prêtent à rêver, à faire des projets : « Toutoune, on va te chercher un petit magasin de vêtements ou quelque chose comme ça », lui dit un jour Abel. « Ça m'aurait bien plu de tenir un commerce, commente-t-elle. Mais ça m'est passé par-dessus la tête et je ne lui en ai pas reparlé. Sinon, il s'en serait occupé... »

Face à la mer, le Mammouth voit parfois plus loin : ils partiront en Amérique du Sud, où certains de ses amis se sont mis à l'abri, ils referont leur vie ailleurs... Danos est d'un naturel optimiste. Sa maîtresse acquiesce sans y croire : pourquoi partir, puisqu'il semble qu'on les a oubliés ? « Bien sûr, je savais qu'on était en cavale, mais avec le temps j'arrivais à ne plus y penser. Il faut dire que nous menions une vie très tranquille : promenades avec le bébé, parties de cartes... Personne ne faisait attention à nous : nous étions un couple sans histoire. Paul prenait de bonnes joues. On ne voyait personne. On n'allait chez personne. On était bien. » Aujourd'hui encore, Mimizan est un bon souvenir...

Quelques nuages s'installent cependant avec l'arrivée de nouveaux pensionnaires dans l'hôtel : des retraités, des habitués venus, eux aussi, profiter du bon air... Prudent, Danos préfère déménager dans un coin plus calme : « Entre-temps, j'avais trouvé une petite maison à louer. Quelque chose de modeste, très gentil, un peu à l'intérieur des terres. Il n'y avait pas de bail, ça s'était fait comme ça, en confiance. Nous étions un couple ordinaire », tient à répéter Madame Maltat.

### *Naudy, un jeune homme timide*

Derrière cette apparence de Monsieur-tout-le-monde, Danos demeure un homme aux abois, méfiant et attentif aux événements. Une fois par mois environ il « monte » à Paris, à vélo : « Il mettait deux jours pour aller, deux jours pour redescendre... Je ne sais pas où il s'arrêtait. Il fallait le voir partir avec sa petite musette et son casse croûte ! Il n'attirait pas l'attention. » Le Mammouth avale les 700 kilomètres en seulement deux étapes : vingt ans après, l'ancien champion cycliste a encore de beaux restes.

Il ne revient jamais les mains vides : « Abel n'allait pas à Paris pour faire des coups durs. Il allait voir quelqu'un. Cette personne lui donnait la valeur d'environ 100 000 francs : de quoi faire les courses pour le mois. Il ne m'a jamais dit qui il voyait, mais j'ai toujours supposé que c'était Germain ou quelqu'un dans ce genre[1]... Abel n'allait pas à Paris pour faire des mauvais coups, répète Hélène Maltat. D'ailleurs, je n'ai jamais vu de revolvers, ni sur lui, ni chez nous, je ne comprends pas... »

N'empêche, à cette époque, son amant a retrouvé ses potes Pierre Loutrel et Jo Attia, revenu miraculeusement indemne de Mauthausen. Tous les trois ont fêté leurs retrouvailles avant de parler affaires. Avec quelques autres complices, comme Henri Fefeu, Georges Boucheseiche et un certain Raymond Naudy, ils vont se faire connaître dans une des plus redoutables bandes de braqueurs de l'après-guerre.

## Bande à Bonnot des temps modernes

Beaucoup de ceux qui ont connu Raymond Naudy avant la guerre ne le reconnaissent pas dans le dévoyé sans scrupules qu'il est devenu... Dans le quartier de Lacroix-Falgarde, un faubourg de Toulouse où il a passé son adolescence, Raymond Naudy a laissé le souvenir d'un jeune homme timide et doux. Un peu à l'écart des jeux habituels des camarades de son âge, il passait de longues heures à améliorer le fonctionnement de la bicyclette avec laquelle il courait le dimanche. La mécanique était son passe-temps favori, mais c'est la profession d'horloger que, vers l'âge de

---

1. Germain Chanut, un des plus fidèles amis de Danos, est un voyou né à Bort-les-Orgues (Corrèze) en 1911. Il vit, avec sa compagne, rue Turgot, dans le IXe arrondissement de Paris. Est-il le « banquier » de l'ancien gestapiste ? Difficile de l'affirmer. Hélène Maltat, qui rencontrera ce mystérieux inconnu, ne peut apporter aucune précision : « Je suis allée le voir un jour à Paris, sur la demande d'Abel. Je me souviens simplement lui avoir téléphoné et l'avoir vu chez lui, vers les Grands Boulevards... C'était pour récupérer des papiers que, d'ailleurs, je n'ai pas obtenus. Apparemment, il n'a pas eu confiance dans une femme. »

quinze ans, il avait choisi d'exercer. Chaque fin de mois, le jeune garçon remettait ses gains à sa mère. Dans le quartier, on le citait en exemple... Puis est venue la guerre... Trop jeune, Raymond n'a pas été appelé mais a rejoint deux ans plus tard le Chantier de jeunesse de Castillon, dans l'Ariège. Il y a passé un an avant de retrouver ses occupations.

Tout bascule en février 1943, lorsque le gouvernement Laval met en place le STO, service de travail obligatoire, qui oblige les Français nés entre 1er janvier 1920 et le 31 décembre 1922 à partir, au titre de la relève, travailler en Allemagne. Raymond Naudy, né en 1921, est concerné au premier chef mais comme des milliers de jeunes dans son cas, il choisit de prendre le maquis. Après avoir fait ses adieux à ses parents qui tiennent un petit commerce de vins rue Camille-Pujol, Les Treilles, le jeune Toulousain part vers l'inconnu.

Très vite, grâce aux cours que les instructeurs du Corps franc lui dispensent, le jeune homme timide apprend à tendre des embuscades, à se servir d'explosifs, à tirer et à tuer. Il se découvre une passion pour les armes : désormais, leur maniement l'intéresse plus que les mécanismes d'horlogerie. Un certain Pierre Déricourt, devenu son ami, a été pour beaucoup dans cette métamorphose...

À la Libération, de retour chez lui, il n'est plus le jeune homme rangé que sa mère a vu partir. Il est sombre, taciturne, irascible parfois. Elle espère pourtant lorsqu'il lui fait part de ses projets de mariage. Hélas, les parents de la belle, une jolie jeune fille du voisinage, le trouvent trop jeune et refusent leur union.

Raymond s'enfonce dans la mélancolie. Un ancien camarade d'école, un affranchi, tente de l'en sortir en lui présentant sa maîtresse, pensionnaire au « 24 », maison accueillante à l'enseigne « Le Moulin Rouge »[1]. Raymond prend goût aux plaisirs faciles et sa mère voit son fils lui échapper tout à fait.

---

1. *Qui ? Détective* n°105 du 29 juin 1948.

Un beau jour de 1945, Naudy fait sa valise. Sourd aux exhortations de ses parents, il annonce qu'il va rejoindre son camarade de combat, le lieutenant Déricourt, grand résistant et ancien membre du groupe Morhange. Un homme extrêmement sympathique, qui lui confie bientôt sa véritable identité : Pierre Loutrel, « Pierrot » pour les intimes. Avec lui, Naudy bascule dans le crime : sous couvert de chasse aux collabos, il participe à des actions, parfois violentes, destinées uniquement à s'enrichir à bon compte.

Un certain Henri Fefeu, dit « Riton le Tatoué », les accompagne. Un homme bizarre, enfermé dans un mutisme ambigu, qui promène sur son entourage un regard parfois gênant. À quarante « piges », Riton est titulaire de sept condamnations pour vols qualifiés, recel, coups, blessures et tentative de meurtre, et vient d'être condamné à la relégation. La justice le recherche... Comme Loutrel, Fefeu est couvert de tatouages : souvenirs du Bat' d'Af [1]. Et ce n'est pas le seul de leurs points communs : les deux hommes sont nés dans la Sarthe, à 25 kilomètres l'un de l'autre. Comme lui, enfin, il semble n'attacher aucune importance à la vie... celle des autres en particulier. Avec les deux hommes, Naudy est à bonne école.

C'est par hasard que Danos et Loutrel se sont donc retrouvés à Paris à la fin août 1945. Un hasard qui, décidément, fait bien les choses, puisqu'un beau soir leur pote Jo Attia a poussé la porte du cabaret La Roulotte, où ils faisaient la fête. Un Jo amaigri, émacié, mais vivant... « J'ai su que Lafont t'avait emballé, explique Pierrot. J'avais même organisé un commando pour te tirer de ses pattes. Le Mammouth m'a expliqué qu'il t'avait fait expédier chez les Chleus, car il savait que Lafont allait te dessouder. Le

---

1. Henri Fefeu, né en 1905 à Saint-Ouen-en-Belin, sera arrêté le 30 septembre 1946. Il mourra en prison en 1953 après s'être accidentellement inoculé la tuberculose en tentant un transfert en sanatorium pénitentiaire.

Mammouth a regretté ensuite quand il a su que t'étais dans les camps de la mort. On avait des échos de ce qui s'y passait et Danos répétait : "Quel con j'ai été. Pauvre Jo, canné pour canné, il aurait mieux valu qu'il dévisse rue Lauriston que là-bas après tant de souffrances[1]." » Les trois hommes ont fêté ce miracle en compagnie de quelques prostituées et en éclusant force « rôteuses ».

Après les congratulations, on en est venu à parler affaires. « Le Mammouth fait partie de mon équipe », expose Loutrel à son « frangin » Attia. Faux poulets ? Non : les deux anciens carlingueurs « donnent » à présent dans le braquage de transporteurs de fonds... Leur technique est au point. Attia, lui, a besoin de se refaire et, justement, Loutrel est plein d'idées nouvelles. La plus innovante : constituer un gang sur la Côte, un autre à Paris, et attaquer alternativement sur les deux secteurs. Les poulets ne sauront ainsi où donner de la tête. Matériel : des voitures puissantes et des pistolets mitrailleurs. Une condition : frapper vite et fort. Des fortunes sont à portée de main d'hommes décidés et disposant de bons tuyaux.

Attia en sera. Danos également, de même que Raymond Naudy, Henri Fefeu et Georges Boucheseiche, trente et un ans, dit « Bouche » ou plus communément « Gros Jo ».

C'est vrai que Boucheseiche a pris du poids depuis la guerre. Il est loin le temps où le modeste hôtelier de Saint-Denis gagnait sa vie en ponctionnant sa part sur chaque passe. Depuis, « Gros Jo » s'est embourgeoisé : en 1942, il a transporté ses pénates dans le XVIIIe arrondissement de Paris[2] et laisse à présent à sa maîtresse Marie-Louise Andrieux, dite « Janine », le soin de s'occuper des affaires courantes. Il est loin également l'impulsif prompt à défourailler son

---

1. Nicole Attia, *Jo Attia*, p. 139.
2. Il tient un hôtel rue Pierre-Budin. Il achètera ensuite le Titanic, rue Blondel (IIIe). Impliqué dans l'affaire Ben Barka, il disparaîtra au Maroc en 1972.

revolver ou à allonger sa gauche sans réfléchir : après quatre condamnations pour coups et blessures[1], Bouche a fini par comprendre. Il faut dire qu'avec le bon temps des bureaux d'achat, Boucheseiche s'est transformé en homme d'affaires avisé, préférant la ruse et l'entourloupe à la violence. Grâce à cette nouvelle philosophie peut-être, Boucheseiche est non seulement parvenu à se faire oublier des juges mais aussi des enquêteurs de la Section spéciale. Une performance[2]....

Enfin, un dernier comparse rejoint les voyous de Loutrel : Julien Le Ny, originaire de Pontivy, qui n'a que vingt-quatre ans et fait figure de novice... Mais il ne demande qu'à bien faire.

Le ballet commence le 7 février 1946. Ce jour-là, deux tractions, une 15 CV et une 11 CV, stationnent à peu de distance d'une agence du Crédit Lyonnais, rue Parmentier, dans le XIe arrondissement de Paris. Sous la pluie fine, Henri Fefeu fait les cent pas, un journal à la main. C'est lui qui est chargé de donner le coup d'envoi. Il est un peu plus de 11 heures 30 quand deux convoyeurs sortent de la banque chargés de sacs et se dirigent vers un fourgon Renault aux portes arrières ouvertes. Quelques secondes plus tard, Riton les aborde un colt 45 à la main : imparable. Il ne faut pas plus d'une minute aux bandits pour prendre la fuite. Butin : 3 millions de francs...

Lundi 11 février. La grande horloge de la gare de Lyon marque 13 heures 27 très précises. Devant le hangar des messageries, une traction remonte la rue du Charolais et s'immobilise après un demi-tour devant le bâtiment de la Poste. La voiture porte une plaque du ministère de la Guerre : sans doute celle qui doit prendre livraison du cour-

---

1. En 1932, 1937, 1939 et 1940. En 1939, « Bouche » a également été jugé pour vol.

2. Malgré ses relations d'affaires avec la rue Lauriston, son nom n'apparaît pas dans le dossier conservé aux Archives nationales.

rier militaire, pense Emmanuel Preux, agent de surveillance. Effectivement, trois militaires en descendent, mais ce n'est pas le courrier qui les intéresse. Sous la menace de leurs armes, ils exigent le transfert dans le véhicule des sacs contenant les fonds destinés à l'armée américaine : pas moins de 8 millions de francs en billets neufs ! En redescendant la rue du Charolais, le passager fait signe au conducteur d'une autre traction que tout s'est bien passé. Il est 13 heures 28 : le hold-up n'a duré qu'une minute. Dans la presse, on parle de « bande à Bonnot des temps modernes ».

Dernier acte de cette campagne parisienne : le 4 mars, un trésorier payeur se fait arracher une sacoche contenant 7 millions devant une usine d'aviation d'Issy-les-Moulineaux. Durée de l'opération : vingt secondes.

« Frapper vite et fort », a dit Pierrot. Pour l'instant, les consignes ont été respectées. Grâce à l'effet de surprise, pas un seul coup de feu n'a été tiré. Du beau travail. C'est Loutrel qui a commandé la première opération, avant de laisser la main à son « frangin » Attia et de partir « travailler » sur son secteur, dans le Sud...

Après l'affaire d'Issy, Attia d'un commun accord avec son complice, juge bon de calmer le jeu : il semble en effet que Danos ait failli être arrêté un soir à l'occasion d'une descente de police dans son hôtel. Pierrot est persuadé qu'il ne s'agit pas d'un hasard : cette fois encore, le Mammouth pourrait avoir été balancé... Hasard ou pas, l'ancien gestapiste juge plus prudent de se mettre au vert quelque temps. D'où, peut-être, les vacances de Mimizan...

## *Ceux du Midi*

Sur la Côte, Loutrel a battu le rappel de ses relations et constitué une bande assez hétéroclite mais décidée :

on y trouve par exemple Christian Laurent, un ancien de l'avenue Foch, Sauveur Porcu, récemment rentré d'un camp de prisonniers de guerre, Léon Bianchi, représentant de commerce déporté en 1943. Plusieurs anciens résistants, comme André Girardi, dit « Didi Lunettes », Roger Christophe, Maurice Laguerre, Marcel Ruard, dit « Pépito le Gitan », sans oublier Raymond Naudy, forment le noyau de l'équipe.

Contrairement à la plupart de ses complices, Marcel Ruard est un fils de famille. Il vient d'obtenir son bac quand il entre, à dix-sept ans, dans le maquis. Il s'y distingue par son courage et son sens des responsabilités. Il vient de s'engager dans l'armée des Alpes quand la gendarmerie l'arrête pour une vieille affaire : l'attaque d'un dépôt d'armes pour le compte de la Résistance. Malgré la nature des faits, le mandat d'arrêt court toujours, et les pandores rassurent : il s'agit d'une simple formalité... Résultat : cinq mois de prison que le jeune résistant ne digère pas[1]. Peu après sa libération accompagnée de plates excuses dont il n'a cure, il rencontre Loutrel à Nice et sympathise. Il sera près de lui dans la plupart des coups du gang, version Sud.

Le 14 février, à Laragne, quatre encaisseurs sont attaqués. Butin : 2 500 000 francs. Un mois plus tard jour pour jour, deux employés du gaz se font arracher leur sacoche contenant 1 200 000 francs. Le 5 avril, à Marseille, Jean Faletti, comptable de l'entreprise Borie, remonte la Canebière en compagnie de son aide Joachim Rodriguez. Ils viennent de

---

[1]. Malgré plusieurs lois d'amnistie, de nombreuses affaires de ce type (meurtres, attaques à main armée, etc.), exécutées pour le compte de la Résistance, seront classées en droit commun par la justice. Pour leur défense, les accusés devaient apporter la preuve d'une volonté de résistance « sans que l'intérêt personnel soit en jeu ». Il faudra attendre le 6 août 1953 pour qu'une loi, initiée par l'avocat Henri Torrès, oblige le ministère public à apporter la preuve que « le motif [était] complètement étranger à un acte de Résistance ».

retirer 1 million à la Société Générale : la paye des ouvriers. Une traction s'arrête à leur hauteur, un coup de feu claque : Faletti est mortellement touché au foie et les malfaiteurs s'emparent de la somme.

Le 1er juillet, à 5 heures du matin, la camionnette d'une entreprise de maçonnerie stoppe devant l'Hôtel des Postes de Nice. Un peu plus loin, des hommes dans une 11 CV et une 15 CV sont chargés de récupérer les sacs que leur enverront leurs complices. Moins de vingt minutes plus tard, les faux peintres Loutrel et Naudy sortent de la Poste. Ils ont raflé 33 millions et tué un employé.

Le 14 juillet, après une arrestation manquée à Cassis[1], les policiers marseillais déclenchent une gigantesque rafle : le Louf est pris, mais les policiers ignorent à qui ils ont affaire et le laissent sans surveillance particulière. Dans un coin, des PM sont entassés : Loutrel se saisit de l'un d'eux et parvient miraculeusement à s'enfuir. Malgré tout, Ruard et plusieurs membres de la bande sont arrêtés. Cette fois, la chance semble avoir tourné. Tout au moins dans le secteur Sud...

Pierre Loutrel regagne la capitale et repart à l'attaque. Le 16, rue du Pont-Neuf, il rafle 3 200 000 francs ; le 27, c'est 9 millions qui changent de main. Le 1er août, la bande au complet rate de peu le hold-up du siècle : 500 kilos d'or au Comptoir de métaux précieux de la rue Dareau. Une défaite dure à avaler pour Loutrel, qui fait encore parler de lui à Saint-Maur, Boulogne, rue de Maubeuge et rue de Lisbonne...

Le mois d'août s'achève. Mais place des Saussaies, au cabinet du ministre Depreux, on est décidé à en finir. Sont convoqués : Charles Luizet, le préfet, Pierre Boursicot,

---

[1]. L'affaire avait débuté grâce aux indications d'un certain Giudicelli, indic du commissaire Matteï, de la PJ de Nice : selon ses sources, Danos aurait été présent à Cassis, ce que semble démentir Ruard. Jacques Prézelin, *Le Goï*, p.132.

le directeur de la Sûreté, René Desvaux, son homologue de la PJ, et Roger Wybot, chef de la DST. L'entrevue est houleuse...

Le 25 septembre, sur la foi de renseignements confidentiels, la police s'apprête à donner la charge au Chalet des Marronniers, un établissement de Saint-Maur censé être fréquenté par la bande : le gérant n'est autre que l'ancien résistant toulousain André Finckheimer, dit « Lucien de Marmande ». Mais ceux qu'ils cherchent sont à deux pas, de l'autre côté de la Marne, à L'Auberge, un établissement de Champigny tenu par un certain Mario Prost.

Deux cents policiers armés jusqu'aux dents de voitures blindées, de gaz lacrymogènes et d'armes à feu prennent position. L'opération est commandée par le préfet Luizet en personne. L'attaque se solde pourtant par un fiasco : grâce à Loutrel, qui est venu à leur secours au volant de sa Delahaye, Boucheseiche, Fefeu et Attia parviennent à sortir de la nasse. Avec ses complices, Pierrot peut sabler le champagne en toute quiétude : il a la baraka et, contre ça, aucune police au monde ne peut rien. C'est sans doute vrai... Et pourtant, sa fin est proche.

Au lendemain de cette affaire, la presse se déchaîne : avec un certain discernement, elle voit dans la récente série d'agressions de la bande l'empreinte de la « Gestapo » : « Nous ne le répéterons jamais assez, la lutte contre les éléments troubles issus des SR allemands, de la LVF, de la Milice, du PPF, voire même des camps de prisonniers allemands exige un effort sans cesse renouvelé de la police républicaine qui se doit de "libérer" Paris », exhorte un journaliste de *Front national*. Un de ses collègues accuse les policiers de ne chercher « que des gangsters » et Monsieur Teitgen, ministre de la Justice, de gracier trop de traîtres...

Le 28 septembre, *France-Soir* cite pour la première fois les noms de Loutrel, Attia et consorts, précisant que le premier est sous le coup d'un mandat d'arrêt du juge Donsimoni, qui instruit les affaires d'intelligence avec l'ennemi. La presse s'emballe et se laisse aller aux informations les plus invraisemblables : Attia devient Saïd Atcha, dit « Brahim le Tunisien », gestapiste de la rue Lauriston et tortionnaire de Tulle. Quand, le 30, Fefeu est arrêté dans un café de Montmartre, elle rappelle que le voyou est frappé d'indignité nationale et que Loutrel, dont « la cruauté stupéfie l'Allemand Plaket, son chef direct », était le chef de la Gestapo de l'avenue Foch. Quant à Danos, selon certains journalistes bien informés, il se trouvait également à Champigny...

## *Fin de parcours rue Boissière*

Le soir du 6 novembre 1946, Loutrel s'est mis dans la tête de braquer une bijouterie, 36 rue de la Boissière à Paris. Lui qui possède à son actif les plus beaux braquages de l'après-guerre veut s'emparer de quelques montres sans grande valeur : apparemment pour en offrir une à Marinette, sa maîtresse[1]. Naudy, Attia et ses plus proches amis ont tenté de l'en dissuader, sans succès. Le Fou veut ses montres et il les aura. Une idée fixe rendue obsédante par l'alcool qu'il ingurgite depuis le réveil : Loutrel boit de plus en plus, et son humeur s'en ressent.

Malgré son opposition au projet, Jo Attia se décide à conduire son ami avec la Delahaye. Il semble également que Danos ait été dans une traction stationnée un peu plus loin.

Il est 20 heures. Sérafian, le bijoutier, et sa femme s'apprêtent à fermer boutique. C'est alors que Loutrel fait irruption. Que se passe-t-il ensuite ? Selon la version officielle, le Fou fait mine de choisir quelques montres avant de porter la

---

1. Selon certaines sources, le bijoutier aurait été receleur de la bande. À cause d'une « divergence », Loutrel aurait décidé de le tuer.

main à la poche intérieure de son veston : au lieu d'un portefeuille, c'est un revolver qu'il en tire. Sérafian se jette sur lui et tente de le désarmer. Loutrel tire, le bijoutier, blessé, s'écroule. Sa femme se met à hurler. Loutrel sort et rejoint Attia, qui démarre en direction de l'avenue Kléber. Mais le bijoutier blessé sort de sa boutique et s'élance. La traction, garée en face, démarre au même moment et l'écrase...

Dans la Delahaye, un coup de feu retentit. Jo Attia se retourne : son ami est défiguré par la douleur. En glissant son arme à la ceinture, Loutrel a accroché la gâchette[1] : la balle est entrée dans la région pubienne et le blessé perd énormément de sang. Jo décide de le transporter chez une amie, une femme de banquier qui l'a aidé lors d'une cavale. Un médecin de confiance est appelé. Diagnostic : la blessure nécessite une opération d'urgence. Loutrel est conduit à la Clinique Diderot, 40 avenue Daumesnil, et inscrit sous le pseudonyme de Paul Chaplin, soi-disant victime d'un accident de chasse...

Le chirurgien décide d'opérer immédiatement. La blessure est grave : le projectile a traversé la vessie avant de ressortir par la région anale, occasionnant une hémorragie interne importante. Un drain de près d'un mètre de long est posé dans la blessure. Le diagnostic est très réservé.

Quatre jours plus tard, le 10 novembre, l'état du blessé est stationnaire. Mais Attia, qui redoute une indiscrétion de la part du personnel médical, décide avec Boucheseiche d'évacuer Loutrel. Le soir même, les deux hommes, en blouse blanche, viennent chercher le client de la chambre

---

1. Plusieurs versions circulent sur l'origine de cette blessure : selon la plus répandue, c'est Attia, ivre lui aussi, qui aurait atteint son ami d'une balle en tentant de protéger sa fuite. Selon une autre, Marinette Chadefaux, d'une jalousie maladive, aurait tiré sur son amant après avoir découvert sa liaison avec une certaine Henriette Mauté. Plus crédible, Loutrel aurait été tué, lors d'une partie de poker, par un joueur qui aurait tiré sous la table.

19 et l'emmènent sur un brancard jusqu'à une ambulance. Le Mammouth, déguisé en infirmier, est au volant.

Le véhicule prend la direction de Mantes. Un parcours long et douloureux malgré les précautions de Danos pour réduire les cahots. La blessure s'ouvre, le blessé souffre énormément. À Porcheville, l'ambulance s'engage sur un chemin de terre menant à la villa La Titoune. Ici, Loutrel sera à l'abri des curieux. Le propriétaire de l'endroit n'est autre qu'Edmond Courtois, dit « Momon », ancien de Tatahouine reconverti dans l'élevage de chiens. En souvenir du Bat' d'Af, il a accepté de recevoir son compagnon de misère…

Mais Loutrel a perdu connaissance. On l'étend sur un lit. Trois heures plus tard, Pierrot « se laisse glisser »[1].

*Une carte grise envolée*

Vers la même époque, le séjour à Mimizan prend fin brusquement. Au retour d'un voyage avec sa maîtresse, Abel Danos apprend que les gendarmes sont à la recherche « d'un homme d'un fort gabarit, grand et costaud, habitant les environs et possédant une traction avant noire ». Une histoire de carte grise égarée. À nouveau, Hélène Maltat fait les valises. Dommage : elle commençait à prendre goût à cette vie.

L'affaire a débuté bêtement : « À un certain moment, Abel s'était procuré une traction. Avec de faux papiers, bien entendu… Un jour, il avait posé la carte grise sur l'aile et

---

[1]. Le cadavre sera enterré par les quatre hommes sur l'île de Gillier, au milieu de la Seine. Le 11 novembre, à 6 heures, la cérémonie mortuaire est achevée. Le corps sera retrouvé, le 6 mai 1949 sur les indications de Courtois, par les enquêteurs de la Préfecture de police. Après quelques expertises plus ou moins concluantes, le décès sera officiellement déclaré le 1er juillet 1951.

l'avait oubliée. En roulant, les papiers étaient tombés. » Un passant a assisté à l'événement : il a relevé l'immatriculation de la voiture et s'est empressé de rapporter le document à la gendarmerie. Vérifications, contrôles... L'un des gendarmes a l'idée de regarder la carte grise d'un peu plus près : elle est fausse...

« Abel se baladait avec de drôles de papiers parfois ! Je me souviens d'un cachet où la Marianne louchait de façon pas croyable. Et bien, malgré tout, ça passait... » Cette fois pourtant, la carte grise ne « passe » pas. Mais Danos a eu la chance d'en être informé assez tôt, et les gendarmes de Mimizan vont passer à côté de l'arrestation de leur carrière.

Ce n'est pas la première fois que cette carte grise leur joue des tours : « Un soir, en revenant de Gap, nous avons été arrêtés par un barrage. Abel a présenté ses papiers mais ils ne correspondaient pas avec la plaque ! » Étonnement des pandores. Heureusement, Bibil a de la repartie : « Ah, oui. Nous avons deux voitures dans la société. Les numéros se suivent et, ce matin en partant, j'ai pris la mauvaise carte grise... » Les gendarmes saluent l'étourdi et le laissent partir. Comment Danos pourrait-il douter de sa bonne étoile ?

Chapitre 12

*Les frères de la Côte*

Septembre 1947. Trois fous s'évadent de l'asile Henri-Collin de Villejuif. Aidés par des complices, ils ont réussi à passer le mur d'enceinte avant de s'enfuir à bord d'une voiture. L'un d'eux est particulièrement dangereux : Émile Buisson, condamné aux travaux forcés à perpétuité.

Le prisonnier moisissait en tôle depuis son arrestation de juillet 1941. D'Orléans, Mimile avait été transféré à Troyes le 13 septembre 1941 pour répondre du fameux hold-up contre l'encaisseur de la Banque de France : une grosse affaire qu'il estimait lui-même à vingt ans de placard... De quoi se décourager. Mais, contre toute attente, le prévenu avait repris espoir dans le bureau du directeur de l'administration pénitentiaire : des gens bien s'intéressaient à son cas. Certes, son affaire était grave, mais la justice pourrait être « plus clémente ». Il ne tenait qu'à lui... Pour commencer, il bénéficierait de règles de détention moins sévères : parloirs, courrier et nourriture améliorés[1]. Seule condition : Buisson devait comprendre qu'il ne tirerait aucun bénéfice à divulguer aux Allemands ce qu'il savait des véritables activités des BMA, des TR et de leurs chefs. Dans son propre intérêt... Mimile avait compris.

Le prisonnier avait profité de ces bonnes dispositions à son égard pour régulariser sa situation : le 29 octobre 1941, il avait passé la bague au doigt de «Petite Main», qui avait accouché, deux mois plus tôt, d'une petite Henriette. Il avait pu serrer la maman et le bébé dans ses bras. Émile et Odette se reprenaient à rêver. Mais l'embellie avait été de courte durée. Trois mois après avoir vu le jour, l'enfant était morte. Tuberculose, avaient diagnostiqué les médecins. «*Fatalitas*» aurait pu dire son frère, «le Nuss», qui portait ce mot tatoué sur la gorge...

La poisse s'était confirmée le 13 mai 1943 : devant la cour d'assises de l'Aube, Buisson écopait de la perpétuité. «Plus clémente»? Désormais, en effet, le directeur de l'AP se fichait bien qu'il parle : depuis, les BMA et les TR avaient été supprimés. Quant à Paillole et Blémant, ils avaient rejoint l'Algérie...

De longs mois ont défilé quand, en juin 1947, Odette quitte elle aussi ce bas monde... Cette fois, Mimile ne s'en est pas remis. Peut-être autant par calcul que par désespoir, il s'est mis à «battre les dingues» – laper son urine, marcher jour et nuit en répétant les mêmes mots ou éclater de rire sans raison – devant ses compagnons de cellule plus ou moins dupes. Au début, ces «dingueries» ont amusé les matons, toujours septiques... Les codétenus, eux, ont moins rigolé. À force de plaintes, les gardiens ont dû se résoudre à changer «le Louf» de cellule. Jusqu'au jour où Émile s'est ouvert le ventre avec un rasoir : pour faire partir les gaz, a-il expliqué...

---

1. Courrier du Directeur de l'administration pénitentiaire, 28 octobre 1941.

Folie ou simulacre ? Le directeur de la centrale de Clairvaux, a vu là l'occasion de se débarrasser à bon compte d'un prisonnier encombrant, et Petit Mimile a été transféré au mois de février au Dépôt puis, après quelques semaines à la camisole de force, au centre Henri-Collin de Villejuif. Le 3 septembre, devant les gardiens médusés, «le Nuss», André Russac et Roger Dekker, dit «Petit Roger», posent une échelle sur le mur d'enceinte. Leurs «calibres» font le reste[1].

Les journalistes bien informés voient dans cette évasion la patte du Mammouth : «Abel Danos, insaisissable depuis sa prodigieuse évasion du Dépôt au cours de l'hiver 1944, vient de se manifester en "libérant" de façon spectaculaire un des auteurs du sanglant attentat perpétré en février 1941 contre les encaisseurs de la rue de la Victoire[2].»

Mais les journalistes se trompent : Buisson n'attend plus rien de son ancien complice, et n'en fait pas mystère. «Un jour, j'étais entré au bar tabac des Quatre-Routes avec Rocky, Mimile était là...» se souvient Georges Baudry. «Tu es toujours ami avec Abel ? Eh bien tu vois, j'ai ça pour lui, m'a-t-il dit en me montrant son flingue...» Baudry fait la commission à son pote : «"Attends, je vais le choper", m'a répondu Abel. Mais il était dur à chopper, Mimile...»

À première vue, la rancœur de Buisson est légitime : pendant six longues années, il a espéré une aide qui n'est jamais venue. Six années de cachots, de cellules humides et de désespérance. Danos, pendant ce temps, se «la faisait belle» avec ses potes de la rue Lauriston. Il aurait pu, il aurait dû, tenter quelque chose. Au fil des années, l'amitié s'est muée en haine.

Mais le Mammouth a lui aussi quelques raisons d'en vouloir à son ancien complice de la rue de la Victoire. Ce

---

1. René Girier, dit «la Canne», et un certain André Barrier profiteront de l'occasion pour s'évader.
2. *Qui ? Détective*, n° 64 du 11 septembre 1947.

n'est pas pour rien que Buisson a été entouré de prévenances par le directeur de Troyes. Pas pour rien que l'on craignait de sa part « des bavardages » susceptibles de mettre en danger le service de Paillole. À vrai dire, dès cette époque, la réputation de « balance » de Mimile était faite. « Le goût de la délation », écrira Chenevier... Par recoupements ou à la suite de confidences, Danos avait fini par comprendre les raisons de son arrestation rue Gustave-Rouanet. S'il le « choppait », Buisson ne s'en remettrait pas...

## Le Mammouth évaporé

Dans les colonnes de *Franc-Tireur*, les journalistes s'interrogent : « Abel Danos, tueur de la Gestapo, se trouve-t-il sur la Côte d'Azur ? » Certains « bruits » le signalent en effet dans une petite station balnéaire entre Nice et Saint-Raphaël.

Depuis son évasion du Dépôt, le truand semble s'être évaporé. Cette mystérieuse disparition alimente les rumeurs les plus folles : la police pense qu'il aurait trouvé refuge « dans l'Espagne de Franco, abris de nombreux miliciens et collaborateurs de tout acabit ». Il aurait été aperçu à Nancy, « où il demeurerait 17, rue de Metz », ou résiderait à Tremblay-les-Gonesse. On le voit à Paris, où « la maîtresse de Pierrot le Fou lui offrirait l'hospitalité »[1]. On dit aussi que Danos est devenu méconnaissable, « grâce aux miracles de la chirurgie esthétique »[2]...

La psychose gagne partout en France : à Ciadoux, tout près de son village natal de Saman, une escouade de gendar-

---

1. En réalité, Marinette Chadefaux a disparu dix mois plus tôt, en même temps que son amant. Cette disparition reste aujourd'hui encore inexpliquée. A-t-elle été tuée, comme cela s'est dit, par Boucheseiche qui craignait ses bavardages ? Malgré les recherches, son corps n'a jamais été retrouvé.
2. *Franc-Tireur* du 5 septembre 1947.

merie cerne une station d'essence près de laquelle est garée une traction avant. À la décharge du témoin qui l'a signalée aux gendarmes, il faut dire que la gérante est la tante de Danos...

« C'était le 30 septembre, jour de la fête de la Saint-Michel. Toute la famille était à table. Quelqu'un a frappé. Ma grand-mère Marie, qui croyait à un client tardif, est allée ouvrir. Elle est tombée nez à nez avec un gendarme mitraillette au poing ! Elle est tombée en syncope. Les militaires ont pris position tout autour de la maison. "S'il est là, Danos ne pourra s'échapper..." Le gendarme lui a dit : "Madame, vous cachez votre neveu ! – Vous pensez bien que s'il avait été là, je vous l'aurais signalé !" » a répondu ma grand-mère[1]. » Le maréchal des logis qui commande l'expédition n'en croit pas un mot et fait fouiller la maison. En vain.

Depuis l'affaire de la fausse carte grise, la vie du couple Danos-Maltat n'a été qu'une suite de déménagements : « Après Mimizan, nous sommes allés à Agen, à Agde, à Argelès et à Toulouse, avant de revenir au Prieuré[2]. Nous avons même failli nous établir en Vendée. Mais ça n'a pas marché : au dernier moment, j'ai "tiqué" pour je ne sais plus quelle raison. Toujours est-il qu'à force j'aspirais à un peu plus de calme... »

D'autant qu'au début de l'année 1947 la famille s'est agrandie... « Quand je lui ai annoncé que j'attendais un autre enfant, Abel était très content ! Mais, cette fois, je tenais absolument à accoucher dans la sérénité. J'avais choisi d'aller chez des amis en Bourgogne. Des gens en dehors de tout : Abel ne les connaissait même pas. » Peu avant l'accou-

---

1. Témoignage Andrée T.
2. Le couple réside également quelque temps dans une maison de Gretz-Neuville, en Touraine. La maison appartient à un ami d'Abel, Marcel Veyret, cafetier, 90 rue de Paris à Clichy.

chement, la jeune femme a donc pris le train, seule. Danos a néanmoins tenu à l'accompagner, à sa manière : « Il m'a suivie avec sa traction, le long de la voie ferrée, jusqu'à Chalon, puis il a fait demi-tour... J'ai accouché chez mes amis. Personne n'est venu me voir à part eux... » La petite fille est prénommée Florence. Un beau bébé qui, contrairement à son frère, fait preuve d'un appétit vorace.

Au cours des mois qui suivent la naissance, Abel et Hélène effectuent plusieurs séjours à « La Largade », près du Lavandou. La villa est la propriété des Mille, les patrons du Prieuré. Lorsque Danos leur a soumis l'idée d'y passer quelques semaines, Roger Mille n'a fait aucune difficulté. Pourquoi d'ailleurs en aurait-il fait ? Depuis trois ans qu'il connaît le couple, des liens d'estime puis d'amitié se sont noués.

« Les Mille ont été inquiétés par la suite, mais ils étaient totalement innocents. Ils ne savaient rien de nous, même pas notre véritable identité. » Au Prieuré, Danos est officiellement connu sous le nom de Jacques Donner. Sa maîtresse, sous l'identité de Jacqueline Mussay, plus romantique à ses yeux : « C'est moi qui avais choisi ce pseudonyme. À l'époque, j'aimais beaucoup les poésies d'Alfred de Musset. » C'est sous son nom qu'a été louée la villa...

Au cours de leur séjour, Auguste Jeunet et sa maîtresse viennent les rejoindre[1]. Inculpé d'« intelligence avec l'ennemi », l'ancien gestapiste s'est rapproché de Danos depuis l'incarcération de Sartore. « Ah, Cajac, c'était un cas. Quelqu'un de très spécial : le parfait souteneur. Mais il n'avait pas l'air méchant. Mona elle-même me disait qu'il

---

1. Contrairement à ce que l'enquête établira plus tard, Naudy ne semble pas avoir fréquenté le couple à cette époque : « Raymond Naudy n'a jamais été en Avignon, ni au Lavandou. Cajac et Mona sont venus plusieurs fois, à la Largade, mais pas lui, je suis formelle. Je ne me rappelle d'ailleurs plus quand Naudy est apparu... »

était gentil avec elle. Ils sont restés quelque temps avec nous au Lavandou. »

Les deux femmes ont peu de choses en commun mais, contre toute attente, elles s'entendent bien. « Qu'est-ce qu'on rigolait avec elle », se souvient Madame Maltat. Augustine Hintzy, dite « Mona », femme truculente de trente-huit ans, prend plaisir à raconter ses souvenirs de trottoir et notamment le comportement de certains de ses clients attirés par sa généreuse poitrine. Cajac, reconverti dans le proxénétisme, s'amuse avec eux de ce déballage.

## *Les tueurs de gendarmes*

28 janvier 1948. Sur la route de Montagnac à Pézenas, à l'entrée du pont qui enjambe l'Hérault, deux agents motocyclistes ont arrêté leurs engins. À cet endroit, la N 87, rétrécie, oblige les automobiles à passer à vitesse réduite et à tour de rôle : l'endroit idéal pour établir un contrôle routier. Pour la plupart, les voitures sont celles des vignerons ou des négociants de la région. Les agents Claparède et Animat les connaissent, ils sont du pays...

La 15 CV Citroën noire qui se range docilement sur le bas-côté n'évoque rien de connu au motard Claparède. Sans doute un étranger... Le policier est seul : son collègue, pris d'un besoin pressant, s'est isolé quelques minutes dans un ravin à une centaine de mètres de là. Trois hommes, chapeau mou, costume-cravate, se tiennent dans le véhicule : deux quadragénaires, un plus jeune. Claparède ne les a jamais vus... Apparemment des producteurs de films, comme semble l'indiquer la carte grise du véhicule, qui porte l'adresse de la Société cinématographique algérienne à Paris.

Consciencieux, l'agent demande au conducteur de soulever le capot : il veut vérifier que le numéro de moteur correspond à celui de la carte grise. Histoire peut-être de montrer qu'en province aussi la police connaît son travail... Le conducteur obéit tandis que les passagers ouvrent leurs portières, comme pour se dégourdir les jambes. Claparède a le nez dans le moteur quand il sent quelque chose de dur s'enfoncer dans ses côtes : un revolver. Derrière lui, une voix ne laisse aucune équivoque : « Tu es trop curieux, l'ami ! » Sous la menace, Claparède, les bras en l'air, est désarmé. Il ne peut rien tenter. Le plus jeune des passagers braque une mitraillette sur lui... Et Animat, dans le ravin, n'a rien vu...

Sur un coteau voisin, Monsieur Bonnefous, cultivateur de Montagnac, a pour sa part assisté à la scène. Enfourchant sa bicyclette, il pédale vers le village pour donner l'alarme. Pendant que les malfaiteurs, imperturbables, règlent la circulation sur le pont, Bonnefous rencontre la Simca 5 de la gendarmerie sur sa route. Au volant, le gendarme Henri Biteaudau. À ses côtés, son supérieur le maréchal des logis Léon Olive, chef de la brigade de Montagnac.

De ce qu'il ressort des explications confuses de Bonnefous, ils comprennent que quelque chose se passe près du pont. Quoi, ils n'en savent rien. Des motards arrêtés par des bandits ? Le viticulteur aura mal vu, confondu ces hommes avec des policiers en civil... Dubitatifs, les deux gendarmes prennent néanmoins la direction du pont pour prêter, s'il y a lieu, leur concours, et s'arrêtent à distance.

Effectivement, une automobile est stationnée. Près d'elle, ses occupants semblent tranquillement converser[1]. Pas de quoi s'affoler... Sans méfiance, les deux gendarmes mettent pied à terre et se dirigent vers le groupe. Soudain, à quinze mètres, ils essuient une rafale de mitraillettes. Sous la pluie de balles, les vitres de la Simca explosent, le radiateur percé laisse échapper un geyser de vapeur. L'une d'elle traverse le

---

1. Claparède, bras en l'air, est assis derrière la traction. Animat, lui, réapparaît au moment même où les gendarmes arrivent sur les lieux.

képi de Biteaudau, creusant un sillon dans son cuir chevelu. Une autre foudroie en plein cœur le maréchal des logis.

Claparède et son collègue ont profité de la diversion pour s'abriter derrière le talus de la route. Animat, qui n'a pas été désarmé, braque son arme de service vers les bandits. En pure perte : son 7,65 réglementaire s'enraye. Impuissants, les deux gendarmes assistent à la fuite de la traction en direction de Pézenas. Auparavant, les malfaiteurs ont pris soin d'arracher les fils d'allumage des motos... L'alerte est malgré tout donnée par Biteaudau qui parvient, au volant de la Simca hoquetant, à rejoindre Montagnac. Aussitôt, les brigades des alentours et la police mobile sont sur le pied de guerre. En vain : malgré les nombreux barrages mis en place aux quatre coins du département, la traction s'est volatilisée.

En réalité, le véhicule a pris la nationale 100, en direction d'Avignon. Une route que Danos connaît bien : entre Simone, à Montpellier, et Hélène, au Pontet, il ne compte plus les kilomètres... Avec lui, Raymond Naudy, l'homme à la mitraillette. Danos le trouve incontrôlable et impulsif, mais l'apprécie pour son courage et son sens de l'amitié. En plus, les deux hommes ont en commun l'amour du vélo : où qu'il se trouve et dès que l'occasion se présente, Raymond s'adonne à sa passion. Il trimballe partout une ou deux paires de chaussures cyclistes. Autre point commun : ni l'un ni l'autre ne peuvent voir les flics en peinture. De là à les tuer, Danos pense qu'il exagère, mais c'est son affaire... En dehors du « boulot », Raymond est d'ailleurs le plus charmant garçon : « Autant que je me souvienne, Raymond était un homme sympathique... Renfermé et un peu dur avec sa maîtresse Pierrette, mais enfin... » raconte Hélène Maltat.

Pierrette Chaude, une belle brune de vingt-deux ans, est la fille d'un cultivateur de la Colle-sur-Loup, près de Vence. Les deux jeunes gens se sont rencontrés quelques semaines plus tôt, sans doute à Marseille. Du côté de Pierrette, ça a été le coup de foudre. Elle ne sait rien des véritables activités de son amant : l'amour rend aveugle, dit-on. « C'était une fille qui n'avait rien à faire avec les truands. C'est vrai que Raymond était beau garçon... Pour lui, elle a quitté une famille qui avait ce qu'il fallait. Sa sœur, je crois, était propriétaire d'un grand restaurant de Marseille, le Caribou [1].

Naudy, n'est plus à bord de la traction lorsque la voiture arrive au Prieuré. Pas plus d'ailleurs que son troisième passager, Auguste Jeunet [2].

## *Un policier pris en otage*

Dans l'après-midi du lundi 1er mars, Naudy et Danos se retrouvent. Dans le coffre de la traction : pince-monseigneur, passe-partout, clefs de coffres forts, chalumeaux oxhydriques, cordes, courroies, chaussons en feutre et autres accessoires. De quoi éventrer le coffiot le plus coriace : l'ancienne spécialité de Danos. Dans une autre caisse, grenades à main, pistolets automatiques, mitraillettes Sten et un stock de munitions : de quoi soutenir un siège. Plutôt le domaine de Naudy...

Dans deux valises, les truands ont placé du linge de rechange et leurs affaires de toilette : ils seront absents quelques jours, ont-ils prévenu... La voiture, une traction noire

---

1. En réalité, le restaurant est la propriété de Maurice Catoni. Fernande Chaude y occupe le modeste emploi de serveuse et Baptistine Giuge, sa demi-sœur, y tient le vestiaire.

2. Un certain Charles Delpau, né en 1898 à Agde, sera un temps soupçonné d'être le troisième occupant de la voiture. Il fournira un alibi indiscutable avant que le commissaire Chenevier apprenne de « source sûre » que Jeunet était en compagnie de Danos et de Naudy ce 28 janvier 1948. D'après le même rapport, les trois hommes venaient de Bordeaux, où leur passage au Bar du Musée a été établi quarante-huit heures avant l'affaire de Montagnac. DCAJM.

à roues jaunes, a été volée quelques jours plus tôt. Elle a été ensuite savamment maquillée par Danos, 7920 RM 5. Prudent, il n'a pas oublié d'emporter deux pots de peinture noire et blanche. Pour les rectifications de dernière minute...

Un peu avant 17 heures, l'automobile roule sur la nationale 7 en direction de Cannes. À la sortie de Fréjus, près d'un poste à essence, un coup de sifflet retentit et un agent en uniforme fait signe à la traction de se garer. Son supérieur, le commissaire Curty, qui fait le plein de la 202 du service, lui a ordonné de vérifier les papiers du véhicule. « Avec plaisir », répond le conducteur, qui sort de son portefeuille deux documents en mauvais état. Le commissaire examine les papiers, parfaitement illisibles.

« À qui appartient cette voiture ? demande-t-il.

– À la Société parisienne dont le siège est à Nice, répond le conducteur.

– Je veux bien vous croire mais il faut que je m'en assure en vérifiant les numéros de moteur et de châssis. L'agent Huiban va prendre place dans votre voiture et vous montrer le chemin du poste de police où je vous rejoins, le temps de terminer mon plein d'essence.

– Parfaitement. Un coup de téléphone de votre commissariat à notre firme de Nice suffira à vous tranquilliser. »

L'agent Huiban monte à l'arrière du véhicule et se serre contre les deux lourdes valises. Au lieu de continuer sur la nationale, la traction prend à droite, vers le commissariat. Mais aussitôt le passager se retourne, un colt à la main : « Ferme-la ! Enlève ta casquette et donne-moi ton revolver », ordonne-t-il. L'agent obtempère. « Et maintenant, indique-nous la route de Cannes », commande le voyou.

Le gardien de la paix tente de jouer au plus malin en leur indiquant la route du commissariat, espérant que le planton le verra. Risqué... D'ailleurs, dès que le bandit aperçoit au loin la lanterne bleue et le mot « police », il se met en colère : « Ah ! salaud, tu voulais nous livrer ? Ton compte est bon ! » Un coup-de-poing américain sur la bouche augure mal du sort qui lui est réservé... À un carrefour, le conducteur aperçoit enfin ce qu'il cherche : la plaque à lettres blanches sur fond bleu qui indique Cannes à 44 kilomètres. Cette route, dite « de la Corniche », y mène par le bord de mer. Soulagement des bandits... et du policier.

À son arrivée au commissariat, le commissaire Curty pressent le drame : la traction noire à roues jaunes n'est pas là ; plus grave, l'agent Huiban n'est pas rentré... Aussitôt, il prévient la brigade de gendarmerie d'Agay, à 9 kilomètres. Deux gangsters en auto sont susceptibles de passer par là. Ils ont pris un policier en otage. Il faut absolument établir un barrage.

Peu après, un coup de téléphone de son collègue Massiéra de Saint-Raphaël le rassure : Huiban a été récupéré. Profitant d'un ralentissement provoqué par la traversée d'un piéton, il a réussi à sauter de la voiture en marche. Les bandits lui ont tiré dessus, mais il est sain et sauf. « Je peux dire que j'ai eu une drôle de veine », avoue le policier.

*Le drame d'Agay*

À Agay, le maréchal des logis Joseph Boix est seul quand Curty donne l'alarme : ses deux subordonnés sont en tournée dans la commune. Qu'importe, le militaire décroche sa mitraillette et dévale l'escalier. « Prends ton casque ! » lui crie sa femme. Boix ne répond pas. À peine est-il sorti sur la route que la traction noire surgit devant lui. Il l'arrête mais, alors qu'il s'en approche, une rafale part depuis le pare-brise. Le gendarme s'abat, foudroyé.

Curty arrive quelques minutes plus tard sur les lieux du drame. L'affaire devient très grave. La direction régionale de la police est alertée, ainsi que toutes les brigades de gendarmerie, et jusqu'aux militaires du camp de la Coloniale de Fréjus : toute la soirée, des soldats et des tirailleurs Sénégalais ratissent les pinèdes des alentours. En vain. Une fois de plus les malfaiteurs semblent s'être évaporés. C'est un chien, l'unique chien de recherche du département, qui retrouve la trace de la traction [1]. Les bandits l'ont abandonnée dans un fourré après avoir pris soin d'enlever la tête de delco. Il faudra la faire remorquer par un cheval jusqu'à la gendarmerie...

Dans l'appartement des Boix, au troisième étage, repose le corps du maréchal des logis : l'infortuné laisse une femme et trois enfants. L'autopsie révélera plus tard que dix balles l'ont atteint, dont neuf mortelles [2]. Incontestablement l'œuvre d'un bon tireur.

L'identité de ce dernier ne fait pas de doute : dès les premières heures de l'enquête, le commissaire Trucchi de Marseille met un nom sur l'homme brun, maigre, osseux que lui a décrit le policier otage : Raymond Naudy, « l'un des plus dangereux lieutenants de Pierrot le Fou », auteur de plusieurs meurtres de ce genre. Dont, probablement, celui du gendarme de Montagnac.

Lui seul paraît capable de tirer avec autant de désinvolture sur la police. Dans la soirée, Emmanuel Huiban, le gardien cycliste de Fréjus, pense le reconnaître sur la photographie qu'on lui présente. Quant à l'autre occupant de la traction, Trucchi désigne un certain Paul Maubon [3], un homme de quarante-trois ans, avant que Danos soit identifié.

---

1. La presse mettra l'accent sur les moyens dérisoires dont disposent les policiers face à la pègre : Simca 5 ou 202 contre tractions avant, 7,65 contre armes puissantes, etc. *Qui ? Détective* n° 91 du 23 mars 1948.

2. Huit à la tête, une au cœur, l'autre à l'épaule, selon *Nice-Matin*.

3. Paul Maubon, dit « Paul le Blond », né à Lunel en 1905, est gérant du Bar Pierre, à Bordeaux. C'est un ami de Danos, avec qui il a été en relation en juin 1947 dans une affaire de tickets de rationnement volés. Outre Danos, Attia, Paul, Jeunet et Henri Stark, dit « Riquet le Parisien », avaient pris part à l'affaire. Maubon s'était occupé d'une partie du recel. Curieusement, le conducteur de la traction sera décrit par Huiban

## Villégiature à la villa « Roc et Mer »

À La Largade, Danos a les mains dans la farine quand tombe la nouvelle : les policiers ont fini par remonter jusqu'à la planque du Prieuré. Rien de grave pour l'instant, Roger Mille a juré ne pas connaître Danos, mais la police a tout de même appris qu'une de ses belles-sœurs possédait une villa sur la Côte [1]. Il faut fuir.

« Abel était en train de faire des gnocchis, une de ses spécialités, quand on nous a prévenus. Tout est resté sur la table. Un quart d'heure après, on était partis... » Une fois de plus, la famille se retrouve sur les routes. Direction : la région de Nice, où Danos compte plusieurs amis susceptibles de l'héberger.

D'abord, Jeunet, qui sous-loue, sous le nom de Jeanton, un logement de Cagnes-sur-Mer, à la veuve Merle, une ancienne fleuriste. En août 1946, Jeunet-Jeanton lui avait été chaudement recommandé par une de ses relations, un certain Gustave Isnard, hôtelier dans la même ville et par ailleurs grand ami de Sartore et de Danos... Isnard cache sous la respectable façade d'hôtelier des activités beaucoup moins avouables : bien que son casier soit vierge de toute condamnation, il est soupçonné d'être mouillé dans plusieurs affaires de trafic de tickets de rationnement et de recel. À cinquante-deux ans, veuf, père de deux enfants, il a su assurer l'avenir en investissant dans plusieurs bonnes adresses de la Côte : en plus de son restaurant de Cagnes, il possède, par exemple, la moitié des parts de l'auberge du Fort Carré, à Antibes.

---

comme grand, corpulent et ayant une double rangée de dents en or. Très vite, la piste Maubon sera abandonnée au profit de celle de Danos. *Qui ? Détective* du 23 mars 1948.

1. Roger Mille et sa nièce Blanche Chauvin jureront ne pas connaître Danos et Naudy. Demi-mensonge puisque, effectivement, seul le premier avait séjourné chez eux. Le 23 novembre 1948, les deux hôteliers seront inculpés de recel et de non-dénonciation de malfaiteurs.

Située au pied de la forteresse de Vauban, l'établissement est tenu par Raoul Plantin, dit « le Docteur », et sa concubine Marie Leroudier qui a, auparavant, longtemps exercé sur le trottoir parisien. Le Docteur, interdit de séjour à Paris, est aussi est un ami sur lequel on peut compter.

Autre commerçant au-dessus de tout soupçon : le nommé Jean Blancard, dit « Jean de Nice », propriétaire de nombreux établissements de nuit dans la région niçoise. Blancard est en outre copropriétaire, avec Isnard, de l'auberge d'Antibes[1]. Jean de Nice, « Jeannot » pour les intimes, ne connaît pas intimement le Mammouth, seulement de réputation. Mais comme tout membre du Milieu qui se respecte, il ne refuse pas l'hospitalité à un homme en cavale. Fût-il un ancien de la Gestap' recherché par toutes les polices de France. Sa villa « Linette » à Cagnes-sur-Mer pourrait accueillir les fugitifs, mais il a mieux à leur proposer : une autre planque, à quelques kilomètres de là, à Saint-Jean-Cap-Ferrat.

Située à l'extrême pointe du cap, la villa « Roc et Mer » offre une vue imprenable sur la mer et sur le phare. Discrétion assurée. Elle appartient à une certaine Madame Connelly, une Anglaise, actuellement à Londres. La riche propriétaire ne connaît de Blancard que ce qu'il a bien voulu lui montrer : pour elle, il est un homme d'affaires généreux, et bel homme, ce qui ne gâte rien. Quand le « Frenchie » lui a fait des avances, elle n'a pu résister. Très amoureuse, Madame Connelly lui fait suffisamment confiance pour lui avoir confié les clés de sa somptueuse propriété. Jusqu'au 20 avril, la famille Danos va goûter aux joies des vacances à l'anglaise...

Le Mammouth n'est pas seul à profiter du charme de cet endroit paradisiaque : Naudy, accompagné de sa maîtresse

---

[1]. Blancard, est également propriétaire de l'Hôtel de Nice à Paris : probablement le même établissement rue Victor-Massé, que possédait Cazauba pendant l'Occupation.

marseillaise, a été invité lui aussi à passer quelques jours à la villa. Depuis quelque temps, le Toulousain est euphorique : la jeune fille dont il est très amoureux, lui a appris qu'elle était enceinte. Le gardien du phare, avec qui les deux couples ont sympathisé, s'amuse avec Jean-Paul « au sourire espiègle », s'étonne du titre d'un livre que Naudy dévore assis sur le balcon : *J'irai cracher sur vos tombes*, remarque Danos qui fait de la bicyclette sur la route du cap...

Quand il ne pédale pas, Danos passe de longues heures étendu dans une chaise longue à respirer les senteurs des géraniums et des giroflées qu'il ne dédaigne pas d'arroser et d'entretenir. C'est un tendre et un bucolique qui aime s'occuper des animaux et des fleurs quand son emploi du temps lui en laisse le loisir. Plus surprenant : le truand dévore des romans d'amour pour midinettes[1]. « Finalement, Abel était un sentimental. Je me souviens que même Chenevier le disait... » témoigne son ancienne maîtresse.

Chaque fois qu'il le peut, le truand emmène Jean-Paul avec lui : « Abel le trimballait partout sur ses épaules. Je me souviens qu'il avait toute l'équipe de gosses de Saint-Jean avec lui. Il leur faisait des cerfs-volants magnifiques. » L'enfant va fêter ses trois ans. Florence, petite boulotte perpétuellement affamée, passe le plus clair de son temps avec un morceau de pain beurré à la bouche : d'où les surnoms de « Bouffie » ou « Tartine » que son père lui a donnés...

Comme n'importe quel touriste, le fugitif n'hésite pas à sortir en ville faire des courses. Apparemment, sans aucune appréhension. Personne ne se doute de rien : les commerçants du coin prennent cet homme affable pour un employé de banque venu se reposer des fatigues de la capitale en famille. L'après-midi, tandis qu'Hélène garde les enfants,

---

1. Selon les journalistes de *Qui ? Détective* (n° 141 du 14 mars 1949) et *Nice-Matin* (2 mars 1949).

Pierrette se charge des commandes à l'épicerie Gauthier de Saint-Jean. Les livraisons ont lieu le matin : invariablement, les commerçants sont payés rubis sur l'ongle...

Mais, malgré les apparences, les deux «vacanciers» ne perdent pas le sens des réalités.

*Projets de voyages*

Dans les premiers mois suivant la libération de Paris, le gestapiste Auguste Ricord a réussi le grand voyage. Au départ d'Italie, sous un faux nom, il s'est embarqué sur un bateau d'émigrants à destination de l'Argentine. Depuis, alors qu'en France sa tête est mise à prix, l'ancien de la Carlingue, patron de plusieurs boîtes en plein essor, coule une existence heureuse. Danos et Naudy se prennent à rêver d'un destin similaire...

En 1939, lorsqu'éclate la guerre, Auguste Ricord a vingt-huit ans[1]. Officiellement voyageur de commerce, il vit en fait de l'argent que lui rapportent ses «gagneuses». Touché de plein fouet par l'interdit vichyste, Ricord se recycle dans les trafics en tout genre, après l'Armistice. En 1941, son destin bascule : il rencontre Joanovici, qui lui fait connaître Monsieur Henri, le futur maître tout-puissant de la rue Lauriston. Les deux hommes ont d'autant plus sympathisé que leurs passés s'apparentent : comme Lafont, Ricord a vécu une enfance malheureuse dans les bas-fonds marseillais avant de collectionner les condamnations à partir de seize ans. Vol, extorsion de fonds, violence et port d'arme sont quelques-uns des griefs que lui ont faits les tribunaux, qui l'ont envoyé pour quelques mois à l'ombre de la prison Chave. À sa sortie, il a «travaillé» quelque temps pour les caïds marseillais Carbone et Spirito avant de monter, en

---

[1]. Né en 1911 à Marseille.

1937, exercer ses talents dans la capitale. Et c'est là qu'il a trouvé sa vocation de souteneur. Le Patron lui a proposé mieux que ces emplois minables : rien moins que la responsabilité du secteur « extorsion de fonds » et « racket » de la rue Lauriston. Il a senti en Ricord quelqu'un de prometteur. Et en effet : Auguste Ricord s'acquitte de sa tâche avec un tel sérieux et une telle honnêteté qu'il devient bientôt l'un des hommes de confiance de Lafont. Il a retrouvé Marius Manuelli, un ami d'enfance corse, dans une officine gestapiste concurrente, dite « Gestapo du boulevard Flandrin ». Tout deux font équipe, un pied dans chaque « carlingue ».

Grand, souriant, élégant et généreux, Jean Blancard plaît aux femmes. Outre sa maîtresse anglaise, il entretient une liaison avec Grazina Gonthier, une jeune femme de vingt-six ans originaire de Cros-de-Cagnes. Mais la belle, seule avec deux enfants, recherche plus qu'une aventure. Justement, au début de 1946, un certain Pierre Gonthier, clerc d'huissier, lui offre le mariage, qu'elle accepte. Le jeune marié n'est pas n'importe qui : avant de la rejoindre à Cagnes, il possédait une étude à Aix-en-Provence. Il appartient à une famille très honorablement connue, qui compte plusieurs magistrats et professeurs d'écoles.

Depuis le mariage, Jean de Nice et la belle Cagnoise ont mis une sourdine à leur relation mais n'en continuent pas moins de se fréquenter. Rien de plus facile : après avoir été présentés, le mari est devenu l'ami de l'amant... Chacun y trouve son compte : l'huissier, parce que Blancard lui a promis de l'argent pour l'achat d'une étude ; l'hôtelier, parce que Gonthier a des relations haut placées grâce auxquelles il peut aplanir certaines difficultés administratives : accélérer les formalités nécessaires à l'ouverture d'un établissement ou à l'obtention d'un visa, par exemple.

Sous une fausse identité, le Mammouth et sa compagne, forts de l'exemple de Ricord, ont déjà réservé leur place sur un navire en partance pour Buenos Aires. Extrait de naissance, passeport, tout est en règle : ne manquent que quelques tampons avant de prendre le large. Jean de Nice s'est adressé à son ami huissier. L'affaire traîne un peu, mais Pierre Gonthier s'est engagé...

Mais, en ce début de printemps 1948, l'huissier a la tête ailleurs : sa femme ne s'entend plus avec lui et veut le quitter. En juin, le couple se sépare. Le mari, qui accepte difficilement la rupture, trouve tout naturellement refuge chez son ami Blancard. Dans les boîtes, où il a table ouverte, il se met à boire plus que de raison et à fréquenter des gens douteux : la dégringolade... Et quand il a bu, le mari éconduit devient méchant. Plusieurs fois il a attendu sa femme, l'a menacée et même brutalisée. Au point que l'épouse a pris peur et a averti la police. Fin du premier acte. Pour finir, l'huissier apprend la vérité sur les relations entre sa femme et son meilleur ami. Après l'échec, la trahison...

Le lundi 30 août, Gonthier revoit sa femme à un mariage, qui danse dans les bras de ses cavaliers. La jalousie et l'alcool le poussent à aller chercher une explication finale à la villa «Linette». Lequel des deux hommes menace-t-il l'autre le premier? Toujours est-il que Gonthier se saisit d'une mitraillette et tire. Jean de Nice, atteint d'une dizaine de balles, meurt à l'hôpital de la Fontbonne sans avoir repris connaissance.

Pour Danos et Naudy, c'est la catastrophe[1]. «Quelques jours avant la date du départ, ce garçon a été assassiné. Voyez comme c'est drôle : à peu de choses près, nous partions rejoindre Ricord en Amérique du Sud...»

---

1. La villa «Linette», mise sous scellés, subira à trois reprises la visite de mystérieux cambrioleurs. Ceux-ci n'emporteront apparemment rien, mais des écoutes téléphoniques relevées par les enquêteurs laissent supposer que Naudy cherchait à récupérer une valise contenant des documents importants.

## Cap sur l'Italie

À défaut d'Argentine, Danos et Naudy décident de se rabattre vers l'Italie... Pourquoi ce pays plutôt que l'Espagne, l'Afrique du Nord ou une autre destination ? « Parce que l'Italie n'était pas loin », répond simplement Hélène Maltat. La frontière est à deux pas de Nice, en effet... Il semble pourtant que cette raison n'ait pas été la seule à motiver leur choix [1].

Depuis la fin des hostilités, la péninsule est devenue terre d'asile pour les « réfugiés », principalement français, mais aussi allemands. À Gênes, Naples, Milan ou Turin, les bas-fonds grouillent d'anciens gestapistes et miliciens ayant trouvé refuge auprès des réseaux d'anciens de l'OVRA, l'ancienne police secrète fasciste de Mussolini.

Abel Danos compte pas mal de relations en Italie : les Marseillais Louis Bonsignour [2] et Gabriel Malafonte, par exemple, ou encore Émile Favre et Charles Lombard, dit « Paul le Beau », Carmine Fiorganzio et un certain Étienne Léandri, réfugié à Turin. Tous sont recherchés pour leurs activités pendant l'Occupation. Plusieurs font d'ailleurs l'objet d'un mandat d'arrêt pour « intelligence avec l'ennemi » : avec eux, il sera en pays de connaissance.

Par ailleurs, Hélène, par son oncle Talamona, possède de la famille à Varèse. Elle a baigné grâce à sa mère dans la culture italienne depuis son plus jeune âge et maîtrise parfaitement la langue. Un avantage non négligeable...

Quant à Naudy, il s'est constitué de solides appuis en la personne de Carmela Esposito, une Marseillaise d'origine italienne mariée avec un certain Louis Discepolo, dit « le Coq ». Le couple ne peut rien lui refuser : le 26 décembre

---

1. Sans doute dans l'espoir de quitter l'Europe depuis un port italien où les contrôles étaient moins stricts.

2. Louis Joseph Bonsignour, né en 1922, est le neveu de Ricord, qu'il parviendra à rejoindre à Caracas.

1946, à Marseille, le Coq avait été arrêté en pleine rue par l'inspecteur Biamonti, qui avait reconnu en lui un ancien membre de la Gestapo parisienne. À quelques pas derrière lui, le Toulousain n'avait pas hésité à abattre le policier pour le délivrer [1]. Depuis, le ciel s'est obscurci autour de la belle Italienne, surveillée de plus en plus près par la police, qui la suit à la trace et la soupçonne de s'adonner à divers trafics, des voitures américaines aux stupéfiants, en passant par les faux dollars et les armes. Au mois de juin, Discepolo et sa femme ont donc quitté Marseille pour Gênes, où cette dernière a retrouvé son fils Francis, âgé de huit ans. Pour les deux Français, la ville constituera un des premiers points de chute avant peut-être d'embarquer pour les Amériques...

---

[1]. Les deux hommes étaient en compagnie de Carmine Fiorganzo, objet lui aussi d'un mandat d'arrêt pour intelligence avec l'ennemi.

## Chapitre 13

### *Retour précipité vers la frontière*

À la mi-septembre, le couple Danos-Maltat met donc le pied sur le sol italien. Le ciel ne semble pas avec eux : sur la plage où elle vient de débarquer avec son amant, Hélène perd son porte-bonheur : « J'avais un foulard que je ne quittais jamais depuis quatre ans. J'avais toujours pensé qu'il me portait bonheur. Je l'ai perdu, je ne sais comment, à San Remo. » Funeste présage...

Milan, le 23 octobre, 20 heures 20. Le buraliste de la gare centrale, Merlo Candido, s'apprête à transporter la recette de la journée à la banque, soit 650 000 lires serrées dans une petite serviette noire. Comme à chaque fois qu'il effectue un transfert de fonds, il s'est adjoint le concours de Giovanni Posetti, un ex-champion de boxe qui lui sert de garde du corps. Un peu plus tôt, une traction avant grise a stoppé devant la gare. Deux hommes en gabardine en sont descendus, qui font les cent pas devant le hall monumental sans se soucier de la pluie. Au moment où Candido et Posetti sortent, deux détonations claquent. Les deux hommes s'écroulent, mortellement blessés, et des témoins voient la Citroën disparaître au loin...

Quelques jours auparavant, à Gênes, deux encaisseurs de la Compagnie de tramways ont été agressés dans des conditions similaires. Le 6 octobre, à 15 heures, alors qu'ils sortaient du dépôt, une traction, noire cette fois, a freiné brusquement. Deux hommes ont surgi, un colt à la main. Vittorio Carai a été tué net. Son compagnon, Jean Covecchia, a été grièvement blessé. Les témoins ont entendu les détonations et ont vu la voiture s'éloigner. La sacoche en carton de Carai a disparu : elle contenait 557 000 lires : une misère... La traction grise est retrouvée deux jours plus tard dans une rue de Milan, la *vialle Mongello*. Elle a été volée un mois auparavant à une parente du roi d'Égypte Farouk, la princesse Ibrahim. À l'intérieur, les policiers découvrent des cartes routières de la région parisienne et des exemplaires de journaux français, en l'occurrence *France-Soir* et *Le Parisien libéré*. Les policiers soupçonnent donc les agresseurs de venir de l'autre côté des Alpes.

*Le puzzle se reconstitue*

La police italienne est en ébullition. Le chef de la police criminelle de Gênes, le commissaire Civilotti, se lance, faute d'autres éléments, sur la piste de la Citroën grise. Il retrouve assez rapidement sa trace dans un garage où la voiture pour réparation. Le garagiste parle : il ne sait pas grand-chose, mais donne le nom de celui qui a payé le montant de la facture : un certain Ernesto Balzaretto, dit «Jambe de Bois», receleur notoire et vieille connaissance des *carabinieri*.

L'unijambiste est arrêté, ainsi que son beau-frère Silvio Simula, et conduit à la *Questura* de Milan. Longuement interrogé, il avoue connaître des Français, dont il donne le signalement : un grand, fort, d'environ quarante-cinq ans, appelé Paul mais qu'on surnomme «Joseph» ou «le Gros»; et son compagnon, plus jeune, brun avec une fine moustache. Celui-là se fait appeler «Jean» ou «Gabriel». En fouillant le domicile du receleur, les policiers trouvent de nombreuses armes ainsi que l'adresse, à Gênes, de Pini Carolina, dite «Rina», dont ils savent qu'elle est la maîtresse d'un certain Giuseppe Lovera, autre malfaiteur connu de leurs services. Peu à peu, le puzzle se met en place...

Giuseppe Lovera, dit «Georges» ou «Francescin», est, comme son surnom le laisse supposer, né à Hyères en 1911 : de père italien et de mère française, il passe sa jeunesse dans le Var mais opte, à vingt et un ans, pour l'Italie, où il effectue son service militaire. Il revient en France une fois démobilisé. Mince, de petite taille, taciturne, Lovera fréquente alors le Milieu de la Côte et s'y fait connaître par quelques cambriolages et un hold-up réussis. Il se voit déjà en chef de bande. Mais, à la veille d'une affaire minutieusement préparée, le voyou franco-italien se fait cueillir. *Disgracia...* Pour la première fois, «Francescin» connaît les rigueurs de la prison avant d'être finalement expulsé.

La guerre vient. Comme beaucoup de ses semblables, Lovera adhère à l'OVRA, la police secrète de Mussolini, sorte de pendant à la Carlingue parisienne. Il y fait ses affaires jusqu'à la Libération, revient une nouvelle fois sur sa terre natale et se livre à toute une série d'agressions. C'est en ces diverses occasions qu'il aurait fait connaissance de Danos et Naudy[1]. Récemment, Lovera a repassé la frontière : il est soupçonné d'avoir participé aux attaques de Milan et de Gênes en compagnie de Louis Bonsignour.

---

1. *Qui ? Détective* n° 171 du 14 novembre 1949.

Tous deux sont activement recherchés[1]. Lovera est parvenu à s'échapper, mais sa maîtresse Rina ne passe pas à travers les mailles du filet qui s'abat aux quatre coins de l'Italie. À Turin, un certain Paolo Bogliolo est arrêté. À Milan, ce sont deux Français, Émile Favre et Charles Lombard, qui couchent en prison. À Gênes, les nommés Balsoti et Bianco se font prendre.

À travers la péninsule, on traque les propriétaires de traction avant Citroën. À Gênes, des gens témoignent avoir vu un véhicule de ce type s'arrêter près d'une discrète pension de famille, place Colombes. Souvent pour y déposer une jeune femme blonde... Après enquête, il apparaît que des Français auraient séjourné quelque temps dans la pension. L'étau se resserre.

Hélène Maltat n'a jamais entendu parler des Bonsignour, Lovera et autres Discepolo. Sans doute ne les a-t-elle pas non plus rencontrés. Ou alors sans le savoir : « Vous savez, j'étais toujours à l'écart de tout, en Italie comme ailleurs. J'étais seule avec les enfants, la plupart du temps. Abel nous rendait visite, mais jamais bien longtemps... » De fait, pour la jeune femme, l'Italie se résumera à une suite de déménagements plus ou moins précipités.

À son arrivée en Italie, il semble que Danos ait tout d'abord trouvé un point de chute à Turin, à l'invitation d'Étienne Léandri, un ami de la Carlingue réfugié en Italie. La famille de sa compagne possède là-bas un luxueux appartement capable d'accueillir plusieurs invités.

De Turin, les fugitifs se rendent bientôt à Milan... Qui les héberge ? Hélène Maltat ne s'en souvient pas : « Nous étions

---

1. L'enquête conclura effectivement à la culpabilité de Bonsignour et de Lovera dans ces deux affaires, le dernier étant en outre impliqué dans le double meurtre de la princesse Zarouska et de sa femme de chambre à Milan, qui aurait rapporté 100 millions de lires à leurs auteurs.

dans un appartement situé en plein cœur de la ville. La dame était très gentille avec nous mais devait savoir qu'on avait des ennuis... et ne tenait pas à en avoir. » Les consignes sont donc de sortir le moins possible et de veiller à ne pas se faire voir du gardien. Pour Hélène et les enfants, les journées sont longues.

Lors d'une visite d'Abel, elle demande l'autorisation d'aller passer quelques jours dans sa famille à Varèze, à une quarantaine de kilomètres de Milan. Son amant accepte. « À Varèse, je suis restée un peu chez mon oncle Talamona. J'étais seule avec Jean-Paul et Florence. Je me souviens de mon neveu Livio, un garçon très gentil qui travaillait à la patinoire. J'allais le voir avec les enfants. » Plusieurs fois, au cours de ce séjour, le Mammouth fait de courtes apparitions[1].

Autre souvenir : une auberge de Parme avec une petite fille. « Il y avait des gosses qui jouaient au ballon dans la rue et Raymond Naudy jouait avec eux. Il était passionné de football[2]... »

## *Cattaeggio*

Un beau jour, Danos vient chercher sa famille en voiture. Rejoint par Raymond et sa compagne, les Français filent vers le Nord. Laissant Milan et son agglomération, ils prennent la route de Côme, longent les rives interminables du lac, puis obliquent vers l'est, empruntant la vallée escarpée de

---

[1]. Alertés par Interpol, les policiers italiens retrouveront la trace de Danos à Varèze. La famille Talamona aura quelques ennuis avec la justice.

[2]. Les deux Français n'hésitent pas à faire plusieurs centaines de kilomètres pour assister à une compétition sportive. On retrouvera plus tard, dans les poches de Naudy, un billet d'entrée au circuit automobile de Monza, près de Milan.

l'Adda. À gauche, de l'autre côté des sommets, la frontière suisse : à peine 15 kilomètres à vol d'oiseau.

Après 17 kilomètres de route étroite, au bord d'un à-pic impressionnant, voici Cattaeggio, un petit village niché au milieu des forêts de chênes. Le terminus pour les compagnes des deux voyous : un couple de retraités s'est engagé à louer à « Madame Mussay » une partie de leur maison. Les braves gens la croient seule avec ses enfants. Les hommes, eux, poussent 4 kilomètres plus haut jusqu'au petit village de San Martino. Sous de fausses identités, ils s'installent dans l'unique auberge du secteur.

Le patron de l'« *albergo* » est un homme au crâne chauve et aux joues flasques qui parle en zézayant. Ses clients français ont demandé à ne pas remplir de fiche pour ne pas être importunés par les journalistes... Ils portent de grands noms, sont très riches et veulent rester incognitos. « *Va bene* », accepte l'aubergiste – ils payent bien. Selon lui, ses hôtes aiment la bonne chère et passent leurs journées sous la treille à boire du vin blanc ou à jouer aux boules. De temps en temps, ils partent en voyage et offrent, lorsqu'ils reviennent, des cadeaux à tout le monde.

Qui pourrait penser que ces messieurs si tranquilles sont recherchés par toutes les polices de France ? Apparemment pas l'aubergiste, qui se défendra par la suite d'avoir recélé les deux malfaiteurs : « Je ne savais pas que c'étaient des "*banditti*". Ils paraissaient si convenables ! Le monsieur, surtout, avec des moustaches. Il avait des soins de gentleman pour sa femme, une belle brune. L'autre était moins sympathique ; il buvait beaucoup et prenait quelquefois des colères, lorsqu'il perdait aux boules. Il était très gentil avec ses deux enfants, mais ne parlait pas beaucoup à sa femme [1].

---

1. Selon la version de Francis Rico, journaliste de *Qui ? Détective* dans le numéro du 29 novembre 1948. Un récit à prendre avec beaucoup de réserves : Rico, par exemple, situe le village de San Martino près de Turin, alors qu'il en est éloigné de près de 200 kilomètres.

Les femmes, elles, parlent chiffons et s'occupent des enfants. Sous les regards émus du couple de retraités, Florence a fait ses premiers pas dans la cour de la maison. Pierrette, dont le ventre s'arrondit de plus en plus, est à quelques semaines du terme. Raymond a décidé qu'Abel serait le parrain de l'enfant.

Mais tandis que les Français coulent des jours tranquilles dans leur belvédère, la police italienne n'est pas restée inactive. Peu à peu, la presque totalité du « gang franco-italien » a été démantelée... Restent Lovera et ces deux Français dont a parlé Balzaretto, l'unijambiste. Le soir du 30 octobre, l'alerte est donnée à San Martino : sous une pluie battante, un motocycliste stoppe sa machine devant l'auberge. L'homme parle italien mais, témoignera l'aubergiste, avec un mauvais accent français... Danos et Naudy se mettent avec lui à l'écart dans le jardin et conversent à voix basse. À la fin, Naudy demande au patron de leur préparer la note. Ils partiront le lendemain matin.

Le soir même, les femmes font leurs valises : « Je me souviens qu'un soir on a jeté des petits cailloux dans ma fenêtre. J'ai regardé et j'ai vu que c'était Abel qui me faisait signe. Il m'a dit de préparer les enfants et de le rejoindre rapidement. Je crois me souvenir que nous sommes partis du village en voiture, une Lancia... Comment, après, on est arrivés à Vintimille, ça... »

## *Le départ d'Italie*

C'est semble-t-il à bord d'un car Pullman que s'effectue le voyage vers Vintimille : un moyen sûr de parvenir à destination... Au contraire du train ou, à plus forte raison, d'une automobile, on risque moins un contrôle de police : celle-ci se garde bien d'intercepter ces cars de transport ultramodernes susceptibles d'accompagner les rares touristes dont l'économie italienne a le plus grand besoin.

C'est donc sans encombre que les faux touristes arrivent dans la ville portuaire. Pour s'abriter de la pluie qui tombe sans discontinuer, le groupe chargé de bagages s'engouffre au Monte Carlo Bar, un débit de boisson tenu par un certain Bei. Deux complices, deux frères, les y attendent : ni Danos ni Naudy ne parlant l'italien, ils sont chargés de mettre au point leur départ.

Le passage en fraude de la frontière, tant par la montagne que par la mer, est plutôt une chose courante, et les passeurs ne manquent pas. S'inspirant du voyage aller qui lui avait si bien réussi quelques mois plus tôt, Danos choisit la voie maritime. Elle semble la plus sûre... La frontière n'est qu'à 4 kilomètres mais, depuis les agressions, les accès font l'objet d'une surveillance accrue. De plus, Menton n'est qu'à trois quarts d'heure de bateau de Vintimille, et les contrebandiers sont nombreux à prendre à bord des clients désireux d'éviter les contrôles un peu trop tatillons de la douane. Naudy, qui avait emprunté la voie terrestre à l'aller, se range à l'avis de son compagnon.

Hélène, Pierrette et les enfants ont été expédiés à l'intérieur du petit restaurant De Marchi. Elles sont seules : à cause du temps, la salle et le jeu de boules sont déserts. Malgré la pluie, les deux hommes ont préféré rester à l'extérieur pour négocier avec le changeur Gorla les lires qui leur restent contre des francs. « C'est Naudy qui a fait le banquier, racontera Angelo Gorla. Ils ont vidé leurs poches pour arriver à réunir 22 000 lires, contre lesquelles je leur ai donné 15 000 francs. Naudy m'a demandé de lui trouver un taxi ; c'est à ce moment-là que j'ai aperçu le chauffeur monégasque Arrigo qui s'est mis en rapport avec eux [1]. »

---

[1]. *Qui ? Détective* n° 126, 29 novembre 1948. Gorla, qui ne se cache pas d'être un changeur, ne sera pas inquiété par la police. Pas plus que Bei

Contre 6 000 francs, Charles Arrigo accepte d'attendre ses clients à Menton, le lendemain matin vers 1 heure, puis de les conduire à Nice... Bien qu'il n'ait aucune idée de leur identité, il sait qu'il a devant lui des clandestins [1]...

La pluie tombe toujours sur Vintimille... Le temps idéal pour un voyage de ce type. Vers 10 heures 30, le signal du départ est donné. Danos prend dans ses bras Jean-Paul, qui dort sur un banc. Hélène Maltat fait de même avec Florence. Dirigée par un des passeurs, la petite troupe se dirige vers le quai, puis embarque dans un canot à moteur.

Une demi-heure plus tard, l'embarcation s'éloigne vers le large. Adieu l'Italie. Sans regrets. L'idée de tenter le départ depuis un port italien n'était pas mauvaise en soi : mais c'était sans compter le remue-ménage provoqué par les assassinats d'encaisseurs. Le séjour sur la péninsule se solde par un échec : mieux vaut rentrer chez soi. La France est sans doute tout aussi inhospitalière, mais au moins on y parle la même langue et on y compte plus d'amis...

Vers l'ouest, les passagers peuvent apercevoir des lumières de Menton à l'horizon. Menton, que les passeurs comptent atteindre dans une heure, après avoir louvoyé un bon moment en pleine mer pour faire croire à une barque de pêche « au lamparo [2] ». Après s'être éloignée de plusieurs

---

ou de Marchi. Un certain Joseph Giusta, contrebandier notoire, sera lui aussi laissé en liberté après avoir été auditionné. Au grand dam de l'inspecteur Pinot de Nice, qui le soupçonnait d'avoir favorisé à plusieurs reprises le passage de la frontière à Naudy et à d'autres membres de la bande.

1. Il ne sait probablement pas non plus combien de passagers il aura à transporter. On a également dit qu'Arrigo s'était chargé dès le départ de Vintimille des nombreux bagages des deux couples, en s'assurant qu'il n'y avait pas de produits illicites. Hélène Maltat ne se souvient pas avoir possédé ces nombreuses valises.

2. Méthode qui consiste à attirer, à l'aide d'un phare puissant, les bancs de poissons vers les filets.

milles, l'embarcation effectue une large boucle et «rabat» vers la côte. Française, cette fois...

Depuis minuit trente, devant l'hôtel de l'Amirauté, stationne le taxi d'Arrigo. Sous la pluie, dans la nuit noire, la masse sombre du véhicule, tous feux éteints, se distingue à peine. La voiture paraîtrait abandonnée si l'on ne distinguait par moments un petit point rouge lumineux à l'intérieur : la lueur des cigarettes que grille le chauffeur en attendant ses clients...

Un peu avant une heure du matin, le bateau entre dans la baie de Garanve. Comme convenu...

## *Deux policiers dans la nuit*

Au même moment, les gardiens Herman Libessart et Paul Massone, du commissariat de Menton, patrouillent sur le quai Laurenti. Tout est calme. Si ce n'était la pluie, cette ronde serait une partie de plaisir. Soudain, leur attention est attirée par un bateau sans fanal qui manœuvre pour accoster sur la plage. Des contrebandiers, sans doute. Les deux policiers se cachent alors derrière des troncs de palmiers pour observer ce qu'ils croient être un déchargement de marchandises illicites. Mais au lieu de caisses ou de ballots, ce sont des passagers qu'ils voient s'avancer sur le sable : «Abel m'a tout d'abord aidée à descendre de la barque, puis il m'a passé les enfants qui dormaient. Il a ensuite porté Pierrette jusqu'à terre...» Rapidement, le groupe de personnes se dirigent vers le quai où un véhicule paraît les attendre. Les policiers comprennent qu'ils ont affaire à des clandestins.

Caché derrière son palmier, le gardien Massone cherche à compter les passagers du bateau. Quatre ou cinq hommes, semble-t-il. Il remarque que le groupe comprend aussi des femmes et un enfant. Les deux policiers se concertent : ils décident de contrôler leurs identités au moment propice.

Arrigo, qui est sorti de sa voiture, se penche sur le parapet. Dans la nuit noire, il distingue des ombres qui viennent vers lui : ses clients sont à l'heure mais apparemment plus nombreux que ce qui était convenu. Pas de problème majeur : sa voiture, un vieux modèle Citroën, comprend sept places [1]. Le reste n'est qu'une question de prix.

Très vite, les passagers s'engouffrent à l'intérieur du taxi. Les deux femmes s'installent sur la banquette arrière. Jean-Paul est allongé près de sa mère. En face d'elles, Raymond Naudy et Danos prennent place sur les strapontins. Arrigo est seul à l'avant. Deux autres hommes sont retournés vers l'embarcation qu'ils ont poussée vers le large : les passeurs...

Le chauffeur a mis le moteur en marche et démarre en direction de Nice. Première, deuxième... Soudain, à 30 mètres, à la lueur de ses phares, deux ombres se plantent sur la chaussée. Arrigo, surpris, freine brutalement. À présent, il distingue deux policiers qui lui font signe d'arrêter. Le coup dur : cette fois, il est sûr de perdre sa licence...

*Fusillade à Menton*

Finalement, le véhicule stoppe à peu de distance du square Victoria. Il n'a pas fait 25 mètres... L'agent Massone monte sur le marchepied droit du véhicule et frappe à la vitre, faisant signe d'ouvrir au conducteur. Ce dernier, décomposé, se baisse vers la poignée et obtempère. « Vos papiers ! » Le commandement s'adresse également aux passagers, dont il trouve le comportement des plus suspects. Le policier commande à son collègue de faire le tour de la voiture et de se placer comme lui sur le marchepied du côté opposé.

---

1. Le taxi d'Arrigo est une Citroën 11 UA familiale de 1936.

« Vous allez nous accompagner au poste de police », dit-il à Arrigo. À ce moment-là, Massone sent que la portière arrière sur laquelle il s'appuie est en train de s'ouvrir[1]. Il n'a pas le temps de réagir : des deux côtés du véhicule partent simultanément plusieurs coups de feu[2]. À gauche, un tir atteint Libessart en pleine figure. Le policier n'a pas eu le temps de sortir son arme. Il part en titubant en arrière sur une vingtaine de mètres puis tombe, foudroyé[3].

À droite, Paul Massone essuie lui aussi un coup de revolver, qui lui entre dans le ventre et ressort par la cuisse. Une seconde balle lui effleure le cuir chevelu : s'il n'avait pas eu le réflexe de pencher sa tête sur le côté, elle lui aurait sans doute été fatale. Instinctivement, le policier sort son arme de l'étui et riposte vers l'endroit d'où proviennent les tirs. Son revolver crache six fois... Par la portière ouverte, un corps bascule vers l'extérieur et tombe sur le macadam mouillé... Massone, tordu de douleur, tire les deux dernières balles de son chargeur sur un homme qu'il voit se diriger vers le volant. Ne l'ayant vraisemblablement pas atteint, il jette son arme vide dans sa direction, avant de s'écrouler, épuisé, sur le sol.

Au bout de quelques minutes, le moteur est remis en route. Brusquement, le taxi effectue une marche arrière, freine, puis fait un bond vers l'avant... Dans un dernier réflexe, Massone écarte les bras et les jambes dans l'espoir de gêner sa trajectoire. Après une dernière embardée, le véhicule réussi finalement à partir...

Quelques minutes après la fusillade, le commissariat de Menton est alerté. L'appel téléphonique provient d'un

---

1. Sur ce modèle de véhicule, les portes arrières s'ouvrent vers l'avant.
2. D'après le récit que Massone fait à ses collègues policiers. Selon Chenevier, des douaniers auraient déclenché la fusillade en voulant contrôler le véhicule et ses passagers.
3. Après être entrée par la bouche, la balle a traversé le cervelet.

café où un nommé Castellana s'est précipité pour donner l'alarme. Il a tout vu : devant le square Victoria, deux agents viennent d'être abattus par des bandits ! Leur voiture a pris la fuite en direction de Cap-Martin... Le jeune homme a eu cependant le temps d'identifier le numéro d'immatriculation : 2568 MC.

Sur place, les gens du quartier, réveillés par le bruit des détonations, sont accourus. Pour le malheureux Libessart il n'y a plus rien à faire. Quant à Massone, encore conscient, il a, malgré ses blessures, la force de partir à pied vers l'hôpital, soutenu par un nommé Louis Municchi.

Sa veste d'uniforme et son pantalon sont troués à hauteur du bas-ventre[1]. La blessure est douloureuse mais n'a pas provoqué d'hémorragie importante. Il a en revanche saigné abondamment de la tête. Sur la chaussée gît un inconnu, mort. Son corps ensanglanté est resté tel qu'il est tombé par la portière entrouverte du taxi.

En écoutant le rapport du stationnaire, le commissaire Redon fait le rapprochement avec ce qu'il a vécu quelques dizaines de minutes plus tôt : alors qu'il rentrait vers le commissariat, un véhicule l'a dépassé en « tenant toute la route ». Son conducteur « lui avait paru un peu fou ».

Tout de suite, le branle-bas est sonné. Les forces de police et de gendarmerie du département se mettent en place : des barrages sont édifiés et des patrouille sont ordonnées dans la campagne environnante. On demande même l'aide de la brigade cynophile de Draguignan pour effectuer une battue dans Menton.

Sur place, sous la pluie incessante, les enquêteurs fouillent le sol à a recherche d'indices, mais à part les douilles vides ils ne trouvent rien. Après quelques relevés, le cadavre de

---

1. La balle, entrée à hauteur du pubis, est passée entre la vessie et l'artère fémorale avant de ressortir par l'arrière de la cuisse. Massone s'apercevra en route qu'un troisième projectile s'est encastré dans la poignée de sa lampe électrique.

l'inconnu est transporté à la morgue aux fins d'identification. Le corps de Libessart est remis à sa famille.

Le commissaire Redon se lance quant à lui sur la route de Monte-Carlo. Si le témoin Castellana n'a pas fait d'erreur, il devrait pouvoir assez vite identifier le propriétaire de la voiture : l'immatriculation MC correspond en effet aux véhicules de la Principauté monégasque... La réponse tombe rapidement : le véhicule est la propriété du nommé Charles Arrigo, habitant 43 rue François Blanc à Beausoleil, près de Cap-Martin. Selon les policiers monégasques, l'homme exerce la profession de taxi [1].

À tout hasard, Redon poursuit sur Nice, puis revient en empruntant la route de la moyenne corniche. Rien à signaler... Vers 4 heures 30, alors qu'il redescend vers Menton par la route de Cap-Martin, il tombe sur un groupe composé de deux gendarmes, d'une femme et d'un chien policier. Le chien, c'est Wolf II, dont le flair est unanimement reconnu par les enquêteurs de la région : cette fois, pourtant, sa tâche s'est révélée presque impossible du fait de la pluie qui tombe sans discontinuer depuis deux heures.

Le brigadier Gélis et le gendarme Carrère saluent le commissaire. Ont-ils découvert quelque chose ? Oui : la femme qui gémit, allongée sur un banc, était dans le « taxi tragique » et a, sans doute, été blessée lors de la fusillade. Une chance d'être tombée sur elle.

Une demi-heure plus tôt, la gendarmerie de Roquebrune avait reçu un appel téléphonique : une habitante disait avoir entendu des gémissements aux abords de sa propriété. En faisant leur reconnaissance, les deux pandores sont tombés par hasard sur la blessée. Selon ses papiers, elle se nommerait Pierrette Chaude. Quant au taxi, les gendarmes l'ont

---

1. Charles Arrigo connaissait une certaine célébrité après s'être produit sur les boulodromes de la région niçoise.

localisé à quelque distance, dans un chemin de traverse qui relie la route de Menton à celle de Cap-Martin...

La suspecte a-t-elle parlé? Quand les gendarmes sont arrivés, elle a simplement dit : « J'ai reçu un coup de pétard. » Rien de plus. Son chemisier blanc, en effet, est teinté d'un peu de sang sur le haut de la poitrine. Mais aux questions du commissaire Redon, Pierrette Chaude répond sans répondre : elle ne sait plus, ne connaît pas, ne se souvient pas... Une ambulance la transporte à l'hôpital de Menton.

## *Deux cadavres à la morgue*

À la morgue, le cadavre a été, en un sens, plus parlant : cinq balles tirées par Massone ont fait mouche : au cœur, au poumon, au ventre, à la cuisse et à l'épaule. L'aorte et l'artère fémorale ont été perforées; il n'a pas souffert, selon le médecin légiste.

Dans les poches du mort, les enquêteurs ont trouvé un billet d'entrée au circuit de Monza, 2 lires italiennes, plusieurs photographies d'identité et un passeport au nom de Gabriel Barbet, horloger, né le 5 juin 1919 à Nîmes et domicilié 26 rue de Crimée à Paris[1]. Après vérifications, ce nom est parfaitement inconnu des fichiers de la Sûreté : les policiers penchent plutôt pour une fausse identité.

Bientôt, le pauvre petit corps d'un nouveau né est placé sur la table froide. C'est celui d'une petite fille, dont Pierrette Chaude vient d'accoucher sur son lit d'hôpital. La double hémorragie que sa mère a subie lui a été fatale...

Assez rapidement, l'inconnu de Menton est identifié. Depuis les crimes d'Agay et de Montagnac, tous les policiers ont en

---

1. Les enquêteurs auraient également retrouvé un ticket de tramway de Turin (ou un billet de car Pullman) dans le sac à main de Pierrette Chaude : ce qui aurait permis de remonter la piste italienne. Les fragments déchirés d'une photographie d'identité de Danos seront retrouvés dans le taxi.

mémoire le portrait de Raymond Naudy, le tueur présumé. Il a rasé sa moustache et changé de coiffure, mais c'est bien du «lieutenant de Pierrot le Fou,», du «tueur de gendarmes» qu'il s'agit... L'agent Huiban, dépêché sur les lieux, le reconnaîtra d'ailleurs formellement quelques heures plus tard.

Après Naudy, le nom qui vient tout naturellement à l'esprit des policiers est celui de Danos. À Agay, déjà, les deux hommes faisaient équipe... Les soupçons ne tardent pas à se concrétiser. On a retrouvé Arrigo dans un café, qui se remet de ses émotions devant un verre de rhum. On lui montre une photo anthropométrique : il confirme. Abel Danos est bien l'individu qui accompagnait Naudy.

Après avoir varié plusieurs fois dans ses déclarations, il avoue avoir pris ses passagers à Menton et déclare avoir compté cinq personnes : Naudy, Pierrette Chaude, Danos, sa maîtresse et un enfant : pour les enquêteurs, le compte est bon[1].

Curieusement, le témoignage de l'agent Massone ne corrobore pas cette version. Ce ne sont pas cinq personnes, qu'il a vues débarquer en compagnie de son collègue Libessart, mais huit, dont deux femmes et un enfant. Ses collègues de la PJ prennent note mais restent dubitatifs. Massone a-t-il bien vu? Même en écartant les deux passeurs susceptibles d'avoir aidé à gagner le taxi, restent cinq adultes. Peut-être, gêné par l'obscurité et la pluie, a-t-il comptabilisé des ombres? À moins que la fièvre ne le fasse divaguer. Mais le blessé, chaque fois qu'on l'interroge, maintient ses déclarations. Il parle d'un troisième homme, sur qui il affirme avoir tiré les deux dernières balles de son arme. Dans le dos, précise-t-il, alors qu'il s'enfuyait par l'arrière gauche de la voiture, en direction de la mer... Délire? Hallucinations?

---

1. Il faudra attendre la fin du mois de novembre pour qu'Hélène Maltat soit identifiée, grâce aux indications de Pierrette Chaude. Auparavant, la femme de Gentina puis Baptistine Giuge avaient été soupçonnées d'être l'inconnue du taxi.

D'autres témoignages semblent confirmer la déposition du policier : un habitant du square, par exemple, qui s'est précipité à sa fenêtre dès le début de la fusillade, déclare avoir compté trois hommes. Massone, qui décidément a gardé toute sa tête, se souvient qu'un des hommes du taxi a dit : « *Cose facciamo ?* », « Que faisons-nous ? ». Cette phrase, Arrigo nie l'avoir prononcée et ni Danos, ni Naudy ne parlent italien...

Quelques jours après la fusillade, un scénario officiel est en passe d'être accepté par les enquêteurs : « Au cours de la fusillade, le gardien de la paix Hermann Libessart est tué par Paul Danos, qui réussit à s'enfuir », titre *Nice-Matin*. L'homme assis sur le deuxième strapontin et que Massone dit avoir vu tirer sur son infortuné collègue « ne peut être que Danos », écrit Mario Brun, le journaliste, qui n'hésite pas à mettre en doute la version du policier.

La présence éventuelle d'un troisième homme n'est pas encore définitivement écartée, mais il semble qu'on en fasse peu de cas. Quant à la femme et à l'enfant qui accompagnaient Danos, les enquêteurs pensent qu'ils sont restés assis à l'arrière du taxi, peut-être blessés par une balle perdue. Parvenus sur la route de Cap Martin, les fugitifs auraient ensuite abandonné Pierrette Chaude à son triste sort pour se réfugier dans une remise à foin, située à proximité.

## *Les jardins de Menton*

Sur ce point, au moins, Mario Brun et les enquêteurs se trompent : le Mammouth et sa famille n'ont jamais quitté Menton. « Quand les coups de feu ont éclaté, j'ai pris les deux enfants dans mes bras. À côté de moi, sur la banquette, Pierrette a pris une balle dans la poitrine. Raymond, en face, était mort. Oh la la... J'ai dit à Abel : "Il ne faut pas la laisser comme ça !" Pierrette a dit : "Non, non, vous, partez, ne vous occupez pas de moi. Partez !" »

Danos sait que Pierrette à raison : s'il y a une chance de s'en tirer, il ne faut pas perdre de temps. « Abel m'a dit de descendre. Ça s'est passé très vite... En sortant du taxi, j'ai couru vers un coin sombre. Je me souviens qu'ensuite on a pris une rue qui montait, en pente assez raide entre les maisons. Il pleuvait, on ne voyait rien... Un peu plus loin, nous sommes entrés dans un jardin, je m'en souviens bien. Nous nous sommes cachés dans un vieux poulailler, sous les thuyas. »

Et l'attente commence, interminable... La pluie continue de tomber mais sous leur abri de fortune les fugitifs sont à peu près au sec. Danos et sa maîtresse auraient d'ailleurs tort de se plaindre de cette pluie : dans tous les sens du terme elle tombe du ciel. C'est elle qui va les sauver. « Il pleuvait et il faisait froid. Heureusement, ce jour-là je portais un manteau de fourrure en renard. Les enfants et moi étions bien protégés. Un peu plus tard, au cours de la nuit, nous avons entendu aboyer les chiens de la police de Draguignan. Ils cherchaient sans doute notre trace mais elles avaient disparu avec la pluie. Ils ne nous ont pas retrouvés... »

Le matin du 1er novembre, la pluie a cessé de tomber. Un pâle soleil pointe à travers les nuages. Le Mammouth s'ébroue, les enfants s'éveillent, posent des questions... La propriétaire, qui revient du marché, les surprend et s'étonne de leur présence. Danos lui raconte une fable : ils se sont permis d'entrer chez elle pour reposer un peu les enfants, les changer avant de repartir... La brave femme semble comprendre, caresse la tête des bambins. Elle raconte ce que plus personne n'ignore à Menton : la fusillade, un policier tué et un autre blessé, un bandit tué et le taxi parti avec ses complices... « La femme nous a dit : "Je ne sais pas si vous êtes dans cette affaire, mais si vous y êtes, vous ne pouvez pas rester ici." Abel a nié, bien sûr... »

Le Mammouth fait mine d'être étonné, dévie la conversation, raconte une histoire de panne d'automobile, reprend confiance. Tant de naïveté... Il croit avoir convaincu son interlocutrice, qui propose des fruits à ses hôtes, leur offre de faire un brin de toilette. Pas dupe, elle lance quand ils s'en vont : « Si vous vous en tirez, ne m'oubliez pas... Pensez à moi ! »

## *Au milieu de la tempête*

« Tu vois, Toutoune, dans ces cas-là il ne faut pas essayer d'esquiver... Il faut passer au milieu de la tempête. » De l'audace, toujours de l'audace.

Un principe que Danos a toujours appliqué et qu'il lui a assez bien réussi : « Je me rappelle qu'une fois nous avions été arrêtés par un barrage. C'était en août 1944, en pleine « ébullition »... Il y avait des dizaines de voitures qui attendaient. Abel m'a dit : on ne va quand même pas attendre. Il a remonté la file et a présenté ses papiers. Faux, bien sûrs... mais c'est passé. » Cette fois, la « tempête » que désigne Danos de la main, c'est Menton, sans doute grouillante de policiers.

Le couple et ses enfants se dirigent donc vers le Quai Bonaparte : devant le square Victoria, tout est calme. Aucune trace, aucun indice ne pourrait laisser supposer qu'un drame s'y est déroulé quelques heures plus tôt... Ça et là des groupes de badauds commentent les événements à voix basse mais aucun barrage, aucun contrôle de police ne contrarie leur marche. Danos et sa maîtresse parviennent à la station d'autocars sans encombres. La police ignore encore la présence des enfants. Depuis la naissance de Jean-Paul, en septembre 1945, Danos n'a laissé aucun indice pouvant laisser supposer qu'il est père. Le gardien Massone sera le premier à évoquer la présence d'un enfant.

Un premier autocar se présente : il part en direction de Nice. Danos lui fait signe. Hélène s'installe à l'arrière avec Jean-Paul. Abel à l'avant avec sa fille. En prévision d'un coup dur, il a fait faire des papiers à des noms différents, au cas où les policiers rechercheraient un couple. Sage précaution : lorsque l'autocar est arrêté, quelques kilomètres plus loin sur un barrage, ces papiers leur permettent de se fondre dans le décor.

Au terminus de Nice, Danos téléphone à son ami Gustave Isnard à Cagnes : il leur faut de l'aide, tout de suite... un coup dur... Malgré les risques, l'hôtelier ne se dérobe pas. Avant de monter dans un taxi[1], Danos fait la leçon à sa maîtresse : « Surtout, fais très attention de ne jamais parler de cet homme à quiconque. S'il avait des ennuis à cause de nous, il risquerait d'être relégué... » En réalité, son casier judiciaire est miraculeusement resté vierge. Mais la menace porte : Hélène Maltat ne dira jamais rien[2].

C'est ensuite Jeunet et son amie Mona qui accueillent les fugitifs. Au matin du 2 novembre, après une nuit de réconfort, la famille prend le train à Juan-les-Pins en direction de Paris. Mieux vaut ne pas moisir dans le secteur[3].

## *Réunion policière au sommet*

La police est sur les dents. Le lendemain du drame de Menton, les « patrons » du secteur se réunissent pour mettre au point leur stratégie : le commissaire principal Battini, de Nice, et ses adjoints Pivot et Riol, Bonhomme et Quilicci de Pont-Saint-Louis, Redon de Menton, et Curty de Fréjus. Même le divisionnaire Raoult de Marseille a fait ses valises emmenant avec lui les commissaires Mattéi et Trucchi.

---

[1]. Selon Chenevier, le taxi sera intercepté à un barrage de police sans être inquiété.

[2]. Ce qui n'empêchera pas l'hôtelier d'être accusé de recel de malfaiteur lors du procès de 1952. Pas pour Danos, mais pour Cajac, qu'il hébergera par la suite. Faute de preuves, il sera relaxé.

[3]. Accompagné de sa maîtresse, Jeunet se mettra en cavale dès le lendemain en motocyclette. Il ne sera arrêté que le 11 juillet 1951.

Ces derniers sont d'ailleurs désignés pour coordonner les recherches en collaboration avec la police italienne.

Le commissaire Chenevier n'arrive que le 14 novembre à Menton. Il a pris le temps de mettre les Maltat en état d'arrestation, coupables à ses yeux de n'avoir pas dénoncé leur fille. « Mes parents savaient où nous étions planqués mais ils n'ont rien dit. Ils étaient aussi venus me voir au Pontet, pendant qu'Abel était au Dépôt. Ils ont ensuite été dénoncés par leurs voisins... Je leur en ai fait voir, à ces pauvres vieux. Avec toutes mes histoires, ils se sont retrouvés sans un sou. Ma mère a tout vendu : son service en cristal, ses bijoux, tout... » Le commissaire ne peut pas reprocher grand-chose aux parents, mais il espère faire pression sur la maîtresse de Danos et l'inciter à se livrer à la justice.

Quand aux Talamona, inculpés le même jour, on leur reproche d'être restés en contact avec leur nièce : « Ma tante avait planqué des photos de moi sous son matelas. Quand les flics ont perquisitionné son appartement, à Courbevoie, c'est le premier endroit qu'ils ont fouillé, vous pensez bien ! Et puis, ils ont trouvé la fiche du téléphone... » Les policiers ont en effet relevé la trace d'un coup de téléphone passé au Pontet[1] : à l'époque, Jeanne Talamona avait prévenu sa nièce de l'évasion d'Abel du Dépôt. Pour Chenevier, cela s'appelle de la « non-dénonciation de malfaiteur ».

## *Plan de sauvetage*

Le soir du 2 novembre, Danos et sa famille descendent du train en gare de Sennecey-le-Grand. À quelques kilomètres,

---

1. La trace d'un autre appel passé le 6 septembre 1948 de l'Auberge du Fort Carré à Antibes vers le domicile des Talamona à Courbevoie sera retrouvée par Chenevier.

en bordure de la nationale 6, les Petitgenêt exploitent un petit hôtel-restaurant à l'enseigne du « Pont de Grosnes » : par le passé, le couple a eu l'occasion d'y effectuer des séjours plus ou moins prolongés. « La cuisine était bonne et le paysage charmant, avec une petite rivière au pied de l'hôtel... » Mais, cette fois, Danos n'est pas là pour faire du tourisme : le soir même, il lance un appel au secours.

Le coup de téléphone aboutit chez « François », à Aubervilliers... qui lui-même bat le rappel auprès des amis. Germain Chanut, Roger Lentz, Charles Vaillant et un certain Gustave Frelin répondent présent...

Né à Saint-Fons en 1911, Frelin est, jusqu'à la guerre, officiellement employé chez Saint-Gobain. Une couverture qu'il quitte en 1943, lorsque ses économies lui permettent d'acheter, sous le nom de sa maîtresse Juliette Verdier, le Pile ou Face, 13 rue Villedo dans le I$^{er}$ arrondissement de Paris. Le café devient rapidement un rendez-vous pour les Lyonnais et les Stéphanois, résistants et gestapistes confondus. Les affaires sont les affaires... Mais Frelin choisit opportunément le bord de la Résistance en novembre 1943, en entrant dans le réseau de renseignement Jacques OSS. Un réseau où l'on retrouve quelques figures comme Louis Raggio, Jean Chausse, Joseph Soro, « Gros Raymond » Delalay et, surtout, le commissaire Charles Chenevier[1].

Cet engagement patriotique paraît pourtant compromis lorsque, le 10 décembre, Frelin et sa maîtresse sont arrêtés. Ce jour-là, un coup de filet de la police française dans son établissement permet d'arrêter une bande responsable d'un important vol de bijoux dans la région versaillaise. Heureusement, peu après, un haut fonctionnaire de la police allemande se présente au commissariat et exige, sous menaces de repré-

---

1. Jacques OSS, réseau de renseignement fondé le 18 août 1943, concentre son activité sur les régions Centre, Nord-Est et Sud-Est. Son patron Jean Alziary de Roquefort (Jacques) interviendra activement pour la réintégration de Charles Chenevier dans la police.

sailles, leur libération immédiate. Qu'il obtient... Frelin peut donc réintégrer son domicile, 120 rue Montmartre, et reprendre ses activités bistrotières. Qui était cet Allemand ? À qui rendait-il service en agissant ainsi ? Le mystère demeure... Quoi qu'il en soit, malgré le souvenir de cette encombrante protection, curieusement personne ne demandera de comptes à Frelin pendant la difficile période de l'épuration [1].

Au Pile ou Face le bien nommé, on cherche la meilleure carte à jouer pour tirer le Mammouth du bourbier... Au bout de quelques heures, un plan de rapatriement est mis au point : Lentz et Chanut descendront dès que possible rejoindre les fugitifs à Sennecey. Leur retour s'effectuera en ambulance. C'est Frelin qui a eu cette idée lumineuse : il connaît bien la patronne d'une société de transports sanitaires établie dans le quartier. Il lui raconte une histoire de femme dépressive à rapatrier sur la capitale, une famille très connue, de la discrétion... La gérante croit comprendre et envoie deux ambulanciers à Sennecey [2].

C'est Hélène et les enfants que l'ambulance va ramener jusqu'à Paris. Danos, en effet, craint que la police ait obtenu leur signalement, et ne veut leur faire prendre aucun risque : « J'étais couchée à l'arrière de l'ambulance, les enfants assis à côté de moi. J'étais censée être la malade. » Pendant ce temps, son amant, accompagné de loin par les deux voyous, remonte jusqu'à Paris en empruntant des petites lignes d'autocars et

---

1. Après la guerre, Frelin est condamné à plusieurs reprises malgré sa couverture de loueur de baby-foot. Dans les années 60, il devient une sorte de « juge de paix » respecté du Milieu lyonnais (certains le surnommeront le « capitaine des Lyonnais »), puis est condamné, en compagnie de Jean-Baptiste Fournel, dit « le Maréchal », et de « Jo » Panzani, pour le hold-up des magasins du Louvre en décembre 1966. À sa sortie en 1973, il monte une affaire de trafic d'armes avant d'être abattu dans son bar, le 25 octobre 1975.
2. Témoignage Georges Baudry.

de trains. La « combine » vient d'Abel. Il pense ainsi échapper plus facilement aux contrôles que la police a mis en place sur les grands axes et à l'arrivée des trains de grandes lignes. Banco : le lendemain, les trois hommes parviennent sains et saufs en gare de la Bastille. Un signe...

La veille, après plusieurs heures de voyage, l'ambulance est parvenue aux portes de Paris. Rue Ravignan, à Montmartre, Georgette Dumont, la maîtresse de Vaillant, s'occupera de la jeune femme et de ses enfants. En attendant une meilleure solution [1].

## *Par mentalité*

Quelques jours plus tard, le Mammouth et sa famille se retrouvent devant un immeuble du 97 boulevard Mac-Donald, près de la Porte de la Villette. Au quatrième étage, les Baudry leur ouvrent la porte de leur modeste deux-pièces cuisine. Rien n'est prévu pour accueillir quatre personnes de plus, mais qu'importe le confort...

Rue Ravignan, les pleurs des enfants avaient fini par intriguer les voisins de Georgette Dumont, et les questions se faisaient indiscrètes. Une fois encore, c'est François qui s'est chargé de sauver la situation. Il a des amis à Aubervilliers et aux alentours, comme « Jo », Georges Baudry, un jeune employé aux abattoirs de la Villette, marié et père de deux petites filles. « Jo » n'a pas dit non.

Boucher le jour, Jo Baudry a depuis longtemps étendu ses relations au-delà des limites de la Villette et de ses « louchébem ». Il est de Bondy, une banlieue composée majoritairement d'ouvriers, pour la plupart originaires d'Italie.

---

1. Un certain André, dit « Dédé Mitraillette », aurait également joué un rôle dans cette expédition. Selon Chenevier, l'ambulance aurait été arrêtée à plusieurs reprises par des barrages sans que rien de suspect n'apparaisse aux policiers.

Depuis toujours il fréquente la jeunesse interlope d'Aubervilliers, de Pantin et de La Courneuve : « Avant la guerre, il y avait des bandes dans chaque quartier, chaque commune. Tout le monde se connaissait, fréquentait les mêmes bistrots, les mêmes bals musettes. On s'entendaient bien... » On « s'entend » pour des « affaires » pas toujours très honnêtes, des combines qui permettent de mettre un peu de beurre dans les épinards, comme on dit... L'Occupation, avec ses trafics en tout genre, n'a fait que renforcer cette entente.

En 1943, Baudry n'a pu échapper au STO, le travail obligatoire. Après quelques mois passés en Autriche, il a été rapatrié en France sur la foi d'un certificat attestant que sa femme Gabrielle est mourante... Gaby, heureusement, se porte comme un charme : encore une combine. En retrouvant le pavé d'Aubervilliers, le réfractaire a choisi son camp. Rejoignant des potes recherchés comme lui, il s'est retrouvé dans une bande qui a son quartier général au Bar de la Poste : c'est là qu'il s'est lié d'amitié avec François, qui faisait un peu figure de chef... Au fil des mois, les coups ont pris une tournure de plus en plus « résistante ». Ils ont intégré le groupe Muriane et ont fait le coup de feu contre les Allemands, participé aux combats de la Libération... Le bon choix.

Comme tout le monde, Jo Baudry a entendu parler du Mammouth : un « bon garçon », ami de toujours de François. Qu'il ait fait partie de la bande à Lafont ne le dérange pas : « Abel avait été contraint d'entrer rue Lauriston ; dans la Résistance, il n'y était pas obligé. » Car, pour Georges Baudry, Danos est un résistant : « Abel était comme chez lui à la Préfecture. C'est lui qui nous fournissait les "faux faffes" quand on en avait besoin. Il a fait libérer des potes que les Boches avaient enchristés. Et puis d'autres choses dont je ne me souviens plus. C'est si loin... » L'ancien résistant d'Aubervilliers se rappelle néanmoins qu'il doit peut-être la vie au Mammouth : « Un jour, le Bar de la Poste, où on se réunissait, avait été repéré par les gens de la Gestapo ou de la police, je ne sais plus. Abel nous a prévenus : "Attention, il ne faut plus aller là-bas." Quelques jours après, il y a eu une descente. » Ce sont des choses qui ne s'oublient pas...

Alors quand François demande à Jo s'il peut héberger la famille en cavale, ce dernier répond présent : « Par mentalité, un type en cavale, si on peut l'aider, on l'aide. » Arrivée à la tombée de la nuit, la famille s'installe tant bien que mal dans le petit logement. Pour dormir, on pousse les meubles et on étale des matelas dans la salle de séjour. Abel et Jo partent dormir chez François qui habite à 500 mètres, rue de l'Union, à Aubervilliers. « Le matin, on rentrait, et Abel restait à la maison avec sa femme et ses gosses. On se mettait à bavarder... »

Baudry lui a recommandé la prudence : sa photo s'est étalée à la Une des journaux pendant plusieurs semaines, quelqu'un pourrait le reconnaître... Dans le quartier populaire d'Aubervilliers on peut compter sur la discrétion des gens. Ici, on n'aime guère les flics, empêcheurs de vivoter en paix. Le quartier est sûr, mais on ne sait jamais... Danos passe donc prudemment le plus clair de son temps dans l'appartement à regarder dehors, vers la « zone » qui s'étend jusqu'aux premiers immeubles d'Aubervilliers. Jo rappelle parfois son pensionnaire à l'ordre : « Quand je le voyais accoudé un peu trop longtemps à la fenêtre, je lui disais de faire gaffe. Des gens postés sur le talus du Fort, de l'autre côté du Boulevard, auraient pu le reconnaître. » Mais dès que la nuit tombe, le Mammouth « va prendre l'air » avec un des gosses dans les bras. Il fait ses courses chez les commerçants du quartier, rapporte des gâteaux ou quelques douzaines d'huîtres, dont il est friand. « Quand il rentrait dans la cour, il saluait la concierge, Madame Jean, en imitant l'accent bourguignon : "Alors, ça va la patronne ?" Elle n'a jamais rien dit... et pourtant, elle devait se douter de quelque chose », se souvient Jo Baudry. Une brave femme...

Chapitre 14

*Le Mammouth tricard*

Passé les premiers jours, Danos s'aventure plus loin avec le vélo que lui ont donné ses deux potes. Quelques visites à faire : il est en cavale, il a besoin d'oseille pour tenir et de papiers en règle. Les amis sont là, pense-t-il, pour lui renvoyer l'ascenseur : ils lui doivent bien ça. À une époque, il a répondu présent quand ils ont eu besoin d'un coup de main. Tout de suite, sans réfléchir : pour lui, l'amitié ne se monnaie pas. Il a parfois pris de gros risques, il s'est mouillé « cher » pour les sortir de la mouscaille. Aujourd'hui, beaucoup ont réussi, ont pignon sur rue. Pendant la guerre, grâce aux trafics, ils ont fait fortune, sont devenus des caïds reconnus. Il suffira de leur rappeler le passé.

Mais le Milieu ne veut plus entendre parler de Danos. À cause de ce passé, justement, il est grillé, fini... À la Libération, une page s'est tournée : les « méchants » ont payé, les « bons » sont restés. Le Mammouth, un des derniers survivants de cette époque qu'ils veulent oublier, traîne trop de mauvais souvenirs avec lui. « C'est vrai qu'Abel n'avait plus tellement d'amis. À part quelques-uns autour de nous, les autres l'avaient lâché », témoigne Jo Baudry.

Danos finit par comprendre : les coups de fils aux abonnés absent, les fausses excuses, ces visages qui se ferment ne sont pas un hasard. De leurs planques où ils se terrent, les « caïds » font savoir dans le Milieu que le Mammouth est désormais « tricard » chez eux. Raison officielle : : il a abandonné Pierrette Chaude à Menton. La bonne blague ! Que pouvait-il faire d'autre ? En fait, ces messieurs ne veulent pas se mouiller. Ils ne sont plus bons à risquer leur tranquillité, leur liberté : ils tiennent trop à leurs petites vies bourgeoises, à leur respectabilité... Danos « tricard » ? Aucun n'osera l'affronter en face, lui donner les raisons de ce lâchage en règle : ils ont bien trop peur de sa réaction.

Chenevier qui a vent de la désaffection du Milieu, s'attend à « une action d'éclat », un carnage. Mais Danos ne réagit pas : il pourrait effectivement écraser un à un tous ces cloportes, régler une bonne fois pour toutes ses comptes à coups de flingue, mais à quoi bon... N'y a-t-il pas eu assez de sang et de larmes comme cela : Raymond, Pierrette, leur gosse et tous les autres... Déçu, blessé, le Mammouth préfère se concentrer sur l'essentiel : sauvegarder Hélène et les deux enfants, tenter de les soustraire au désastre qui s'annonce. « Bien dommage, écrit Chenevier, Abel aurait fait le ménage, un nettoyage que la Justice n'ose pas toujours entreprendre [1]. »

Le Mammouth sait qu'il peut toujours compter sur Charlot, Poupon, Germain et quelques-uns, mais ils ont déjà beaucoup donné. Puisque les autres ne veulent pas se mouiller, il se débrouillera seul. « Il s'était "rééquipé" pour "travailler", avec François bien sûr, "Rocky" Barbiéri et quel-

---

[1]. Charles Chenevier, *La Grande Maison*, p. 101.

ques autres ¹. » Tous des « Ritals », enfants d'Aubervilliers ou des environs, qui forment avec Danos « une équipe solide », aux dires de Jo Baudry.

Mais avant même de se relancer dans une affaire, le plus urgent est de trouver des papiers. Fini le temps où il lui suffisait de passer à la Préfecture pour obtenir un état civil présentable.

*Ne te fais jamais photographier...*

« Il n'avait pas de projet à long terme, car il savait bien que sa situation restait fragile. Il cherchait des papiers pour partir à l'étranger s'il faisait fortune... »

Danos expose à Jo la cause de tous ses malheurs. D'abord Blémant, « cet enfoiré » qui l'a laissé tomber alors qu'il s'était mouillé jusqu'au cou pour lui. « Après son évasion de Fresnes, sous l'Occup', Danos avait revu Blémant. Il lui avait dit : "Mais alors, maintenant, qu'est-ce qu'on fait ?" Je me souviens : il me la répétait souvent cette phrase : "Mais alors, maintenant ?" »

L'attitude de Blémant continue en effet de révolter Danos : un lâchage, une trahison qu'il ne comprend pas, qu'il n'admet pas et qui l'obsède. Avait-il, comme le laisse supposer Jo Baudry, cherché à renouer avec les services spéciaux en 1942 ? L'existence de la lettre à la Gestapo, qu'il croyait être seul à connaître, rendait *a priori*, sa réintégration difficile voire impossible... Blémant l'avait apparemment éconduit, à moins qu'il n'ait envisagé pour lui une solution plus radicale... Son ancienne maîtresse, elle aussi, se

---

1. Libéro Barbiéri, dit « Rocky », trente-quatre ans, né à Vezzo Crostello en Italie. Il vit avec sa femme Simone, sans enfants, 28 rue Maurice Lachâtre à Drancy. Officiellement maçon, souteneur occasionnel, il a été condamné le 16 juillet 1943 à cinq ans de réclusion pour vol de 2 millions de francs en compagnie d'un certain Joseph Stragliati.

souvient : « La première fois que j'ai entendu parler de ce Blémant, c'était à Cravant, dans un café tenu par un ami de Sartore, vers la fin de 1943. Il n'y avait personne d'autre. Moi, j'étais dans un coin, à l'écart. Je n'étais pas du tout dans la conversation mais j'entendais des bribes. Ils ne se disputaient pas. Abel paraissait à la fois en colère et amer. Ça m'a semblé bizarre. Du peu de conversation que j'ai entendu, il était question d'un type tué dans un bois, ou quelque chose comme ça. C'est si loin... Ce que je sais, c'est que le nom de Blémant est revenu plusieurs fois, Abel a parlé aussi de la rue de la Victoire. Je n'ai jamais su ce qui s'était passé exactement là-bas. »

Autre sujet qui revient souvent dans sa conversation avec Baudry : cette fameuse photographie prise dans la cour de l'Hôtel de Neuilly alors que la bande avait revêtu l'uniforme des « Fridolins ». À la Libération, divulgué par un « faux derche », disait Danos, jeté en pâture à la presse, le document a fait le tour des journaux [1]. Que de vagues elle a soulevé... Du coup, tout le monde a témoigné : on l'avait vu en uniforme sur le Quai des Orfèvres en train d'arrêter un inspecteur de police, avenue Charles-Floquet la mitraillette sous le bras... Dans ce domaine, les fantasmes de la presse n'a pas eu de limites.

La seule et unique fois où il a endossé cet uniforme, répète le Mammouth à Jo, c'est dans les jardins de Neuilly et parce que Lafont le lui avait demandé. La BNA ? Henri y croyait dur comme fer, mais les autres... Pas un, sans doute, qui n'ait pris cette séance pour autre chose que pour une simple mascarade... En tout cas, ils avaient bien rigolé ce jour-là. Il avait fallu la réaction d'Hélène pour qu'il comprenne qu'il avait fait une boulette... Aujourd'hui, Danos ne rit plus :

---

[1]. « Le drame, c'est qu'un faux derche fait circuler une photo de moi en uniforme allemand. Si on savait à quoi elle a réellement servi, cette tenue militaire, si on savait, fils... » Nicole Attia, *Jo Attia*, p. 140.

avec cette photo, il risque de porter un chapeau plus grand qu'il ne l'avait imaginé. Il est trop tard pour se lamenter, mais dans sa retraite d'Aubervilliers le Mammouth revient souvent à cet épisode de sa vie : « Surtout, ne te fais jamais photographier, me disait-il souvent, en prenant sa tête entre ses mains », rapporte Jo Baudry.

## *Le piège de la Boétie*

Tous les midis, François, Danos et Jo se donnent rendez-vous dans un petit restaurant ouvrier du boulevard Mac-Donald. Discret et pas cher. Depuis quelques jours, la famille Danos a provisoirement déménagé chez les Barbiéri, à Drancy. Jo Baudry doit recevoir du monde chez lui : « À chaque fois, je devais trouver une excuse pour retarder cette visite que des gens devaient me faire. J'étais embêté et j'ai fini par en parler à Abel. » Mais Baudry a tort de se gêner, Danos a bien compris : « Je pars et puis après je reviendrai », a-t-il dit simplement.

Mais, le 30 novembre, le Mammouth manque à l'appel : « On a mangé, François et moi. On trouvait bizarre qu'il ne soit pas au rencard. On est allés voir si le vélo était dans la cour de l'immeuble, mais non... » Ce jour-là, le Mammouth a décidé de tenter sa chance... et s'est dirigé vers les beaux quartiers de Paris, où il pense pouvoir trouver ce qu'il cherche : « Rue de la Boétie, Abel ne cherchait pas du pognon : il en avait suffisamment pour voir venir. C'est les papiers qui l'intéressaient. En faisant plusieurs chambres de bonnes, il espérait trouver des papiers qui correspondent, en les falsifiant un peu ensuite, à leurs identités », répète Georges Baudry.

Danos possède bien une carte au nom de Roger Morel, timbrée du commissariat de Caen, mais son but est d'avoir pour Hélène, les enfants et lui, des papiers qui « tiennent la route ». C'est pourquoi il pense trouver, dans les armoires des bonniches, parfois mères de plusieurs enfants, des livrets de famille, des certificats de naissance et d'autres papiers d'identité. Comment se retrouve-t-il vers le milieu d'après-midi devant le 59 rue de la Boétie ? Le hasard, sans doute... même si certains ont cherché des explications plus « plausibles »[1].

La grande grille d'entrée, ouverte sur la rue, est une invitation qu'il ne refuse pas. Après avoir appuyé son vélo contre la façade d'une boutique, le Mammouth risque un pas dans le vestibule. Personne : la concierge, dans les étages, n'est pas là pour lui demander des comptes. Un bon présage... À droite s'offre l'accès des locataires de l'immeuble aux marbres patinés et aux cuivres étincelants : du beau monde et sans doute beaucoup d'oseille... Mais Danos ne s'y risque pas et préfère l'escalier de service, dont il grimpe prestement les marches. Au 6e étage, dans un petit couloir s'alignent les portes des chambres de service. Il est 5 heures du soir. Une obscurité opportune envahit le palier. Aucun bruit à part celui des gouttes de pluie qui tombent sur le vasistas. Mis en confiance, Danos commence son « travail ».

Dépourvu de matériel d'effraction, le cambrioleur improvise une méthode à la fois simple et expéditive[2] : le dos appuyé sur le mur, il s'arc-boute poussant avec ses jambes sur le montant de bois de la porte. Les vis qui tiennent le verrou n'y résistent pas, pas plus que celles de la serrure. Mais alors que la menuiserie vient de céder, quelqu'un surgit derrière son dos : c'est le valet de chambre de maître Célice, avocat qui loge à l'étage en dessous. Le domestique, qui se nomme Louis Baruteau, habite une des chambres du sixième avec sa

---

1. Selon la version « officielle » de Chenevier, Danos aux abois aurait été contraint de cambrioler les chambres de bonnes, comme à ses débuts. Une sorte de retour aux sources. Une autre version, livrée par Borniche, veut que le voyou espérait trouver les clefs de l'appartement des patrons dans la chambre d'un employé.

2. Selon la configuration des lieux, c'est la seule porte que Danos pouvait forcer de cette façon.

femme. Celle dont la porte est fracturée n'est pas la sienne mais il connaît bien la locataire, Sidonie Veischraegen, la cuisinière de son patron. Tandis que Danos feint de manipuler l'échelle adossée au mur, le valet s'étonne :

« Vous êtes là, Sidonie ? Je vous croyais en bas ! »

Pas de réponse.

« Je vois que vous avez dû forcer votre porte... vous aviez donc perdu votre clé ? »

Danos jusque-là resté silencieux, perd patience :

« Tu vas la fermer un peu ! »

Habitué à plus de mondanités, Baruteau sursaute :

« Mais je ne vous connais pas, monsieur !

– Tais-toi et rentre dans ta piaule !

– Je ne vous demande rien...

– Moi, je te demande d'être moins bavard. Allez, lève tes pattes, assieds-toi dans ce fauteuil, boucle-la, et surtout ne bouge pas ! »

Le valet a enfin compris a qui il a affaire. Il obéit, assez impressionné par le revolver que le cambrioleur a posé sur la table près de son chapeau. Danos fouille les meubles de la pièce, tente de crocheter la porte d'une armoire avec un ciseau de brodeuse. Un amateurisme qui conforte peut-être le domestique dans l'idée qu'il a devant lui un monte-en-l'air débutant, pour le moins inexpérimenté. Reprenant son aplomb, il demande :

« Je dois rester encore longtemps les mains en l'air ? »

Danos, agacé, croit pouvoir impressionner Baruteau en lui faisant croire qu'il a un complice caché dans le couloir.

« – Dis donc, on s'en débarrasse du type ? Il commence à devenir encombrant[1]... »

La manœuvre d'intimidation réussit au-delà de toutes espérances : vert de peur, le domestique voit sa fin toute

---

1. D'après le témoignage de Louis Baruteau. *Qui ? Détective* n° 128 du 13 décembre 1948.

proche. Risquant le tout pour le tout, il tend sa main levée vers la fenêtre, tourne l'espagnolette et, ouvrant le battant, franchit d'un bond la barre d'appui. La peur donne des ailes, dit-on : Baruteau s'engage sur l'étroite corniche qui surplombe la cour, vingt mètres plus bas. Risquant de glisser sur le zinc luisant de pluie, il se met à hurler et à gesticuler pour ameuter les voisins.

« Au secours ! Au voleur ! À l'assassin ! »

Ses cris, amplifiés par la cour, parviennent au cinquième étage. La cuisinière passe sa tête par la fenêtre de l'office :

« Sidonie. On veut me tuer. Au secours ! »

La concierge Madame Marié comprend qu'il se passe quelque chose de grave. De sa loge, elle téléphone à Police Secours puis ferme la porte de l'immeuble pour empêcher toute sortie.

Danos est déjà dans les escaliers, qu'il dévale quatre à quatre. Parvenu dans la cour, il court vers le portail. Miracle : au moment où il arrive, le lourd battant s'ouvre, actionné de l'extérieur par un locataire. Danos s'engouffre dans la brèche à toute allure, enfourche son vélo et pédale de toutes ses forces vers la place Saint-Philippe-du-Roule. Sauvé...

### *Le pompier Levar*

Danos a sans doute le temps d'apercevoir l'homme en uniforme, debout près de l'arrêt d'autobus de la ligne 43. Un flic ? Non, un pompier...

Après avoir bénéficié d'une journée de repos, le 2ᵉ classe Daniel Levar s'apprête à rejoindre la caserne de la 10ᵉ Compagnie à Château-Landon. À vingt-deux ans, le jeune homme possède une excellente forme physique grâce à l'entraînement sportif qu'il reçoit depuis son arrivée au

Régiment de Sapeurs-pompiers de Paris[1]. Son bus tarde à arriver lorsque qu'il voit un individu sortir en trombe de l'immeuble et enfourcher un vélo. Une passante, manquant d'être renversée, se met à crier en même temps que la concierge du 59. Deux ou trois hommes se sont mis à courir derrière le cycliste et le pompier s'élance à son tour...

Bientôt, Levar est seul à poursuivre : le fuyard, qui pédale comme un fou, jette de fréquents regards derrière lui. Au carrefour des rues de la Boétie et du Faubourg-Saint-Honoré, les agents Danto et Noir règlent la circulation, assez dense en ce début de soirée. Ils aperçoivent ce cycliste, puis le pompier, coudes au corps derrière lui. Un suspect en fuite, à n'en pas douter. Ils s'élancent derrière Danos qui perd du terrain, gêné par la chaussée encombrée de véhicules.

L'écart a encore diminué : à 2 mètres environ, Levar fait tournoyer son ceinturon à grosse boucle de cuivre. Une arme redoutable. Dans un ultime effort, le Mammouth, à bout de forces, appuie sur les pédales. Un craquement sinistre : la chaîne a sauté... En voltige, Danos s'accroche à la plate-forme d'un autobus qui passe à proximité. Cramponné à la rambarde, il supplie le receveur de le laisser monter : «Laisse-moi grimper, j'ai des ennuis avec les flics pour une plaque de vélo! Tu te rends compte!...» Le fonctionnaire de la RATP comprend surtout qu'il risque d'avoir des ennuis avec la police. Il repousse sans ménagement Danos, qui prend un coup de ceinturon sur l'œil et la joue. La douleur lui fait lâcher prise.

Dans un dernier réflexe de défense, il tente de sortir un des revolvers des poches de sa canadienne[2]. Mais c'est trop tard. Les policiers l'immobilisent à terre. Les badauds

---

[1]. Daniel Levar est né à Marmeaux dans l'Yonne en 1926. Il s'est engagé au Régiment de Sapeurs-pompiers de Paris le 6 décembre 1946. Archives BSPP.

[2]. Un pistolet Astra 7,65 mm et un Mauser 9 mm garni de sept cartouches.

approchent, les insultes puis les coups commencent à pleuvoir de toutes parts. C'est la curée... Danos se recroqueville, tente d'échapper à la fureur de la foule qui s'acharne. Danto et Noir s'interposent pour empêcher le lynchage avant d'alerter, à la plus proche borne, le panier à salade. Le visage en sang, le suspect est conduit sous bonne garde au commissariat de la Madeleine.

Dans ses poches, les agents trouvent une carte d'identité au nom de Roger, Léon Morel, né le 28 mai 1908 à Caen : inconnu. Un minable cambrioleur débutant. Le 2 décembre, on le conduit au service de l'Identité judiciaire : une formalité avant d'être incarcéré au Dépôt. Photo face et profil, relevé de signes particuliers, puis l'épreuve de vérité des empreintes digitales... Sous le matricule 968297, le trombinoscope fixe sur la pellicule un visage tuméfié, aux yeux boursouflés, mal rasé. Qui pourrait reconnaître le « Bel Abel » dans cet homme défiguré ? Apparemment personne... Et le malfaiteur en rajoute, gonflant ses joues, pinçant ses lèvres et rentrant le cou dans son col fourré. De bonne guerre. Il n'est pas le premier à tenter de se montrer sous un autre jour à l'œil implacable de l'objectif. Une petite coquetterie, parfois. Danos, lui, joue sa tête.

Mais quelques minutes plus tard, lorsqu'il passe ses doigts au « piano », le masque tombe. Du coup, « Morel » retrouve son vrai visage. Dans le bureau du commissaire principal Castex de la Brigade criminelle où on l'a conduit, il semble accepter son sort avec résignation et fatalisme, et répond humblement aux questions des inspecteurs Lacoste et Ferrière :

« Quand as-tu vu pour la dernière fois Loutrel ?
— Au début de l'année, Naudy n'était plus avec Loutrel.
— Il n'est donc pas mort ! s'écrie Castex.
— Non, Pierrot est toujours vivant.
— Et qu'as-tu fait depuis 1945 ?

– De brèves apparitions à Paris, au cours de ces derniers mois. Également de fréquents voyages à Marseille. Mais, croyez-moi, on m'attribue beaucoup de crimes dont je suis innocent[1]. »

Les policiers jubilent... Ils n'en croient pas leurs yeux : « Danos, le redoutable tueur à gage de la rue Lauriston » ; « Danos, le sinistre gangster qui n'hésitait jamais à tirer sur les représentants de l'ordre » ; « Danos qui eut les poches bourrées d'argent [...] Danos, traqué et à bout de ressources [...] s'est fait arrêter, à quarante-quatre ans, comme un galopin. » « "J'avais pourtant sur moi mon fétiche", s'étonne le "galopin" avec un brin d'humour[2]. »

Les policiers profitent de cette bonne volonté apparente pour pousser quelques questions indiscrètes : la rue de la Victoire, la rue Lauriston... Mais Danos « noie le poisson », répond à côté, parle d'autre chose. Quand les attaques se font plus précises, il se cantonne dans le mutisme le plus complet... Les enquêteurs comprennent qu'il ne parlera pas. En tout cas, pas de l'essentiel... On en revient donc aux banalités :

« Et ta femme, Hélène Maltat ? Et tes deux gosses Jean-Claude [*sic*] et Florence ? Où sont-ils ?

– Ils sont planqués. Ils sont plus à plaindre que moi.

À l'évocation de sa famille, « le redoutable » semble céder à l'abattement :

– Je ne me reconnais plus, concède-t-il avec amertume.

– Tout de même, lui fait remarquer Castex, tu as dû avoir chaud aux plumes, lorsque [...] tu t'es vu diriger sur l'Identité judiciaire.

---

1. Stéphane Vincentanne, *La Bande à Pierrot le fou*, p. 89.
2. *Qui ? Détective* n°128 du 13 décembre 1948. Selon le journaliste Jean Nevers, il s'agirait d'une médaille de scout ornée d'un christ. Hélène Maltat ne se souvient pas de ce soi-disant fétiche.

– À ce moment-là, j'ai compris. [...] Je savais bien que, en passant aux empreintes à la PJ, on découvrirait ma véritable identité.[1] »

De tous les services, les policiers affluent dans le bureau du commissaire. Tous veulent apercevoir la bête curieuse. Les mains menottées, impossible, le Mammouth soutient les regards. Un photographe prend quelques clichés pour immortaliser l'événement... Le prisonnier prend la pose, un demi-sourire sur ses lèvres gonflées. Ambiance détendue... Puis c'est le départ vers le Dépôt...

Comme on l'embarque dans le panier à salade, Castex conseille à Danos :

« Je crois qu'il est inutile de renouveler ton exploit réussi il y a trois ans. Plusieurs anges gardiens vont tout spécialement veiller sur ton sommeil.

– Je m'en doutais un peu, répond Danos en souriant[2]. »

## *Retour à La Santé*

Le Mammouth est le premier d'une longue série : le 6 décembre suivant, Germain Chanut et Roger Lentz sont arrêtés dans un café des Champs-Élysées. Recel de malfaiteur. Les indics du commissaire Chenevier sont passés par là. Le juge pense intéressant de les confronter. C'est mal connaître les trois hommes. Lentz croise Danos, qui attend son transfert dans un couloir de la prison : « Je le vois tout minable, les jambes entravées. Je m'approche pour lui donner des pipes... Les matons font des histoires... Je m'approche quand même... Alors il me glisse rapidement dans l'oreille : "Pour que tu ne sois pas emmerdé, dis aux poulets

---

1. *Idem.*
2. Stéphane Vincentanne, *op. cit.*, p. 90.

que je t'ai forcé à me planquer avec un flingue. Je confirmerai." Finalement, aucun d'entre eux ne parlera[1]. »

Après Poupon et Germain, on extrait Paul de prison pour le mettre en présence de Danos. L'ancien sous-off de la BNA a été arrêté au Puces de Saint-Ouen, le 20 avril 1948. L'idée, en soi, n'est pas si mauvaise : les deux hommes sont très liés. Ils ont été arrêtés ensembles à Montreuil et se sont évadés de concert du Dépôt en 1945 : la confrontation pourrait être fructueuse. Mais le Mammouth feint de ne pas connaître son ancien complice.

Après quelques jours au Dépôt, Abel Danos est transféré à La Santé. Des cellules du « Quartier haut » à celles du « Quartier bas », la nouvelle se répand : le Mammouth a été fait marron en cassant une piaule de bonniche... La nouvelle attriste plus d'un « taulard » : « J'étais à La Santé, à l'époque, 3e division. Pour nous, les jeunes de l'époque, Danos était un caïd, une légende vivante. Il avait de gros coups à son actif, sans parler de ses évasions. D'ailleurs, tout le monde, les anciens comme les jeunots, le respectait[2]... » Personne ne comprend comment Bibil a pu tomber si bas. Une seule explication : certains de ses amis ont bafoué la loi du Milieu... À travers les barreaux fusent les témoignages de soutien envers celui que tous considèrent comme un des grands seigneurs de la pègre. Mais aussi des insultes contre ceux qui l'ont laissé tomber...

Mais dans les sous-sols de la vieille maison d'arrêt, Danos n'entend pas. Comme tous les évadés repris, il paye la note d'un mois de mitard. Si ce n'était le froid et l'humidité du cachot, le puni serait presque satisfait de cette solitude : il peut tout à loisir penser aux enfants et à Hélène, faire le

---

1. Ce qui vaudra à Lentz deux ans de préventive avant d'être amnistié, le 31 janvier 1955. Chanut sera condamné à quinze mois de prison, confondus avec une condamnation à quatre ans de prison prononcée par le tribunal de Pont-Audemer le 9 octobre 1952.
2. Témoignage anonyme de L.T., ancien condamné à mort.

point. Le gardien Maurice Cieutat le rencontre un jour de décembre : « Lui, ce n'était pas le genre pleureur. Il faisait très froid. Dehors, il gelait. Pour se réchauffer, Danos faisait les cent pas de long en large. J'ouvris sa cellule et je lui tendis une couverture : "Tiens, mets ça sur tes épaules. – Je ne vous ai rien demandé, chef. – Oui, je sais, mais prends la quand même." Et le soir, quand je lui passai sa gamelle de soupe, il me regarda, il eut l'air de vouloir me dire quelque chose, mais il se tut [1]. »

Dehors, l'arrestation du « plus grand bandit de France » par un pompier et deux gardiens de la paix, aidés par deux honnêtes citoyens, fait les gros titres. Des colonnes entières sont consacrées à l'événement. Daniel Levar, le « héros » principal, explique à *France-Soir* comment il est parvenu à maîtriser le tueur à mains nues. Il a d'ailleurs été blessé au pouce... Comme les deux policiers, il obtiendra le 2 février une lettre de félicitations de la part du préfet de police [2].

## *Le plus affreux des assassinats*

Son temps de mitard terminé, le prisonnier est incarcéré au rez-de-chaussée de la 7ᵉ division, Quartier haut, près des cellules réservées aux condamnés à mort : il est classé DPS, c'est-à-dire « détenu particulièrement surveillé ». On craint évidemment une évasion... C'est là qu'un certain Joseph Damiani, condamné à mort, fait sa connaissance. « Un jour, quand j'étais à La Santé au quartier des condamnés à mort, le brigadier Fournil, que j'avais connu à Poissy, vint me voir : "Tu sais, à côté de toi, il y a un gars qui est là pour une histoire d'avant-guerre. Il fait sa peine "debout". Il vit

---

[1]. Maurice Cieutat, *Un maton pas comme les autres*, p. 126.
[2]. Archives BSPP. Levar quittera les Sapeurs pompiers un mois plus tard pour le 1ᵉʳ bataillon de Chasseurs à pied.

un grand drame et il n'est pas assisté. Il n'a même pas la possibilité d'acheter des timbres." Je lui fis parvenir un peu de chocolat et quelques timbres. Le soir même, il me remerciait par l'intermédiaire du tuyau sur lequel il tapait. Il me dit qu'il était dans un très gros coup et que c'était perdu pour lui. Il savait que son père s'était suicidé en se pendant. Il me dit qu'il attendait son transfert en Italie et finit en me souhaitant bonne chance [1]. »

Quelques jours plus tôt, en effet, un des enfants de la famille Danos a découvert le cadavre du grand-père dans une grange de Fontaine-lès-Dijon. *L'Aurore* a relaté le fait divers : « Le cadavre de Jean-François Danos, le père du tueur Abel Danos, a été découvert ce lundi 27, pendu à une poutre d'une maison inhabitée de Dijon. Le malheureux ne pouvait plus supporter le déshonneur que les crimes de son fils avait fait rejaillir sur lui et sa famille... C'est le dernier des assassinats de Danos, le plus affreux aussi [2]. »

---

1. Témoignage oral, octobre 2003. Devenu écrivain sous le nom de José Giovanni, Damiani racontera cette anecdote dans son livre de souvenirs, *Mes Grandes Gueules*. Il sera en outre l'auteur d'un livre intitulé *Classe tous risques*, inspiré de la vie de Danos.
2. *L'Aurore* du 30 décembre 1948. Chenevier prétendra avoir caché la mort de son père à Danos par humanité, ce qui aurait pu « sous le choc de l'émotion lui arracher les aveux qu'il refusait en jouant au dur », *La Grande Maison, op. cit.*, p. 108.

## Chapitre 15

## *Début du duel Justice-Danos*

Le 17 décembre, l'inculpé a chargé Maître Charles Carboni d'assurer sa défense. Ce n'est pas un luxe. Depuis son arrestation, les mandats pleuvent sur lui comme des hallebardes : le 3 décembre, un mandat de dépôt pour « vol qualifié » dans l'affaire de la rue de la Boétie ; le lendemain, un mandat d'amener venant de Béziers et concernant le meurtre du gendarme Claparède à Montagnac. Le 3 janvier, coup sur coup, deux mandats tomberont pour « évasion par bris de prison » : souvenirs de Fresnes en mars 1942 et du Dépôt en janvier 1945 ; le 20 janvier, venant cette fois de Nice, un autre pour « homicide volontaire » dans l'affaire de Menton... La liste ne serait pas complète sans la vieille affaire de la rue de la Victoire, qu'on exhume des tiroirs pour la confier au juge Daniault. Cadeau empoisonné s'il en est. Dans plusieurs de ces dossiers, Danos risque sa tête.

Le 23 décembre, le prisonnier est présenté à un juge. Il s'appelle Donsimoni et ne s'occupe pas de ces affaires de droit commun. Sa spécialité à lui, c'est « l'infraction à l'article 75 du Code pénal et suivants », punissant le crime d'intelligence avec l'ennemi. Un fourre-tout dans lequel les dizaines de milliers de dossiers de « collabos » ont été regroupés : de la concierge délatrice au policier de la Brigade anticommuniste, en passant par le milicien... Pour quelque temps encore les cours de justice, composées d'un magistrat et de quatre jurés choisis par les comités départementaux de Libération, sont seules compétentes à juger. À l'époque de leur création, elles étaient apparues comme un progrès par rapport aux excès de l'épuration « sauvage »... même si, par la suite, l'impartialité de certaines a pu être mise en doute. Celle de la Seine qui va juger Danos n'est ni meilleure ni pire qu'une autre [1].

Sur le bureau de Donsimoni, un dossier, un seul, et pas très épais. Apparence trompeuse, car à l'intérieur le souvenir de la rue Lauriston pèse de tout son poids [2].

## *Le duc d'Ayen*

Première affaire : celle du duc d'Ayen. Elle débute le 28 janvier 1942. À l'époque, Danos était encore à La Santé... Ce jour-là, les services de police allemands arrêtent, à son domicile du boulevard de Montmorency, à Paris, Jean de

---

1. La Cour de justice de la Seine, la seule à subsister, sera dissoute en août 1949, Depuis leur création le 26 juin 1944, ces juridictions ont été saisies d'environ 140 000 dossiers. Sur ce total 57 000 ont été jugées, dont 6 763 condamnations à mort (4 397 contumaces et 779 exécutées) environ 13 000 peines de travaux forcés, 26 500 d'emprisonnement et 6 724 acquittements.

2. Mandat d'amener du 20 décembre 1948. Les charges principales du dossier concernent l'affaire du duc d'Ayen, le meurtre de Roger Tissier, l'affaire Tanguy Phono, l'affaire « Défense de la France », l'affaire de la Brigade nord-africaine, l'affaire de contre-parachutages, les expéditions de Montbard et de Tournus, et les affaires dites « d'or ». DCAJM.

Noailles, duc d'Ayen. L'ordre vient de Knochen, le chef de la SD et paraît n'avoir été motivé par aucune raison valable : le duc n'appartient à aucun mouvement de Résistance, même s'il ne se montre pas favorable à la politique de collaboration prônée par Vichy.

Dès le début, cette arrestation embarrasse plus qu'elle ne sert les autorités d'Occupation : d'Ayen en effet, est une personnalité très en vue. Sa femme, la duchesse Solange, fait intervenir ses nombreuses relations pour faire relâcher son mari et connaître la vérité. Elle est persuadée, bien qu'ils le nient, que les Allemands sont à l'origine de cette inexplicable disparition. Himmler lui-même est sollicité, sans résultat. En haut lieu, on a assuré la duchesse de son incompréhension et Knochen, interrogé par ses supérieurs, a juré qu'il n'était pour rien dans cette arrestation. Mais devant l'ampleur que prend l'affaire, il ne peut plus reculer. Une seule solution : se débarrasser de cet encombrant prisonnier. Début novembre, le duc est confié à Lafont, avec mission de le faire disparaître en Zone Sud. Définitivement.

Mais Lafont choisit de ne pas se presser. Il réconforte le duc, le traite avec tous les égards dus à son rang, l'habille de neuf avec un costume prêté par Cazauba, lui offre un bon repas... À la fin, son « invité » se laisse aller aux confidences : depuis l'été, il entretient une correspondance secrète avec sa femme, qui est donc parfaitement au courant des tenants et aboutissants de son affaire. Le Patron voit là l'occasion de réduire Knochen à sa merci : il envoie le duc avenue Charles-Floquet, en attendant la suite. « Le lendemain matin, j'ai appelé Abel Danos, qui était le seul de mes hommes dont le service allemand n'avait pas l'adresse, et j'ai caché le duc chez lui », déclarera plus tard Lafont[1].

---

1. Déclaration Henri Chamberlin, 8 septembre 1944, dossier Z6/3, Archives nationales.

Mais une quinzaine de jours plus tard, une sentinelle allemande vend la mèche... Un matin, Danos appelle : les Allemands sont devant la porte et menacent d'entrer de force. « J'ai dit à Danos de ne pas ouvrir et de tirer s'ils essayaient d'ouvrir. Je me suis rapidement rendu sur les lieux. » Sur place, un sous-officier et six hommes ont reçu mission de ramener le duc. Lafont refuse d'obéir et les accompagne chez Knochen, à qui il explique ce à quoi il a échappé : si le duc avait été exécuté, les preuves que détient la duchesse lui auraient coûté sa place. Devant l'évidence, l'Allemand ravale sa colère et consent à exprimer sa reconnaissance à Lafont. Ce dernier aplanit les derniers contentieux en lui offrant une Bentley d'une valeur de 500 000 francs. Les petits cadeaux entretiennent l'amitié...

Donsimoni accuse donc Danos d'être le complice de la séquestration du duc d'Ayen, ce qu'il nie farouchement... Selon lui, c'est incidemment qu'il a été amené à le rencontrer, le jour où il a accompagné son ami Cazauba, 50 avenue Charles-Floquet, ce dernier devant fixer son choix sur plusieurs appartements réquisitionnés. « Je suis monté avec Cazauba dans un appartement au troisième étage. Nous avons retrouvé Pagnon, que j'avais déjà vu rue Lauriston [1]. » Eddy Pagnon et « Charlot » s'absentent alors quelques minutes : « Je suis resté une dizaine de minutes avec un homme qui me remis une lettre en me demandant de la porter à l'angle de la rue de Lubeck au domicile de sa famille. » Danos affirme avoir rempli cette mission en remettant le pli à « une dame âgée » qu'il croit être la duchesse d'Ayen... La vieille dame qu'il évoque existe bien : elle s'appelle Madame Silberman. Elle n'est pas la duchesse, mais sa gouvernante. Elle se souviendra de cette lettre, qu'un homme lui a remise à l'été 1942. Mais elle ne reconnaîtra

---

1. Déclaration Danos, rapport Garreau du 17 janvier 1945, DCAJM.

pas Danos et dira qu'il s'agissait d'un soldat allemand [1]. L'inculpé, lui, conclut : « J'ai appris bien longtemps après que c'est à cause de cette lettre que le duc d'Ayen n'a pas été fusillé [2]. »

Danos cherche-t-il à tirer gloire d'un fait dont il aurait eu connaissance *a posteriori*? Possible, même si l'on voit mal comment il aurait pu connaître cette adresse rue de Lubeck, qui ne correspond ni au domicile des d'Ayen, réquisitionné par les Allemands, ni à celle de leurs parents, où ils ont trouvé refuge [3]. Le juge, malheureusement, ne cherchera pas à approfondir cette question.

## *Affaires de sang*

Autres banderilles dans le cuir du Mammouth : les affaires de sang. Le cadavre de Roger Tissier est le premier que le juge exhume de ses tiroirs. L'homme compte parmi les hommes libérés par Chamberlin en juillet 1940 : à trente-deux ans, c'est un escroc incarcéré dans la même affaire de corruption de fonctionnaire que Maillebuau, Carrier et Pinardel. Par la suite, tous les quatre vont graviter peu ou prou autour de la rue Lauriston : Tissier et Carrier ouvriront un bureau d'achat de tissus et de vêtements, avenue des Champs-Élysées, pour le compte du Bureau Otto. On perd ensuite la trace de Roger Tissier...

---

[1]. Lettre de Solange De Labriffe, duchesse d'Ayen, du 17 mai 1949 : « La personne à qui a été remise la lettre nie formellement l'avoir reçue de Danos. »

[2]. Le duc ne sera pour autant libéré. Détenu un temps au camp de Romainville, il sera transféré en Allemagne en janvier 1944. Commencera alors pour lui une tournée des camps de la mort, de Buchenwald à Bergen-Belsen, où il mourra le 14 avril 1945. Le 17 novembre 1942, sa femme sera également arrêtée et incarcérée trois mois à Fresnes.

[3]. Le duc résidait chez des parents, 51 boulevard de Montmorency, leur domicile 54 rue des Tilleuls ayant été réquisitionné.

De sombres rumeurs courent sur cet homme que l'on soupçonnera d'un vol de diamants, de donner des renseignements à la Préfecture de police et même d'appartenir au 2ᵉ Bureau... Une ardoise qu'aurait effacée Lafont, assisté de Prévost, de Cazauba et de Danos. Détail horrible : « Charlot le Fébrile » aurait coupé la tête du mort et Danos aurait dépecé le corps, cela afin de le faire disparaître plus facilement [1]. C'est en tout cas la version que Bonny, l'ancien flic de la rue Lauriston, développe dans un de ses rapports au vitriol de septembre 1944 : « D'après plusieurs allusions faites par Cazauba, Prévost et Chamberlin, j'en déduis sans erreur qu'il avait été assassiné et que le crime avait dû être commis à l'hôtel particulier du Colonel Lindman, rue de Villejust[2]. » Lors d'un de ses interrogatoires, Lafont, le principal intéressé a balayé cette accusation d'une simple phrase : « De la pure invention. »

Mais Lafont n'est plus là pour témoigner. Ni Delehaye, qui affirmait, un peu avant de décéder, que Tissier n'avait pas été assassiné. Alors, qu'était devenu réellement l'escroc ? Nul n'en savait rien. Danos non plus, qui déclara au juge Donsimoni : « Je ne suis pas au courant du meurtre de Roger Tissier et je n'en ai jamais entendu parler. » Dont acte...

Le deuxième macchabée est en revanche bien connu du Mammouth et figure même parmi ses amis. Il s'appelle Henri Tanguy, dit « Phono ». Il a trente-sept ans et tient, sous le nom de sa concubine Madame Tondut, une maison accueillante à Étampes.

---

[1]. Labussière, un autre membre de la bande, dira « avoir entendu dire » qu'au cours de l'année 1942 Chave et Danos auraient ramené la tête d'un individu tué en Zone Sud sur ordre de Lafont. Ce dernier niera cette accusation.

[2]. Cet hôtel particulier, 36 rue de Villejust, qui appartenait à un colonel Américain, servait apparemment de lieu de rendez-vous à la bande.

À l'automne 1942, à la sortie d'un bar de Montmartre, le tenancier se prend de querelle avec Jean Sartore et Auguste Jeunet, également amis de Danos. Tanguy sait à qui il a affaire : deux hommes de Lafont, enfouraillés comme il se doit. Il devrait « rengracier »... Mais en bon Breton, Phono est têtu : il sort une lame de sa poche et blesse très sérieusement ses deux adversaires. « Le Chauve » a le ventre ouvert et « Cajac » la base du poumon perforé. Un affront qui touche le service tout entier. Le Patron fait rechercher vainement le « criminel » dans tout Paris. À noter que les deux hommes étaient eux aussi de grands amis : à plusieurs reprises Lafont, accompagné parfois de Danos, avait rendu visite dans sa maison d'Étampes[1]. La haine de Lafont est d'autant plus inexpiable...

Le soir du 18 novembre, Chave repère Tanguy Chez la mère Laval, rue d'Aboukir. L'alerte est donnée. Une expédition composée de Lafont, Chave, Danos et des Allemands Murdrah et Hesse se rend sur place. Que se passe-t-il ensuite ? Selon l'interrogatoire de Chamberlin, Tanguy aurait été traîné dehors de force par les deux Allemands, puis aurait réussi à s'échapper dans la nuit. Un coup de feu claque, puis trois ou quatre[2]. Avec son Smith & Wesson, le Patron a vengé ses hommes. Tanguy, transporté à l'hôpital de l'Hôtel-Dieu, meurt dans la nuit. L'affaire est classée par les autorités allemandes. Abel Danos, cette fois, ne nie pas avoir entendu parler de cette affaire, mais déclare ne pas avoir été présent lors de cette exécution. Pourtant, Chamberlin a déclaré : « Danos avait un pistolet de fort calibre et je suis persuadé que c'est lui qui a tiré derrière moi en frôlant ma tête. »

---

1. Témoignage Tondut, cité par Philippe Aziz, *Tu trahiras sans vergogne*, p. 131.
2. Selon Lafont, Tanguy aurait tiré le premier.

## De Tournus à Montbard

Lafont n'avait pourtant pas l'habitude d'accuser à tort les anciens membres de son service. Dans la nébuleuse affaire de Tournus, où sa présence était attestée par Eddy Pagnon, le Patron avait déclaré ne pas être certain de la présence de Danos[1]. Ce que confirme évidemment l'accusé : « Je ne suis jamais allé à Tournus et je n'ai jamais été au courant de cette expédition. »

Dans la même région, a lieu, au cours de l'été 1943, l'expédition dite « de Montbard ». Cette fois, il s'agit de « découvrir les auteurs de crimes et de vols commis contre des particuliers et trois Allemands », dixit Bonny. En fait, cette opération, montée par Boemelburg, vise à éradiquer l'activité d'un maquis local : une quinzaine de personnes sont arrêtées.

Danos nie avoir participé à cette mission. Mais un témoin de cette affaire subsiste : il s'appelle François Suzzoni, il est Corse, et déclare : « Quand nous sommes revenus de l'expédition, Henri nous convoqua et nous dit qu'il avait reçu un rapport de Montbard l'informant qu'il y avait eu un vol de sept à huit millions de bijoux. Il demanda qui avait fait le coup. J'ai su par la suite que c'était Ferrando avec Abel Danos. Ferrando fut seul arrêté par Henri[2]. » Outre cette histoire de bijoux, le Corse accuse Danos d'être impliqué dans certaines affaires de contre-parachutage, opérations

---

1. Selon Lafont, l'expédition de Tournus, montée de concert par les polices française et allemande, avait pour but de mettre fin aux agissements du commissaire de police Escudé qui, sous couvert d'évasion de juifs hors de France, pillait leurs biens avant de les passer « à l'autoclave », selon ses propres termes. Escudé, arrêté, trouvera la mort dans les camps nazis.

2. Ferrando démasqué avait été arrêté et livré aux Allemands. Selon Paul Clavié, ce vol se résumait à un seul joyau dérobé par Pagnon et Chave.

qui consistent à prendre en filature les parachutistes jusqu'à leur lieu de rendez-vous avec le maquis, puis à les arrêter au moment propice : « Nous avons été douze convoqués, dont Abel Danos, désignés pour cueillir à Angers les parachutistes[1]. » Selon lui, cinq Canadiens parachutés auraient été arrêtés. Danos répond : « Je n'ai jamais pris part à des opérations de contre-parachutage à la demande de Lafont. »

Sa parole contre celle du Corse. Mais, contrairement à tous ses autres accusateurs, Suzzoni a l'avantage d'être encore vivant. On peut donc attendre avec le plus grand intérêt son témoignage...

Un drôle d'homme que ce Suzzoni. Il a trente-deux ans lorsqu'il entre rue Lauriston, en mai 1942. Il ne fait pas partie de la « bande des Corses » affiliée à l'avenue Foch, mais est présenté au Patron par Jean Sartore après qu'un certain Jean Chausse l'ait, lui-même, chaudement recommandé[2]. Apparemment, une recrue de choix : dans la hiérarchie criminelle, Suzzoni est au firmament, puisqu'il se prétend condamné à mort par contumace... Ce qui est faux.

Chausse, comme Caselli et Meunier, émarge pour le TR « Pavot » du capitaine Maréchal : avec Suzzoni, c'est une nouvelle taupe qui s'introduit rue Lauriston[3]. Chausse, aux états de service éloquents, n'a pas tardé à se sentir comme un poisson dans l'eau rue Lauriston : des eaux troubles dans lesquelles nagent déjà plusieurs de ses amis, comme Sartore, Jeunet, Chave, Robert et Pierre Moura[4]. Mais Suzzoni a,

---

1. Une affaire que le témoin désigne sous le nom de « Montparnasse », sans doute en raison du lieu où ont été arrêtés les parachutistes, ou d'« opérations de contre-parachutage aux environs de Saint-Germain-des-Prés » (en référence, probablement, à la commune près de Saint-Georges-sur-Loire).
2. Interrogatoire Chausse, 3 novembre 1944, DCAJM.
3. Après avoir été désignées par des chiffres, les antennes TR avaient été baptisées de nom de fleurs. À Paris, le 112 $^{bis}$ était devenu « Pavot ».
4. Chausse, né à Saint-Etienne en 1902, titulaire d'une dizaine de condamnations (la dernière à dix ans de prison pour tentative de

semble-t-il, un peu plus de mal à se faire accepter. : « Tu peux pas savoir [...] comme il est curieux et bavard ! Toujours à fouiner, à questionner, s'étonne Villaplana. Au point qu'Abel, l'autre jour a failli lui coller une baffe [1]. » Depuis, le Corse voue une haine inexpiable à Danos.

En juin 1943, Chenevier met fin à ces petites querelles en informant ses hommes de son projet : rien moins que faire sauter l'immeuble du 93 rue Lauriston, avec tous ses occupants. L'idée vient vraisemblablement de Jean Rossi, patron du Chapiteau. Après avoir fait du renseignement pendant plusieurs mois, le résistant projette maintenant l'élimination pure et simple de son pote Henri. Sans états d'âme : « C'est la guerre et nous avons fait un choix. Lui a fait le sien, nous le nôtre [2]. » Après avoir envisagé son exécution, Jeannot penche plutôt pour une méthode plus radicale : faire sauter l'immeuble du 93. Son supérieur, Maréchal, n'est pas très chaud, arguant, à juste titre, que l'élimination de Lafont ne servirait à rien : les Allemands le remplaceraient par un autre. Puis le temps passe, et Maréchal quitte son secteur pour devenir l'adjoint de Verneuil.

Jeannot Rossi se retrouve donc libre de mettre ses méthodes à exécution. Quitte à provoquer un séisme. Après s'être montré réticent, Chenevier s'est rangé au projet : c'est lui qui fournira le matériel, en l'occurrence l'explosif. Pour le reste, Chausse est chargé de désigner le poseur de bombe : il pense à Suzzoni, « qui avait à son actif une grosse condamnation [...], pour lui permettre de se réhabiliter » – dans le Milieu, on pense à l'avenir.

---

vol), est passible de la relégation. Il est répertorié dans les SSM FTR à partir de février 1943. Il fait également partie du réseau Jacques OSS. Gabriel Meunier n'est pas répertorié comme résistant, pas plus que Casseli, titulaire de huit condamnations (la dernière le 18 mai 1938, pour tentative de vol).

1. Auguste le Breton, *2 sous d'amour*, p. 274.
2. *Ibid.*, p. 246.

Ne reste plus qu'à décider du jour J : un jour où le maximum de gestapistes seront présents. Adieu l'immeuble de la Carlingue avec Lafont, Bonny, Sartore, Prévost, Chave et les autres, réduits en bouillie... Rossi compte prévenir Abel Danos le moment venu, car il le considère comme l'un des siens. Certes, le voyou reste fidèle à Lafont, envers qui il estime avoir une dette, mais depuis longtemps le Mammouth a choisi son camp en fournissant des « tuyaux » à son pote Jeannot. Non seulement sur les activités du 93 en général, mais également sur les agissements de certains de ses « collègues », lorsqu'il juge qu'ils dépassent la mesure [1].

De toute façon, le plastiquage du 93 n'aura pas lieu. Faute de combattants. Le 11 novembre 1943, Charles Chenevier est arrêté par les hommes de Geisler. Le projet est enterré. Chausse reste fidèle à la Résistance, mais le reste de sa troupe se débande. Suzzoni, particulièrement, qui a reçu sa carte du service vers septembre, après avoir prouvé son engagement lors d'une opération de contre-parachutage à Montargis. Privés de garde-fou, l'ancien agent double se lance dans les opérations délictueuses avec une prédilection pour les affaires de « fausse poule » et les perquisitions chez les Israélites.

Des activités extra professionnelles que Lafont n'apprécie pas trop. En janvier 1944, Suzzoni, Clavié, Engel et Pagnon sont convoqués dans le bureau du deuxième étage après qu'une grosse affaire de bijoux volés est parvenue à ses oreilles [2]. Si les trois derniers passent à travers l'orage sans

---

1. C'est ainsi qu'à la fin 1943 il n'hésite pas à dénoncer un certain « Jo l'Arabe », voyou dont personne ne se méfie dans l'entourage de Rossi et qui, pourtant, dénonce à Lafont des juifs, des résistants et des truands qui lui paraissent être passés de l'autre côté de la barrière. Une source de dangers que le patron du Chapiteau s'empresse de réduire à néant un soir d'hiver, devant le domicile de l'indic, place Saint-Georges. *Cf.* Auguste le Breton, *ibid.*, p. 336.
2. Cité par Grégory Auda, *Les Belles Années du « Milieu ». 1940-1944*. Selon Clavié (septembre 1944), c'est Suzzoni qui aurait proposé d'attaquer la courtière en bijoux de la rue Notre-Dame-de-Lorette.

trop de dommages, le Corse est contraint de rendre non seulement les bijoux, mais son arme et sa carte de service, et de prendre la porte sans ménagement[1]. Lafont n'aime pas les Corses, qui lui ont toujours témoigné du mépris. Un de moins. À la même époque, il s'est débarrassé des insulaires que lui avait imposés l'avenue Foch...

Le 15 novembre 1944, Suzzoni est arrêté et inculpé d'intelligence avec l'ennemi. Malgré le témoignage de son ancien employeur du SSM pour qui son action de renseignement a été «d'une importance très grande», il est condamné, par audience de la Cour de justice de la Seine du 28 février 1949, à cinq ans de travaux forcés, à dix ans d'interdiction de séjour, à la dégradation nationale et la confiscation de ses biens. Une paille pour un ancien condamné à mort.

## *Défense de la France*

Dans le dossier Défense de la France, Donsimoni rappelle à Danos les témoignages qui l'accusent : «Danos est dans le coup», a écrit Bonny dans un de ses nombreux rapports. L'ancien policier n'est pas le seul à «mouiller» le Mammouth : Lafont, Clavié et un certain Marongin témoignent de sa présence[2]. Imperturbable face à ces accusations *post mortem*, Danos nie avoir participé à cette opération : «J'en ai entendu parler par la suite, mais au moment de cette affaire je n'étais pas à Paris[3].»

---

1. Deux mois avant la Libération, Pagnon sera lui aussi congédié par Lafont, qui menace de le faire déporter.
2. Marongin connaissait Danos sous le prénom d'Abel. Selon lui, il aurait aussi participé à l'affaire dite du square Cambronne.
3. Selon Grégory Auda, *op. cit.*, p. 154, Danos aurait également participé à l'opération dite «des Lyonnais», avenue du Maréchal-Lyautey, infiltré par Marongin. Cette affaire n'apparaît pas dans le dossier de la Cour de justice.

Le 25 juillet 1943, l'opération « Marabout » a été déclenchée par l'avenue Foch. Elle vise a éradiquer le réseau « Défense de la France », infiltré, depuis plusieurs mois, par leur agent Émile Marongin. Une vingtaine d'hommes de la rue Lauriston participent à cette opération « montée » par Bonny : tandis que Prévost est chargé de prendre d'assaut l'imprimerie clandestine du groupe, à Vauxcelles, l'ancien policier se rend dans une librairie de la rue Bonaparte, qui sert de « boîte aux lettres » au réseau.

Le 26 juillet, deux jeunes filles entrent dans la boutique et demandent à parler à Madame Wagner. Elles sont aussitôt entourées par Bonny et Ménigault, déguisés en faux vendeurs, fouillées et arrêtées. L'une d'elles dit s'appeler Branlard, tandis que l'autre décline sa véritable identité : Geneviève de Gaulle : la nièce du Général en personne...

Après quelques jours passés dans les geôles de l'hôtel particulier de la place des États-Unis, la jeune fille est finalement remise aux Allemands avec une trentaine d'autres personnes arrêtées [1]. Son sac, sa pipe et ses lunettes lui sont rendus mais pas sa montre en or, une bague en topaze et l'argent qu'elle possédait. Ses geôliers ont fait le tri... Reflet de sa notoriété, Geneviève de Gaulle fera préalablement l'objet de plusieurs tractations en vue de sa libération. En vain... Après la Libération, Lafont, lui-même se targuera d'avoir tenté de la faire sortir du lot. Sans succès : d'après lui, Bonny ne voulait pas lâcher sa proie [2].

Mais le Patron n'est apparemment pas le seul à être impressionné par l'illustre particule. Selon l'inspecteur Morin, Joseph Joanovici, alias « Spas », aurait lui aussi négocié la libération de la jeune fille, en mettant cinq

---

[1]. Transférée au camp de Royallieu, près de Compiègne, Geneviève de Gaulle sera déportée à Ravensbrück, d'où elle reviendra.

[2]. Confirmé par le témoignage de Delehaye, en septembre 1944. Selon lui, Bonny aurait refusé. Lafont, lui aurait déclaré : « Crois-tu, il l'a arrêtée. Si tu voyais cette gosse, c'est l'ombre d'elle-même. »

millions sur la table[1]. Sans résultat. Bonny n'ayant pas voulu lâcher sa proie... Spas aurait ensuite tenté de la faire évader en cherchant à acheter la complicité de certains membres de la bande. Danos faisait-il partie de ces derniers ? Pourquoi pas... Cette hypothèse pourrait expliquer la confidence qu'il fit à sa maîtresse, les jours suivants : « Un jour, Abel m'a dit : à deux heures près, je pouvais faire libérer Geneviève de Gaulle... Je ne me souviens pas s'il m'a donné plus de détails, mais c'est peu probable. »

## *Affaires d'or et d'argent*

Pour finir, le juge exhume un autre témoignage : celui de Louis Haré, obscur membre de la bande, condamné à mort pour sa participation au crime odieux de Saint-Maur, en compagnie de Clavié et Engel[2]. Le 27 septembre 1944, Haré avait déclaré : « Je sais que Lafont a fait des affaires d'or. Il s'agissait de saisies chez les juifs ou autres. Il y avait des équipes spéciales composées de Prévost, Danos, Cazauba, Moura et autres "ténors" qui s'occupaient de ce genre d'affaires. Je ne peux donner de précisions sur ces affaires, car ces messieurs étaient très discrets. »

Comme le juge pouvait s'y attendre, Danos nie avoir été un de ces « ténors ». Vrai ? Faux ? Le témoignage de Haré était de toute façon sujet à caution : entré dans la bande en janvier 1944, il ne pouvait pas savoir grand-chose de ces affaires d'or, qui avaient connu leur apogée à la mi-1941 et s'étaient terminées à la fin de la même année. De plus, à l'époque, Danos n'était pas encore rue Lauriston.

---

1. Déclaration Morin, 1er septembre 1944, dossier Z6/3, Archives nationales.

2. En juillet 1944, deux femmes avaient été torturées pour leur extorquer leur magot, tuées, puis dépecées.

Mais Danos n'avait pas vécu d'amour et d'eau fraîche pendant toutes ces années, comme le soulignent plusieurs rapports : « Il menait un train de vie fastueux et entretenait deux maîtresses[1]. » Sur ce point, le témoignage d'Hélène Maltat confirme que l'on ne manquait de rien avenue Charles-Floquet : Simone Bouladour menait apparemment grand train, faisant largement profiter ses parents de cette manne inespérée pour l'époque. Pour autant, Madame Maltat refuse l'amalgame : « Personnellement je n'ai jamais été entretenue ! Ça non ! » De fait, à part quelques invitations au restaurant, une bicyclette et quelques bijoux, Hélène Maltat paraît ne pas avoir grevé les finances de son amant.

De quoi, alors, le Mammouth tirait-il sa subsistance ? Difficile à savoir... Auguste Monfort, qui fréquenta le Milieu parisien à cette époque, le mêle à quelques affaires allant du trafic de fausses cartes aux faux lingots, en passant par les opérations de « fausse poule » : activités que la majorité des voyous, affiliés ou non à la Carlingue, pratiquaient à plus ou moins grande échelle[2].

Le juge s'interroge par exemple sur l'origine des fonds trouvés en sa possession lors de l'arrestation de Montreuil : près de 2 millions de francs[3]. Danos prétend qu'ils représentent les bénéfices réalisés sur des opérations de marché noir et de trafics clandestins. Invité à donner quelques précisions, il dit avoir « fait des opérations sur le café, le sucre et les cigarettes américaines ». Donsimoni, conciliant, émet alors l'idée que ces opérations de marché noir, qu'il qualifie de « grande envergure », ont pu être réalisées sous couvert

---

1. Rapport du commissaire Bourdeau, 12 mars 1947, DCAJM.
2. En 1946, un certain Robert Gramard, incarcéré à la prison de Pontoise, accusera Danos d'avoir dépouillé un diamantaire israélite de sa fortune en compagnie d'un nommé Georges Durand. Dossier F 15302, Archives nationales.
3. Interrogatoire du 26 avril 1949. DCAJM.

de la Gestapo allemande [1]. L'idée semble amuser Danos : « Les opérations que j'ai faites sont de petite envergure puisqu'elles ne correspondent qu'à 2 millions de bénéfice... » En 1949, un juge met plus de dix ans gagner une telle somme !

## Mauvais souvenirs

Le juge Donsimoni en vient enfin au dossier de la BNA. Sans doute le plus grave. Pas tant pour l'action de Danos dans cette formation que du fait qu'il en a endossé l'uniforme. Un fait qu'il ne peut nier, puisque la preuve existe et puisqu'elle a fait le tour, propagée par un « faux derche » après la Libération. Devant la photo prise au Château de Madrid à Neuilly, Danos répète qu'il n'a porté la tenue allemande que pour le cliché et qu'il n'est resté que quatre ou cinq jours à Tulle, en civil précise-t-il...

Si la brièveté de son séjour n'est pas mise en doute par le juge, il semble pourtant que Danos ne soit pas passé totalement inaperçu dans la ville où il se serait « surtout livré au pillage » et où on le disait « très mauvais », à en croire le rapport de l'inspecteur Challier, de la Section spéciale. On avait, en outre, remarqué qu'il était « inséparable de Victor Paul »[2]. Ceci étant, curieusement aucune des victimes d'exactions n'a mentionné son nom dans le volumineux dossier de la BNA établi en 1945.

Le battage médiatique provoqué par son arrestation a depuis éveillé quelques témoignages. Au vu de son portrait qui s'étale dans la presse, plusieurs personnes croient reconnaître leur bourreau. Le 12 décembre, un certain Raoul Armand, propriétaire du Théâtre de 10 heures, se plaint

---

1. Selon certaines sources, Danos aurait reçu la somme de 10 millions de Lafont, en juillet 1944.
2. Rapport Inspecteur Challier, 22 mars 1945.

d'avoir été matraqué par la Gestapo. Danos était leur chef, confirme l'ouvreuse. Deux jours plus tard, une certaine Madame Gasquet affirme que l'accusé est l'un des trois gestapistes venus consommer dans son restaurant de Bretenoux, dans le Lot... Mais, confrontés au «tueur», aucun de ces témoins ne le reconnaîtra. *Errare humanum est*[1]...

Trois ans plus tard, en 1951, René Dreyfus l'accusera d'avoir pris part, le 6 avril 1944 à Tulle, à son arrestation et aux sévices dont il a été victime avant d'être déporté. Convoqué à Paris et mis en présence de Danos, il n'est plus aussi sûr... D'ailleurs, Dreyfus se souvient d'un détail d'importance : l'homme qui l'a arrêté est «reconnaissable du fait qu'il a quatre ou cinq dents en or en avant de la mâchoire supérieure bien visibles». À la lecture des noms des membres de la bande susceptibles de correspondre au portrait-robot, Monsieur Dreyfus se souvient du surnom de son tortionnaire : un certain «Dédé» appelé également «Gueule en or».

Ce «Gueule en or» est un Stéphanois qu'il ne faut pas confondre avec Victor Paul qui lui, possède des mâchoires totalement dorées à l'or fin : jaune en haut et blanc pour la partie inférieure. Du grand art! Outre leur goût commun pour le «jonc», les deux hommes sont très liés ainsi qu'avec leur pote Danos.

Dédé – André Riffart pour l'état civil – a lui aussi gravité autour de la rue Lauriston sans apparemment faire partie du «service» au sens strict du terme[2]. D'ailleurs, son nom «ne dit rien» à Lafont, même si Bonny le décrit comme un individu dangereux logeant avenue Charles-Floquet chez son pote Mammouth. Tous les trois ont fait partie du voyage

---

1. Un certain Revillard Serge, coiffeur à Vénissieux, déposera également contre Danos avant de l'innocenter.

2. Après une cavale de six ans (1944-1951), André Riffart sera arrêté et condamné à vingt ans de travaux forcés. Il sera libéré en 1967. À noter que son fils Georges sera également arrêté en novembre 1944 comme ayant fait partie de la Gestapo française.

à Tulle, «Dédé» acceptant de suivre seulement à titre civil...
Côté physique, Riffart est carré, massif, une grosse tête, châtain : une certaine ressemblance avec Danos qui pourrait expliquer la confusion des témoins.

Après Tulle, Donsimoni en vient à Montbéliard. Là, deux témoignages l'accusent : celui de Marcel Boilot, hôtelier, qui reconnaît formellement sur les photographies celui que ses camarades appelaient «Abel». Un certain Frichet, lui aussi restaurateur 20 rue des Halles, avait remarqué les liens qui unissaient certains de ses clients : «Je reconnais Danos, dit "Abel", Paul, dit "Totor", ami intime d'Abel [1].» Ils paraissent de bonne foi. Dans cette affaire, l'ancien sous-officier choisit un curieux système de défense : il nie tout simplement s'être rendu à Montbéliard... en tout cas à cette période : «Au mois de mai 1944 environ, je suis descendu à Montbéliard seul, en voiture, porter une somme d'argent à Maillebuau de la part de Lafont. Je suis resté trois ou quatre jours à l'Hôtel de la Balance.» Il n'a vu personne à part Maillebuau [2]. Danos préfère insister sur le caractère de «double jeu» de cette mission, puisque, selon lui, il a présenté Georges Fernandez, dit «le Chilien», du réseau Marco-Polo, à Maillebuau.

L'occasion pour lui de rappeler son action comme «agent de liaison» au sein des réseaux Marco-Polo, Mithridate et «Genève». Il donne quelques détails. Apparemment impressionné, le juge s'étonne : «Après votre arrestation du Dépôt fin 1944, vous auriez pu faire état de vos déclarations au bénéfice de la Résistance. Pourquoi avez-vous tenté de vous soustraire à la justice en vous évadant?» Ce à quoi Danos répond : «J'avais des condamnations par défaut, dont deux à cinq ans, et c'est la raison pour laquelle je me suis évadé.»

---

1. C'est chez lui que va manger la bande le lundi, jour de fermeture de La Balance.

2. Jamais Danos ne mentionnera la présence de sa maîtresse à Montbéliard : «Il a eu tort, regrette-t-elle aujourd'hui, si cela pouvait servir sa défense...»

Sentant peut-être le moment favorable, le prévenu déclare : « Je demande à être confronté à tous les gens qui m'accusent, car je prétends que je vous ai dit dans mes déclarations ce qu'avait été mon activité au titre de la rue Lauriston. » Une activité « pour ainsi dire négative », selon ses propres termes. Il a beau jeu de le faire : à part Suzzoni, il ne peut plus être confronté à ses détracteurs : tous sont morts et enterrés dans le carré des suppliciés de Thiais.

## *Chenevier reprend la main*

Au cours de cette première audition, Danos a peu parlé de son activité au sein de l'équipe Blémant, en 1941, sujet très largement évoqué dans le rapport de 1945. Le prévenu a simplement tenu à rectifier qu'il n'avait pas exécuté l'Italien à Saincaize. Il avait bien reçu mission par Jansen de le faire, mais il n'en avait pas eu le temps, ayant été arrêté peu après une première tentative avortée. Un point de détail.

Danos, on le comprend, s'est bien gardé de faire allusion aux deux lettres qu'il a fait parvenir à la Gestapo. Il ignore bien sûr qu'elles sont parvenues à la connaissance des BMA. Il ignore également que Chenevier dispose d'une copie. Malheureusement pour lui, le commissaire a repris la main dans l'enquête. Après avoir été placé à la retraite d'office pour son activité jugée douteuse durant l'Occupation, il vient d'être réintégré dans la police, en janvier 1948.

Le 21 décembre, un rapport de plusieurs pages sur les activités de Danos au sein des services de contre-espionnage et sur les suites de son arrestation le 19 juillet 1941 rue Gustave-Rouanet a été transmis au juge Donsimoni : il remet, pour le moins, beaucoup de choses en cause... Chenevier y dévoile en effet qu'« à la suite d'un concours de circonstances » il a pu avoir accès à une lettre de Danos offrant ses services au chef de la Gestapo. Il en a d'ailleurs recopié le texte intégral. « Abel Danos a beau jeu maintenant pour [*sic*] prétendre qu'il a raconté des histoires aux agents de la Gestapo et qu'il n'a pas été libéré par eux pour services rendus, puisqu'il s'est évadé par ses propres moyens au mois de mars 1942. » Le commissaire conclut : « Il n'en reste pas moins qu'il a dû révéler tout ce qu'il savait sur le service qui l'avait employé [...]. En disant [cela] je me base sur le fait que j'ai été convoqué à deux reprises rue des Saussaies, en raison des soupçons qui pesaient sur moi. »

Cette hypothèse, Chenevier va la défendre tout au long de l'enquête : Danos a trahi puisque lui-même a été convoqué rue des Saussaies et qu'il a fini par être expulsé de la Zone occupée en février 1942. Théorie hasardeuse, qu'il finira d'ailleurs par abandonner lors du second procès. Trop tard pour arrêter le bras de la justice.

« Environ un mois après l'expédition de la lettre [1] », donc vers le début du mois de septembre, Chenevier a effectivement répondu à une convocation du chef de la Gestapo. À ce moment-là, Danos n'a pas encore vu Boemelburg : il ne le fera qu'après avoir expédié une seconde lettre, le 20 septembre. Mais cela, le policier l'ignore.

Cette « convocation » n'a en soi rien d'extraordinaire : en tant que policiers, Chenevier et Boemelburg ont travaillé de concert sur plusieurs affaires. Ce sont d'autre part « de vieux amis », selon les propres termes du Français... Cette amitié date du temps où la coopération policière entre le Grand Reich et la France du Front populaire communiait au nom de la lutte antiterroriste. Depuis l'assassinat du souverain yougoslave Alexandre en octobre 1934, à Marseille, dans lequel le ministre Barthou a lui-même perdu la vie, l'attentat régicide est l'obsession des policiers européens. En charge de la lutte contre les Oustachis, membres de l'OVRA, Cagoulards et

---

1. Déclaration Chenevier, 24 avril 1949, DCAJM.

autres anarchistes, Chenevier noue des contacts avec ses homologues des autres pays européens. À Berlin, il ne tarde pas à rencontrer le commandant de la Gestapo, Karl Boemelburg.

Né en 1886, Karl Boemelburg est un homme de grande stature, athlétique, le cheveu ras et l'œil clair. Malgré la raideur que lui impose le port de son uniforme noir, il paraît sympathique et ouvert au jeune policier Chenevier. En outre, l'Allemand impose le respect par son expérience et sa parfaite connaissance des affaires criminelles. Chenevier est « troublé » par ce mélange d'extrême courtoisie et de professionnalisme et, plus encore peut-être, par sa connaissance de la culture française : non content de parler parfaitement le français, et même de « jacter » l'argot mieux que n'importe quel « affranchi », le policier allemand est en effet un connaisseur en matière de vins digne d'un des plus nobles chevaliers du Tastevin. Les deux hommes sympathisent.

En juin 1938, les deux policiers ont l'occasion de se revoir : l'Allemand est envoyé en mission à Paris en prévision de la visite du couple royal britannique dans la capitale française. Sa collaboration avec la police, particulièrement avec son homologue Chenevier à qui il rend « d'indiscutables services », est à ce moment pleine et entière. Cette même année, le policier berlinois réapparaît en France, en décembre, à l'occasion de l'enquête sur le meurtre de Ernst Von Rath, diplomate de l'ambassade d'Allemagne à Paris[1]. Un séjour où se mêlent travail et plaisir. Car Boemelburg se plaît en France, où il apprécie la douceur de vivre. À ce titre, Paris est pour lui la ville idéale : il aime les femmes, la bonne chère, les bons vins et faire la fête. À côté, la politique l'intéresse peu... Bien que très tôt adhérent au NSDAP, le parti de Hitler, il s'apparente plus à un carriériste qu'à un nazi

---

1. Ce meurtre, commis par un jeune juif polonais réfugié d'Allemagne, Herschel Grynszpan, servira de prétexte à Hitler pour déclencher la « Nuit de Cristal ».

convaincu : il est, selon certains témoignages, « trop intelligent pour être fanatique », même s'il semble éprouver une véritable haine envers le communisme [1].

La mission terminée, Boemelburg ne repart pas : il informe la Sûreté française qu'il occupe désormais le poste nouvellement crée d'attaché de police, chargé d'assurer une liaison permanente entre les polices des deux pays. Mais l'illusion des années « Front popu » est loin : en janvier 1939, l'annexion par l'Allemagne, de l'Autriche et du territoire des Sudètes a ouvert les yeux sur les véritables aspirations du chancelier Hitler. Méfiantes, les autorités françaises s'inquiètent donc de cet « œil de Berlin » en plein Paris. Elles soupçonnent d'autant plus Boemelburg d'être un espion que les policiers chargés d'enquêter sur le passé de l'allemand ont remonté quelques éléments troubles : ingénieur de formation, Boemelburg aurait supervisé quelques années auparavant la direction des travaux et l'installation du chauffage central de l'École militaire ! En fait de tuyaux, il est fortement soupçonné d'avoir fait grande moisson de renseignements destinés à l'*Abwehr*. Finalement, après les diplomatiques réserves émises par le ministre des Affaires étrangères, Boemelburg est rappelé à Berlin à la mi-février.

Quelques mois plus tard, l'indésirable est de retour dans la capitale française. En position de force, cette fois : il occupe le poste de *Sturbanführer* de l'Amt IV, c'est-à-dire de Colonel du service de la police de Sûreté, ou Gestapo, et s'est installé en maître rue des Saussaies, dans les anciens locaux de la 1re Brigade mobile de la Sûreté nationale. Tout un symbole.

En juillet 1940, Chenevier et lui se retrouvent à l'occasion d'une demande d'*Ausweiss* national et permanent sollicitée

---

1. Témoignage oral de Raymond Arnette, espion luxembourgeois infiltré dans la Gestapo, qui fut son secrétaire interprète.

par le policier[1]. Si les rôles sont inversés, le respect mutuel et l'amitié demeurent, même si quelques nuages obscurcissent leurs relations[2]. Peu rancunier, Boemelburg délivre le laisser-passer que sollicite son «ami» français. Il profite apparemment de ces retrouvailles pour lui faire des propositions de collaboration plus étroite, en la place de directeur au sein de la PJ parisienne. Chenevier a le bon goût de refuser... poliment.

Lorsque le commissaire est convoqué début septembre 1941, le ton du Kriminarat n'a en revanche, selon lui, rien d'amical : « [Il] m'a dit que je lui avais été désigné comme agent du 2e Bureau français et qu'on parlait beaucoup trop de moi depuis quelque temps.» Au cours de la conversation, Boemelburg demande à son collègue français s'il connaît Danos. Chenevier en conclut immédiatement que le Mammouth est son dénonciateur : «Je répondis que c'était un individu que j'avais déjà arrêté et que si l'on se mettait à écouter les dénonciations des individus que j'avais déjà arrêtés ou qui avaient eu affaire à moi, on était pas près d'en finir[3].»

*Premier procès*

Sur le conseil de son avocat Carboni, Danos a fait opposition à trois jugements par défaut prononcés quelques mois plus tôt. Au regard du reste de l'ardoise, les faits apparaissent mineurs. Vol du fascicule de mobilisation de Berniard,

---

1. Une des causes de la sanction prononcée par la commission d'épuration, pour avoir «en juillet 1940, auprès de Boemelburg, fait une démarche indigne d'un fonctionnaire de police français en vue d'obtenir des facilités de circulation entre les deux zones d'Occupation».
2. Sur ordre de Mondanel, son supérieur, Chenevier avait rédigé une synthèse sur la Gestapo. Un document explosif, classé top secret, que les Allemands devaient cependant découvrir lors de leur avancée fulgurante.
3. Déposition Chenevier du 24 avril 1949, DCAJM.

en 1941, évasion de Fresnes en 1942 et du Dépôt en 1945 : à l'époque, l'addition s'était soldée par quatre années de prison. Le lundi 3 janvier 1949, Danos a l'un de ses premiers rendez-vous avec la justice : une sorte de répétition générale.

Le public est venu nombreux pour tenter d'apercevoir celui que la presse qualifie de « bandit chevronné » et de « tueur redoutable ». Mais, selon le journaliste de *Qui ? Détective* sur place, les curieux en sont pour leurs frais : « [Le public] a dû être déçu s'il s'attendait à voir une de ces gueules terribles de gangsters qui fréquentent plutôt les écrans de cinéma que les tribunaux. Les yeux vifs derrière les lunettes, Danos ressemble bien plus à un intellectuel fatigué qu'à un bandit de grand chemin. Il explique, d'une voix douce, ses évasions ; il s'excuse de ne pas connaître Pierre Loutrel. »

Carboni profite de cette première prise de contact pour étendre le sujet : oui, Abel Danos s'est évadé de Fresnes, mais c'était pour échapper à l'épée de Damoclès suspendue au-dessus de chaque otage potentiel. Il mêle adroitement l'arrestation de juillet 1941 avec les états de service de son client qui, en cambriolant un bureau de service allemand, a permis l'arrestation de trente-cinq espions nazis infiltrés en Afrique du Nord... À l'issue de cette « première manche du duel Justice-Danos », les juges semblent plutôt favorables au Mammouth : le président Durkeim consent à ramener le total de la peine à vingt-huit mois[1]... Une maigre victoire, mais une victoire quand même.

---

1. Huit mois pour le vol du fascicule de mobilisation, huit mois pour l'évasion de 1942, et un an pour celle de 1945.

## Chapitre 16

### *Chenevier fait les comptes*

Depuis l'arrivée de Danos à La Santé, Joseph Joanovici ne dort plus. Il a demandé l'encellulement solitaire car il craint une vengeance de la part de ses codétenus. N'a-t-il pas trahi Henri Lafont, que beaucoup dans le Milieu considéraient comme l'homme de la providence? Abel Danos, « le tueur », qui était son ami et homme de confiance, pourrait avoir des raisons de le venger...

Grâce à ses amitiés dans les milieux policiers de la Résistance, notamment le réseau Honneur de la Police qu'il a largement financé avant la Libération, le « chiffonnier milliardaire » s'est tout d'abord assez bien sorti de l'épuration[1]. Mais ses affaires commerciales avec l'Occupant ont fini par peser lourd, et il a été arrêté le 28 novembre 1947. D'abord incarcéré à Fresnes, où d'aucuns considéraient

---

1. Si l'on excepte deux mois de prison, de septembre à novembre 1944.

qu'il était comme un coq en pâte, il a été transféré à La Santé, au quartier des Politiques, qui l'ont récusé, puis à la 3e division [1].

Danos a-t-il eu vent de la terreur qu'il inspire à son voisin ? À la fin janvier, il tente ce qui pourrait ressembler à du racket : « Par l'intermédiaire de Carboni, je crois, Abel a demandé à Joanovici de s'intéresser à ma situation. Mais celui-ci a refusé, arguant du fait qu'Abel devait connaître les assassins de sa femme, tuée par des racketteurs », rapporte Hélène Maltat. La demande tombe, effectivement, on ne peut plus mal... Le 14 janvier, Hava Joanovici a été braquée devant son domicile d'Asnières. C'est apparemment le fiancé de sa fille, un ferrailleur supposé riche, qui était visé : mais, ce soir-là, il n'avait pas un centime sur lui... En prenant la fuite, les malfaiteurs ont tiré, accidentellement semble-t-il, un coup de feu qui a fracassé la tête de Madame Joanovici. Abel Danos ignore tout, bien entendu, de cette affaire... Mais Joanovici a trouvé une bonne excuse pour ne pas cracher au bassinet. Aller plus loin dans les menaces, dans le chantage ? Le Mammouth préfère abandonner là ses débuts de maître chanteur.

Après cet échec, le prisonnier tente sa chance auprès de son frère Roger, non sans réticence, les deux hommes étant plus ou moins fâchés depuis leur querelle au sujet d'Hélène... Malgré tout, Danos se sent le droit de réclamer un peu d'aide : « Après la "débâcle [2]", Carboni est allé trouver le frère d'Abel qui avait largement profité de ses largesses, notamment en ce qui concernait le pavillon de Fontaine-lès-Dijon. C'est Abel qui avait financé sa construction, d'après ce que je sais... Il n'avait pas laissé tomber ses parents. Je

---

[1]. Il quittera La Santé le 22 août 1951 pour Mende, où il sera assigné à résidence. Enfui en Israël, en 1957, il en sera expulsé l'année suivante puis sera incarcéré aux Baumettes de janvier 1959 à mai 1962. Libéré, il décédera le 7 février 1965.

[2]. L'arrestation d'Abel Danos.

sais qu'un jour il leur avait apporté une biquette pour qu'ils ne manquent pas de lait. "Marguerite", il l'avait appelée... »

Mais, la Libération aidant, le souvenir de Marguerite et du reste est devenu encombrant : au cours des années suivantes, la famille a marqué ses distances envers celui qu'elle considère comme le «fils maudit». «À la fin, les parents Danos avaient peur qu'il lui prenne l'envie de les voir... Ils avaient d'ailleurs changé les serrures de la maison de peur qu'il ne cherche à rentrer de nuit[1]. Dans ce contexte, Roger n'a rien fait pour arranger les choses, au contraire.

Au décès du père, le plus jeune fils a été désigné comme héritier des biens. Une injustice aux yeux d'Abel, qui demande que le pavillon soit vendu et que le produit de la vente soit partagé avec Hélène. Mais, du fond de sa cellule de La Santé, le Mammouth n'inspire plus aucune crainte à son frère : «Il a refusé toute aide, prétextant qu'il avait sa mère à s'occuper. À ma connaissance, ce sont les seules personnes à qui Abel ait demandé de m'aider», rapporte Hélène Maltat. Les seules et les dernières...

## *Hélène Maltat se livre*

Chez les Barbiéri, l'atmosphère devient chaque jour un peu plus étouffante : Simone accepte de plus en plus mal la présence des trois fugitifs : «Une petite femme blonde, pas facile», selon Hélène Maltat. Il faut dire que son mari Libéro vient d'être libéré après avoir purgé trois ans de réclusion pour vol[2]. Elle ne tient sans doute pas à le voir replonger. «Un jour, j'ai dû lui dire que j'en avais marre d'Aubervilliers. Peu après, deux hommes sont venus me voir

---

1. Témoignage André B., neveu d'Abel Danos.
2. Libéro Barbiéri a bénéficié d'une remise de peine le 3 janvier 1948.

et m'ont dit : "Vous savez, Hélène, il faut rester tranquille. Si vous faites des imprudences, Abel n'aura plus d'amis..." » Ces deux hommes font partie des rares qui viennent encore apporter leur soutien. Leurs paroles d'encouragement font du bien, mais il ne faut pas compter sur eux pour une aide financière : « C'était pas des gars très argentés : ils paraissaient plutôt dans la dèche ! Pas de gros bandits en tout cas. » Devant la menace, la jeune femme prend son mal en patience...

Pendant ses insomnies, Hélène Maltat s'interroge : « Qui paiera l'avocat d'Abel ? Que vont devenir Jean-Paul et Florence sans leur père ? Faut-il partir ? Se rendre à la police pour qu'au moins ses parents retrouvent la liberté ? Autant de questions angoissantes qui l'amènent, le 20 janvier, à se livrer : « Après avoir pris conseil auprès de Carboni, je me suis présentée un jour au ministère de l'Intérieur, place des Saussaies. Je n'en pouvais plus, vous savez... Ils m'ont interrogée toute la journée et raccompagnée le soir au métro Saint-Augustin. » Une décision qu'aujourd'hui encore elle regrette : « Si je ne m'étais pas livrée, Abel n'aurait peut-être pas été jugé si tôt : les flics avaient besoin de mon témoignage pour boucler le dossier. Quelques mois plus tard, ils ne l'auraient peut-être pas condamné à mort... »

C'est le commissaire Chenevier qui interroge la jeune femme. Avec une certaine « élégance », concède-t-elle aujourd'hui... ce dont on peut douter, à l'énoncé de ses souvenirs : à plusieurs reprises, en effet, la conversation roule sur des sujets scabreux, voire douteux. Pour amener son interlocutrice à parler, Charlie tente une manœuvre assez basse : « Vous savez qu'il a essayé de revoir Simone Bouladour il n'y a pas longtemps ? Il n'est pas maladroit : pendant qu'on surveillait la porte, il est passé par la fenêtre... »

Après s'être cachée à Montpellier, Simone Bouladour est remontée sur la capitale : « Je ne sais pas comment elle s'était dépatouillée pour ne pas être embêtée[1]... » Danos avait-il continué à la voir pendant ses années de cavale ? Madame Maltat ne veut pas le croire : « Officiellement, c'était fini entre eux. Un jour, au Prieuré, Abel m'avait dit "Tu sais, Hélène, désormais je n'ai plus que toi dans ma vie." Je ne sais pas quelle explication ils avaient eu tous les deux mais il avait l'air sincère... » D'après le policier, en tout cas, Danos et Simone s'étaient revus. « Tout ça, c'était pour me rendre jalouse ! » conclut avec philosophie Hélène Maltat... En représailles, elle envoie à son tour une petite vacherie : « Je savais que sa femme s'était fait "sauter" par Poupon [Roger Lentz]. C'est Abel qui me l'avait dit... Chenevier savait qu'Abel était au courant mais ne se doutait pas que je l'étais aussi. Quand je lui flanquai ça dans les yeux, il s'est étonné : "Vous savez ça, vous !" »

Une question taraude le policier : où était Danos et qu'a-t-il fait durant ces quatre années ? Si la police se doute de son implication dans quelques affaires, elle a officiellement perdu sa trace un beau matin du 18 janvier 1945. Hélène Maltat reste vague : « Je dois dire que Chenevier n'a pas trop "pioché". Je ne lui ai pas donné le parcours total, vous pensez bien... Quand j'ai pu éviter, je l'ai fait, pour que les gens ne soient pas trop embêtés. Mais malheureusement, il y en a eu quand même... »

Le Prieuré ? La police est déjà au courant depuis longtemps. La jeune femme se taira sur Mimizan et sur plusieurs adresses de cavale, parlant d'un refuge « dans les environs de Nice ».

Rue Ravignan ? Là encore Chenevier n'a pas besoin d'elle : plusieurs semaines auparavant, son collègue Crapoulet, de la Mobile de Dijon, lui a fait part du résultat de ses recherches : le 2 novembre, le couple avait trouvé refuge dans un

---

1. Vers 1955, Simone Bouladour achètera un café à Fontenay-sous-Bois, avant de se marier et de se retirer en Suisse. Elle disparaît en 1995.

hôtel des environs de Sennecey-le-Grand. Remonter ensuite la piste jusqu'à la société d'ambulance a été un jeu d'enfant. Puis jusqu'au 1 de la rue Ravignan, où avait été débarquée la « malade ».

Qu'allait faire Abel dans cette chambre de bonne de la rue de la Boétie ? Ça, la maîtresse du Mammouth n'en a aucune idée... L'histoire officielle retiendra donc que le Mammouth en était réduit à voler, comme à ses débuts, les économies des bonnes. Où était-elle à ce moment-là ? « Chenevier m'a parlé d'un refuge à Belleville. C'est vrai qu'Abel avait de très longue date une amitié avec un couple de gens modestes dans ce quartier. Lui faisait des photographies de classes, à l'époque. Mais je ne suis allée qu'une fois chez eux, et bien avant le retour d'Italie... Je n'ai pas parlé d'eux, vous pensez bien. » Pour autant, quoi qu'elle en dise, l'enquête a progressé d'un grand pas ce jour-là.

Le 5 mars, Plantin, Isnard et Madame Merle sont écroués[1]. Depuis qu'il a « épluché » les appels téléphoniques des Talamona, Chenevier connaît l'existence de l'auberge d'Antibes : Plantin et Isnard ne sont pas des inconnus pour lui. La jeune femme n'a fait que confirmer ses soupçons. Sur place, en collaboration avec Trucchi, de Marseille, le policier réussira à retrouver la trace de Jeunet, grâce à un chauffeur de taxi.

Le 30 avril, Simone Barbiéri est arrêtée. Le 19 mai, c'est au tour de son mari, Rocky. « Je comprends que des gens aient pu m'en vouloir, reconnaît Hélène Maltat. Pour Aubervilliers, je n'ai malheureusement pas pu faire autrement. Ça a fait du dégât, mais qu'est-ce que vous voulez... Les Barbiéri, ils méritaient pas ça. Ça m'est resté sur le cœur. » Dix jours plus tard, l'hécatombe se poursuit avec l'arrestation de Georges Baudry à l'hôpital Bichat, où il est entré

---

1. Odette Thiéchart le 16 décembre 1948, Renée Macé, Émilien Martin et Eugène Veyret le 9 janvier 1949, Charles Delfau le 17 février 1949, Vaillant le 17 juillet 1949, Maria Hintzy le 5 juillet et Georgette Dumont le 9 février 1950.

après avoir été blessé dans une bagarre. Recel de malfaiteur. Le même jour, sa femme est envoyée à la Petite Roquette. Pour Jo Baudry, l'origine de leur dénonciation ne fait aucun doute : « C'est la maîtresse d'Abel qui les a rencardés. Les flics sont des malins : ils savent tirer les vers du nez. Pour ma part, j'ai été interrogé par Chenevier, Vincent et Bourquin : ils voulaient absolument savoir qui avait amené Abel chez moi. Ils l'ont jamais su [1]. »

## *Le chemin à l'envers*

1er mars 1949. Gare de Lyon. Une activité particulière règne autour de l'express Paris-Lyon-Marseille. Dans la gare, sur le quai et le long des wagons qui s'alignent, des policiers en civil dévisagent les voyageurs pressés. Répondant au mandat d'amener du juge Guthmann de Nice, il a été décidé de conduire Abel Danos sur les lieux de ses forfaits.

Paris-Marseille, via Dijon, Sennecey et Avignon, le Mammouth refait le chemin à l'envers. Mais cette fois il est seul : ni Rocca Serra, ni Poupon, ni Paul, ni même Hélène ne sont à ses côtés. Il est seul face à la justice... Le voyage est placé à haut risque : on craint en effet que les amis du Mammouth profitent de ce déplacement pour tenter de le faire évader. Quelques contrôles sont opérés : sans résultat. N'empêche, l'éventualité d'une évasion au cours du trajet est envisageable.

---

1. Paul C., alias François, ne sera en effet jamais inquiété par la police dans cette affaire. Il tentera par deux fois de faire évader son ami Danos avant que celui-ci soit exécuté. Garde du corps de Salicetti, il fréquente ensuite la bande des Trois Canards avant d'être arrêté en compagnie de Robert Maugendre et de Jean-Baptiste Fournel pour tentative de hold-up sur un fourgon postal en 1960. En 1977, Paul C. est condamné à seize ans de réclusion pour une autre tentative de hold-up à Saint-Denis. Décédé en prison en 1979, à l'âge de soixante-six ans.

Le seul sans doute à ne pas y croire est l'intéressé lui-même. Assis dans un compartiment réservé, les mains menottées, le prisonnier sait que rien ne sera tenté pour lui. Les copains, ou du moins ce qu'il en reste, n'oseront jamais se lancer dans une opération d'une telle envergure. D'ailleurs, le projet s'il existait, serait probablement voué à l'échec : avec lui et dans les deux compartiments limitrophes, pas moins de huit policiers l'accompagnent, dont l'illustre Chenevier.

Gare Saint-Charles, les policiers de Marseille sont au rendez-vous. Serrements de mains, présentations, Danos est encadré, serré de près jusqu'au bas du grand escalier. Une fois de plus, Marseille. Peut-être la dernière... La troupe s'engouffre dans les tractions qui traversent la ville, escortées par les motards : terminus, la prison des Baumettes, où une cellule est réservée, pour une nuit, à cet hôte de marque. Anecdote : les inspecteurs ont tellement serré les menottes autour des poignets de leur prisonnier qu'il faut les scier pour l'en délivrer.

Le lendemain, à Saint-Raphaël, où le juge l'attend pour la reconstitution de l'affaire d'Agay, le comité d'accueil est en place. Le commissaire Trucchi, chef de la Brigade mobile de Marseille, n'a voulu prendre aucun risque : l'ensemble des brigades de gendarmerie ont été mobilisées, le trafic a été interrompu sur le parcours, un service d'ordre a été chargé de maintenir à l'écart les curieux éventuels. Là encore, les enquêteurs craignent qu'un coup de main ne soit tenté pour tirer Danos des griffes de la justice. Du coup, les neuf tractions avant de la caravane policière, escortées par de nombreux motards mitraillettes en bandoulière, ont parcouru sans ralentir les 150 kilomètres entre Marseille à Fréjus.

Un déploiement de force inutile, de l'aveu même du prisonnier. Lorsqu'il s'est vu entouré de cette armada policière, Danos a agité ses poignets menottés : « Si je réussis à m'évader, je serai fort ! » Certes, gardé comme il l'est, il faudrait un véritable miracle pour qu'il réussisse la belle une fois de plus... Mais même s'il n'existait qu'une chance minime, les amis du Mammouth ne seraient-ils pas décidés à la tenter ? Là encore, le prisonnier semble ne se faire aucune illusion : « Vous craigniez que les copains du gang qui sont encore en liberté vous tombent sur le paletot et tentent un coup pour me délivrer. On voit bien que vous les connaissez mal. Pas un n'aurait le courage d'agir. Un seul pouvait faire quelque chose : Raymond Naudy. Pour me tirer de vos pattes, il aurait été capable de toutes les folies. C'était un homme ! Les autres, des lavettes ! »

Peut-être convaincus, les policiers ont sacrifié à la traditionnelle pause de midi dans un petit restaurant de Fréjus, Au Bon Accueil. Danos a été installé au fond de la salle, à une table isolée et son poignet droit menotté au fauteuil. Malgré ce handicap, le repas s'est déroulé agréablement : la servante a ri à ses plaisanteries, il a pu respirer le parfum du mimosa dans un vase posé sur le comptoir, le chat de la maison lui-même est venu à sa table quérir ses caresses. Un chat noir... Mais Danos n'est pas superstitieux : on l'a vu manger de bon appétit, boire un peu de vin dans le quart en métal que les policiers lui ont octroyé à la place du verre, et c'est le visage apaisé, presque souriant, que le Mammouth a fumé une cigarette...

À quelques kilomètres de là, à l'entrée de Saint-Raphaël, maintenus par un cordon de policiers, des badauds stationnent : la nouvelle de la reconstitution du crime d'Agay a couru depuis quelques jours... Leurs regards sont tournés vers une traction avant noire, à roues jaune, la même qu'ont utilisée les bandits en cette sombre journée du 1er mars 1948. Près du véhicule, les acteurs du drame s'apprêtent à rejouer la scène... Rôle principal : l'agent Huiban, sanglé dans son uniforme de gardien cycliste. Témoin privilégié, puisqu'il a fait quelques kilomètres dans la voiture des bandits avant d'ouvrir la portière et de se jeter à terre. Coiffé d'un chapeau mou, son supérieur le commissaire Curty est là, lui aussi : c'est lui, on s'en souvient, qui a ordonné à Huiban de contrôler la traction dans laquelle circulaient deux hommes : l'un d'entre eux est l'assassin du maréchal des logis Joseph Boix... Lequel ? On compte sur la reconstitution pour le savoir...

Le commissaire Curty mime la façon dont a été contrôlée la traction devant la station d'essence, et explique son départ sur les chapeaux de roues avec Huiban à son bord. L'agent cycliste s'est ensuite couché sur le bitume de la route, répétant plusieurs fois le même geste de se protéger le visage. Des photographies et des notes ont été prises... Danos, droit dans son pardessus en poil de chameau, dont les manches cachent ses mains menottées, ne dit rien.

Le convoi emprunte ensuite la route de la Corniche vers Agay. L'une après l'autre, les neuf voitures s'arrêtent à proximité de la gendarmerie. À peine l'inculpé est-il descendu qu'un jeune homme se précipite et lui décoche un coup-de-poing en plein visage. C'est Robert Boix, le fils de la victime. Surpris, les policiers s'interposent et entraînent l'homme à l'écart, qui pleure de rage et de douleur. On comprend son geste, mais ce n'est pas a lui de rendre la justice. Danos essuie d'une main tremblante son visage blême en balbutiant : « Ce n'est pas moi qui ai tué le gendarme... Pourquoi me frapper[1] ? »

Les acteurs du drame sont priés de se mettre en place. L'accusé s'installe au volant du véhicule, un policier près de lui. Le rôle de Boix sera joué par un de ses collègues, le

---

[1]. Engagé dans l'aviation à Saigon au moment des faits, Robert Boix n'avait pu assister aux funérailles de son père. Il a obtenu d'être démobilisé par mesure exceptionnelle et lui-même est entré dans la gendarmerie.

gendarme Blanchet. Au signal, mitraillette en main, celui-ci sort de la gendarmerie puis fait mine d'être fauché par la rafale mortelle... Il s'allonge bras en croix, sur la chaussée. On ne sait toujours pas d'où sont partis les coups de feu.

Abel Danos, qu'on accuse, n'a pas quitté sa place à bord de la traction, mais demande à témoigner : « J'ai arrêté la voiture en voyant le gendarme, explique-t-il à Monsieur Fosse-Galtier, juge d'instruction du Parquet de Draguignan. Le moteur a calé. Je suis descendu en levant les mains. C'est Naudy qui tira à travers le pare-brise. » Une version contredite par le médecin colonel Giraud et sa femme, qui ont croisé, à l'époque, le véhicule à ce moment-là. Ils n'ont pas vu Danos lever les mains... pas plus qu'ils ne l'ont vu tirer d'ailleurs.

Dans le duel qui l'oppose à la défense, l'accusation est loin d'avoir remporté la manche. Quelques enquêteurs, notamment le commissaire Chenevier, paraissent accepter la culpabilité de Naudy dans cette affaire. Mais Danos n'en sort pas blanchi. Les journalistes décrivent un homme cynique, inconscient et amoral : il n'a pas eu un mot de pitié pour le gendarme, n'a fait montre d'aucun remords... Son attitude les a particulièrement choqués lorsqu'il a affirmé que d'autres témoins l'avaient vu, les bras en l'air : « La femme du gendarme qui sortait pour lui apporter son casque. » Une phrase malheureuse... « Ainsi, ce cynique assassin ose exiger un témoignage favorable de la part de la veuve de sa victime », s'indigne E. Hervier, le journaliste de *Qui ? Détective*.

*Fête du citron*

L'accusé passe la nuit dans les locaux de la Brigade mobile de Nice, rue André Theuriet. Sous bonne garde. La matinée suivante est consacrée à son audition dans une affaire de cambriolage commis en 1948 à Nice. Une broutille à laquelle Danos se dit totalement étranger.

Le 3 mars, en début d'après-midi, le convoi policier roule sur la nationale 7 en direction de Menton. Les choses sérieuses vont commencer.

Dans la ville, grande animation : comme chaque année en cette période de Mardi-Gras, on fête le citron. Les tractions noires défilent à vive allure, sous les guirlandes et des arcs de triomphe d'agrumes. Sur place, les secteurs du débarcadère et du square Victoria ont été bouclés par les services de police locaux. Très fier de son dispositif, le commissaire déclare aux enquêteurs qu'un incident comme celui de la veille à Agay est impensable.

Au même moment, Danos, qu'on dirige solidement enchaîné vers le lieu où a eu lieu le débarquement, est pris à partie : un policier l'invective et crache au visage... Des cris se font entendre, parmi lesquels se distingue la voix tonitruante de Maître Carboni. Danos, posément, s'essuie la figure, tandis que son avocat menace de quitter les lieux si la sécurité de son client n'est pas assurée. Le procureur Rodier Thibert donne des consignes rigoureuses au service d'ordre. Le cordon est resserré.

Dans la confusion, Abel Danos et sa maîtresse, arrivée de Paris la veille, échangent quelques regards, quelques sourires... Sous les palmiers du Quai Bonaparte, Hélène Maltat frissonne. Le froid. La jeune femme porte un ensemble d'été, mal adapté à la saison. « J'étais très démunie à l'époque. À Menton, je portais une jupe prince de galles et une veste en velours qu'Abel m'avait fait faire. J'ai passé tout l'hiver avec ces seuls vêtements. Sans faire de misérabilisme, je peux dire que j'ai eu froid... »

Près du square, le taxi d'Arrigo est stationné dans la position qu'il occupait la nuit du 31 au 1er novembre précédent. Son propriétaire lui-même est au volant. Restent les passagers... Danos prend place, puis sa maîtresse. Enfin, deux policiers figurent Naudy et sa compagne. Le grand absent de cette reconstitution est incontestablement le mystérieux « troisième homme ». Un homme dont la présence à l'intérieur du taxi est contestée par l'accusation, mais que plusieurs témoignages soulignent : celui d'un habitant du square et témoin du drame, celui d'Ange Gorga, un des passeurs clandestins de Vintimille, qui soutient avoir embarqué trois hommes... Mais, surtout, celui de l'agent Massone, qui affirmait avoir tiré les deux dernières balles de son arme sur un autre homme que Danos et Naudy. Depuis, le policier s'est rangé à la version des enquêteurs, admettant avoir peut-être déliré sous l'effet de la douleur...

La présence éventuelle de ce troisième homme constitue la question essentielle. De la réponse découleront les suites d'une instruction que la justice souhaite simplifier et terminer au plus vite. Dans cette version, Naudy est l'auteur des coups de feu sur Massone et Danos, l'assassin de Libessart. Un an après les faits, la question n'est pas résolue et continue d'empoisonner le dossier... Après avoir soupçonné un moment Pierrot le Fou, les enquêteurs avaient sorti plusieurs noms de leurs fichiers : ceux de Louis Bonsignour, Giuseppe Lovera et Aldo Gentina avaient retenu leur attention [1]. Depuis, Loutrel était mort et enterré et l'Italien gardait son mystère...

Danos, bien évidemment confirme la présence de cet homme : « Nous étions trois hommes dans la voiture : Raymond, moi et un Italien dont j'ignore le nom. C'est lui qui a tiré. » Il ne faut pas compter sur lui pour en dire plus. Hélène Maltat, sa maîtresse, soutient cette version : « Ils étaient trois », affirme-t-elle. Aujourd'hui encore, elle garde le souvenir de cet homme : « Vous savez, Pierrette et moi nous

---

[1]. Giuseppe Lovera, suspect le plus probable, sera arrêté le 10 octobre 1949 rue du Faubourg-Montmartre à Paris sous une fausse identité. Évadé, il sera repris trois semaines plus tard. Le 1er mars 1955, il sera condamné à quinze ans de travaux forcés et vingt ans d'interdiction de séjour pour vols et recels qualifiés.

étions à l'écart des autres. Et tout s'est passé dans le noir le plus complet, sous la pluie... Et puis, j'avais autre chose à m'occuper avec les deux enfants. Mais je suis formelle, il y avait bien un troisième homme avec nous, assez grand, si je me souviens bien. Il s'était assis en face de moi dans le taxi. Je l'ai d'ailleurs dit au juge Guthmann plus tard. La veille de la reconstitution, il m'avait prévenue : "Madame, si on ne peut pas mettre un troisième homme, je vous arrête sur place !" Et il ne m'a pas arrêtée parce qu'il y était... Quant à son identité, je n'en ai aucune idée, Abel ne m'a rien dit, vous pensez[1]... »

Maître Carboni, fait répéter à Massone la phrase que le policier affirme avoir entendue de la bouche d'un des hommes du taxi : « *Cose facciamo ?* » Des paroles dont Arrigo, le seul à parler italien, nie être l'auteur... L'avocat pose question sur question, met l'accent sur certaines contradictions dans les déclarations du chauffeur de taxi : « Si Arrigo dit n'avoir chargé qu'un enfant dans le taxi alors que manifestement il y en avait deux, pourquoi voulez-vous qu'il n'ait vu que deux hommes alors que, selon nous, il y en avait trois ? » De même, Pierrette Chaude, qui croit faussement avoir vu Danos et Naudy assis sur la banquette avant, près du conducteur, peut se tromper lorsqu'elle indique n'avoir vu que deux

---

1. Après sa condamnation à mort, alors qu'il n'avait plus rien à perdre, Hélène Maltat évoquera le sujet, derrière les grilles du parloir de La Santé : « Un jour, je lui ai dit : "Quand même, je comprends bien les circonstances, mais ce jeune flic, c'est malheureux... Évidemment, c'était lui ou nous, mais quand même, c'était un père de famille..." Et là, Abel, qui d'habitude ne me disait jamais rien sur ses affaires, m'a répondu : "Hélène c'est pas moi qui ai tiré." » Selon le témoignage de Georges Baudry, Danos disait avoir entendu de la part de Naudy : « Baisse-toi ! » Connaissant sa rapidité au tir et sa dextérité, Raymond Naudy aurait très bien pu tirer vers sa gauche en direction de Libessart, puis retourner ensuite son arme vers Massone. Une thèse que seuls les résultats de l'expertise balistique pourraient ou non confirmer.

hommes. À la fin de la reconstitution, Carboni proclame aux magistrats : « Je vous démontrerai qu'ils étaient trois[1] ! »

## La « belle » ratée

Le lendemain de la reconstitution de Menton, le 4 mars, Danos et son escorte se retrouvent à la gare de Nice : l'express de 16 heures 45, où deux compartiments de première classe leur ont été réservés, est à quai. Contrairement à l'aller, le voyage de retour est sombre... Le Mammouth, d'habitude assez enjoué, ne desserre pas les dents, mange à peine, « lui dont l'appétit fait plaisir à voir d'ordinaire », constate Chenevier, qui s'interroge : quelque chose de louche se préparerait-il ? Sur la foi de « bons renseignements », il redoute en effet une attaque de la part de truands décidés à jouer le tout pour le tout... Dans cette éventualité, quatre inspecteurs entourent le prisonnier enchaîné à l'accoudoir, près de la fenêtre. Dans l'autre compartiment, six autres, armés de pistolets mitrailleurs, sont prêts à s'opposer à la moindre tentative de fuite... Mais non, Danos est trop malin pour laisser transparaître ses émotions : il s'agit d'autre chose...

Gare de Lyon, dans le bureau du commissariat spécial, les formalités de transfert du prisonnier s'achèvent. Dans la cour stationne le « panier à salade » de La Santé, escorté d'un impressionnant cortège de motards. C'est le moment de se séparer... À ce moment, Danos, rageur, apostrophe le commissaire : « Dites donc, Monsieur Chenevier, je voudrais bien savoir au juste ce que je vous ai fait pour avoir voulu me faire ça à moi ? » Le policier ne comprend pas : lui faire quoi ? « Avoir voulu me tuer, cette bonne blague », répond le

---

1. Un pardessus mastic et un chapeau, retrouvés dans les bagages et qui n'appartiennent ni à Danos, ni à Naudy, serviront à la défense pour attester la présence d'un troisième homme.

Mammouth. Étonnement du commissaire... apparemment non feint. À ce moment-là, Danos porte ses mains entravées à sa poitrine, son visage prend une blancheur cadavérique : il a raté la belle de sa vie...

La veille au soir, le commissaire avait décidé de laisser son prisonnier à la vigilance des policiers de la Brigade mobile de Nice : une décision assez étonnante quand on sait la psychose de l'évasion qui entourait ce voyage en province. Mais, ce soir-là, Chenevier a donné carte blanche à ses inspecteurs : « Détendez-vous un peu, défoulez-vous. Allez oublier ce gâchis avec les filles... » Le commissaire a, lui, « vraiment besoin de dormir ». Il peut se coucher tranquille : pas moins de dix hommes ont été chargés de la surveillance du Mammouth, quatre inspecteurs locaux et six gardiens de la paix, armés jusqu'aux dents. Les collègues de Paris peuvent prendre un peu de bon temps : cette équipe veillera sur le prisonnier comme à la prunelle de ses yeux.

Étrangement, cette villa cossue reconvertie en Hôtel de Police ne possède pas de cellules : un bureau du rez-de-chaussée servira donc de prison. Les fenêtres ne possèdent pas de barreaux, ni même de volets, et ne sont pas condamnées. Peu importe : avec une telle surveillance, une évasion paraît impossible.

Chenevier dort-il du sommeil du juste ? Apparemment, oui. Danos, sur son lit de camp, ne ferme qu'un œil... Sans doute ses pensées sont-elles ailleurs, vers les reconstitutions de ces dernières journées si propices aux souvenirs, vers Hélène, les enfants... À moins qu'il ne pense à la belle : l'obsession de tout prisonnier normalement constitué. Miracle, en cette nuit du 3 mars 1949, celle qu'il espère est au rendez-vous. Une évasion qu'il ne pouvait imaginer, même dans ses rêves les plus fous... Si incroyable qu'il ne la tente pas...

Au bout d'un moment, Danos se rend compte qu'il est seul : le gardien chargé de monter la garde près de lui n'est plus dans la pièce. Quant à la sentinelle, elle a disparu. Où sont partis les deux policiers ? À travers la porte d'un bureau contigu raisonnent les échos d'une partie de belote endiablée. Interloqué, le prisonnier se lève, se risque jusqu'à la fenêtre. Sans trop y croire, il tente de tourner l'espagnolette : incroyable, elle s'ouvre... Dehors, la nuit noire lui offre son refuge : il lui suffit d'enjamber l'appui et de sauter dans le jardin, légèrement en contrebas, pour fausser compagnie à ses gardiens. Facile. Trop facile, même... Au dernier moment, Danos recule. Il ne peut croire à tant de négligences. Dehors, il en est sûr, des flics chargés de l'abattre sont à l'affût. Un piège grossier dans lequel il ne tombera pas...

La fenêtre est refermée. Le prisonnier se recouche, écœuré par de telles méthodes.

Le Mammouth est persuadé qu'on en veut à sa peau : étrange sentiment de la part de cet homme rompu à tous les risques et à toutes les audaces. Il est, c'est vrai, un des derniers témoins d'une époque qui dérange. De son passage rue Lauriston, il connaît sans doute des secrets, des vérités pas bonnes à dire... Des personnages bien placés tremblent peut-être des révélations qu'il pourrait faire. Circonstances aggravantes, on dit de lui qu'il a été « le lieutenant » de Lafont, sous-entendu qu'il a côtoyé de près le Patron. Pour autant, sont-ce les raisons qui motivent la peur de Danos ?

Chenevier ? Danos est bien placé pour le savoir, le policier n'a rien d'un tueur : retors, rusé, machiavélique et perfide peut-être, mais plutôt non violent. Curieusement, ce n'est pas la première fois qu'il inspire des craintes à Danos...

À l'époque, Danos venait de s'évader de l'Hôpital pénitentiaire de Fresnes et avait trouvé refuge chez son ami Jolivot. Chenevier, lui, était à Vichy. Le mois précédent, le policier avait connu quelques problèmes avec les autorités occupantes, qui l'avaient expulsé de la Zone occupée. Apprenant l'évasion de Danos, Chenevier lui avait envoyé un émissaire en la personne du nommé Pallatier, alias « Riquet le Rouge » dans la pègre, et alors affilié au réseau SR Air de Lyon. Le message était clair : le commissaire invitait l'évadé à le rencontrer en Zone libre, ceci afin de lui donner « la possibilité de racheter son passé [1] ». Mais Danos n'avait pas eu confiance, pensant qu'on cherchait à le supprimer. Il n'avait donc pas répondu à l'« invitation »...

Au même moment, un ami de Danos se cachait : Rocca Serra, évadé depuis le 16 août 1941 de la prison Chave. Certes, l'homme n'était pas tout à fait « blanc bleu » : outre son évasion, il était soupçonné d'avoir participé au hold-up de la rue de la Victoire. On ne pouvait, en tout cas, lui reprocher d'avoir offert ses services à la Carlingue. Danos et lui avaient pourtant un autre point commun : tous les deux étaient d'anciens membres du 2e Bureau et, plus particulièrement, de l'équipe Blémant... Danos avait-il raison de craindre pour sa vie ? Quelques mois plus tard, Jeannot le Corse devait disparaître dans des circonstances mystérieuses et inexpliquées. Son corps ne sera jamais retrouvé, pas plus que l'on ne connaîtra les circonstances de sa mort. Évaporé... comme le furent les morts victimes des mesures D.

## *La croix pour les gestapistes*

Dès son retour à Paris, le commissaire principal Chenevier se remet au travail. Le 26 janvier, la Cour de justice de la Seine a lancé une commission rogatoire contre Abel Danos aux fins d'enquêter sur « l'éventuelle activité résistante de l'inculpé pendant l'Occupation ». Ses résultats, d'une importance capitale, pourraient éventuellement permettre d'équilibrer le plateau de la balance...

L'enquête se révèle difficile et délicate comme toutes les affaires troubles auxquelles la Résistance est mêlée. Elle

---

1. Procès-verbal Chenevier, 24 avril 1949, DCAJM.

exige de la part de celui qui la mène l'indépendance et l'impartialité la plus totale pour être menée à bien. L'honneur d'un homme et sa vie même sont en jeu... Curieusement, c'est le commissaire Chenevier, principal accusateur de Danos et témoin essentiel dans cette affaire, qui a paru le mieux correspondre à ces exigences de neutralité[1]. Une double casquette qui ne paraît pas gêner l'intéressé...

Le policier commence par interroger le capitaine Texier, officier liquidateur aux FFCI (Forces françaises combattantes de l'intérieur), fédération chargée de chapeauter l'ensemble des réseaux de Résistance et des maquis ayant œuvré sur le territoire. Parfois pour mettre y mettre un peu d'ordre.

En cet après-guerre, les résistants et les maquisards n'ont jamais été aussi nombreux. Beaucoup sont authentiques, mais pas tous... Au milieu des dizaines de milliers de dossiers qui sont parvenus sur les bureaux des officiers liquidateurs, certains étaient litigieux. D'autres, franchement douteux. Trier le bon grain de l'ivraie n'a pas été facile... Pour certains candidats, l'homologation équivalait à une reconnaissance officielle, un certificat qui favoriserait une carrière, motiverait une promotion... Pour d'autres, elle contrebalancerait des états de service beaucoup moins élogieux au sein d'une association, d'un parti, d'une profession durement épurée... Pour d'autres, enfin, les mois passés comme P1 ou P2 [2] au sein d'un réseau se traduiraient

---

1. Le commissaire Chenevier a été désigné par le directeur de la Police judiciaire de la Sûreté nationale.
2. Catégorie « O » : membres ayant une activité occasionnelle. Exemple : un fermier prêtant, de temps à autre, son champ comme terrain d'atterrissage ou sa maison comme refuge. Catégories « P1 » : membres ayant une activité continue sous couvert d'une activité personnelle dont ils continuent à retirer un profit matériel. Catégories « P2 » : membres ayant une activité permanente, consacrant la totalité de leur temps au service et se soumettant à une discipline totale, en particulier quant au lieu d'emploi et au genre d'activité à exercer.

par une substantielle somme d'argent puis, éventuellement, par une pension qui permettrait de vivre parfois confortablement...

Pour faire le tri entre vrais et faux résistants, les liquidateurs disposaient des témoignages des chefs de réseau ou de maquis et, surtout, de leurs archives. En principe, les agents recrutés par les réseaux, qu'ils soient O, P1 ou P2, avaient fait acte de volontariat auprès d'un responsable. Après leur avoir soumis le texte d'engagement, ce dernier avait inscrit sur une fiche les renseignements signalétiques de l'individu. Le volontaire écrivait ensuite, de sa main, un texte quelconque de quelques lignes dans le haut puis dans le bas d'une feuille de papier. Celle-ci était ensuite coupée en deux de façon à ce que l'on puisse rapprocher les deux parties et comparer la similitude des deux textes. Une partie était conservée par l'intéressé, l'autre, envoyée aux instances dirigeantes, par exemple BCRA, SSM ou SOE. Le volontaire était homologué à partir du moment où son dossier était parvenu à destination.

Danos s'était-il soumis à la dictée auprès d'un de ses divers « employeurs », en particulier le réseau Marco-Polo pour lequel il disait avoir accompli plusieurs missions ? Non, répond le capitaine Texier après avoir consulté ses dossiers : « À aucun moment le réseau Marco-Polo n'a demandé la reconnaissance FFCI au bénéfice de cet individu, qui ne figure d'ailleurs pas sur les listes des agents de ce réseau. » En toute logique, Chenevier en conclut que les attaches de Danos avec Marco-Polo, si elles existent, n'ont dû être que très occasionnelles [1].

Quatre jours plus tard, le policier se rend chez le capitaine de réserve Charbonnier, liquidateur du réseau Marco-Polo. Mais, cette fois encore, Abel Danos n'apparaît pas sur

---

1. Procès-verbal de l'audition Texier, 11 mars 1949, DCAJM.

les listes du réseau : « Aucun responsable ne m'a demandé de le prendre en charge », déclare le militaire. Pourtant, si le nom de Danos lui est inconnu, ceux de Sartore et de Gourari, qu'évoque Chenevier, lui éveillent quelques souvenirs. « Dans ce cas, il vous faut voir le commandant Michel Hardivilliers qui, je sais, a actionné les deux individus mis en cause par Abel Danos. » Charbonnier donne son numéro de téléphone en prévenant : « Néanmoins, je tiens à vous préciser que si Danos avait fait une action marquante pour la Résistance, et quel que soit son passé, il aurait été pris en compte au même titre que ses amis Sartore et Gourari. » Les deux hommes, en effet, figurent en bonne place dans la liste des membres « P1 », comme agents de renseignement et de contre-espionnage [1].

Cette homologation, qui ne paraît pas choquer le liquidateur de Marco-Polo, a, quelques mois plus tôt, révolté une bonne partie de l'opinion publique. Le 8 mai 1948, à l'occasion de leur passage devant la Cour de justice, les deux anciens de la Carlingue ont fait les choux gras de la presse intriguée par « l'atmosphère de secret, de mystère, de 2ᵉ Bureau » qui entourait ce procès. Raison principale de cette impression de malaise : quelque temps plus tôt, alors qu'ils étaient incarcérés à Fresnes, les deux complices avaient été décorés de la Croix de Guerre, pour faits de Résistance...

« Sartore et Gourari, complices de Bonny-Lafont, sont-ils coupables ? » avait titré *L'Époque*. Dans ses colonnes, le journaliste expliquait à ses lecteurs déconcertés que les deux récipiendaires, bien qu'affiliés à la bande de la rue Lauriston, avaient fourni aux Alliés de précieux renseignements. En particulier le plan détaillé des rampes de lancement des V1 et V2, en vue de leur bombardement par la

---

[1]. Archives Bureau de la Résistance. Sartore est homologué depuis juin 1944, sans précision ; Nicolas Gourari, auquel est accolé le pseudonyme « Robert », depuis le 1ᵉʳ juin 1944.

RAF. Et le quotidien se faisait l'écho des protestations des deux prévenus : « On nous reproche d'être les exécuteurs des basses œuvres de la Gestapo. [...] Mais nous avons abrité les patriotes recherchés par les Allemands après l'attentat contre le Docteur Friedrich[1]. Nous-mêmes avons exécuté plusieurs SS sur ordre du réseau Marco-Polo. »

Mais si *L'Époque* avait accordé le bénéfice du doute aux deux accusés, d'autres journalistes les avaient condamnés sans réserve : pour eux, Sartore et Gourari n'étaient que deux tueurs opportunistes qui, sentant le vent tourner en juillet 1944, avaient décidé de changer de camp. Quant aux décorations attribuées aux deux détenus, la journaliste Madeleine Jacob dénonçait un scandale des Croix de Guerre de « blanchiment » qui, selon elle, faisait depuis la fin de la guerre l'objet d'un odieux trafic. Par la même occasion, la DGER, officine opaque, était montrée du doigt. C'était elle, « fée suspecte », qui protégeait les anciens gestapistes d'un juste châtiment. Et, pour le quotidien communiste, elle n'était pas la seule : Londres et le BCRA avaient partie liée dans cette opération orchestrée par Michel, le chef de Marco-Polo...

Quelques jours plus tard, à la barre, le commandant Michel avait été obligé d'en convenir : oui Sartore et Gourari avaient bien reçu des cartes de la DGER sur sa recommandation. Oui, c'était bien à sa demande que les deux hommes avaient reçu cette décoration. Le juge avait interrogé : le requérant avait-il été jusqu'à indiquer l'adresse de la prison de Fresnes sur les papiers ? Selon le commandant, ce n'était pas nécessaire : « On n'indique jamais les adresses sur les demandes ; sans cela, on n'en finirait pas. »

Sur ce, Michel avait été remplacé à la barre par le colonel de Saint-Gast, ancien dirigeant de Marco-Polo jusqu'à son arrestation, intervenue bien avant que Sartore et Gourari

---

[1]. Les deux patriotes en question ne sont autres que Roger Lentz, alias Poupon, et René le Juif.

n'entrent au réseau[1]. Pourtant, le militaire avait suivi sans réserve son successeur... Les deux hommes de la rue Lauriston méritaient-ils d'être décorés ? De Saint-Gast n'avait pas semblé y voir de contradiction : « Ils n'ont pas mérité la médaille de la Résistance parce qu'ils ont appartenu à des services allemands. Mais ils ont mérité la Croix de Guerre pour les services qu'ils ont rendus en 1944 au réseau Marco-Polo. » Le commissaire du gouvernement avait insisté : « Votre proposition mentionnait-elle qu'ils étaient tous deux à Fresnes pour trahison ? » De Saint-Gast avait répondu « de très haut », selon le journaliste : « Ils ont fait ce qu'ils ont fait. Mais rien que pour avoir abandonné la rue Lauriston où ils avaient des avantages énormes et s'être mis en rapport avec un réseau, rien que cela valait une récompense. » On ne saurait être plus clair...

La justice, moins expéditive qu'aux lendemains de la Libération, avait finalement condamné Sartore aux travaux forcés à perpétuité, et Gourari à dix ans de la même peine et à dix ans d'interdiction de séjour. « C'est assez dire que ces deux hommes ne tarderont pas à être rendus à la circulation », concluait Madeleine Jacob dans son article[2]...

Comme beaucoup d'autres, quoique un peu plus largement peut-être[3], le réseau Marco-Polo avait fait appel à la main-d'œuvre voyoute pour l'exécution des missions les

---

1. De Saint-Gast avait été déporté le 21 juillet 1943.
2. « Susceptible d'amendement » selon le Directeur de la prison d'Eysses, Gourari ne fera plus jamais parler de lui après sa libération. Sartore, dont la peine sera commuée en vingt ans de travaux forcés, sera libéré dans les années 60. Selon certaines sources, le Chauve aurait ensuite été exécuté et son corps coulé dans le béton.
3. Outre Pallatier, Sartore et Gourari, le fichier du réseau Marco-Polo comporte une proportion non négligeable de membres issus du Milieu. On peut citer : Roger Lentz, alias « Poupon », Auguste Montfort, dit « le Breton », Frantz Puech, dit « le Gitan », George Fernandez, dit « le Chilien » et Charles Codébo, tenancier du Panier Fleuri et du Fourcy.

plus dangereuses. Pour les recruteurs, l'intérêt était double : primo, ces résistants aux mains sales faisaient souvent preuve d'une assurance et d'une audace que d'autres ne possédaient pas ; secundo, certaines de ces recrues possédaient des cartes des services allemands, sauf-conduits incomparables et inestimables pendant l'Occupation...

Pour sa défense, Danos soutient avoir été recruté par plusieurs réseaux, notamment Marco-Polo. D'après lui, sa première mission a consisté à présenter un certain Amerlot, dit « Georges le Chilien », à Maillebuau, à l'occasion de son voyage à Montbéliard : l'homme, qui faisait partie du réseau, était intéressé par les agissements de la BNA. Tous deux sont restés quatre jours à l'Hôtel de la Balance puis ont mis le cap sur Lyon où était implanté l'état-major. Amerlot a présenté Danos à son chef, un certain Michel...

Puis, peu avant la Libération, le Mammouth a participé à d'autres missions : l'exécution de Pibouleau, par exemple, la nuit du 4 au 5 juillet 1944 : « Nous avons pris en filature les époux Pibouleau à la sortie de la Gare de Lyon. Je conduisais la voiture. Sartore, Gourari et Georges le Chilien ont fait monter le couple dans la voiture et nous les avons emmenés à Ville-d'Avray. À l'arrivée [...] Jean Sartore a exécuté l'homme et la femme », indique Danos lors de son audition devant Donsimoni... Puis, une semaine avant la Libération, a eu lieu l'élimination d'Odette Andrieux. Là encore, selon Danos, Sartore et Gourari se chargent du sale boulot pendant qu'il garde les issues de l'immeuble [1].

## *Georges le Chilien*

« Je me souviens de cet "Amerlot". C'était un voyou qu'Abel avait pas mal fréquenté, brun, grand, bel homme,

---

1. Déclaration Danos, 23 décembre 1948, DCAJM.

de la classe... Sa femme et lui tenaient un resto à Mériel où nous allions quelquefois passer la journée. Il était au réseau Marco-Polo », témoigne Hélène Maltat.

Georges Fernandez, plus connu sous le sobriquet de « Georges le Chilien » ou « l'Amerlot », est un Espagnol plusieurs fois condamné pour proxénétisme avant-guerre et sous le coup d'un arrêté d'expulsion. À l'arrivée des Allemands, « le Chilien » a assuré sa tranquillité en devenant agent pour l'avenue Foch et pour la rue des Saussaies à la fois. Donnant-donnant... Il s'est ensuite fixé à Mériel, où sa « femme » Paule tient les rênes d'une petite guinguette au bord de l'Oise. En 1943, il s'est engagé dans la Résistance, en l'occurrence au réseau Marco-Polo, où il fait office d'agent à tout faire sous le pseudonyme d'« Amerlot ». C'est apparemment lui qui décide le Mammouth à s'engager officiellement : « Cet homme avait dit un jour à Abel : "Puisque tu as les flics aux trousses et qu'ils t'enquiquinent, entre au réseau. T'inquiète pas, tu seras peinard !" »

Début août 1944, Danos a appris sa mort... Une fin étrange : au cours d'une mission pour le réseau, il aurait été exécuté par des maquisards de l'Ain[1]. Plus étrange encore : Charles Cazauba, qui se trouvait avec lui, a été tué lui aussi... Son corps sera retrouvé le 16 août dans la région de Pougues-les-Eaux. L'heure de la grande lessive a semble-t-il sonné pour Marco-Polo...

Peu de temps auparavant, « Charlot » qui, semble-t-il, se sentait menacé, a confié une boîte à Danos en lui faisant promettre de la remettre à sa famille en cas de malheur. Alors que l'armée allemande est en plein exode, que les Américains sont au Mans, Danos prend la route de Nantes, accompagné de sa maîtresse : « Ce type avait de la famille à Pont-de-Sée. J'y suis allée avec Abel ce jour-là. On ne s'est pas fait pincer, parce que ça ne devait pas arriver ! C'était déjà

---

1. Rapport Hallé, d'après une note du dossier Marco-Polo, DGER.

l'ébullition... » Parvenu à l'adresse indiquée, Danos entre avec la boîte et ressort peu de temps après. Sa maîtresse, qui l'a attendu dans la voiture, lui demande la façon dont s'est passée l'entrevue : « Tu parles : ils se sont chicanés pour se partager le contenu de la boîte. Tu vois, je l'ai fait parce que j'avais donné ma parole, sinon... »

## Une injustice ?

Devant Chenevier, Hardivilliers confirme l'« activation » de Danos au sein de l'équipe Amerlot, même s'il ne peut préciser le rôle qu'il a joué au cours des diverses missions qui lui a été confiées[1]. Une page de l'histoire de Marco-Polo qui a, selon lui, fait l'objet de plusieurs rapports adressés à ses supérieurs à la fin de 1944.

Chenevier donne sa façon de penser : il trouve « anormal » que Danos n'ait pas fait l'objet de la même proposition de récompense : « en toute logique », il aurait dû avoir droit à l'homologation d'agent PO. Une injustice ? Non : cette différence de traitement traduit ce qu'il soupçonnait déjà, c'est-à-dire que le rôle de Danos dans la Résistance a été des plus effacés. Pour ne pas dire nul[2]...

Pour se convaincre peut-être du contraire, il lui aurait suffi de s'intéresser aux rapports auxquels Hardivilliers a fait référence dans sa déclaration. Deux lettres, datées de décembre 1944 et portant « sur l'activité en faveur de la Résistance des six membres de l'équipe Amerlot ». À l'époque, les trois anciens gestapistes venaient d'être arrêtés

---

[1]. Cazauba faisait partie de ce groupe de six hommes, qui comptait peut-être également Girbes.

[2]. Danos ne figure dans aucune liste d'aucun réseau de Résistance. La seule mention « officielle » de son engagement figure dans son dossier de Travaux ruraux de 1941, où il est homologué « HC » (honorable correspondant). Dossier 46238, SHAT.

par les hommes de la Section spéciale. La première était adressée à son supérieur hiérarchique, le lieutenant-colonel Debesse, chef du service de la France Combattante [1]. L'autre était destinée à renseigner le commissaire Clot sur les états de service de Sartore, Gourari et Danos au sein de son réseau, en prévision de leurs procès. Michel expliquait : « Je ne peux ni ne veux évidemment me porter garant d'eux, mais je suis obligé cependant de témoigner de leur activité. »

Selon ses déclarations au chef de la Section spéciale, il ressortait que les deux premiers avaient été contactés au mois de décembre 1943, « dans le but de leur tirer des renseignements ». Une tentative de rapprochement réussie, puisque les deux membres de la rue Lauriston parlent et donnent des renseignements qui permettent entre autres de démasquer un couple de faux résistants, de connaître à l'avance certaines expéditions de la Gestapo contre les maquis et de refouler un espion allemand à la frontière turque...

Le chef de Marco-Polo ajoutait : « Fin juin, à la suite de circonstances qui ont fait l'objet d'un rapport à Londres, j'ai été amené à enregistrer dans une équipe de protection de mon réseau : Robert Gourari, Jean Sartore, Abel Danos et trois autres personnes. » Et Michel d'énumérer les missions que les trois hommes ont accompli sous ses ordres :

« 1. Trois missions de protection très dangereuses.

« 2. Évasion de deux prisonniers anglais (un aviateur abattu en Belgique et un officier prisonnier évadé).

« 3. Camouflage d'un courrier important venant de Lyon.

« 4. Travaux d'approche pour kidnapper un agent de l'avenue Foch ; cette mission a été interrompue avant son achèvement par l'arrivée des Alliés.

---

[1]. En septembre, Michel avait adressé un premier rapport sur ce sujet au commandant Chavagnac, à l'époque à la DGER.

« 5. Démarches en vue de me renseigner et de faire libérer trois personnes arrêtées au Paramount par suite d'une indiscrétion venant de Nice : deux d'entre elles sont ressorties.

« Pour finir, le résistant certifie, que durant leur activité, ces personnes :

« 1. Ont toujours fait leur possible pour remplir les missions qui leur étaient confiées.

« 2. N'ont jamais fait arrêter un de mes agents, alors qu'ils en connaissaient trois, moi-même et une de mes centrales ; ils ont même offert de me cacher moi ou un quelconque de mes amis en cas de coup dur.

« 3. N'ont jamais posé de questions indiscrètes pour essayer de pénétrer mon organisation.

« 4. M'ont donné leur parole d'honneur qu'ils n'avaient jamais nuit à aucun Français ni fait arrêter aucun patriote [1]. »

Le lieutenant-colonel Debesse qui fait suivre la lettre, le 6 janvier, croit lui-même utile d'apporter sa manière de voir les choses : « Ces trois individus, quoique ayant sans aucun doute travaillé pour l'ennemi, ont rendu quand même un certain nombre de services, et il a paru équitable de bien vouloir faire figure à leurs dossiers le relevé de ces services dont il est possible que la justice désire tenir compte.[2] »

## Un dernier point à éclaircir

Mais Chenevier ne cherche pas à retrouver la trace de ces rapports, pas plus qu'il ne demande de précisions sur leur contenu à Hardivilliers. « L'enquête, écrit-il dans son rapport, n'apporte pas la preuve d'une action méritoire que Abel Danos puisse revendiquer en sa faveur » Point à la ligne...

---

1. Dossier Jean Sartore, Bureau de la Résistance, Vincennes.
2. *Idem.*

Dernière chose à éclaircir : « les agissements de Abel Danos auprès des services de contre-espionnage »... Un éclairage que le policier tente d'obtenir auprès de celui qui continue de se camoufler sous le nom de Perrier : déformation professionnelle sans doute, puisque le Colonel Paillole a été autorisé à faire valoir ses droits à la retraite depuis quatre ans...

L'ancien militaire tient d'abord à souligner le secret professionnel auquel il est soumis : il ne peut témoigner sans une autorisation expresse du ministère de la Défense. Néanmoins, étant donné les relations entre le policier et les services dont il a « connu et secondé l'action », Paillole croit possible de préciser quelques points. Entre gens du même bord...

Oui, concède l'ancien chef du contre-espionnage, Danos a bien fait partie d'une équipe dirigée par Émile Buisson[1]. La seule et unique mission qu'il ait confiée à cette équipe consistait à cambrioler le bureau d'un agent de renseignement allemand, demeurant à Paris, et de ramener en Zone libre les papiers de service de ce personnage. Presque rien, en somme... Paillole ignore le rôle des différents membres de l'équipe Buisson mais, se souvient-il, « ce que je peux affirmer, c'est qu'elle s'est désagrégée peu après son arrivée en Zone occupée et que le cambriolage, s'il fut réellement effectué, ne fut d'aucun profit pour le contre-espionnage. Les documents ramenés par deux membres de l'équipe Buisson, autre que Danos, étaient sans intérêt : correspondances diverses de personnes n'ayant rien à voir avec les activités d'espionnage de l'agent de SRA. » Pour résumer : un échec...

Curieusement, à l'époque, le jugement porté sur cette opération qualifiée par certains de « difficile » avait été beaucoup plus positif. Le ministère de la Guerre lui-même, sous la plume du général Picquendar, s'était fendu de deux

---

1. Rappelons que Buisson a été arrêté dès le début de cette mission le 20 juin 1941.

lettres de félicitations : l'une pour Louis Raggio, la seconde pour Pierre Rousset, les deux anciens truands repentis, recrutés, on s'en souvient, par Blémant à l'automne 1940. Ce n'était que justice, Raggio et son camarade faisant figures de responsables de l'expédition [1]...

Les sous-fifres n'avaient pas été oubliés : de façon plus fortuite néanmoins. À l'occasion des arrestations successives des trois hommes recrutés pour cette opération, le chef des Services de renseignement Rivet, mieux informé sans doute que son subordonné, avait lui-même écrit, à toutes fins utiles, « que Buisson, Rocca Serra et Danos, et tout particulièrement ce dernier, avaient participé d'une façon active, et avec beaucoup de courage, au règlement d'une affaire intéressant directement la Défense nationale [2]. » Le Mammouth semblait donc s'être fait particulièrement remarquer pendant le cambriolage de Mercier : le même général n'avait pas hésité à écrire que Danos avait rempli cette mission avec « habileté et courage » [3]. Du courage, il en fallait également de la part de cet officier, puisque la lettre de Danos à la Gestapo avait déjà fait le tour de tous les états-majors...

Certes, le résultat de ce cambriolage n'avait pas été à la hauteur de ses espérances : dans la paperasse ramenée en Zone libre par Raggio ne se trouvaient pas les archives de l'agent recruteur que le contre-espionnage espérait découvrir. Néanmoins, dans une des lettres adressées à Mercier

---

1. « Pour l'intelligence, le courage et le dévouement apportés dans une affaire intéressant la Défense nationale. » Lettres de félicitations du général Huntziger, signée Picquendar, datées 30 et 31 août 1941, Archives Bureau de la Résistance.

2. Lettre du 14 août 1941 du colonel Rivet à la direction générale de la Police nationale, dossier 46238, SHAT.

3. Lettre du 7 octobre 1941 du général Huntziger au ministre de la Justice, signée par son chef d'état-major, le général Piquendar, dossier 46238, SHAT.

figurait le nom du traître Lien, qui ne sera malheureusement pas exploité. Un demi-échec que, plus tard, le chef du contre-espionnage mettra sur le compte du « professionnalisme » de Mercier : « Ce Mercier n'était donc pas si insouciant et si imprudent que je l'imaginais », écrira-t-il[1].

Mais, en mars 1949, les raisons qu'il expose à Chenevier sont tout autres : « Peu de temps après, cet agent [...] révéla qu'il avait été avisé à temps du danger qui le menaçait et avait pu mettre à l'abri ses archives. » Prévenu par qui ? Paillole, alias « Perrier », ne le précise pas. Mais pour qui sait entendre...

Chenevier, qui sait lire entre les lignes, donne dans son rapport la traduction de cette grave accusation : « Il semble bien que l'intéressé ait été prévenu à temps par l'un des membres de l'équipe, du danger qui menaçait ses archives[2]. » Suivez mon regard...

Autre trou de mémoire de l'ancien chef du contre-espionnage : cette sombre histoire d'Italien exécuté que Danos a évoquée au cours de son premier interrogatoire[3]. Selon le

---

1. À la suite de ce cambriolage, Paillole écrit pourtant avoir répertorié le nom du traître Lien « avec un grand nombre d'autres trouvés dans la valise ». Jean-Paul Lien, né en 1912 dans le Haut-Rhin, est recruté dès la fin de 1940 par Henri Fresnay, responsable MLN, puis retourné par les services spéciaux allemands. Lien sera responsable de centaines d'arrestations de résistants, notamment au sein des réseaux Combat, Alliance, Mithridate et même de l'antenne TR de Clermont-Ferrand en janvier 1943. Il sera démasqué à la Libération, condamné à mort et exécuté à Dijon en octobre 1946. Si l'on en croit Paillole, son double jeu aurait été connu dès juillet 1941, mais le chef du contre-espionnage avoue que le nom de Lien, placé dans ses fichiers, « restera trop longtemps inexploité. » *Services spéciaux 1935-1945, op. cit.* p. 313. Selon l'avocat de Danos, Carboni, l'exploitation de ces renseignements aurait permis l'arrestation de trente-cinq espions allemands en Afrique du Nord.
2. Rapport Chenevier, 19 mars 1949, DCAJM.
3. Interrogatoire Danos, 17 janvier 1945, DCAJM.

tueur, un certain capitaine « Jansen », officier du 2e Bureau de Clermont-Ferrand, était le donneur d'ordre.

Une affaire qui n'a laissé aucun souvenir à Paillole : « [Elle] est totalement inconnue de mes services », déclare-t-il au commissaire qui l'interroge. « Quant au capitaine Jansen » dont parle Danos, « il était sous mes ordres et a exécuté mes instructions [1]. » Ce fait semble donc n'être qu'une affabulation de Danos. Une de plus...

Cette histoire rappelle curieusement celle d'un ouvrier agricole italien employé dans une ferme près d'Issoire et sur le point de dénoncer à la commission allemande de Clermont un dépôt d'armes dissimulé dans une étable. Mais, cette fois, ce n'est pas Danos qui la relate... mais Paillole, dans son livre de souvenirs. Quelques mois plus tard, raconte-t-il, un crâne humain apporté par un corbeau était découvert à Parentignat, près d'Issoire. Celui de l'Italien... Ni l'enquête sur cette macabre découverte ni la demande de recherche par la délégation d'armistice de Wiesbaden, sur la disparition de cet homme ne donneront de résultat. Les « services » pouvaient dormir tranquille...

## *Un rapport concluant*

Le 19 mars, le commissaire principal Chenevier adresse son rapport au juge de la Cour de justice. Il peut être fier : en moins de huit jours, son enquête a été menée, bouclée et tapée à la machine. Emballé, c'est pesé... Tout y est : un rappel des faits principaux, comme l'affaire de la rue Vercingétorix d'octobre 1943 où Danos, tabassé et

---

[1]. Contrairement à ce que croit Danos, Jansen n'est pas mort... L'ancien responsable du TR 113 (Clermont-Ferrand), de son vrai nom Paul Johanès, a été arrêté et déporté en 1943. À son retour, il a pris sa retraite de chef de bataillon à Metz. Par procès verbal le 9 mai 1949, il confirme en tout point les déclarations de son ancien chef.

embarqué par la police, n'a dû son salut qu'à l'intervention d'Henri Lafont... Un exemple qui, selon Chenevier, « dépeint bien l'homme et autorise des doutes sur le rôle qu'il a pu avoir rue Lauriston ». Rappels de la lettre écrite au chef de la Gestapo, véritable raison pour laquelle, selon lui, l'inculpé fut convoqué rue des Saussaies, rappel de l'affaire de la rue de la Victoire... De sa proposition de revenir en Zone libre, après son évasion de 1942, où il lui aurait été donné l'occasion de « racheter son passé et ses errements » que le commissaire-résistant voulait croire accidentels... Beaucoup de rappels donc, avant d'aborder le véritable objet de son enquête, c'est-à-dire le passé de Danos au sein de la Résistance.

« J'ai entendu le capitaine Charbonnier, j'ai vu Hardivilliers, Perrier », explique Chenevier avant de livrer ses conclusions. L'engagement de Danos au sein des services spéciaux ? Un fiasco doublé d'une possible trahison. Son engagement auprès du réseau Marco-Polo ? Très tardif et inutile : l'enquête effectuée auprès des dignes représentants de la Résistance française « n'apporte pas la preuve d'une action méritoire qu'Abel Danos puisse revendiquer en sa faveur... » D'ailleurs, « si Abel Danos avait accompli des missions pour le compte de Marco-Polo, il aurait été pris en charge par lui après la Libération. Il en a été ainsi pour Sartore et Gourari [qui] ont obtenu la Croix de Guerre alors qu'ils étaient détenus. » Une conclusion édifiante en pas moins de douze points, où l'enquêteur s'étale un peu, rappelant, par exemple, que depuis son évasion, Danos a vécu très largement, entretenant deux maîtresses, qu'il aurait possédé au moins 3 millions au moment de la Libération, qu'il avait revêtu l'uniforme allemand, etc. Dans son désir de bien faire, Chenevier déborde un peu mais qui pourrait lui en vouloir ?

Le policier aurait pu peut-être pousser un peu plus loin : interroger par exemple Johanès, alias Jansen. Interroger

Louis Raggio ou Pierre Rousset, tous les deux participants au cambriolage chez Mercier. Recueillir pourquoi pas le témoignage de Blémant, commissaire « en disponibilité » résidant à Marseille, de Pallatier, l'émissaire de la « rédemption » envoyé en mars 1942 auprès de Danos. Se rendre auprès de Sartore, incarcéré à Clairvaux, de Gourari, à Fontevrault, de Suzzoni détenu à Fresnes. Faire état des déclarations d'Hélène Maltat, que le commissaire à longuement entendue le 20 janvier... Il aurait pu enfin faire rechercher les officiers Chavagnac et Debesse, à qui Michel dit avoir adressé des rapports sur les activités de Danos et consorts. Tenter également de retrouver le nommé Rollet, pour qui l'accusé déclare avoir effectué quelques missions en faveur de la Résistance [1].

Ces recherches, Chenevier ne les a pas faites, par manque de temps sans doute... Peu importe, puisque les faits sont là, puisqu'il possède la preuve écrite de la trahison de Danos et puisqu'il a l'intime conviction que ce dernier l'a trahi auprès de Boemelburg.

## *Le bras long*

Le commissaire termine son rapport en évoquant une confidence que lui a faite le prévenu dans le train qui les amenait vers le Sud. En passant devant la petite gare de Pont-de-Pany, le long de la vallée de l'Ouche, le prisonnier a raconté comment il a contribué à la libération de deux personnes arrêtées à Dijon, suite à un attentat contre un officier allemand... Mais ce que Danos considère comme une action à porter à son actif prend un tout autre sens dans l'esprit du commissaire : « Si [cette affirmation] devait se révéler exacte, [elle] prouverait tout de même que Abel

---

1. Chenevier aurait également pu s'intéresser à « cet agent français du 2ᵉ Bureau » hospitalisé à la Pitié dont parle Danos.

Danos jouissait d'un certain prestige au sein de l'organisation de la rue Lauriston pour obtenir, sur sa seule demande, la libération de deux personnes arrêtées à la suite d'un meurtre sur la personne d'un officier allemand », écrit le policier qui a demandé à un collègue de la BM de Dijon d'enquêter sur ce « meurtre ». L'occasion peut-être, d'augmenter les charges contre Danos...

Malheureusement, le rapport qu'il reçoit quelque temps plus tard ne permet pas de confirmer le « prestige » de l'inculpé : en avril 1944, un officier allemand nommé Werner a effectivement été blessé mortellement au cours d'un engagement avec le maquis. À la suite de cette affaire, plusieurs habitants de Villiers-en-Auxois ont été arrêtés par le SD de Dijon. Certains ont été fusillés, d'autres déportés... Seules deux personnes avaient été libérées le 6 mai, après un simple interrogatoire. Manifestement un régime de faveur... Le doivent-elles à une intervention de Danos ? Les deux hommes affirment ne pas connaître le gestapiste de la rue Lauriston et ne « pensent pas que celui-ci ait pu intervenir en leur faveur »[1].

Par manque de temps, le commissaire ne pouvait pousser plus avant ses recherches. Dommage. Il aurait pu ainsi étayer sa thèse d'un Mammouth au bras apparemment long et même très long... Dans l'entourage de Georges Baudry, l'ancien résistant d'Aubervilliers, on se souvient de plusieurs personnes relâchées après intervention du Mammouth. Les noms ? Tout cela est loin : « Ce que je peux dire, c'est que c'étaient des potes à nous, des voyous de la Résistance. » Quelqu'un, par exemple, rappelle l'histoire d'un certain Christian Francoz, réfractaire au STO, arrêté au cours d'un cambriolage, libéré grâce à Danos après avoir été transféré rue Lauriston...

---

1. Un certain Pierre Reburdeau affirmera être à l'origine de ces libérations obtenues auprès de Jann, officier SD de Dijon.

*En cas de problème...*

Est-ce à dire que les bonnes œuvres de Danos passaient par Monsieur Henri ? Très probablement. Pour autant, les « potes » du Milieu ne sont pas les seuls à avoir bénéficié du « prestige » de Danos : en témoigne l'ancien coureur cycliste André Pousse, qui fit appel à lui à plusieurs reprises...

« Danos était un de mes admirateurs... Je l'avais rencontré avant la guerre, dans un café, au n° 1 de la rue Descartes, Chez Ozanne : le fils du patron était cycliste amateur et courait avec moi à l'Union vélocipédique du V$^e$ arrondissement. Le bistrot faisait un peu club et Danos, qui avait couru étant jeune, venait de temps en temps pour parler vélo. Il nous payait le coup... On savait, bien sûr, qu'il était "voyou", mais sans connaître ses affaires... »

Après quelques mois d'interruption dus à la guerre, les courses reprennent et Dédé Pousse enfile les tours de piste au Vel' d'Hiv', sous l'œil admiratif d'Abel. Le « môme » en a dans les jambes, d'après lui... Rue Descartes, les vieilles habitudes ont repris : devant le zinc, on parle vélo, uniquement vélo... Au dehors, la dure réalité de la guerre est là, Abel ne l'oublie pas : « Un jour, pendant l'Occup', il m'a donné son numéro en me disant de l'appeler en cas de problème : connaître un type comme Danos à cette époque-là, c'était utile. J'ai gardé précieusement son contact. Peu après d'ailleurs, j'ai eu besoin de lui... Un de mes potes de bridge, un nommé Pardovitch, "Pardo" qui était juif, avait été arrêté. Il était au Cherche-Midi... J'en ai parlé à Danos, qui m'a donné rancard dans un resto. On a mangé et j'ai donné les renseignements sur mon pote... Le lendemain, Pardo était relâché... Par la suite, j'ai fait appel à lui deux autres fois, pour des résistants... À chaque fois, ça a marché. »

Pousse connaissait-il l'implication de son admirateur au sein de la Carlingue ? Comment pouvait-il l'ignorer : à cette époque, rendre service était un privilège réservé aux puissants. « C'est vrai, Danos était un gars dangereux. Mais dans le vrai Milieu, les potes, ça compte. On peut braquer des banques mais aussi tout faire pour aider ses amis... »

Aucun de ces miraculés ne jugera utile de se faire connaître pendant le déroulement des deux procès du Mammouth en 1949 et 1951. Pas plus d'ailleurs qu'ils ne donneront de nouvelles à André Pousse [1].

---

1. « À la Libération, mes relations avec Abel Danos m'occasionneront quelques problèmes, vite résolus... J'avais par ailleurs fait quelques bricoles avec des grands résistants, ce qui me vaut d'ailleurs aujourd'hui d'être considéré comme un héros... », témoignage oral d'André Pousse, mars 2003. L'ancien coureur consacre plusieurs pages à Danos dans son livre *Touchez pas aux souvenirs*.

## Chapitre 17

## *L'addition*

Début avril, Danos a pris froid. Les cellules de La Santé ne sont pas chauffées et l'hiver 1949 a été humide. Pour combattre sa bronchite et sa forte fièvre, le prisonnier n'a pu obtenir que quelques cachets d'aspirine. Le docteur Paul, qui l'examine le 11 avril, estime pourtant que son état est compatible avec la détention préventive. Quand aux troubles nerveux dont se plaint le patient, il « conviendrait de le faire examiner par un spécialiste de neuropsychiatrie », écrit le célèbre médecin...

À la prison de la Petite Roquette, pas plus qu'à La Santé, on ne brûle du charbon ailleurs que dans les ateliers et, bien sûr, dans les locaux réservés au personnel. Comme les hommes, les quelque six cents femmes détenues ont eu froid. Certaines, tuberculeuses, âgées ou affaiblies, en sont mortes... Un télégramme laconique adressé à la famille a mis fin à leur détention : « Ai le regret de vous faire part du décès de... »

Depuis le 12 novembre, Marcelle Maltat, cinquante ans, moisit dans une des cellules de la Petite Roquette. Le 21 avril, elle est enfin libérée mais, quelques jours plus tard, sa fille Hélène, inculpée de non-dénonciation de malfaiteur par le juge Courtois, prend sa place. Simone Barbiéri, fait, elle aussi, partie du voyage. Au Dépôt, Hélène Maltat est abordée par un gardien qui lui glisse quelques mots à voix basse : « Ne vous en faites pas, vous n'en aurez pas pour longtemps. » Pas assez discrètement cependant pour que sa codétenue n'entende... « Abel était passé quelques jours plus tôt et avait demandé à ce gardien de me faire cette commission pour me rassurer... Vous savez, il avait des sympathies, même chez les gardiens, j'en ai eu les preuves plus tard... Toujours est-il qu'à cause de ces quelques mots, Madame Barbiéri, qui était impliquée comme moi dans l'affaire, m'a fait une mauvaise réputation au sein de la prison... »

### *Lieutenant Raymond*

Le début du procès est fixé au 13 mai 1949. Sa fin au 17. Cinq jours pour juger trois hommes : Victor Paul et un certain Raymond Monange sont en effet aux côtés de Danos dans le box des accusés. Danos qui apprend la nouvelle huit jours avant, proteste auprès du juge : « Je suis prévenu aujourd'hui 5 mai 1949 que je passe en Cour de justice le 13 mai. Je fais appel auprès de la Chambre des mises en accusation, mon instruction étant incomplète et non terminée. » Mais la chambre laisse la justice suivre son cours...

Paul et Monange sont poursuivis selon l'article 75, essentiellement pour leur participation à l'expédition de la BNA. Si le rôle du premier apparaît comme plutôt effacé, le second est accusé de s'être livré, sous le nom de « lieutenant Raymond », à de nombreuses exactions, tortures et exécutions d'otages dans la région de Tulle. Son sort paraît scellé...

Monange était né en 1913 à Paris dans le XII<sup>e</sup> arrondissement. Une mère décédée, un père sous les drapeaux, une grand-mère permissive : une enfance « normale » pour l'époque... Quelques années plus tard, Raymond entre comme apprenti dans l'entreprise de peinture paternelle. Il n'est pas très doué pour les études, ni d'ailleurs pour le travail... Il fréquente les mauvais garçons, se livre à quelques expédients. À dix-huit ans, l'armée lui ouvre les bras... Les chevaux, les uniformes chamarrés et l'aventure l'attirent : il s'engage pour trois ans au 4<sup>e</sup> Chasseur d'Afrique stationné en Tunisie. Monange en sort brigadier et nanti d'un certificat de bonne conduite. La guerre arrive : au sein d'un GRDI, formation de reconnaissance blindée, l'ancien cavalier démontre qu'il n'a rien perdu de ses aptitudes militaires. Il est décoré de la Croix de Guerre, avec étoile...

Mais, dès sa démobilisation, ses vieux démons resurgissent... En janvier 1942, il prend un an pour proxénétisme aggravé. À La Santé, il est, semble-t-il, placé sur une liste d'otages et incarcéré à la prison du Cherche-Midi. Une de ses relations, un Allemand nommé Walter Klein, le tire de ce mauvais pas en janvier 1943. Klein gravite autour de la rue Lauriston et de la Gestapo et s'adonne à des opérations de marché noir. Un homme de confiance : la preuve, il a un temps géré l'élevage de volailles que Boemelburg a installé au Moulin de Giverny[1]. Le péché mignon du Kriminalrat...

Par son entremise, Monange obtient la protection de l'Occupant, et sans doute celle de Lafont en particulier... Plus tard, le Patron dira : il a été « stationné chez moi en attendant d'aller ailleurs. » C'est-à-dire avenue Foch... Un an plus tard, il est incorporé comme sous-officier dans sa troupe africaine et envoyé à Tulle, Périgueux... En juin 1944, nanti de faux papiers de résistant, il parvient à regagner Paris. Rien d'ex-

---

1. Plus de mille poules et des centaines de canards. Dossier Z6/3, Archives nationales.

ceptionnel à l'époque... L'ancien sous-off coule des jours tranquilles jusqu'au 31 octobre 1946, où il est arrêté pour port d'armes prohibées. Le 3 janvier 1947, il est condamné à quatre mois de prison : à Fresnes, des « politiques » le reconnaissent et dénoncent le « lieutenant Raymond »...

## *La Cour de justice*

Dans un exposé des faits de dix pages, Donsimoni reprend point par point tous les faits reprochés à Danos. À côté des charges ayant directement trait à son activité rue Lauriston, les résultats de l'enquête confiée à Chenevier pèsent lourd sur la balance. Quelques lignes seulement sont consacrées à d'hypothétiques actions au sein de la Résistance, sur lesquelles « le dossier ne contient [...] aucune justification ni commencement de preuves. »

À travers les barreaux, Hélène Maltat fait part de ses inquiétudes à Abel. Elle propose d'être citée comme témoin : « Je vais venir leur dire qui tu étais avec moi. Que tu adorais les enfants que tu te levais pour leur préparer leurs biberons... » Danos, qui sait que ces pauvres témoignages pèseront peu, refuse catégoriquement : « "Non, surtout, Rosette, je ne veux pas que tu viennes", m'a dit Abel. Il voulait sans doute me préserver. Il a toujours agi ainsi avec moi... »

Le procès se déroule tout d'abord sans incident. Le 16 mai ont été convoqués neuf témoins, presque tous à charge si l'on excepte le commandant Michel et son homologue Charbonnier, liquidateur du réseau Marco-Polo. Les deux hommes répètent ce qu'ils ont déclaré par procès-verbal : à savoir que Danos a bien fait partie d'une équipe activée par le réseau Marco-Polo... mais qu'il n'est pas homologué. Curieux. Mais les jours précédents, le rapport Chenevier a dit ce qu'il fallait penser de l'engagement de l'inculpé.

On évoque sans doute également le cas de ses camarades Sartore et Gourari sur la poitrine desquels fut épinglée la Croix de Guerre. Pourquoi Danos n'a-t-il pas obtenu pas la même distinction ? Michel se défausse en déclarant qu'il n'est pas à l'origine de ces propositions de décorations. Le responsable, est Charbonnier, qui explique : c'est bien sur sa proposition qu'a été faite la proposition d'attribution de la Croix de Guerre pour les deux anciens gestapistes. À l'époque, en 1946, il a demandé l'avis de l'ancien chef de Marco-Polo, par intérim. « Je dois dire, rajoute le liquidateur, que le capitaine Hardivilliers n'avait été pressenti que sur Sartore et Gourari. Le rapport ne parlait pas de Danos. » Et Michel n'a pas jugé utile d'évoquer son cas... Il faut dire que l'accusé était en cavale...

Puis se succèdent quatre policiers. Tout d'abord, l'inspecteur Halle, ancien de la Section spéciale de Clot, reconverti depuis à la Voie publique. À l'époque, le policier avait établi un rapport sur les graves événements survenus au sein du réseau Marco-Polo : plusieurs morts suspectes comme celle de Pibouleau, Madame Andrieux ou René Pellet, dit « Octave » : si Danos est directement impliqué dans les deux premières « il ne semble pas [qu'il] ait participé au meurtre d'Octave ». Mais la Cour de justice passe sur ces histoires qui dénaturent la belle image de la Résistance.

Le gardien de la paix Sylvain Courtine arrive à la barre. Au mois d'octobre 1943, il faisait partie des renforts envoyés dans un café de la rue Vercingétorix pour faire évacuer un consommateur irascible : l'accusé... Il raconte comment Danos fut réduit à l'impuissance après une lutte acharnée puis embarqué au commissariat : « Nous dûmes nous mettre à plusieurs pour le maintenir à terre. Pendant le trajet, il donnait des coups de pieds et tentait de nous mordre. » Et le flic évoque cette étrange histoire de chevalière en or d'homme trouvée sur le plancher du car et que Danos avait revendiquée comme sa propriété : « Nous l'avons essayée à ses doigts mais elle était trop petite, même pour son auriculaire. » Importante précision puisque, selon l'accusation, ce bijou prouve que Danos s'est adonné à des « brigandages tels que des affaires d'or, des pillages ou des saisies envers les Israélites ou les résistants »[1].

Autre témoignage : celui de l'inspecteur Poujal. À une date qu'il ne précise pas, il fut amené à prendre en filature Danos avec trois de ses collègues, jusqu'à la rue Lauriston. Là, ils furent repérés et mis « en état d'arrestation » par Cazauba, Lafont et un officier Allemand. Après avoir pris les adresses de leur service, l'officier allemand les met en garde : « Nous vous interdisons de procéder à l'arrestation d'Abel Danos qui rend des services à notre cause. Mieux que cela, je vous tiens pour responsables de toute action qui pourrait être tentée contre lui par la police française... » Poujal termine : « Un rapport circonstancié a d'ailleurs été fourni par nos soins au directeur de la PJ qui nous a fait savoir, par l'intermédiaire de Monsieur Pinault, qu'il ne fallait plus inquiéter Abel Danos[2]. » L'ombre effrayante de Lafont s'abat sur la Cour de justice...

Puis c'est au tour de Chenevier. Rien que la vérité, toute la vérité. Dites je le jure... Et le commissaire jure avoir la certitude que Danos a trahi... La preuve : cette lettre dont il a pris connaissance grâce à « un concours de circonstances » et dont il a pu relever le texte intégral. Il a ensuite été convoqué par Boemelburg, rue des Saussaies, qui lui a dit qu'il avait été désigné comme agent du 2e Bureau. L'Allemand lui a également parlé de Danos.

Mais, à côté de ces certitudes, le policier fait-il part des réserves évoquées devant Donsimoni, à l'issue de sa dernière confrontation avec l'accusé ? Ce n'est pas sûr...

---

1. La bague offerte à Hélène Maltat, trouvée lors de l'arrestation de Danos à Montreuil fait également partie des pièces à conviction.
2. Rapport Poujal, 15 janvier 1945, DCAJM.

« Par ailleurs, je ne peux pas dire que Abel Danos ait été mon dénonciateur direct. C'est de mes deux entretiens avec Boemelburg que j'en ai déduit qu'il pouvait être à la base de ma dénonciation. Je ne puis cependant sur ce point porter aucune accusation formelle », avait-il déclaré le 24 avril[1]. De toute façon, la Cour de justice attend des témoins qu'elle convoque, des faits précis, concis, des affirmations ou des négations, mais pas de suppositions et d'à peu près.

Le défilé des témoins s'arrête là : l'inspecteur Garreau, qui avait recueilli les premières déclarations de Danos en janvier 1945, n'est pas là. Malade. Absent également, Marcel Boillot, l'hôtelier de Montbéliard, qu'une affection cardiaque empêche de venir témoigner. Quant à Johanès, l'ancien du contre-espionnage, il n'a pu être retrouvé par les services des télégrammes officiels[2].

## Coup de théâtre

À la fin de cette journée, Maître Carboni crée la surprise en demandant au Président de faire entendre François Suzzoni : il reste le seul témoin des affaires de la rue Lauriston encore vivant. Curieusement, pourtant, l'accusation n'a pas jugé bon de le faire citer… Suzzoni se trouve incarcéré à Fresnes, précise l'avocat. Il pourrait facilement être entendu. Le Président de la cour donne satisfaction à l'avocat.

Mais le lendemain le témoin n'est pas là : on apprendra qu'il a été transféré à Lyon le 20 avril. Peu après l'ouverture des débats, coup de théâtre : Carboni sort de sa manche un

---

[1]. Procès-verbal de la confrontation Danos-Chenevier, 24 avril 1949, DCAJM.

[2]. De sa cellule de Clairvaux, Sartore a fait dire qu'en tant que condamné à perpétuité, il ne voyait « pas la valeur de son témoignage », déclaration Jean Sartore, 3 mai 1949.

nouveau témoignage. La veille au soir, un homme alerté par la presse du procès en cours s'est mis en relation avec lui : sous la foi du serment, il atteste que Danos a été contacté par le réseau Mithridate pour faire évader le colonel Bressac, alias Herbinger. Une mission très dangereuse qui ne fut pas réalisée mais que l'accusé s'était engagé à exécuter. Selon lui, deux hommes pourraient témoigner de cette affirmation : les nommés Van Buylaert et Armand. Remous dans la salle... Carboni, solennel, demande à la cour d'ordonner un supplément d'informations. Ce à quoi s'oppose énergiquement le commissaire du gouvernement, lequel allait justement entamer son réquisitoire. En définitive, le président décide de joindre l'incident « au fond », ceci « afin de ne pas allonger inutilement l'audience ». Une manière comme une autre d'étouffer cette voix discordante...

La délibération s'éternise durant toute la soirée du mardi 17 mai... Un peu avant minuit, le président et ses quatre jurés rendent leur verdict. Pour Danos, c'est la mort... À toutes les questions, les juges ont répondu : « Oui ». À la majorité, ils ont accordé des circonstances atténuantes à Victor Paul, condamné à vingt années de travaux forcés[1]. Un bénéfice refusé à ses deux coaccusés, qui écopent du maximum : peine de mort, confiscation de leurs biens, présent et à venir, et dégradation nationale à vie... Affaire classée.

## *Aux chaînes*

Le lendemain, le Directeur de La Santé assure le garde des Sceaux, ministre de la justice, que « les précautions d'usage ont été prises en ce qui concerne la surveillance spéciale dont

---

1. Reconverti officiellement dans un élevage de poulets dans l'Oise, Paul retrouvera ses amis et ses occupations au sein du Milieu après sa libération. Décédé en novembre 1978 à Paris.

doit faire l'objet Abel Danos ». En clair, le condamné à mort a été placé dans une cellule spéciale et sous la surveillance constante d'un gardien. Ses chevilles ont été entravées par une chaîne d'environ 40 centimètres : juste de quoi arpenter à petits pas les quelques mètres carrés de sa cellule. En outre, chaque soir, le gardien chef procédera à la pose d'une sorte de menottes, dont la vis serre les poignets dans ses mâchoires. L'assurance que les condamnés ne tentent pas de mettre fin à leurs jours plus tôt que prévu...

Pour autant, les condamnés à mort, comme les autres, ont droit aux visites de leur famille. Dès sa mise en liberté provisoire, le 28 juillet, Hélène Maltat commence le long calvaire des parloirs [1]. « Avant même de le voir arriver, j'entendais le bruit des boulets qui traînaient sur le sol. C'était très dur et très triste... Lui ne se plaignait jamais de rien. Seules ma situation et celle des enfants l'inquiétaient. » Et il y a de quoi : après deux mois à la Petite Roquette, Hélène Maltat se retrouve sans un sou. « Je n'ai rien demandé à personne. Ma fierté... Plus tard, j'ai eu de l'aide de la part de Jo Attia. Un homme très gentil... Abel en parlait avec respect et estime. Je suis allée le voir plusieurs fois après l'arrestation au Gavroche. À chaque fois il me donnait une enveloppe : "Pour les enfants..." disait-il. J'ai manqué de courage, car après l'exécution, je ne suis pas retournée le voir. Quand j'ai su qu'il était malade à Villejuif, j'aurais dû y aller. C'est le seul qui avait été à la hauteur [2]. »

---

1. À l'été 1949, la presque totalité des femmes ont été libérées. Henri Maltat et Jean Talamona ont également retrouvé la liberté en juin.
2. Attia continuera de défrayer la chronique, notamment pour son implication supposée dans certaines affaires « politiques » (enlèvement d'Antoine Argoud, chef de l'OAS, ou celui de l'opposant marocain Ben Barka) mais aussi de droit commun. Le « roi du non lieu » pourra néanmoins toujours exploiter, en compagnie de sa femme Carmen Cocu, le Gavroche, rue Joseph-de-Maistre, jusqu'à sa mort, le 22 juillet 1972.

Les parents Maltat ont pris en charge Jean-Paul et Florence et tentent désespérément de faire face. La jeune femme, elle, se rend au Service d'aide aux libérés, qui lui propose un emploi de sténodactylo : « Un vrai bagne : on travaillait au rendement et les patrons étaient constamment sur notre dos... »

Douze heures par jour, Hélène Maltat tape sur sa machine à écrire. Elle fait des heures supplémentaires le samedi et le dimanche, mais ne rate jamais les rendez-vous du mercredi et du samedi avec son amant : « J'ai fait tous les parloirs sauf au début, quand j'étais en prison, évidemment. Malgré mes difficultés financières, je prenais un taxi pour être à l'heure à mon travail. » Florence parfois l'accompagne : à deux ans, le souvenir des grilles et des barreaux ne risque pas de lui rester. Il en est tout autrement bien sûr pour son frère Jean-Paul, qui pourrait garder dans sa mémoire l'image de son père prisonnier.

Depuis sa cellule, le détenu fait le rêve de retrouver un jour ses enfants, de convoler en justes noces avec Hélène et de repartir, qui sait, vers une vie nouvelle... En attendant, Danos lit beaucoup, dévore Sacha Guitry, pense que ses prochains procès se solderont par une peine de dix ans de travaux forcés, qu'il sortira blanchi de prison : « Il pensait prendre perpétuité. Il n'y avait personne à charge. »

Chaque soir, après avoir terminé sa journée de travail, la jeune femme trouve la force d'écrire une longue lettre à son amant. « Le samedi, j'adressais ma lettre en express pour qu'Abel ne reste pas sans nouvelle le lundi. » Lui, a droit d'envoyer une lettre par semaine : un mot pour Hélène, un autre pour les enfants. Ainsi le 5 mars : « Ma chère petite Bouffie, avant toute chose, fait boum ! Je sais que tu es sage, plus sage que ton frère et que tu as du caractère. C'est très bien. Mais demande un peu plus souvent ton pot-pot, car maintenant tu commences à être grande. Ton papa va mieux et pense beaucoup à toi. Tu es bien courageuse. Joue bien. Aime ton frère. Ma fille chérie, ma grande câline aimée, reçois mes plus tendres baisers[1].

## *Derniers espoirs de belle*

Quand il n'écrit pas à sa maîtresse, le condamné à mort pense à la belle... Il a longtemps espéré profiter d'un transfert à l'extérieur pour tenter la chance : les mandats d'amener de Béziers et de Draguignan pouvaient lui laisser quelques espoirs de fuite. Mais ces affaires sont en suspens : le juge d'instruction Daniault, conjointement avec le directeur de la prison, a décidé de ne pas l'extraire des murs de La Santé tant qu'il sera soumis au régime des condamnés à mort. Si Danos pense à l'évasion, ses gardiens aussi...

Un jour, au parloir, le condamné demande à sa maîtresse de lui faire un colis : « Ordinairement, ses colis partaient du bistrot À la Bonne Santé, en face de la prison, comme la plupart d'ailleurs. Je ne sais pas qui l'assistait... J'ai entendu parler d'un certain Cazanova. Chanut et Attia à ce moment-là, étaient en taule. » Le colis doit contenir un morceau de Roquefort, précise Danos... Sans comprendre, la jeune femme s'exécute en achetant une bonne part de ce fromage. Une fois de plus, Danos a décidé de puiser dans les vieilles recettes de maquillage apprises à Tatahouine pour tenter de se faire hospitaliser à Fresnes. Quelques années plus tôt, le coup lui avait réussi... Avec la moisissure contenue dans le Roquefort, le détenu espère infecter une blessure qu'il s'est

---

1. Cité par Vincentane. La correspondance entre Danos et sa famille a été détruite par Hélène Maltat.

faite à la jambe. Le gardien Cieutat, qui l'avait rencontré peu après son arrestation, le retrouve, à ce moment-là, au Quartier haut. « Il souffrait d'un vilain bobo à la jambe. J'ai appris par une mouche qu'il se trafiquait pour aller à l'infirmerie de Fresnes. Fresnes, c'était une mince possibilité d'évasion, mais au point où en était Danos, il fallait la courir. »

Dehors, des amis sont prêts à recueillir l'évadé lorsque celui-ci sautera le mur. Parmi eux, François, le fidèle. Le long des murs de l'hôpital, derrière un talus, une échelle a été camouflée [1]. Hélas pour Danos, sa réputation de roi de l'évasion n'est plus à faire. À ce titre, il est surveillé comme le lait sur le feu. Malgré sa blessure, il ne sera pas transféré [2].

De son côté, Charles Carboni se bat comme un beau diable pour faire annuler la sentence. Les condamnations en Cour de justice ne donnent pas droit à appel. Seul un recours en cassation est susceptible de faire annuler un verdict. Dans les jours qui suivent le procès, l'avocat a donc introduit un premier pourvoi auprès de la Chambre des mises en accusation : selon lui, le rejet d'accorder les circonstances atténuantes pour son client ne s'est pas fait dans les formes légales. À la suite des conclusions déposées par l'avocat concernant Suzzoni, Van Buylaert et Armand, la cour aurait du motiver sa décision de rejet. Ce qui n'a pas été fait... Mais le 1er juin, la chambre a répondu par un arrêt de rejet...

Une autre procédure a été engagée, cette fois devant la Cour de cassation : sa décision se fait attendre. Enfin, le 4 mai 1950, près d'un an plus tard, elle casse et annule les

---

1. Témoignage Hélène Maltat et Jean P. Les gardiens découvriront cette échelle bien plus tard.
2. Les registres d'écrou de Fresnes conservent néanmoins la trace d'un court séjour de Danos (entre le 21 et le 25 août 1950) dans la section « Droit commun ».

arrêts et ordonne un supplément d'informations aux fins d'entendre Suzzoni, Van Buylaert, Armand et tous autres témoins [1]. Ce jour-là, on sable le champagne au cabinet de Maître Carboni. Mais, à La Santé, le condamné est encore pendant deux jours « aux chaînes » avant que le directeur de la prison ne soit informé de la décision. Deux petits matins de plus...

*Quelques informations supplémentaires*

Un mois après, le président de la Cour de justice ordonne ce supplément d'informations « malgré la personnalité vraiment peu intéressante de Danos », écrit le commissaire du gouvernement adjoint. Le juge Daniault est chargé d'entendre les nouveaux témoignages.

Pendant ces longs mois d'attente, Carboni n'est pas resté inactif. Alors que vient de tomber l'arrêt de la Cour de cassation, l'avocat sort de son chapeau les noms de plusieurs témoins : André Rollet, ancien de Mithridate, commandeur de la Légion d'honneur, médaille de la Résistance et Croix de Guerre, qui accepte de témoigner sur cette affaire d'enlèvement pour laquelle l'inculpé a été approché à la fin de novembre 1943. Après avoir effectué de nombreuses recherches, Hélène Maltat a fini par retrouver ce témoin capital, dont son amant lui a donné le nom lors d'un parloir.

L'avocat livre également les coordonnées de Van Buylaert, officier occupant un poste au ministère de la Défense belge, ancien responsable de Mithridate avec qui Danos a effectué

---

[1]. « Attendu que les charges qui pèsent sur l'inculpé ne résultent que de dépositions de coïnculpés, aujourd'hui décédés ; attendu que le seul des co-inculpé encore vivant, le nommé Suzzoni est actuellement détenu à la prison de Lyon ; attendu enfin que de nombreux témoins dont les noms n'ont été connus qu'à l'audience sont susceptibles d'apporter des précisions sur le rôle joué par Danos dès novembre 1943. »

plusieurs missions. Le nom, également, d'un certain « Armand », camarade des deux premiers. Maître Carboni donne l'adresse de Louis Raggio, propriétaire d'un hôtel-restaurant 7 rue Grangier, à Vichy.

Le conseil de Danos évoque pour finir le nom de Suzzoni, avec qui une confrontation semble, à son « humble avis », s'imposer [1]...

Dans leurs déclarations écrites remises au juge Daniault, les anciens résistants confirment les déclarations de Danos : Rollet raconte par le menu la chronologie de cette mission d'enlèvement du chef de réseau Mithridate que Danos a évoquée dès son interrogatoire de décembre 1948.

En novembre 1943, Pierre Herbinger, alias Bressac, tombe dans un piège tendu par les services de police allemande. Une prise d'importance : l'homme est le chef de Mithridate, réseau de près de deux mille membres répartis sur l'ensemble de la France [2]. L'arrestation s'est mal passée : le résistant a été gravement blessé de deux balles dans le ventre. Et, malgré une quadruple perforation, il est ensuite longuement torturé avant d'être finalement opéré à l'hôpital de la Pitié-Salpetrière.

Malgré la difficulté de l'entreprise, un de ses adjoints, Van Buylaert, décide de le tirer des griffes de ses gardiens. Un plan est mis au point : il s'agira d'entrer dans l'hôpital, de se rendre à la salle de radio et de « flinguer » les *Feldgendarmes* de garde. Un coup de téléphone d'une doctoresse, gagnée à la cause, doit les aviser du passage de Bressac à la salle de radio. Rollet a été chargé de superviser l'enlèvement... Dans un premier temps, un nommé Henri Dessay est chargé

---

1. Lettre de Claude Carboni au juge Daniau, 25 mai 1950, DCAJM.
2. Mithridate (réseau de renseignement, action et évasion) avait été créé en août 1940 sous l'égide de l'IS. Le BCRA avait pris la suite des Services spéciaux anglais en 1942 pour son financement.

de chercher des contacts avec des gens travaillant pour les Allemands. Leurs laisser-passer doivent servir de sésame.

Début avril, Dessay averti son chef qu'il a trouvé deux hommes d'accord pour tenter l'opération : il s'agit d'Abel Danos et de Charles Cazauba, tous deux de la rue Lauriston. Avec de telles recrues, l'opération peut réussir. Rollet rencontre Danos, au volant de sa traction, devant le 37, boulevard d'Ornano. Les deux hommes mettent au point quelques détails, s'entendent sur les modalités de l'opération : mais, pour l'instant, il faut attendre... Le résistant le revoit ensuite, par hasard, devant un bar rue de Douai. « C'est toujours d'accord », dit le gestapiste [1]. Mais le coup de téléphone se fait attendre et divers incidents empêchent l'opération de se réaliser. Finalement, Bressac est déporté... Le résistant précise « qu'il n'avait jamais été question de faire de Danos un agent, ni de lui donner ultérieurement une attestation, mais seulement de faire connaître ultérieurement qu'il avait accepté volontairement de se mettre à notre disposition. »

Dans sa déposition, le capitaine Van Buylaert se souvient de quelques-unes des missions qu'il a été amené à confier au « chauffeur à la Gestapo » : Danos l'a conduit à Miriel, où se trouvait une base de V2, ceci pour en relever l'emplacement exact, il a convoyé à bord de sa traction plusieurs parachutistes anglais et canadiens au Havre [2]. « J'ai eu confiance en lui, déclare-t-il, et j'ai eu raison d'agir ainsi, car effectivement Abel Danos a rempli toutes les missions que je lui ai confiées de manière satisfaisante. »

De Vichy, Louis Raggio rappelle que la réussite de la mission « très dangereuse » qu'il a menée à bien en compa-

---

1. Témoignage André Rollet, supplément d'information, DCAJM. Rollet est en outre le liquidateur du réseau la France au Combat.
2. Danos fait deux voyages Paris-Le Havre entre le début juillet et le 15 août. Témoignage Albert Van Buylaert, supplément d'information, DCAJM.

gnie de l'accusé, « est due en grande partie à l'activité qu'a déployée Abel Danos ». Après l'évasion de ce dernier de Fresnes, l'ancien des TR n'a plus eu l'occasion de le voir : connaissant sa « nouvelle position, je l'évitais le plus possible », mais, précise l'hôtelier, « à aucun moment, il n'a cherché à nuire aux personnes dont il connaissait l'activité, dont moi, ma femme et les agents qu'il avait sous ses ordres. »

Enfin, le lieutenant-colonel Herbinger lui-même, alias « Bressac », est d'accord pour témoigner « bien que ne sachant pas grand-chose »[1].

Armand par contre, reste introuvable[2]. De même que Suzzoni... Après avoir été transféré à Lyon en avril, le Corse a tout naturellement retrouvé la liberté en septembre. Depuis, il s'est évaporé... Malgré cette absence, que Danos dira regretter[3], le supplément d'informations est en tous points favorable à l'accusé...

### *Arrestation Quai des Orfèvres*

Du côté de l'accusation, on tente de faire bonne mesure en produisant deux témoignages et en évoquant une curieuse affaire d'arrestation[4]. Curieuse, puisque, contrairement à l'habitude, c'est un flic qui est arrêté et un voyou qui arrête...

L'affaire s'était déroulée le 24 janvier 1944 au troisième étage du 36 Quai des Orfèvres. Ce jour-là, Jean Grando,

---

1. Rapport du 30 octobre 1950.
2. Selon Van Buylaert, « Armand » est un major anglais, ancien entraîneur, qui habitait Paris avant-guerre. Il aurait été mêlé à une affaire d'escroquerie en 1944.
3. Danos signalera au juge que Suzzoni pourrait se trouver à Marseille, d'après les renseignements qu'il a pu recueillir.
4. Celui d'Émile Marongin et celui de Monsieur Dreyfus.

inspecteur à la Brigade volante entre dans le bureau de son supérieur le commissaire Pinault. Calmement, il l'avise que des Allemands viennent l'arrêter et vont l'emmener. Pourquoi ? Sans doute n'en a-t-il aucune idée : l'Occupant tout-puissant n'a pas à justifier les arrestations auxquelles il procède. Le plus souvent, la personne interpellée apprend ce qui lui est reproché aux cours des interrogatoires qu'elle subit ensuite...

Quelques minutes plus tard, effectivement, Pinault voit son inspecteur dans le couloir encadré d'un Allemand en uniforme et d'un Français en civil... Une arrestation apparemment sans violence, mais devant laquelle personne n'ose protester malgré le caractère scandaleux qu'elle revêt. Ce n'est pas tous les jours qu'un policier est arrêté dans l'exercice de ses fonctions et dans les locaux même de la Préfecture de police.

On est sans nouvelles de Grando pendant vingt-quatre heures. Il réapparaît ensuite, apparemment frais et dispos, expliquant qu'il a été conduit dans les services de la rue Lauriston. Et Grando précise à son chef l'identité du Français qui l'a arrêté : il s'appelle Abel Danos. L'inspecteur le connaît, puisque par un curieux retour des choses, il a été autrefois amené à l'interpeller lui-même...

Mais Danos n'avait apparemment nullement l'intention d'entamer de quelconques représailles : la version officielle retiendra que Grando a été convoqué rue Lauriston pour fournir quelques explications au sujet de l'interpellation, quelques jours plus tôt, d'un Algérien en flagrant délit de vol. Rien de grave, puisque l'homme, s'étant réclamé d'un service allemand, a été remis, dans l'heure, aux bons soins de la rue Lauriston [1].

---

1. Selon un rapport de janvier 1947, il s'agit de Kaci Saïd Mohamed, né le 2 décembre 1918 à Alger, demeurant 23 rue Labat à Paris (XVIIIe).

Mais, entre-temps, Grando a quitté la police le 2 février 1945. La commission d'épuration, appelée à statuer sur son cas, a révoqué sans pension cet inspecteur considéré jusque-là comme un bon policier : Grando était soupçonné non seulement d'être un agent de renseignement de la rue Lauriston mais également de travailler avec la Milice et la Gestapo... De graves soupçons étayés par le fait avéré que Grando était en étroite relation avec Mansuy, le milicien assassin de Georges Mandel, ancien ministre de l'Intérieur [1]...

Pour sa part, Danos dit être étranger à cette arrestation. Étranger mais pas ignorant de certains détails qu'il se réserve de fournir le jour de l'audience [2]... Des révélations ? On n'en saura pas plus, car le tribunal militaire se bornera à produire le témoignage de Pinault sans creuser le fond de cette curieuse affaire [3].

## *Les jeux sont faits*

Enfin, un mois plus tard, on règle les derniers détails... Le 10 mars, le juge Daniault reçoit Danos pour lui donner lecture du supplément d'informations. L'inculpé reconnaît en avoir pris lecture... Respecter à tout prix la procédure...

---

1. Le 6 juillet 1944, Mandel avait été extrait de la prison de La Santé et emmené en direction de Vichy, où l'on devait statuer sur son sort. Il avait été exécuté en forêt de Fontainebleau, par Mansuy.

2. Déclaration Danos, 10 mars 1951. DCAJM.

3. Le 31 janvier 1948, à la suite d'une contre-enquête, la commission consultative conclut à l'innocence de Jean Grando. Selon elle, les accusations étaient motivées par une simple rivalité professionnelle. Le 21 juin 1953, Jean Grando, représentant de commerce, est condamné à sept années de réclusion pour le vol et le recel de trois tonnes de lingots d'or, commis le 4 juillet 1949, dans l'enceinte de l'aéroport d'Orly. Un de ses cinq coïnculpés, le nommé Ange Marchetti, est patron de bar rue Gît-le-Cœur et, pour l'anecdote, indic du commissaire Chenevier.

En haut lieu, on s'impatiente... Le 12 mars, le commissaire du gouvernement écrit : « Seule la condamnation définitive de Abel Danos permettra au conseil supérieur de la Magistrature de statuer sur le sort de Raymond Monange, dont la situation anormale ne saurait se prolonger sans préjudice pour une bonne administration de la Justice. » Avec un grand J...

Le même jour, le volumineux dossier est adressé à la juridiction militaire, compétente pour juger les « traîtres » par suite de la suppression de la cour de justice de la Seine... Il est rigoureusement identique à celui que cette dernière avait eu à examiner. Malgré les informations supplémentaires qui sont parvenues à la justice, l'exposé des faits reprend mot pour mot celui du dossier précédent... pas une virgule n'a été changée. Danos est toujours qualifié d'« agent redoutable de la rue Lauriston », dont les éléments produits pour sa défense « paraissent insignifiants. » Cette fois, tout est prêt pour l'hallali...

Au début du mois de mai, la nouvelle tombe sur le bureau de Carboni, comme un couperet : l'audience du tribunal militaire permanent de Paris se tiendra le 29 juin. Quelques jours plus tôt, sa voiture a été arrêtée par deux motards dans la Vallée de Chevreuse : contrôle de papiers... L'avocat a tendu sa carte professionnelle et, là, un des policiers lui a chaleureusement serré la main. Après avoir ôté son casque, il s'est fait connaître : « C'était Roger Bouladour, le frère de Simone, qui était entré dans la police. Lui aussi, apparemment, aimait bien Abel. Il lui a dit : "Vous êtes l'avocat d'Abel ? Je le connais très bien... Surtout défendez le bien [1] !" » Carboni s'y emploie...

Hélène Maltat ignore comment l'avocat fut amené à s'occuper du dossier Danos ? L'avocate Geneviève Baillet, qui fut

---

1. Affecté d'abord au commissariat d'Aulnay, Roger Bouladour a ensuite intégré la brigade motorisée. Témoignage Hélène Maltat.

son assistante à cette époque ne le sait pas plus mais affirme que les fonds qui règlent l'addition provenaient du Milieu corse : « C'est les Corses qui payaient Carboni pour défendre Abel... J'en suis sûre. »

Danos semble avoir eu beaucoup d'amis au sein de la communauté insulaire... On se souvient de cette curieuse « légende » de la participation de Danos au « Train de l'or » en 1938 : une affaire à laquelle la communauté corse avait largement contribué. Le Mammouth connaissait-il Paul Leca et Gustave Méla, les cerveaux du coup ? Personne ne peut l'affirmer. Paul Carbone, qu'il avait rencontré par l'entremise de son ami Raggio, homme de main du caïd marseillais, était sinon un de ses amis, au moins une de ses relations. Il connaissait également les Guérini, tout au moins Barthélemy, dont Hélène Maltat conserve un bon souvenir : « Un qui était gentil, c'était Mémé Guérini, avec son amie "Pomme à l'eau". Ils habitaient dans le coin [de la rue Lauriston à Paris]. Ils m'avaient reçue très gentiment. ».

Ange Salicetti pourrait lui aussi avoir mis la main au porte-monnaie. Grâce aux relations qu'il a nouées parmi les « politiques » de la Centrale de Nîmes pendant l'Occupation, Salicetti possède des amitiés à « gauche » et fait figure de résistant. Le hasard tient à peu de chose... À cause des relations qu'on lui prête dans le Milieu, le truand corse a été sollicité par son garde du corps et ami « François » C. pour tenter d'aider le condamné. Mais « l'Ange » a expliqué qu'il « ne peut rien faire à cause de son passé [1] »... C'est effectivement tout le problème du condamné à mort en sursis : son passé. À défaut d'avoir le bras assez long pour sortir le Mammouth du trou, il se peut qu'il lui ait tendu une main secourable, du moins financièrement...

Corse également, Étienne Léandri, riche homme d'affaires aux relations très étendues, qui a hébergé chez lui, à Turin,

---

1. Témoignage Georges Baudry.

le couple et ses deux enfants en cavale... Pendant l'Occupation, Léandri a eu deux fers au feu : son amitié avec le commissaire Simon Cotoni de la ST, lui-même très proche de Blémant, ne l'empêchait pas d'être lié avec Nosek, du renseignement allemand, Carbone, Palmiéri et même Doriot. Malheureusement pour lui, la balance de la Cour de justice a penché du mauvais côté à la Libération [1]. Avant de se réfugier en Allemagne puis en Italie, Étienne Léandri a fréquenté le Tout-Paris de l'Occupation, étant particulièrement intime avec Maurice Chevalier, Mireille Balin, René Lefèvre ou Tino Rossi, qu'il invitait dans sa villa du Cap d'Antibes.

Constantin Rossi, dit « Tino », est justement un ami de longue date de Carboni. Tous les deux sont Ajacciens de naissance, émigrés sur le Continent. Les deux hommes sont souvent vus ensemble dans les boîtes de nuit parisiennes et font le coup de feu dans la chasse que le chanteur possède à Rambouillet.

## Solidarité insulaire

Né à Ajaccio en 1912, Charles Carboni a, selon Geneviève Baillet, son ancienne collaboratrice, « usé ses fonds de culotte sur les mêmes bancs que les futurs gangsters » [2]. Mais tandis que ses camarades suivaient leurs destinées, Carboni a pris le chemin du Droit. Distingué comme plus jeune avocat de France quelques années plus tard, il a débuté sur l'île de Beauté en défendant l'honneur des derniers bandits insulaires. En 1946, l'avocat s'est installé à Paris, où d'aucuns lui

---

1. Étienne Léandri, né à Gap en 1916. Condamné par la Cour de justice de la Seine (21 juin 1948) à vingt ans de travaux forcés. Acquitté par un tribunal militaire en 1957.
2. La plupart de ces renseignements proviennent du témoignage de Madame Geneviève Baillet, qui fut sa collaboratrice de 1951 à 1956.

promettaient une carrière prometteuse. En effet, Carboni est rapidement devenu l'avocat de ses anciens camarades d'école, puis de leurs amis, etc., etc. Une clientèle inépuisable... mais pas forcément des plus généreuse.

Lorsque Carboni éprouve quelques difficultés à faire rembourser ses ardoises, il peut compter sur l'aide de son ami Pierre Cucari, un homme de poids du Milieu Corse et par ailleurs exploitant du bar Le Laeticia, rue Notre-Dame-de-Lorette : « Carboni me disait : "Si tu as un problème avec un client, adresse-toi à Cuc." Alors j'allais le voir dans son bar et je lui expliquais la situation : untel ne veut pas payer. Quelques jours après tout rentrait dans l'ordre... » témoigne Madame Baillet.

Et lorsque l'avocat a affaire à des Corses désargentés ou impliqués dans les grosses affaires, on fait appel à Tino : après quelques mois d'interruption après la Libération, le chanteur s'est remis à pousser la romance. Il gagne beaucoup d'argent. Carboni est un peu jaloux mais profite de la manne, puisqu'il est l'avocat des Corses et que Tino paye pour les Corses... Il pourrait avoir fait une exception pour Danos.

Hélène Maltat, qui ne sait rien de ces tractations souterraines, est persuadée que Charles Carboni travaille pour la gloire... C'est pourquoi elle lui a proposé de le payer : l'avocat, grand seigneur, a refusé... Consentant tout de même à ce qu'elle vienne « aider » bénévolement au travail de secrétariat... Sur sa machine à écrire, tous les jours, Hélène Maltat s'échine à payer « sa dette » : « Il me faisait travailler comme une dingue et puis il racontait partout qu'il s'occupait d'Abel... »

Geneviève Baillet trie des dossiers et fait faire les devoirs de sa fille lorsque celle-ci rentre de l'école... Tout se passe en famille : Carboni, « panier percé, un peu radin », ne paye ni l'une, ni l'autre... À vrai dire, il semble que ses finances ne soient pas au beau fixe en ce début 1951.

À deux pas de son domicile qui lui sert de cabinet, 18 rue Moncey, Carboni a l'habitude de pousser la porte du Monseigneur... C'est là, peut-être, que se mettent en place ses idées et que se forgent ses plaidoiries... Pour le reste, il laisse le soin à Madame Baillet, de régler les affaires courantes, de monter les dossiers auxquels il prête une oreille distraite et apparemment désintéressé : « Carboni ne paraissait pas écouter attentivement ce qu'on lui disait... Je me souviens que les prévenus préféraient que ce soit moi qui aille recueillir les renseignements pour leur défense. »

Dans tous les coins de son bureau la paperasse s'accumule, mais Carboni n'en a cure. Ce qui compte, c'est de plaider « avec ses tripes », a-t-il coutume de le dire. Et, de ce côté-là, l'avocat sait de quoi il parle : « À mon sens, Carboni était aussi fort que Floriot... Pas aussi méthodique, réfléchi et ordonné que lui, mais aussi habile. C'était un paresseux, pas très compétent « au civil », mais aux assises... Sur les affaires criminelles, il plaidait avec un talent, une fougue, une conviction ! »

Mais dans l'affaire Danos, l'avocat est plutôt pessimiste : il sait que les juges militaires seront moins sensibles à son éloquence que pourrait l'être un jury populaire. À sa table, au Monseigneur, chaleur du whisky aidant, il s'en ouvre à son ami Tino et à celle qu'il nomme paternellement « ma petite Geneviève » : « Carboni ne se faisait pas d'illusion sur l'issue finale du procès... Ceci dit, il s'est tout de même accroché : s'il avait pu penser que Danos pouvait sauver sa tête, il aurait tout fait pour cela... »

Chapitre 18

## *Le glaive de la justice militaire*

Abel Danos est-il coupable ou non de trahison ? Grave question à laquelle neuf juges, trois civils et six militaires sont chargés de répondre... Si les trois premiers sont des magistrats professionnels, les autres occupent des postes aussi divers que lieutenant au Groupe de circulation routière n° 602, capitaine à la Direction du parc du génie ou adjudant à la Garde républicaine[1]. Aucun de ces gradés n'est spécialiste du droit mais qu'importe : le glaive de la justice que le président Roynard tient dans ses mains tombera avec justesse et équité sur l'accusé.

Pour s'en convaincre, il suffit d'assister au cérémonial immuable de la remise des codes par lequel débute l'audience : Code de justice militaire, Code pénal et Code d'instruction criminelle, qu'un planton pose solennellement

---

1. Le Président Roynard est conseiller à la cour d'appel de Paris, ses deux colistiers, juges au tribunal civil de la Seine.

sur le bureau du président. C'est à ce moment-là seulement qu'on fait entrer l'accusé, suivi de son défenseur...

Un peu après 13 heures 30, Danos entre, le cheveu grisonnant et calamistré, vêtu d'un veston prince de galles gris un peu avachi et d'une chemise blanche boutonnée jusqu'au col. Il « déçoit et rassure tout à la fois », observe un journaliste, qui se faisait une autre image du « traître truand ». « Un vieux pantalon noir de cérémonie » tombe sur ses chaussures à semelles agglomérées, « comme seuls s'en payaient les riches sous l'Occupation », poursuit le même reporter.

Cet homme aux allures de père tranquille est il donc bien le « tueur de la rue Lauriston », le « géant blond qui tue », l'« abominable tueur de policiers », le « Dillinger de la Gestapo » tant de fois décrit par la presse ? L'acte d'accusation qu'énumère le président ne peut laisser de doutes à ce sujet... Arrestation de Geneviève de Gaulle, du duc d'Ayen, dépeçage de Tissier, vol de 7 millions d'or, expéditions contre les maquis : « Des inventions de Chamberlin, proteste l'accusé. Il y a des gens qui me voient partout. »

« Danos a tellement de crimes sur la conscience que le président, en lisant l'acte d'accusation, a dû les énumérer pour mémoire », écrit le journaliste du *Matin*. Ou plutôt « *in memoriam* », car toutes les accusations proviennent de témoignages posthumes : des « fantômes de la rue Lauriston », dixit *Le Parisien libéré*. Bien vivants, par contre, sont les habitants de l'avenue Charles-Floquet qui accusent Danos d'avoir été « menaçant avec les locataires et arrogant avec sa concierge ». « J'étais au contraire tout ce qu'il y a de gentil », répond l'accusé au président Roynard.

Ces témoignages proviennent d'un rapport établi par un certain commissaire Bourdeau. Entre autres révélations, on y apprend que le gestapiste a « été vu à plusieurs reprises en uniforme allemand, porteur de mitraillettes », qu'il se serait « vanté d'avoir réussi de s'infiltrer dans le maquis et d'y avoir organisé des expéditions punitives ». Plus fort encore : « Au moment de l'attentat dirigé contre Hitler, Danos s'est enfui de nuit, emportant tout ce qui l'intéressait dans l'appartement. » Témoignages recueillis « à chaud » en mars 1947, auprès des locataires de l'immeuble. Braves Français que leur trop plein de patriotisme égare... La peur rétrospective d'avoir été sous la menace d'un tel monstre explique sans doute leur exagération toute légitime... « Les voisins de l'avenue Charles-Floquet, je ne peux pas en parler : je ne les ai jamais vus. J'avais de bons rapports avec la concierge, par contre. La vache ! Quand je pense qu'elle harcelait Abel pour faire entrer son mari comme poinçonneur au métro ! »

Le président, « dont les interrogations revêtent la forme affirmative d'un réquisitoire » rappelle quelques faits à l'accusé : « Vous vous prétendez, en 1941, chargé de mission du 2$^e$ Bureau français à Marseille, et vous écrivez la lettre que voici... » Et la lettre est lue à haute voix. « La lettre est purement fantaisiste, explique l'accusé, et c'est uniquement pour pouvoir m'évader que j'ai écrit vouloir me mettre au service de la Gestapo. » Danos nie tout en bloc : il n'a jamais mis les pieds dans la région de Chalon, il n'a pas dépecé Tissier et n'a jamais été en Zone libre pour tuer un résistant... « Tout cela, c'est des histoires », répète-t-il. Et s'il concède avoir fait partie de la Gestapo de la rue Lauriston, il n'a été « un lieutenant » qu'à partir de 1943. Pour les juges, c'est déjà trop...

## *Les témoins*

L'heure est ensuite à l'audition des témoins : Pinault, par exemple, qui vient à la barre dire que Danos a bien arrêté un de ses inspecteurs dont il a la pudeur de taire le nom... Chenevier, qui paraît ne plus être sûr de rien : « Son activité à la Gestapo, je ne la connais que vaguement. Danos n'est pour rien dans mon arrestation ». Selon lui, l'accusé a cherché à contacter la Gestapo « pour être couvert et commettre des actes délictueux ». Mais il est trop tard pour revenir en arrière, et d'ailleurs l'opinion des juges est faite. « C'est en vain que la Cour de cassation se sera penchée sur le cas Danos », observe pertinemment le journaliste de *Combat*... En vain que les témoins Rollet, Raggio et un certain Lehuby[1] auront témoigné à la barre des services rendus à la Résistance par l'accusé en 1941 et dès 1943. En vain encore que le responsable de réseau Van Buylaert aura écrit la confiance qu'il mettait en Danos.

Les juges avaient déjà leur opinion. Avant même, sans doute, de s'asseoir dans la salle du tribunal militaire de Reuilly. Les faits sont là, omniprésents, horribles, patents, impardonnables. Sans aucune circonstance atténuante. La prétendue action résistante de l'accusé, les missions qu'il aurait accomplies au péril de sa vie? Les rapports de Chenevier, étayés par les témoignages de Charbonnier, de Perrier et de Johanès ont rétabli la vérité à ce sujet. Des militaires, ceux-là, à qui on peut faire confiance.

Et Carboni a beau mettre toutes ses tripes dans sa plaidoirie, il se casse les dents contre son adversaire. C'est la fin. L'audience du tribunal militaire se sera bornée à rééditer le procès de mars 1949, à rendre « une sorte d'hommage à la défunte Cour de justice », écrit un journaliste. Et, cette fois, sans vice d'aucune sorte[2].

---

1. « Étant chef de réseau de Résistance, j'ai été caché chez Danos, qui connaissait toute mon activité. Il n'a jamais rien dit et je n'ai jamais été inquiété. Danos m'a conduit à différents rendez-vous et il n'a rien dit », Jacques Lehuby, détenu à La Santé, a été cité par Carboni au mois de mai. Il dépose en personne.

2. Carboni introduira trois recours en cassation rejetés par la Cour, le 30 octobre 1951.

Abel Danos est-il coupable ou non de trahison ? Lorsque les juges se retirent pour voter à bulletins secrets, c'est « Oui », à la majorité.

## La tête d'un salaud

« J'avais été retrouver Carboni au tribunal après avoir plaidé dans une petite affaire de vol devant la 10e cour d'appel. Je me souviens de tous ces officiers avec leurs décorations... Je suis arrivée juste à temps pour entendre la sentence : "Abel Danos, vous êtes condamné à la peine capitale." Abel, les bras croisés, n'a pas bronché. »

L'avocat, lui est « sonné » comme à la sortie d'un round. « On s'est arrêté dans un bistrot, place de la République, du côté du canal Saint-Martin. Tino Rossi était là. » Mais après un ou deux verres, Carboni ne se sent pas mieux : « Il était carrément écroulé sur son bureau. Il m'a dit d'aller demander la remise, parce qu'il était incapable de plaider une autre affaire le jour suivant. J'y suis allée. Le magistrat, c'était un président de tribunal pour enfants, m'a dit : "Il a bien tort de se mettre dans un tel état. Moi, je suis toujours content de voir tomber la tête d'un salaud." »

Devant la caserne de Reuilly, en état de siège, les troufions ont mis l'arme au pied. Le fourgon cellulaire a pris la direction de Fresnes, où une cellule a été réservée dans le quartier des condamnés à mort.

Pendant des mois, les petits matins se succèdent... Puis, le 4 septembre, le condamné quitte Fresnes pour La Santé. Entre-temps, le quartier des CAM a été déplacé au rez-de-chaussée de la deuxième division, Quartier bas...

Dans la même aile, au premier étage, Paul Dellapina, « gentleman cambrioleur » et « roi de l'évasion », y attend son procès aux assises. Connaissant le dénuement dans lequel se trouve Danos, il le ravitaille en cigarettes et l'aide à cantiner. Un jour, le prisonnier a la visite d'un gardien qui sert d'intermédiaire entre sa femme et lui pour entrer et sortir du courrier :

« Paul, j'ai une commission à te faire de la part d'Abel. Il m'a chargé de te demander si tu voulais essayer de le faire évader. Tu sais qu'il est condamné à mort et qu'il n'a aucune chance de s'en tirer. Il compte sur toi. »

Dellapina s'étonne, à juste titre : considérant la surveillance étroite à laquelle sont soumis les condamnés, il paraît impossible de tenter quoi que ce soit, surtout de l'intérieur... De mémoire de prisonnier, jamais aucun condamné à mort n'a pu s'évader. Mais le gardien insiste.

« Abel m'a expliqué son plan. Il pense qu'il serait possible, une fois dans la cour, la nuit, de grimper sur le toit en passant par les grandes fenêtres qui sont au creux des divisions 1 et 2. Une fois sur le toit, vous enverriez une corde de l'autre côté dans le boulevard Arago, où il y aurait quelqu'un qui attendrait et... »

Dellapina l'arrête. Certes, sa réputation d'évadé n'est plus à faire, mais il y a des limites.

« Je n'ai tout de même pas le don de pulvériser les obstacles et de passer à travers les murs...

— Tu ne m'as pas laissé finir, reprend le gardien. Abel m'a demandé si je voulais vous aider. J'ai promis de faire tout ce que je pourrais. Tu sais que j'ai toute confiance en toi. Je rentrerai donc tout le matériel dont tu pourrais avoir besoin : pince coupante pour découper le grillage des fenêtres des cellules des condamnés à mort, lames de scies à métaux et, si tu y tiens, même un revolver. »

Le gardien, que son travail rebute, compte lâcher la pénitentiaire pour se remettre à la mécanique, son premier métier. Autant partir en beauté...

« Paul, j'ai oublié de te dire que vous pourriez tenter cette évasion une nuit où je serais de garde chez les condamnés à mort. Je déferais la chaîne d'Abel et toi tu pourrais scier le barreau tranquille. »

Mais l'as de l'évasion se défausse... Scier son barreau, descendre dans la cour, faire sortir Abel, escalader avec lui les trois étages, monter sur le toit puis se laisser glisser sur une corde lui paraît une opération impossible à réaliser.

« Je comprends qu'Abel veuille tenter l'impossible pour échapper à la mort mais, hélas, il n'a pas l'ombre d'une chance. »

Dellapina a raison : affaibli par ses deux ans de prison, il semble impossible que le Mammouth puisse s'en sortir.

« Je suis désolé de dire ça à ce pauvre Abel, mais il ne faut pas qu'il se nourrisse d'un faux espoir[1]. »

Carboni, lui, espère en le pourvoi qu'il a formé auprès de la chambre criminelle de la Cour de cassation. Sans trop y croire... Le 31 octobre, la réponse confirme ses craintes. Cette fois, tout est consommé... Pour l'avocat, le dossier Danos est un échec dont il aura beaucoup de mal à se remettre[2]. « Une affaire comme celle d'Abel Danos lui avait demandé un gros investissement, aussi bien professionnel qu'affectif. Il sortait de tout ça, lessivé, crevé... » raconte Geneviève Baillet. Défait... On ne se mêle pas impunément de défendre un accusé avec un tel passif...

Pour cette raison, peut-être, l'avocat ne reverra plus son client : « Carboni m'envoyait quelquefois voir Abel pour de

---

1. Paul Dellapina, *Cambrioles,* p. 333. Dellapina tentera plus tard cette évasion avec la complicité du gardien. Un codétenu surnommé « Max le Catcheur » l'accompagnera dans sa tentative. Arrivé au troisième étage, ce dernier lâchera la corde et s'écrasera dix mètres plus bas. Paul Dellapina redescendra pour lui porter secours. Il apprendra par la suite qu'un système électrique placé sur le toit des cuisines aurait déclenché les sirènes de la prison. *Cf.* Maurice Cieutat, *Un maton pas comme les autres,* p. 128.

2. Carboni repartira en Corse en 1968. Il mourra dans un accident de voiture.

simples visites de politesse, car tout était fini. Il était seul dans sa cellule, très propre, très droit, de la classe. Malgré les chaînes à ses chevilles, son uniforme de bagnard, on aurait dit un bourgeois. Il me laissait m'asseoir sur sa paillasse et se mettait sur un tabouret. Il me posait des questions sur Hélène, qui travaillait avec moi, sur ses enfants. Jamais de son affaire... »

## Chapitre 19

## *La fin*

Vendredi 14 mars. Comme tous les matins, Hélène Maltat attend le bus qui l'emmène sur son lieu de travail. Après une nuit sans sommeil, ses traits sont tirés, ses yeux gonflés... La veille, Charles Carboni a cru bon de la prévenir : « C'est pour demain matin. » L'avocat n'a pu, par contre, trouver le courage nécessaire de prévenir son client : « Il a fait trois fois le tour de La Santé sans oser aller voir Abel[1]. » Danos dort donc paisiblement lorsque la procession des officiels s'arrête devant sa cellule de la 2e division : depuis près de neuf mois, le Mammouth a eu le temps de s'habituer à l'idée de la mort.

Silencieuse, la petite troupe stationne dans le couloir tandis que le surveillant chef ferme les guichets des autres portes. Il y a là une trentaine d'hommes, parmi lesquels le colonel commandant la place de Paris, le juge d'instruction, le substitut du procureur Langlois, le commissaire du gouverne-

---

1. Témoignage Hélène Maltat.

ment Lombard, qui avait requis la peine de mort, le docteur Paul, vieil habitué des petits matins d'exécutions et, enfin, plusieurs gardes mobiles chargés d'assurer, le cas échéant, « le maintien de l'ordre ».

Une heure plus tôt, les officiels s'étaient donné rendez-vous devant le Palais de Justice : tandis que les magistrats militaires se rendaient à La Santé, ceux de la Cour de justice prenaient la route de Fresnes, où ils devaient prendre en charge le condamné Monange.

Un peu en retrait, blême, Charles Carboni est emmitouflé dans son pardessus en poil de chameau. L'avocat a passé une nuit blanche devant une bouteille de whisky. Depuis huit mois il vit la condamnation d'Abel Danos comme un drame personnel. Son client était devenu un ami[1]. Près de lui, un livre de prières à la main, le père Devoyod, l'aumônier de La Santé. La veille, à 20 heures, le prêtre a reçu un bref coup de téléphone du directeur de la prison : « Monsieur l'aumônier, j'ai besoin de vous demain matin, 5 heures. » Pas de mots inutiles : Devoyod sait que cette phrase signifie l'exécution prochaine d'un de ses « enfants » du Quartier des condamnés à mort. Il en a l'habitude.

À l'écart, vêtu de son éternel imperméable mastic, Roger Borniche, inspecteur principal à la 1re Brigade mobile... Cette même nuit, à 1 heure du matin, un coup de téléphone de Chenevier, qu'il surnomme « le Gros », l'a tiré de son sommeil : ordre lui a été donné d'assister à l'exécution. Raison invoquée : Danos serait susceptible de faire des révélations de dernière minute. Sur quelle affaire ? Borniche l'ignore, comme il ignore à peu près tout du dossier Danos, bouclé avant son arrivée au service. En fait, sa présence ressemble fort à un intérim.

Quelques jours plus tôt, Danos avait fait connaître sa dernière volonté à son vieil adversaire : il souhaitait qu'il

---

1. Témoignage Geneviève B.

vienne le voir mourir afin qu'il constate «qu'il paiera courageusement sa dette à la société». Mais le commissaire a, semble-t-il, éprouvé quelques faiblesses dans la dernière ligne droite : «J'ai évidemment refusé cette invitation macabre. J'abats mon gibier mais, comme les véritables chasseurs, je ne le mange pas [1]!» Borniche fera donc l'affaire...

## *L'adieu*

Il est exactement 6 heures 20 lorsqu'un gardien ouvre silencieusement la porte de la cellule. Sur sa paillasse, le condamné dort paisiblement.

«Abel Danos, ayez du courage. Votre grâce a été refusée : vous allez mourir.»

Danos se lève.

«Ça y est? C'est l'heure? Bon, allons-y.»

Un détachement devant la mort dont témoigne un interne de l'infirmerie qui assista à la scène : «Je n'ai jamais vu ça. Pourtant, j'ai vu des gars y aller en homme. Mais Danos, lui, y est allé comme s'il allait boire un coup au bistrot d'en face [2].

Plutôt que de courage, Chenevier préférera parler d'insensibilité : «sans manifester la moindre émotion», écrira-t-il dans son acharnement à noircir l'âme de son «gibier».

Le directeur ordonne au gardien d'ôter les menottes des mains du condamné. Une délivrance : les menottes empêchent tout relâchement des muscles durant la nuit... Carboni, la figure décomposée, presque titubant, s'approche de son client : il tremblote quelques mots de courage. Contre toute attente, c'est Danos qui le réconforte :

---

1. Charles Chenevier, *De la Combe-aux-Fées à Lurs*, p. 130.
2. Rapporté par Francis Guillo, *P'tit Francis*, p. 208.

« Allons, Maître, un peu de tenue, soyez courageux[1] ! »

Puis le prisonnier sort de sa cellule, encadré par les gardes. Il enfile le couloir, semblant mener la procession jusqu'au rond-point bas, où, depuis la veille au soir, ont été préparés ses vêtements civils et le nécessaire à sa dernière toilette[2].

Malgré la discrétion des gardiens, la rumeur de l'exécution s'est répandue comme une traînée de poudre : du rez-de-chaussée au troisième étage de la deuxième division règne un chahut indescriptible : à coups de pieds dans les portes, de gamelles, de cris, les détenus disent adieu au Mammouth[3]. À ces témoignages de respect et d'amitié, Danos répond par un simple ; « Salut, les hommes », en passant devant les cellules amies.

Au deuxième étage, Paul Dellapina entend partir celui qu'il n'a pu aider dans son ultime tentative d'évasion : « Ce matin-là, j'avais été réveillé par un bruit de pas nombreux et par les cris des détenus qui insultaient le lugubre cortège. En passant à hauteur de ma cellule, Abel m'avait crié son adieu. J'eus un long frisson, la gorge serrée, les larmes aux yeux. Puis ce fut le silence peuplé uniquement du pépiement des oiseaux qui saluaient le lever du jour[4].

Le condamné procède soigneusement à sa toilette, coiffe avec application ses cheveux gris, puis quitte l'uniforme de la pénitentiaire. Sur une chaise, les gardiens ont posé son costume prince de galles gris, un peu fripé, et son pardessus en poil de chameau bleu.

Le père Devoyod, près de lui, lui prodigue quelques mots de réconfort, s'enquiert de ses dernières exigences. Il n'en a

---

1. Témoignage Geneviève Baillet.
2. Le cérémonial d'une exécution a été très précisément relaté dans l'ouvrage de l'Abbe Jean Popot, *J'étais aumônier à Fresnes*. Sauf indication contraire, le récit s'inspirera donc de ce témoignage.
3. Maurice Cieutat, *Un maton pas comme les autres*.
4. Paul Dellapina, *Cambrioles*, p. 335.

pas. Sauf de remettre à Hélène un paquet des lettres qu'elle lui a adressées, quelques photos d'elle et des gosses. Carboni promet de s'en charger.

Le prêtre propose de lui donner l'absolution de ses pêchés : « On peut tromper les hommes, on ne trompe pas Dieu », a écrit Popot, l'aumônier de Fresnes. Danos n'est pas pratiquant, mais il a été élevé dans la religion. Il a été baptisé à Saman, a fait plus tard sa communion. Sa mère y tenait. Avant de mourir, la plupart des condamnés se prêtent à cette ultime confession.

Le prêtre lui tend du papier et un crayon. Un dernier mot pour Hélène : « Je me souviens des derniers mots qu'il m'a écrits sur sa lettre d'adieu : " Occupe-toi bien des enfants. Fais pour le mieux. Dis à tes parents que je les aimerai jusqu'au bout. Adieu mon amour [1]. "

Danos refuse le dernier verre de rhum qu'on lui tend : il n'a pas besoin de cet ersatz de courage devant la mort. Les gardes lui passent les menottes et le poussent vers la porte de la prison. Après le vestibule, le cortège se retrouve dans la cour. Il est 7 heures à la cloche de l'église Saint-Dominique toute proche.

À gauche, près des cuisines, un alignement de pavé indique l'emplacement de la guillotine.

Selon la loi, « tout condamné à mort aura la tête tranchée ». Sauf les « politiques », que l'on fusille. Douze balles dans la peau pour les traîtres. À Paris, les exécutions se déroulent dans l'enceinte d'un des forts militaires qui

---

1. Témoignage Hélène Maltat. Danos aurait, selon d'autres témoignages, tenté d'écrire une autre lettre à sa maîtresse alors que le fourgon faisait route vers le Fort de Montrouge. Du fait de son écriture tremblée, il aurait rajouté en post-scriptum : « Je ne voudrais surtout pas que tu crois que je tremble. C'est le fourgon... » rapporte Maurice Cieutat, *op. cit.* Selon Roger Borniche, il aurait commencé à écrire puis aurait ensuite roulé en boule la feuille sur laquelle il avait tracé quelques lignes illisibles.

entourent la capitale. Depuis la fin de la guerre, les fossés du Fort de Montrouge, au Sud de Paris, servent habituellement de théâtre aux mises à mort. C'est là, le 26 décembre 1944, qu'ont eu lieu notamment les exécutions des membres de la rue Lauriston...

## *Ultime départ*

« Courage, Abel », « Adieu, Mammouth », quelques paroles d'encouragement fusent encore derrière les barreaux de La Santé... Dans la cour d'honneur, Danos, menotté, passe devant les surveillants qui se sont alignés pour le voir. Certains lui disent au revoir : parfois, une estime réciproque, voire de l'amitié, parvenait à naître entre les gardiens et leurs prisonniers.

Dans la cour de la prison, éclairée par la lumière blafarde de quelques lampadaires, le petit cortège se dirige vers le fourgon cellulaire qui stationne moteur tournant. Cette fois, les cris des détenus se sont tus. Un silence de mort s'est fait tandis que Danos enjambe le marchepied du véhicule. Le père Devoyod, Carboni, Borniche et plusieurs gardes montent à sa suite. Le dernier verrouille la porte de l'intérieur.

Très vite, le signal du départ est donné. Les lourdes portes de La Santé s'ouvrent sur la nuit. Il est 7 heures 04 : le convoi démarre... Le Directeur de la prison note sur son rapport : « Toutes les formalités d'usage auxquelles il a été procédé à l'établissement n'ont donné lieu à aucun incident[1]. » Les condamnés ne sont pas toujours aussi dociles.

Rue de La Santé, le convoi prend de la vitesse. En tête, plusieurs motards chargés d'ouvrir la route. Derrière eux,

---

1. Compte rendu d'exécution du 14 mars 1952 du directeur de La Santé.

suivent les officiels embarqués dans plusieurs voitures et, enfin, le fourgon. Sous les roues du panier à salade, les pavés défilent à vive allure : boulevard Arago, avenue du Général-Leclerc jusqu'à la Porte d'Orléans... Tous les cent mètres, des soldats montent la garde, l'arme au pied : un cérémonial immuable, destiné à dissuader une éventuelle attaque du convoi.

Assis face au condamné dans le couloir central, les mains croisées, l'aumônier tente un dernier dialogue avec celui qui va mourir. À travers le bruit assourdissant du moteur et des roues sur les pavés, il arrive que certains livrent d'ultimes confessions, aient quelques dernières exigences. Danos, peut-être, comme eux...

Le convoi, en traversant le boulevard Jourdan, quitte Paris pour la commune de Montrouge. La nationale 20 ouvre sa perspective... La chaussée est quasiment déserte à cette heure matinale : quelques camions de livraisons, les premiers bus : la vie. Sur l'asphalte, le bruit du moteur s'apaise, la voix du prisonnier et de son confesseur se font plus distinctes.

Au carrefour de la Vache-Noire, un brusque coup de frein et un virage pris trop vite obligent les passagers à se tenir pour ne pas tomber : le convoi vient de quitter la nationale pour prendre à droite, l'allée bordée d'arbres qui mène au Fort de Montrouge. À cet endroit, la garde est renforcée : des hommes pourraient profiter du ralentissement pour tenter d'intercepter le fourgon.

Pour avoir convoyé bien des hommes avant Danos, le père Devoyod sait combien l'issue est proche : il invite « son enfant » à prier une dernière fois... Sur la route mal entretenue, la « cellulaire » peine à avancer jusqu'à la grande porte noire qui ferme les fossés du fort. Un arrêt de quelques instants : le fourgon franchit un profond caniveau avant de stopper définitivement. Claquement de portières, puis silence. La porte arrière s'ouvre. Un des gardes retire les menottes du Mammouth.

Tout autour du fort, sur les talus, des gardes mobiles sont alignés : surplombant la scène, ils seront aux premières loges du drame qui se joue. Sur le côté de la cour, devant les remises, les officiels se sont déjà rassemblés... Eux aussi sont en bonne place : à quelques mètres, devant le talus verdoyant du fort, est érigé l'autel du sacrifice : un simple poteau de bois blanc fiché en terre... Dans le silence pesant un officier se tient, sabre au clair, prêt à commander la salve : un peloton de douze soldats, encadré par un sous-officier, attend ses ordres...

Danos marche sans faiblir jusqu'au poteau, l'aumônier à ses côtés. À cause de la fraîcheur matinale, les soldats battent la semelle sur place, les officiels, raidis, frissonnent... Les mines sont graves, les regards baissés. Un malaise palpable entoure l'assistance.

« Personne n'était fier de faire un tel travail, on avait mauvaise conscience. Tous étaient tellement gênés que, bien souvent, ils ne liaient pas du premier coup les mains du supplicié. Quand l'officier me disait : "Monsieur l'aumônier, je vous prie..." j'embrassais mon enfant et prenais place derrière le peloton. »

Danos refuse d'avoir les yeux bandés : « La mort se regarde en face », aurait-il répondu à l'officier. À l'aide d'une grosse corde, on lui lie les mains derrière le poteau. Une dernière fois, le prêtre l'invite à remettre son âme à Dieu et recule... Les fusils sont déjà braqués.

« À mon commandement... »

« En joue... »

L'officier abaisse son sabre...

Il est un peu plus de 7 heures 24.

Quelques secondes avant la déflagration, bien droit devant le poteau, le Mammouth a crié d'une voix forte et posée : « Au revoir, Maître Carboni. Vive la France ! » Il lui avait demandé de le regarder mourir [1].

Le corps tombe en avant, le visage dans l'herbe fraîche.

« Reposez armes ! »

L'officier commandant le peloton d'exécution sort son revolver et donne le coup de grâce... Justice est faite...

« Carboni m'a dit qu'Abel était mort en homme. Devoyod aussi me l'a dit plus tard, en me remettant la lettre. Et même le chef de bataillon qui commandait l'exécution a témoigné de son courage. Il a dit qu'on aurait jamais dû fusiller un tel homme. Ça n'a rien enlevé à ma peine, mais enfin... »

Le Docteur Paul s'approche pour constater le décès. Une formalité à laquelle le médecin chef de l'Institut médico-légal se prête depuis des dizaines d'années sans faiblir. Combien de cadavres de guillotinés, de fusillés a-t-il examinés au seuil des petits matins d'exécutions ? Des centaines, sans doute... Danos, la poitrine touchée de plusieurs balles, le crâne traversé de part en part, est bien mort. Il n'a pas souffert... Son corps, soulevé par deux soldats, est placé dans un cercueil. Une boîte, plutôt, aux planches de bois blanc mal jointes, mal rabotées, qu'imprègne déjà le sang s'échappant des blessures.

Pendant ce temps, le fourgon mortuaire s'avance. En attendant la fin de l'exécution, on l'avait stationné derrière les portes noires du Fort. Délicate attention à laquelle tient l'administration de la Justice : il ne serait pas convenable qu'un condamné voit sa mort en face. Dans le groupe des officiels, la tension s'est un peu relâchée : ce n'est que ça, la mort d'un homme ? Pas de cris, de pleurs ni de gémissements. Sans doute, le courage de Danos les persuade-t-il de la justice du châtiment. Seul Carboni, dans son coin, paraît au bord de l'évanouissement

---

[1]. Témoignage Hélène Maltat. Selon Roger Borniche, Danos aurait fait stopper l'exécution au dernier moment, souhaitant que son pardessus neuf lui soit retiré pour servir à un malheureux.

À l'intérieur du fourgon cellulaire qui l'a amené de Fresnes, Raymond Monange a entendu la salve. Comme Danos, la nouvelle de son exécution n'a pas semblé l'émouvoir outre mesure : après trois ans « aux chaînes », la mort peut sembler une délivrance.

Monange a écrit plusieurs lettres avant de monter dans le fourgon cellulaire avec son avocate, Maître Biget-Gazagne, et l'abbé Jean Popot. Il tombe, quelques minutes après Danos, sous les balles du peloton d'exécution. Dignement, lui aussi.

Tandis que les officiels regagnent Paris, les deux corps sont chargés dans le fourgon mortuaire qui prend aussitôt la route du cimetière de Thiais. Dans la voiture qui précède, le colonel commandant la place de Paris et les deux aumôniers. Leur devoir est d'accompagner jusqu'au bout les condamnés à mort : vingt minutes de trajet, escortés du même service d'ordre qu'à l'aller. Bizarreries de l'administration.

### *Le carré des suppliciés*

Devant la grande nécropole, les gardiens qui attendent la venue du convoi ouvrent la lourde porte. Les hommes à casquettes échangent quelques mots. Comme d'habitude : au fond à gauche. Les matons savent ce que cela veut dire. Sur un petit carton rouge qu'on leur a remis figure l'emplacement exact de la fosse. Pour Danos : division 8, ligne 14, tombe 4... le « carré des suppliciés ».

Ce « carré » n'est en fait qu'un triangle relégué à l'extrémité Nord Est du cimetière, loin des autres sépultures, au milieu des ronces : une sorte de dépotoir des rebus de la société. Là, les pires criminels y achèvent de pourrir la tête entre les jambes ou le corps percé de balles : des assassins, des tortionnaires, des traîtres...

Mais pas toujours...

À une extrémité de la division, deux trous sont déjà creusés. Autour, des soldats stationnent l'arme au pied. Rapidement, les bières sont sorties du fourgon et descendues en terre. Devoyod et Popot récitent une dernière prière à laquelle Carboni et l'avocate de Monange s'associent. Les fossoyeurs lancent déjà les premières pelletées : « Les condamnés à mort seront enfouis », dit la loi... c'est-à-dire, cachés, oubliés...

À l'issue de leur travail, aucun tumulus, *a fortiori* aucune croix ni signe distinctif ne devra matérialiser l'emplacement de leur tombe : autrefois, les tombes de ces parias étaient creusées au milieu des allées piétonnes. Payer sa dette à la société...

Le lendemain, la pioche des fossoyeurs exhume le cercueil de Danos : paradoxalement, la loi n'interdit pas aux familles de récupérer le corps de leur proche. La famille... « Abel voulait se marier. "Je serais le plus heureux des hommes", il disait... À l'époque, j'avais pas de quoi me payer un ticket de métro ! Vous me voyez me marier, moi, à la Roquette, lui à La Santé : ç'aurait été un beau mariage ! »

Hélène Maltat peut se recueillir un instant devant la dépouille avant de repartir vers son « bagne ». « À travers les planches mal jointes je voyais son pauvre costume prince de galles tout taché de sang. » En raclant les fonds de tiroirs, la jeune femme est parvenue à réunir un peu d'argent pour faire enterrer dignement son amant[1]. « J'ai rien demandé à personne. J'aurais peut-être dû me faire assister par les gens du Milieu. Demander du secours. Si j'avais eu les moyens, je me serais peut-être mariée avec Abel... Je regrette... »

---

1. 46ᵉ division, 26ᵉ ligne, tombe 36 pour cinq ans. La concession n'ayant pas été renouvelée, les restes de Danos seront exhumés le 21 août 1964 et entreposés à l'ossuaire de Thiais avant que ses cendres ne soient dispersées.

Le 21 octobre 1952, la 17 Chambre correctionnelle jugera les autres acteurs de cette affaire. Tous comparaîtront libres, sauf Jeunet, qui a été arrêté le 11 juillet 1951.

Libéro Barbiéri, Georges Baudry, Henri Maltat, Eugène Veyret sont condamnés à six mois d'emprisonnement.

Auguste Jeunet à un an (confondus avec cinq ans de travaux forcés prononcés par le tribunal militaire de Paris, le 6 juin 1953).

Charles Vaillant à un an.

Germain Chanut à quinze mois (confondus avec quatre ans de prison, prononcés par le tribunal de Pont-Audemer le 9 octobre 1952.

Martin Émilien à huit mois, transformés en dix mois en appel.

Henri Maltat, Talamona, Rose Maltat, Jean Talamona à six mois avec sursis.

Lentz, après deux années de préventive, est amnistié par le bénéfice de la loi du 6 août 1953.

Renée Macé, Gustave Isnard, Augusta Merle, Simone Barbieri, Maria Hintzy, Georgette Dumont, Gabrielle Baudry sont relaxés.

# *Épilogue*

L'affaire Danos trouve un ultime rebondissement le 7 octobre 1959, à Milan. Il est 9 heures ce matin-là, la foule est dense *via Orefici*. Soudain, deux encaisseurs en uniforme porteurs d'une petite sacoche sont agressés. Deux hommes qui les attendaient depuis quelques minutes prennent la fuite à toutes jambes à travers les rues. L'événement a été brutal, bien orchestré. Les tramways se sont arrêtés, un curé a fait une crise cardiaque. Des passants s'élancent à la poursuite des *banditi*. En vain : ils ne seront pas rattrapés...

Derrière les caméras qu'il a fait installer durant la nuit, Claude Sautet se félicite : ce premier jour de tournage du film *Classe tous risques* s'annonce sous les meilleurs auspices. Le réalisme de la scène de l'attaque promet de donner un petit air Nouvelle Vague qui devrait plaire au public et à la critique...

L'acteur Lino Ventura, «Abel Davos» dans le film, est à l'origine du projet. Il s'est enthousiasmé à la lecture du livre de José Giovanni. «Je voudrais jouer Abel», lui a-t-il confié au cours d'un cocktail. Giovanni n'avait pas dit non... Il a connu Danos pendant son séjour au Quartier des condamnés à mort de La Santé, dix ans plus tôt. «Connu» est un grand mot, puisqu'il a communiqué avec lui à travers les murs d'une cellule. Mais ce qu'il sait de lui et de son physique peut correspondre avec celui de l'ancien catcheur Ventura.

Son roman débute au moment du départ d'Italie et se termine avec l'arrestation de «Davos»: «Ce qui m'a intéressé quand j'ai écrit le roman *Classes tout risques*, c'était raconter la trahison de la pègre qui a abandonné Danos. Il était trop mouillé pour qu'il puisse être planqué. Tout le passage de l'Occupation que je ne connaissais pas ne m'a pas intéressé. Je ne me suis pas du tout inspiré des vrais événements quand j'ai mis en scène Jean-Paul Belmondo[1].»

De fait, son livre ne montre pas Davos sous son meilleur jour : trahi, abandonné par le Milieu, solitaire et marginalisé par ses anciens amis, son personnage est au bout du rouleau. Claude Sautet, à qui Ventura propose le film, aura la même analyse : «Le personnage d'Abel Davos, qui était en principe un caïd, un homme d'envergure, en était réduit à une agression minable[2].» Le film d'une déchéance...

*Classe tous risques* sort sur les écrans en 1960. Il obtient, pour le moins, un succès très mitigé. Dans l'ensemble, la critique sera même assez hostile. C'est un bide. Sautet aura sa revanche quelques années plus tard, lorsque la diffusion du film sera reprise au cinéma d'art et essai Mac-Mahon...

«Je n'ai appris que longtemps après le véritable passé d'Abel Danos, déclarera Claude Sautet. Si j'avais su qui il était vraiment, je n'aurais peut-être pas pu faire le film. Et Lino non plus, sans doute[3].» Voire...

---

1. Entretien avec l'auteur, octobre 2003.
2. Gérard Langlois, *Claude Sautet, les choses de sa vie*.
3. *Idem.*

# *Repères chronologiques*

**1904**
4 octobre : naissance à Saman (Haute-Garonne).

**1905**
Janvier : la famille Danos s'installe à Dijon.

**1911**
23 octobre : début de scolarité à l'école primaire de Montchapet.

**1918**
31 juillet : fin de scolarité, début d'apprentissage dans la maçonnerie.

**1919**
10 janvier : arrêté pour vol de courrier postal.
*14 février. Tribunal pour enfants et adolescents de Dijon : acquitté de vol.*

Saisons 1921-24, Abel Danos participe à de nombreuses courses de vélo et, en 1923, à plusieurs courses de moto.

**1923**
29 janvier : vol chez la buraliste.

**1924**
24 mai : arrestation d'Abel Danos et de son complice Cote.

20 juin. *Tribunal correctionnel de Dijon : 8 mois d'emprisonnement pour vol.*

### 1925

14 janvier : libération de prison de Dijon et départ pour le 5ᵉ BILA à Tatahouine (Tunisie).
5 août : départ pour le Rif (Maroc).

### 1926

14 juillet : démobilisation. Retour à Dijon, puis départ pour Roanne.

### 1927

*1ᵉʳ avril. Tribunal correctionnel de Roanne : 18 mois pour coups et blessures.*
*23 mai. Cour d'appel de Lyon : 13 mois en appel de la même affaire.*

### 1928

17 février : libération de Clairvaux.

### 1932

Juillet : début des cambriolages en compagnie d'André Jolivot.
*5 septembre. Tribunal correctionnel d'Avallon : 105 francs d'amende (par défaut) pour refus d'obtempérer.*
*19 octobre. 13ᵉ chambre correctionnelle de la Seine : 13 mois et 100 francs d'amende (par défaut) pour violence à agent (deux affaires).*
27 novembre : arrestation de Danos et Jolivot par la Sûreté nationale.

### 1933

*15 février. 13ᵉ chambre correctionnelle de la Seine : acquitté sur opposition au jugement du 19 octobre 1932.*
*4 avril. 16ᵉ chambre correctionnelle de la Seine : 48 mois, 100 francs et 10 ans d'interdiction de séjour, pour vol, rébellion à agent.*
*19 juin. Cour d'appel de la Seine : 54 mois en appel de la même affaire.*
*11 septembre. La chambre de cassation rejette le pourvoi formé par Danos.*

### 1934

*17 novembre. 16ᵉ chambre correctionnelle de la Seine : 100 francs d'amende pour conduite sans permis.*

## 1936
30 décembre : libération de Poissy.

## 1937
Mars : début des vols de voitures en compagnie de Wolfinger.
17 avril : arrestation de Danos et de son complice.
*24 mai : 10ᵉ chambre correctionnelle de la Seine : huit mois pour vol, port d'arme prohibé, non déclaration d'armes, infraction à l'interdiction de séjour.*
2 novembre : libération de Fresnes.

## 1938
Début de l'année : Danos rencontre Simone Bouladour.
22 septembre : affaire du « Train de l'or ».

## 1939
2 juillet : cambriolage à Avrillé près des Sables-d'Olonne.
8 septembre : mobilisé au 24ᵉ BIL.
21 novembre : tentative d'arrestation par Chenevier au Camp du Ruchard. Danos prend la fuite.

## 1940
1ᵉʳ janvier : arrestation à Dijon sous le nom de Gaston Maillard.
15 juin : évasion de la Maison d'arrêt de Dijon.
*13 septembre. Tribunal correctionnel de Dijon : 60 mois et 10 ans d'interdiction de séjour (par défaut) pour vol, violences, port d'arme, détention et transport de substances vénéneuses et toxiques.*
16 octobre : cambriolage de Bry-sur-Marne en compagnie de Buisson, Cot et Beckerich.
*21 novembre. 17ᵉ chambre correctionnelle de la Seine : 60 mois de prison, 100 francs d'amende et 10 d'interdiction de séjour (par défaut) pour vol, non déclaration d'armes, infraction à l'interdiction de séjour et récidive.*
*28 novembre. Tribunal correctionnel des Sables-d'Olonne : 60 mois, 500 francs d'amende et 10 ans d'interdiction de séjour (par défaut), pour vol.*

## 1941
*31 janvier. 10ᵉ chambre correctionnelle de la Seine : 24 mois et 5 ans d'interdiction de séjour (par défaut), pour vol et récidive.*

Janvier : Danos est présenté à Robert Blémant par Louis Raggio.
24 février : hold-up de la rue de la Victoire.
19 juin : Danos Rocca Serra et Buisson sont présentés au capitaine Paillole.
20 juin : première tentative de cambriolage chez Mercier, arrestation de Buisson.
Début juillet : cambriolage de l'agent allemand Mercier.
19 juillet : arrestation de Danos rue Gustave-Rouanet.
21 juillet : entretien Danos-Chenevier à la Préfecture de police.
22 juillet : Danos est inculpé dans l'affaire de la rue de la Victoire.
Début août : une première lettre de Danos est envoyée à destination de la Kommandantur.
16 août : les BMA sont informés de la trahison de Danos.
*14 août. 13<sup>e</sup> chambre correctionnelle de Paris : relaxe, sur opposition au jugement du 31 janvier 1941.*
*14 août. 14<sup>e</sup> chambre correctionnelle de la Seine, pour vol : renvoi au 23 novembre, puis abandon.*
Début septembre : Chenevier est convoqué par Boemelburg, rue des Saussaies.
20 septembre : départ d'une seconde lettre de Danos, cette fois adressée à la Gestapo.
Fin septembre : Danos est convoqué par Boemelburg, rue des Saussaies.
*30 octobre. 14<sup>e</sup> chambre correctionnelle de la Seine : 60 mois, 100 francs et 10 ans d'interdiction de séjour, sur opposition au jugement du 21 novembre 1941.*

## 1942

23 mars : évasion de l'Infirmerie centrale des prisons de Fresnes.
Mai : Danos est présenté à Cazauba. Lafont accepte de le « protéger ». Rencontre avec Jo Attia.
20 juillet : affaire Turlotte.
Hiver : Danos est officiellement présenté à Lafont.
Novembre : visite de Danos avenue Charles-Floquet, où le Duc d'Ayen est séquestré.
18 novembre : affaire Henri Tanguy.

## 1943

Mai : rencontre Danos avec Hélène Maltat.

26 juillet : arrestation de Geneviève de Gaulle.
Été : expédition de Montbard.
Novembre : arrestation de Bressac, chef du réseau Mithridate. Danos est contacté par le réseau.
11 novembre : arrestation de Charles Chenevier à Vichy.

### 1944

Janvier : création de la BNA.
24 janvier : arrestation Jean Grando.
15 mars : début de l'expédition de Montbéliard.
30 mars : départ section Cazauba à Tulle.
31 mars ou 1er avril : arrivée de Danos à Tulle. Retour sur Paris quatre ou cinq jours plus tard.
Juillet : Danos effectue plusieurs missions pour le réseau Marco-Polo. Voyage à Montbéliard, puis à Lyon en compagnie d'Amerlot.
7 août : Danos et Simone Bouladour quittent l'avenue Charles-Floquet.
19 août : premier jour d'insurrection de Paris.
30 août : arrestation de Lafont et Bonny à Bazoches.
8 septembre : Danos, Maltat, Gourari, Jeunet et Sartore quittent Paris. Séjour au Pontet ainsi qu'à l'auberge du Prieuré.
6 novembre : retour à Paris, en compagnie de Paul.
13 novembre : arrestation de Sartore et de Gourari.
18 novembre : arrestation de Danos et de Paul à Montreuil, hospitalisation puis transfert au Dépôt.
26 décembre : exécution de Lafont, de Bonny et de six autres membres de la rue Lauriston.

### 1945

18 janvier : évasion du Dépôt avec trois autres prisonniers.
*10 juillet. 17e chambre correctionnelle de la Seine : 12 mois (par défaut), pour évasion avec bris de prison.*
Août : retrouvailles de Danos, Loutrel et Attia.
Automne : naissance de Jean-Paul. Départ du couple à Mimizan.

### 1946

7 février : début des attaques du « gang des tractions avant ».
10 novembre : mort de Pierre Loutrel.

### 1947

Début de l'année : naissance de Florence. Le couple est revenu au Prieuré.

### 1948

28 janvier : affaire de Montagnac.
1er mars : affaire d'Agay.
*5 juillet. 10e chambre correctionnelle de la Seine : 24 mois, pour vol et infraction à l'interdiction de séjour, et 12 mois (par défaut), pour l'évasion de Fresnes.*
Septembre-octobre : séjour de Danos et de Naudy en Italie.
1er novembre : fusillade de Menton.
30 novembre : arrestation rue de la Boétie.

### 1949

*3 janvier. 10e chambre correctionnelle de la Seine : 12 mois, pour évasion (sur opposition au jugement du 10 juillet 1945), 8 mois pour vol et infraction à l'interdiction de séjour, 8 mois pour évasion (sur opposition au jugement du 5 juillet 1941).*
*17 mai. Cour de justice de la Seine : peine de mort pour intelligence avec l'ennemi.*

### 1950

*4 mai. La cour de cassation casse le jugement.*

### 1951

*29 juin. Tribunal militaire permanent de Paris : peine de mort pour trahison.*

### 1952

14 mars : exécution d'Abel Danos à Montrouge.
*21 octobre : la 16e chambre correctionnelle de la Seine juge les complices pour association de malfaiteurs.*

## Courses cyclistes courues par Abel Danos

### 1921
22 mai : Chalon-Dijon.
10 juillet : Circuit Henri Clémencet.

### 1922
2 avril : Dijon-Auxonne et retour (arrivé vingt-sixième).
23 avril : Grand Prix Clémencet.
25 mai : Petit Prix Clémencet (arrivé troisième).
28 mai : Grand Prix Griffon (arrivé cinquième).
25 juin : Circuit Lejeune (arrivé troisième).
9 juillet : Grand Prix de l'UVF (sur piste).
30 juillet : Épreuves éliminatoires du Challenge d'Honneur de l'UVF à Saint-Etienne (arrivé septième).
13 août : Circuit Montgenet (arrivé septième).
15 août : Circuit Cycliste de l'Ain (arrivé troisième).
27 août : Challenge du Souvenir (arrivé troisième).
Fin août : Courses sur piste à Annecy (arrivé troisième).

### 1923
10 juin : Grand Prix Mimile (arrivé deuxième).
8 juillet : Circuit Montgenet.
22 juillet : Circuit Griffon (arrivé deuxième).
26 août : Challenge du Souvenir (arrivé quatrième).
septembre : Prix Delage (arrivé septième).
7 octobre : Challenge d'honneur de l'UVF, à Poissy (troisième au classement général et premier des équipes régionales).

### 1924
12 avril : Dijon-Auxonne (arrivé deuxième).
11 mai : Danos arrive septième.

*Courses motocyclistes courues par Abel Danos*

### 1923

14 juillet : Château-Thierry.
20 juillet : Grand Prix de France à Montargis (arrivé premier).
19 août : Course de Côte du Mont-Ventoux (arrivé premier).
25 août : Gometz-le-Châtel (arrivé deuxième).
2 octobre : Concours du litre d'essence de Chanteloup (arrivé premier).
7 octobre : Course de Côte de Gaillon (arrivé premier).
11 novembre : Coupe de l'Armistice (arrivé premier).

# *Bibliographie*

ARDOUIN, Michel, *Une vie de voyou*, Fayard, Paris, 2005.
ARNETTE, Raymond (Abbé), *De la Gestapo à l'OAS*, Filipacchi, Levallois, 1996.
ATTIA, Nicole, *Jo Attia*, Gallimard, Paris, 1974.
AUDA, Grégory, *Les Belles Années du «Milieu» 1940-1944*, Michalon, Paris, 2002.
AZIZ, Philippe, *Tu trahiras sans vergogne*, Fayard, Paris, 1970.
–, *Au service de l'ennemi*, Fayard, Paris, 1972.
–, *Histoire secrète de la Gestapo française dans le Lyonnais*, Famot, Genève, 1976.
BAZAL, Jean, *Le Clan des Marseillais*, Éditions Jean Michel Garçon, Marseille, 1985.
BERLIÈRE, Jean-Marc, *Les Policiers français sous l'Occupation*, Perrin, 2001.
BERNET, Philippe, *Roger Wibot et la bataille pour la DST*, Presse de la Cité, Paris, 1975.
BLACK, Rowland W., *Histoire et crimes de la Gestapo parisienne*, Éditions Belgo-suisses, Bruxelles, 1945.
BOCCOGNANO, Jean, *Quartier des fauves, prison de Fresnes*, Éditions du Fuseau, Paris, 1953.
BONNY, Jacques, *Mon père l'inspecteur Bonny*, Robert Laffont, Paris, 1975.
BORNICHE, Roger, *Le Gang*, Fayard, 1975.
–, *Gendarmes et voleurs*, Presse de la Cité, Paris, 1990.
–, *Les Prédateurs*, Presse de la Cité, Paris, 1992.
BORGE, Jacques et VIASNOFF, Nicolas, *Les Véhicules français sous l'Occupation*, Balland, Paris, 1975.
BOUDARD, Alphonse, *Manouche se met à table*, Flammarion, Paris, 1975.
–, *Cet étrange Monsieur Joseph*, Robert Lafont, 1998.

Brissaud, André et Laroche, Fabrice, *Histoire de la Gestapo*, Éditions de Crémille, Genève, 1971.

Buisson, Jean-Baptiste et Frot, Maurice, *Le Dernier Mandrin*, Grasset, Paris, 1977.

Cathelin, Jean et Gray, Gabrielle, *Crimes et trafics de la Gestapo Française*, Éditions Historama, Paris, 1972

Chany, Pierre, *La Fabuleuse Histoire du cyclisme*, ODIL, Paris, 1975.

Château, René, *Le Cinéma français sous l'Occupation*, Mémoire du cinéma français, Paris, 1995.

Chenevier, Charles, *De la Combe-aux-Fées à Lurs*, Flammarion, Paris, 1962.

–, *La Grande Maison*, Presse de la Cité, Paris, 1976.

Cieutat Maurice, *Un maton pas comme les autres*, Presses de la Cité, Paris, 1974.

Coll., « Paris 40-44 », *Les Dossiers du Clan*, Éditions du Clan, Paris, 1967.

Colombani, Roger, *Flics et voyous*, RMC Éditions, Paris, 1985.

Crémieux, Francis, *La Vérité sur la Libération de Paris*, Messidor, Paris, 1984.

Diamand-Berger, Lucien, *Prisons tragiques, prisons comiques, prisons grivoises*, Raoul Solar, Monte Carlo, 1947.

De Gaulle Antonioz, Geneviève, *La Traversée de la nuit*, Éditions du Seuil, Paris, 1998.

De Rochebrune, Renaud et Hazera, Jean-Claude, *Les Patrons sous l'Occupation*, Odile Jacob, Paris, 1995.

Deflez, Gilbert, *Le Gang des Tractions Avant*, Jacques Grancher, Paris, 1980.

Delarue, Jacques, *Histoire de la Gestapo*, Fayard, Paris, 1962.

–, *Trafic et crimes sous l'Occupation*, Fayard, Paris, 1968.

Dellapina, Paul, *Cambrioles*, Fayard, Paris, 1972.

Dreyfus, François-Georges, *Histoire de la Résistance*, Éditions de Fallois, Paris, 1996.

Dubois, Claude, *Paris Gangster*, Éditions Mathilde Kressmann, Paris, 2004.

Dufour, Pierre, *Les Bat' d'Af, les Zéphyrs et les Joyeux (1831-1972)* Flammarion, Paris, 2004.

Faligot, Roger et Kauffer, Rémi, *Les Résistants*, Fayard, Paris, 1989.

Figueras, André, *Faux Résistants et vrais coquins*, André Figueras, Paris, 1974.

Follorou, Jacques et Nouzille, Vincent, *Les Parrains corses*, Fayard, Paris, 2004.

Giovanni, José, *Classe tous risques*, Gallimard, Paris, 1958.

–, *Mes Grandes Gueules*, Fayard, Paris, 2002

GROUSSARD, Georges André, *Service secret 1940-1945*, La Table Ronde, 1967.
GUÉRINI, Marie-Christine, *L'Empreinte d'un nom*, Sylvie Messinger, Paris, 1985.
–, *La Saga Guérini*, Flammarion, Paris, 2003.
GUILLAUME, Gilbert, *Mes Missions face à l'Abwehr. Contre-espionnage 1938-1945*, Plon, Paris, 1973.
GUILLO, Francis, *Le P'tit Francis*, Robert Laffont, Paris, 1977.
HARZER, Philippe, *Klaus Barbie et la Gestapo en France*, Fleuve Noir, « Le Carrousel », Paris, 1983.
HASQUENOPH, Marcel, *La Gestapo en France*, De Vecchi SA, Paris, 1975.
JACQUEMARD, Serge, *La Bande Bonny-Lafont*, Fleuve Noir, Paris, 1992.
JAMET, Fabienne, *One Two Two*, Olivier Orban, Paris, 1975.
JAUBERT, Alain, *Dossier D... comme drogue*, Alain Moreau, Paris, 1973.
JULLIAN, Marcel, *Le Mystère Petiot*, Éditions n° 1, Paris, 1980.
LANGLOIS, Gérard, *Claude Sautet, les choses de sa vie*, NM7 Éditions, Paris, 2002.
LARTEGUY, Jean et MALOUBIER, Bob, *Triple Jeu. L'espion Déricourt*, Robert Laffont, Paris, 1992.
LARUE, André, *Les Flics*, Fayard, Paris, 1969.
LE BOTERF, Hervé, *La Vie parisienne sous l'Occupation*, France Empire, Paris, 1975.
LE BRETON, Auguste, *2 sous d'amour*, Vertiges du Nord / Carrère, Paris, 1986.
–, *Malfrats and Co*, Robert Laffont, Paris, 1971.
LEDUCQ, André, *Une fleur au guidon*, Presse de la Cité, Paris, 1978.
LENTIER, Jacques, *Le Temps des policiers*, Fayard, Paris, 1970.
MADAME BILLY, *La Maîtresse de « maison »*, La Table Ronde, Paris, 1980.
MARCANTONI, François, *Un homme d'honneur, De la Résistance au Milieu*, Balland, Paris, 2001.
MARCILLY, Jean, *Vie et mort d'un caïd. Jo Attia*, Fayard, Paris, 1977.
–, *Histoire secrète du Milieu*, Famot, Genève, 1978.
MARTOUNE, *Madame Sphinx vous parle*, Eurédif, Paris, 1974.
MATTÉÏ, Robert, *Le Florentin*, Jean Claude Simoën, Paris, 1979.
MIANNAY, Patrice, *Dictionnaire des agents doubles dans la résistance*, Le Cherche Midi, Paris, 2005.
MONANGE, Jean, *La Saga des Monange*, Auto Édition, Plauzat, 1998.
MONTARRON, Marcel, *Pierrot le Fou et ses complices*, Historama, 1973
NAVARRE, Henri, *Le Ttemps des vérités*, Plon, Paris, 1979.
NEAUMET, Jean Émile, *Les Grandes Enquêtes du commissaire Chenevier*, Albin Michel, Paris, 1995.
NOGUERES, Henri, *Histoire de la Résistance en France*, Robert Laffont, Paris, 1967.

PAILLOLE, Paul, *Services spéciaux. 1935-1945*, Robert Lafont, Paris, 1975.
PAOLESCHI, Marie, *Le Milieu et moi*, Fanval, Paris, 1987.
PAXTON, Robert O., *L'Armée de Vichy. Le corps des officiers français 1940-1944*, Tallandier, Paris, 1966.
PENAUS, Guy, *Les Crimes de la Division « Brehmer »*, La Lauze, Périgueux, 2004.
PEYREFFITTE, Roger, *Manouche*, Flammarion, Paris, 1972.
PIERRAT, Jérôme, *Une histoire du Milieu*, Denoël, Paris, 2003.
–, *Une vie de voyou*, Fayard, Paris, 2005.
PLANEL, Alomée, *Docteur Satan. L'affaire Petiot*, Robert Laffont, Paris, 1978.
POPOT, Jean (Abbé), *J'étais aumônier à Fresnes*, Perrin, Paris, 1962.
POUSSE, André, *Touchez pas aux souvenirs*, Robert Laffont, Paris, 1989.
PREZELIN, Jacques, *Le Goï*, Hachette, Paris, 1979.
RANDA, Philippe, *Dictionnaire commenté de la collaboration*, Éditions Jean Picollec, Paris, 1997.
SARAZIN, James, *Dossier M... comme Milieu*, Alain Moreau, Paris, 1977.
SERGG, Henry, *Joinovici. L'Empire souterrain du chiffonnier milliardaire*, Fleuve Noir, « Le Carrousel », 1986.
–, *Paris-Gestapo*, Jacques Grancher, Paris, 1989.
STEAD, Philip John, *Le 2ᵉ Bureau sous l'Occupation*, Fayard, Paris, 1966.
TERRES, Robert, *Double Jeu pour la France. 1939-1944*, Grasset, Paris, 1977.
VENTURA, Odette, *Lino*, Robert Laffont, Paris, 1992.
VILLIÈRES, Hervé, *Affaire de la Section Spéciale*, Fayard, Paris, 1973.
VINCENT, Maurice, *La Vie d'un flic*, Jacques Grancher, Paris, 1982.
VINCENTANNE, Stéphane, *La Bande à Pierrot le Fou*, Champ Libre, Paris, 1970.
WALTER, Gérard, *La Vie à Paris sous l'Occupation 1940-1944*, Armand Colin, Paris, 1960.


## Revues et archives

*Historia* : Hors Séries n° 26, 27, 31, 39, 41, Librairie Jules Tallandier, Paris. 1972-75.
*Qui ? Détective* : n° 91, 123, 126, 128, 141, 171.
Amicale des anciens des services spéciaux de la Défense nationale (ASSDN) : historique réseau.
Archives de l'Assistance publique-Hôpitaux de Paris (AP-HP) : 494 W.
Archives de l'Ordre des avocats : dossiers individuels.
Archives de la Brigade de sapeurs pompiers de la ville de Paris (BSPP) : dossiers individuels.

Archives de la Préfecture de Police : dossier « Rue de la Victoire », registre d'écrou Dépôt de la Préfecture de Police.
Archives de Paris : séries D1 U6, D2 Y3, D2 Y9, D2 Y11, D2 Y14, D2 U 8, D3 U9, 1443 W, 1807 W.
Archives départementales de l'Yonne : 3U 2.
Archives départementales de la Côte-d'Or : U IX Ca, 41M, SM 172.
Archives départementales de la Haute-Garonne : 3594 W.
Archives départementales de la Loire : VT 1119, 2Y.
Archives départementales de la Vendée : 1279 W.
Archives départementales des Alpes-Maritimes : Fond *Nice-Matin*.
Archives départementales des Bouches-du-Rhône : 2Y, 1871 W.
Archives départementales des Yvelines : 113 Y
Archives départementales du Rhône : 2Y, U ca.
Archives départementales du Val-de-Marne : séries D2 Y5, 2742 W.
Archives nationales : séries Z6, F7.
Bibliothèque nationale : JOB 1 1918-24 et 39-40
Bureau central d'archives administratives militaires : dossiers individuels.
Bureau Résistance et Seconde Guerre mondiale : dossier individuels, dossiers réseaux.
Centre d'archives contemporaines de Fontainebleau : fiches de carrière policiers.
Département de l'innovation technologique et des entrées extraordinaires : 1 K 545 (fonds Paillole)
Dépôt central d'archives de la justice militaire (DCAJM) : dossier d'instruction « Danos » de la cour de justice et du tribunal militaire.
Service historique de l'Armée de terre (SHAT) : 34N 309, 7NN 2665 (fonds russe).

# *Index*

Abouaf, Samuel : 220.
Alsfasser, Alphonse : 40, 53, 165.
Alziary de Roquefort, Jacques : 292.
Amar, Mustapha : 137.
Andrieux, Marie-Louise (dite Janine) : 238.
Andrieux, Odette : 222, 225, 360, 379.
Animat, Adolphe : 255, 256, 257.
Armand : 382, 386, 387, 390.
Armand, Raoul : 328.
Arrigo, Charles : 278-282, 284, 286, 287, 348, 350.
Astie : 183.
Attia, Joseph (dit Grand Jo, le Boxeur, Saïd Atcha) : 123-127, 149, 235, 237, 238, 240, 243, 244, 245, 261, 300, 383, 385.
Auguste le Fou : 159.

Badin (commissaire) : 69, 94, 101.
Baillet, Geneviève : 393, 395-397, 403, 405.
Balafré (le) : 52, 131.
Balin, Mireille : 395.
Balsoti : 274.
Balzaretto, Ernesto (dit Jambe de Bois) : 272, 277.
Barbiéri, Libéro (dit Rocky) : 251, 298, 299, 301, 339, 342, 418.
Barbiéri, Simone : 299, 339, 342, 376, 418.

Barrat, Jacques : 212-214.
Barrier, André : 251.
Barthou (ministre) : 332.
Baruteau, Louis : 302, 303, 304.
Bathiat, Léonie (dite Arletty) : 208.
Battini (commissaire) : 290.
Baudry, Gabrielle (dite Gaby) : 295, 418.
Baudry, Georges (dit Jo) : 111, 112, 130, 154, 195, 251, 293-296, 298-301, 342, 343, 350, 371, 394, 418.
Beckerich, Roger (dit le Fou, Le Louf) : 25, 26, 42, 44, 63, 81, 92, 93.
Bei : 278.
Bérangier : 174.
Berniard, Arthur (pseudo d'Abel Danos) : 42, 57, 90, 92, 94, 335.
Bernolle, Jean (dit Mathias) : 116, 117, 129, 174.
Berthommet (commissaire) : 69, 78, 92.
Bettenfeld, Marthe (dite Marthe Richard) : 230.
Biamonti (inspecteur) : 269.
Bianchi, Léon : 241.
Bianco : 274.
Biget Gazagne (maître) : 416.
Biteaudau Henri : 256, 257.
Blancard Jean (dit Jean de Nice) : 263, 266, 267.

BLANCHARD : 16.
BLANCHET (gendarme) : 347.
BLÉMANT, Louis : 34, 35.
BLÉMANT, Olivie : 34.
BLÉMANT, Robert : 34-38, 51-57, 59, 62, 70, 82-85, 89-91, 94-99, 106, 128-131, 250, 299, 300, 331, 354, 366, 370, 394.
BOEMELBURG, Karl : 31, 50, 100, 105, 106, 117-119, 135, 164, 179, 180, 320, 332-335, 370, 377, 380, 381.
BOGLIOLO Paolo : 274.
BOILOT, Marcel : 184, 330.
BOIX, Joseph : 260, 261, 346.
BOIX, Robert : 346.
BONHOMME (commissaire) : 290.
BONHOURE, Robert : 174, 183.
BONNAL, Georges (dit Jo les Gros Bras) : 28, 29.
BONNEFOUS : 256.
BONNET : 225.
BONNY, Pierre : 10, 116, 117, 126, 159, 173, 175, 187, 190, 206-208, 226, 318, 320, 323-326, 339, 357.
BONSIGNOUR, Louis (ou Joseph) : 268, 273, 274, 349.
BORNICHE, Roger : 79, 302, 408, 409, 411, 412, 415.
BOUCHESEICHE, Georges (dit Gros Jo, Bouche) : 60, 203, 235, 238, 239, 243, 245, 252.
BOULADOUR, Augustine : 26-28, 103, 110, 165, 166, 210, 216, 217.
BOULADOUR, Fernand : 26-28, 110, 112, 165, 166, 210, 216, 217.
BOULADOUR, Roger : 165, 393.
BOULADOUR, Simone : 24-28, 77-79, 86, 98, 164-170, 196, 210, 216-218, 327, 340, 341.
BOURDEAU (commissaire) : 327, 400.
BOURLANGE, Paul : 74.
BOURQUIN (commissaire) : 343.
BOURSICOT, Pierre : 242.
BOUSQUET, René : 118, 130, 172.
BOWING, Axel : 183.
BOYER, Emilienne : 209.
BRANDL, Hermann (dit Otto) : 30, 45, 49, 50, 118, 135.

BRANLARD : 325.
BRÉGÉON, François : 66-68, 70, 73.
BRUN, Mario : 287.
BUISSON, Emile (dit Petit Mimile, Charles Métadieu) : 16-18, 23, 39, 40, 44, 53, 63, 64, 73, 83-87, 91-93, 96, 98, 108, 119, 128, 157, 161, 249-252, 365, 366.
BUISSON, Emma : 17.
BUISSON, Eugénie : 17.
BUISSON, Henriette : 17.
BUISSON, Jean Baptiste (dit le Nuss) : 17.
BUISSON, Jeanne (dite la Sourde) : 17, 63.
BUISSON, Reine : 17.
BUSSIÈRES, Amédée : 172, 189.

CAILLAUX, Joseph : 36.
CAMPINCHI, César : 36.
CANDIDO, Merlo : 271, 272.
CAPONE, Elie : 61.
CARAI, Vittorio : 272.
CARBONE, Paul Venture : 38, 52, 89, 131, 164, 229, 265, 394, 395.
CARBONI, Charles : 313, 335, 336, 338, 340, 348, 350, 351, 367, 381, 382, 386, 387, 393, 395-397, 402, 403, 405, 407-409, 411, 412, 415, 417.
CARLI : 174.
CARRIER, Marcel : 28, 29, 116, 317.
CARRÈRE (gendarme) : 284.
Cartron : 183, 186.
C., Paolo (dit Paul, François) : 111, 195, 292, 295, 296, 298, 301, 343, 386.
CASSELI : 128, 322.
CASTEX (commissaire) : 306-308.
CATONI, Fernand : 258.
CAZANOVA : 385.
CAZAUBA Charles (dit Charlot le Fébrile) : 40, 61, 63, 114, 116, 119-123, 126, 127, 157-160, 164, 165, 174, 182, 184, 186, 211, 221, 225, 263, 315, 316, 318, 326, 361, 362, 380, 389.
CAZAULON (inspecteur) : 92.
CHADEFAUX, Marinette (dite Jacqueline Lafférière) : 125, 245, 252.

CHALLIER (inspecteur) : 328.
CHAMBERLIN, Henri (dit Henri Lafont, Henri Normand, Monsieur Henri) : 28-30, 44-50, 60-64, 100, 114-123, 126, 127, 170-175, 178-183, 186, 187, 190, 191, 193, 197, 203, 105-208, 211, 213, 222, 230, 237, 238, 265, 266, 295, 300, 315-326, 329, 330, 337, 353, 357, 369, 377, 380, 400.
CHANUT, Germain : 235, 292, 293, 308, 309, 385, 418.
CHARBONNIER (capitaine) : 356, 357, 369, 378, 379, 402.
CHAUDE, Fernande : 258.
CHAUDE, Pierrette : 257, 258, 284-287, 298, 350.
CHAUSSE, Jean : 115, 128, 292, 321-323.
CHAUVIN, Blanche : 210, 262.
CHAVAGNAC (commandant) : 363, 370.
CHAVE, Jean Baptiste (dit Michel, Nez de Braise, Nez Rouge) : 17, 108, 127, 159-161, 167, 207, 265, 318-321, 323, 354.
CHENEVIER, Charles (dit Charlie, le Gros) : 15, 16, 24, 44, 71, 79, 81, 83-85, 90-92, 95-99, 102, 104, 106, 108, 115, 128, 150, 152, 161, 179, 180, 185, 252, 258, 264, 290-292, 294, 298, 302, 308, 311, 322, 323, 331-335, 337, 340-344, 347, 351-357, 362, 364, 367-370, 378, 380, 381, 392, 401, 402, 408, 409, 421.
CHEVALIER, Maurice (dit Momo) : 155, 208, 395.
CHEVILLON (docteur) : 187.
CHRISTOPHE, Roger : 142, 241.
CIEUTAT, Maurice : 310, 385, 405, 410, 411.
CIVILOTTI (commissaire) : 272.
CIZERON, Etienne (dit Cheucheu le Stéphanois) : 159.
CLAPARÈDE (gendarme) : 255-257, 313.
CLAVIÉ, Joseph : 61.
CLAVIÉ, Paul : 61, 114, 116, 159, 163, 183, 201, 226, 320, 323, 324, 326.

CLAVIÉ, Raymond : 61.
CLOT (commissaire) : 213, 216, 231, 363, 379.
COCU, Carmen : 387.
CODEBO, Charles : 163, 229, 230.
COESPEL, Yvonne : 86, 103.
COGGIA, Jean : 36.
COLLARD, Cécile : 123.
COLONNA, Dominique : 131.
CONNELY : 263.
COT, Jean : 25, 44.
COTE, Albert : 150.
COTONI, Simon (commissaire) : 394.
COSTAING de : 225.
COULON : 137.
COURTINE, Sylvain : 178, 379.
COURTOIS (juge) : 376.
COURTOIS, Edmond (dit Momon) : 125, 246.
COVECCHIA, Jean : 272.
CRAPOULET (commissaire) : 341.
CUCARI, Pierre (dit Cuc) : 396.
CURTY (commissaire) : 259, 260, 290, 346.

DAMIANI, Joseph (dit José Giovanni) : 310, 311, 419.
DANIAULT (juge) : 108, 313, 385, 387, 388, 392.
DANOS, Jean-François : 77, 144, 311.
DANOS, Jeanne : 14.
DANOS, Louis : 77.
DANOS, Marie : 253.
DANOS, Roger : 14, 168, 338, 339.
DANOS, Simone : 14.
DANTO (agent) : 305, 306.
Dany la Brune : 161.
DARMON, Jacques : 99.
DARRIEUX, Danièle : 39.
DEBESSE (capitaine) : 363, 364, 370.
Dédé : 129.
Dédé le Toulousain : 159.
Dédé Mitraillette : 294.
DEKKER, Roger (dit Petit Roger) : 251.
DELALAY, Raymond (dit Gros Raymond) : 24, 219, 292.
DELCHIAPO : 174.

DELEHAYE, Edmond : 117, 174, 197, 318, 325.
DELFAU, Charles : 342.
DELGAY : 95.
DELLAPINA, Paul : 403-405, 410.
DELVAL, Charles : 201, 226.
DELISLE, Lucienne : 136.
DEMARCHI, Rose (dite Rosette) : 82, 98.
DE MARCHI : 278.
DEPREUX, Edouard (ministre) : 242.
DESCHAMPS : 185.
DESGRANCHAMPS, Charles : 16.
DESSAY, Henri : 388, 389.
DESVAUX, René : 243.
DEVOYOD (père) : 408, 410, 412, 413, 415, 417.
DEWAVRIN, André (dit Passy) : 75, 172, 196, 199.
DIAMAND BERGER (docteur) : 111.
DIGOT : 183, 186.
DISCEPOLO, Louis (dit le Coq) : 174, 268, 269, 274.
DONNER, Jacques (pseudo d'Abel Danos) : 254.
DONSIMONI (juge) : 243, 313, 314, 316, 318, 324, 327, 328, 330, 331, 360, 378, 380.
DORIOT, Jacques : 156, 395.
DOUFLO, Marie : 206.
DREYFUS, René : 329, 390.
DUBENT, Edmond : 179, 180.
DUBOIS (commissaire) : 37.
DUGUÉ, Angèle : 19.
DUMESNIL : 185.
DUMONT, Georgette : 294, 342, 418.
DUPIN, Jacques : 68, 74.
DURAND, Georges : 327.
DURKHEIM (juge) : 336.

EL-MAADI, Mohammed : 182.
ENGEL, André : 184, 201, 226, 323, 326.
ESCUDÉ (commissaire) : 320.
ESPOSITO, Carmela : 268.
ESTÉBÉTÉGUY, Adrien (dit le Basque) : 29, 45, 61, 116, 157, 158, 174.
ESTÉBÉTÉGUY, Louis : 207.

ESTRADE, Maurice : 178.
EYMARD, Charles (dit Charlot Paletot de Cuir) : 53, 86, 99, 129.

FACIOLLE : 43, 44.
FAIVRE : 196.
FALETTI Jean : 241, 242.
FAVRE, Emile : 268, 274.
FEFEU, Henri (dit Riton le Tatoué) : 159, 174, 235, 237-239, 243, 244.
FELS, Charles (dit Gros Charles) : 116, 183.
FERNANDEZ, Carmen : 60.
FERNANDEZ, Georges (dit Amerlot, le Chilien) : 225, 330, 359-362, 421.
FERRANDO : 320.
FERRIÈRE (inspecteur) : 306.
FINCKHEIMER, Lucien (dit Lucien de Marmande ou le Manchot) : 198, 199, 243.
FIORGANZIO : 268.
Florence (dite Bouffie, Tartine) : 7, 9, 136, 155, 254, 264, 275, 277, 279, 307, 340, 384.
FLORIOT, René (maître) : 172, 397.
FORT, Alberte : 77, 78.
FORT, Bertrand : 78.
FOSSE-GALTIER : 347.
FOURNEL, Baptiste (dit le Maréchal) : 293, 343.
Francis le Nantais : 159.
FRANCISCI, Marcel : 90.
FRANCOZ, Christian : 371.
FRÉDA : 162.
FRELIN, Gustave (capitaine des Lyonnais) : 115, 292, 293.
FRESNAY, Henri : 367.
FRICHET : 330.
FRIEDRICH (docteur) : 194, 358.

GALLAND (inspecteur) : 74.
GARCIA de la PALMIRA, Henry : 158.
GARREAU, Pierre (inspecteur) : 95, 183, 226, 316, 381.
GARROT, Raymonde : 207.
GASQUET : 329.
Gaston (dit Gastounet le Tatoué) : 149.
GAULLE de, Geneviève : 325, 326.
GAUMONT, Maurice : 66, 67, 69, 70.

## INDEX

GEISLER : 323.
GÉLIO, Henri (dit Didi la Mèche) : 163.
GÉLIS (brigadier) : 284.
GENTINA, Aldo : 286, 349.
GENVOIS, Odette (dite Petite Main) : 39, 63, 84, 91, 98, 157, 250.
GIRARD, Marcel (dit le Dijonnais) : 16, 26, 177, 178.
GIRARDI, André (dit Didi Lunettes) : 241.
GIRAUD (général) : 130, 131.
GIRAUD (médecin colonel) : 347.
GIRBES, André (dit la Rigole) : 45, 115, 116, 158, 362.
GIRIER, René (dit la Canne) : 251.
GIUDICELLI : 242.
GIUGE, Baptistine : 258, 286.
GIUSTA, Joseph : 279.
GONTHIER, Grazina : 266, 267.
GONTHIER, Pierre : 266, 267.
GORGA, Ange : 349.
GORLA, Angélo : 278.
GOSSELIN, Louis : 66, 69, 70.
GOTTELAND, René (dit le Petit) : 115.
GOURARI, Nicolas (dit Robert le Pâle) : 60-62, 114, 116, 129, 157, 158, 202, 203, 212-215, 219, 221-223, 225, 357-360.
GRAMARD, Robert : 327.
GRANDO, Jean : 390-392.
GRYNSZPAN, Herschel : 333.
G., Lucien : 38.
GROUSSARD (colonel) : 21.
GUÉRIN, Henri : 66, 67, 69, 70.
GUÉRINI, Antoine : 89.
GUÉRINI, Barthélémy (dit Mémé) : 89, 131, 159, 394.
GUGLIÉRI : 174.
GUILLO-MOURA, Pierre : 159, 183, 321.
GUITRY, Sacha : 384.
GUIVANTE de SAINT GAST, Paul (colonel) : 358, 359.
GUTHMANN (juge) : 343, 350.

HALLÉ (inspecteur) : 213, 361.
HARDIVILLIERS, Michel (dit capitaine Michel) : 221-225, 357-360, 362-364, 369, 370, 378-379.
HARÉ, Louis : 183, 197, 226, 326.
HEIDRICH : 118, 119.
HELDER du, Paul (dit Paulo) : 61.
HENRI (inspecteur) : 69, 92.
Henri l'Epicier : 159.
HERBINGER, Pierre (colonel Bressac) : 382, 388-390.
HERVIER : 347.
HESSE, Emile : 126, 164, 184, 319.
HIMMLER : 30, 118, 315.
HINTZY, Maria (dite Mona) : 254, 255, 290, 342, 418.
HITLER, Adolphe : 15, 21, 30, 101, 118, 158, 333, 334, 401.
Hubert : 196.
HUIBAN, Emmanuel : 259-261, 286, 345, 346.
HUNTZIGER (général) : 366.

IBRAHIM (princesse) : 272.
IRWINSKY : 183.
ISNARD, Gustave : 262, 263, 290, 342, 418.

JACOB, Madeleine : 358, 359.
JAMET, Fabienne : 22, 163, 164.
JAMET, Marcel (dite Fraisette) : 22, 163, 164, 229, 230.
JARRY, Léon (gardien) : 178.
JEAN (madame) : 296.
JEAN-PAUL : 7, 10, 232, 264, 275, 279, 281, 289, 340, 367, 384, 420.
JEANNOT LE TOULOUSAIN : 126.
JEAN PIERRE, Octave : 165.
JEUNET, Auguste (dit Cajac, Auguste Jeanton) : 61, 114, 116, 173, 174, 202, 204, 254, 255, 258, 261, 262, 290, 319, 321, 342, 418.
JOANOVICI, Hava : 338.
JOANOVICI, Joseph (dit Spas) : 125, 134-136, 180, 183, 197, 201, 206, 231, 265, 325, 326, 337, 338.
JOHANÈS, Paul (dit Capitaine Jansen) : 86, 87, 368, 369, 381.
JOLIVOT, André (dit André Gérard, Dédé la Vache) : 18-20, 23, 44, 111-114, 119, 120, 147, 172, 173, 353.
JOUBERT (commissaire) : 62, 136.

Kaci, Saïd Mohamed : 391.
Kalhof, Willy : 184.
Kherlakian, Lebib (dit le Manchot) : 99, 100.
Klein, Walter : 377.
Knochen, Helmut : 31, 118, 164, 181, 315, 316.
Koppenhöffer : 93, 107.

Labriffe de, Solange (duchesse d'Ayen) : 315, 317.
Labussière, Jacques : 201, 207, 318.
Lacoste (inspecteur) : 306.
Laguerre, Maurice : 241.
Lambolley, Jean-Jacques : 146.
Lambretch, Otto : 44, 158.
Langlois (procureur) : 407.
Lapiné, Eugène : 172.
Larcher, Raymond : 224.
Largeron, Louis : 173.
Laurent, Christian : 241.
Laval, Pierre : 171, 236.
Léandri, Etienne : 90, 268, 274, 394, 395.
Leca, Paul : 394.
Lecerf, Félix : 219.
Leclerc, Ginette : 198.
Leducq, André : 145.
Lefèvre, René : 395.
Lehuby, Jacques : 402.
Lemestre, Georges : 22, 162, 230.
Lemestre, Marthe (dite Martoune) : 22, 23, 162.
Lentz, Roger (dit Poupon) : 163, 193, 194, 228, 230, 192, 293, 298, 308, 309, 341, 343, 358, 359, 418.
Le Ny, Julien : 239.
Leroudier, Marie : 263.
Leroy, Nelly : 62.
Levillain, Maurice : 208.
Levitre (inspecteur) : 213.
Lhermitte, Jean : 101, 103, 220.
Libessart, Hermann : 280, 282-284, 286, 287, 349, 350.
Lien, Jean-Paul : 367.
Lindmann (colonel) : 318.
Loiseau : 183.
Lombard (commissaire du gouvernement) : 408.
Lombard, Charles (dit Paul le Beau) : 268, 274.
Loutrel, Pierre (lieutenant Déricourt, Pierrot le Fou, le Louf, Paul Chaplin) : 125, 126, 156, 197-200, 235-246, 252, 261, 286, 306, 336, 349.
Lovera, Giuseppe (dit Francescin) : 273, 274, 277, 349.
Loyer (inspecteur) : 218.
Lucarotti : 174.
Luchaire, Jean : 171, 204.
Luchinacci, François (dit le Notaire) : 131.
Luizet, Charles (préfet) : 242, 243.

Macé, Renée : 342, 418
Maguy : 156.
Maillard, Gaston (pseudo d'Abel Danos) : 14.
Maillebuau, Marinette : 185.
Maillebuau, Pierre (dit Simon) : 28, 61, 116, 127, 184, 185, 317, 330, 360.
Malafonte, Gabriel : 268.
Maltat, Henri : 138, 139, 140, 210, 219, 291, 383, 418.
Maltat, Marcelle : 138, 139, 140, 210, 219, 291, 376, 418.
Maltat, Rose Hélène (dite Rosette, Toutoune, Jacqueline Mussay) : 9, 10, 11, 27, 85, 137, 139-140, 141, 142, 145, 146, 149, 155, 156, 161, 165-170, 175, 186, 187, 196, 201, 202, 206, 209, 210, 218, 219, 227, 232-235, 246, 253-255, 257, 268, 271, 274, 276, 279, 286, 290, 307, 327, 338-342, 348-350, 361, 370, 376, 378, 380, 383-387, 393, 394, 396, 407, 411, 415, 417, 418, 421.
Mandel, Georges : 225, 392.
Mansuy : 225, 392.
Manuelli, Marius : 266.
Marchetti, Ange : 392.
Marcilly, Jean : 127.
Margolin : 164, 165.
Marini, Joseph (capitaine des Corses) : 89.

MARONGIN, Emile : 324, 325, 390.
MARTIN, Emilien : 202, 418.
MARTINEAU, Maurice : 225.
MASSIÉRA (commissaire) : 260.
MASSONE, Paul : 280-283, 285-287, 289, 349, 350.
MATTÉÏ (commissaire) : 242, 290.
MAUBON, Paul (dit le Blond) : 261, 262.
MAURICE (commissaire) : 69.
MAUTE, Henriette : 245.
Max le Catcheur : 405.
MAYEUR (capitaine Maréchal) : 128, 158, 321.
MAYNIER, Henri : 64, 65, 72, 74.
MAYRAN, Joseph : 67-69, 73.
MÉLA, Gustave : 394.
MÉNÉGAUX (juge) : 71, 76, 93, 102, 103, 105, 107.
MENIGAULT, André : 325.
MERCIER, Alphonse (dit Hans Binder) : 84-90, 366, 367, 370.
MERLE, Augusta : 262, 342, 418.
MÉTRA (inspecteur) : 211, 213, 214.
MEUNIER, Gabriel : 128, 184, 211, 220, 321, 322.
MICHEL : 73.
MICLAR, Louis (dit Gros Louis) : 61, 116.
MIKI, Paul : 156.
MILLE, Roger : 210, 254, 262.
MILLERAUD, Albert : 64.
MONANGE, Raymond (lieutenant Raymond) : 376, 377, 392, 408, 416, 417, 422.
MONDANEL, Antoine : 335.
MONIN : 207.
MONTAND, Yves : 161.
MONTFORT, Auguste (dit le Breton) : 115, 157, 160, 194, 197, 322, 323, 359.
MONTJOIE de, Aymard : 67, 70, 73.
MOREL, Roger (pseudo d'Abel Danos) : 301, 306.
MORIN (inspecteur) : 206, 325, 326.
MORRIS, Violette : 160.
MOSER (aspirant) : 102.
MOURA, Louise (dite Lily) : 159.
MOURA, Robert (dit le Fantassin) : 45, 115, 116, 157-59, 178, 183, 326.

MUNICCHI Louis : 283.
MURDRAH : 61, 62, 117, 118, 129, 319.
MURIANE : 195, 196, 295.

NAUDY, Raymond (dit Gabriel Barbet) : 200, 234-238, 241, 242, 244, 254, 257, 258, 261-265, 267, 268, 273, 275, 277-279, 281, 285-287, 306, 345, 347-351.
NICOLAS (inspecteur) : 60, 61, 69, 92, 96, 116, 202, 203, 214, 357.
NOAILLES de, Jean (duc d'Ayen) : 164, 314-317.
NOIR (agent) : 305, 306.
NOSEK, Roland : 394.

O'dett : 158.
OBERG, Karl : 118.
OLIVE, Léon : 256.
ORTOLI, Géromine : 81.
ORTOLI, Jacques (dit Jacky) : 81, 82, 86, 88, 99.
OSWALD (commissaire) : 62.

PAGNON, Louis (dit Eddy) : 139, 165, 182, 226, 316, 320, 323, 324.
PAILLOLE, Paul (dit Philippe Perrier) : 32-34, 36, 37, 51-57, 62, 71, 82-85, 88, 89, 95-97, 128, 130, 180, 250, 252, 365, 367-369, 402.
PALISSE, Jean : 163.
PALLATIER, Marcel (dit Riquet le Rouge) : 221-223, 353, 354, 359, 370.
PALMIÉRI, Charles : 128, 395.
Panafieu : 159.
PANZANI, Jo : 293.
PAOLESCHI, Dominique : 131.
PARAF, Serge : 99.
PARDOVITCH (dit Pardo) : 372.
PAUL (docteur) : 70, 375, 408, 415.
PAUL, Victor (dit Gueule d'Or, Totor, Vidal Toussaint) : 183, 211, 309, 376, 382.
Paule : 361.
PELLET, René (dit Octave) : 223, 224, 379.
PERETTI, Antoine : 89, 90, 92, 156.

PERICART, Jacques : 47.
PÉTAIN, Philippe : 74, 138.
PETIOT, Marcel : 29, 232.
PETIT (inspecteur) : 213.
PETITGENÊT : 292.
PHILIPPE, Gaston : 25, 33, 52, 88, 91
PIAF, Edith : 156.
PIBOULEAU, Louis : 222, 224, 225, 360, 379.
PICQUENDAR (général) : 365, 366.
PIERESCHI, Joseph (dit Zé le Marseillais) : 29.
PIN, Albert : 53, 59, 60, 62, 86, 129.
PINARDEL, Pierre : 28, 317.
PINAULT (commissaire) : 380, 390-392, 401.
PINI, Carolina (dite Rina) : 273, 274.
PINOT (inspecteur) : 279.
PLANTIN, Raoul (dit le Docteur) : 263, 342.
PLUYM, Marcel : 69.
POPOT, Jean (abbé) : 410, 411, 416, 417.
PORTE, Charles : 179.
POSETTI, Giovanni : 271, 272.
POUJAL (inspecteur) : 380.
POUSSE, André : 144, 154, 372, 373.
PRADE, Georges : 137, 205, 208.
PRÉVOST, Lucien : 29, 61, 116, 159, 182, 183, 318, 323, 325, 326.
PRINCE : 137.
PRINCE (inspecteur) : 69.
PRIOLET (commissaire) : 48, 72.
PROST (inspecteur) : 218.
PROST, Mario : 243.
PUECH, Frantz (dit le Gitan) : 115, 194, 241, 359.

QUILICCI (commissaire) : 290.
QUIMPFE Sylviane (marquise d'Abrantès) : 139.

RADECKE, William : 29, 30, 45, 49, 50, 118.
RAGGIO, Louis (dit le Grand Louis, Loulou) : 52, 53, 57, 83, 84, 86, 88, 129-131, 292, 366, 370, 388, 389, 394, 402.
RAOULT (commissaire) : 290.

REBURDEAU, Pierre : 371.
REDON (commissaire) : 283-285, 290.
RÉGENT, Robert : 196.
REILE (commandant) : 30.
RENUCCI, Joseph (dit Jo) : 89, 128, 131.
RÉOCREUX, Joseph (dit Jo le Boxeur) : 29, 174.
REVILLARD, Serge : 329.
RIBIÈRE : 199.
RICHARD (docteur) : 187.
RICHARD, Paul (pseudo d'Abel Danos) : 215, 219.
RICORD, Auguste : 156, 265-268.
RICORDEAU (inspecteur) : 197.
RIFFARD, André (dit Gueule en Or, Dédé) : 183, 329, 330.
RIFFARD, Georges : 329.
RIOL (commissaire) : 290.
RIVET, Louis (colonel) : 33, 95, 180, 366.
ROCCA SERRA, Joseph (dit Jean-Baptiste Baux, Jeannot le Corse) : 64, 72, 73, 75, 82, 83, 85, 86, 88, 89, 91, 98, 99, 107, 130, 343, 354, 366.
RODIER-THIBERT : 348.
RODRIGUEZ, Joachim : 241.
RODRIGUEZ, Manuel : 129.
ROLLAND : 183, 184.
ROLLET, André : 370, 387-389, 402.
ROSSI, Constantin (dit Tino Rossi) : 155, 208, 231, 395, 403.
ROSSI, Jean (dit Jeannot) : 157-159, 161, 194, 195, 322, 323.
ROSSINI, François : 98.
ROUS : 198.
ROUSSET, Pierre (dit Petit Pierre) : 52, 53, 86, 366, 370.
ROYNARD (juge) : 399, 400.
RUARD, Marcel (dit Pépito le Gitan) : 241, 242.
RUDOLPH (colonel) : 30.
RUSSAC, Henri : 251.

SABIANI, Simon : 89.
SALLICETTI, Ange (dit le Séminariste) : 196.
SANTINI, Albert : 93.
SARTORE, Jean (dit le Chauve, Jean Lucas) : 61, 114, 116, 173, 174, 202-

204, 212-215, 219, 221-223, 225, 254, 262, 300, 319, 321, 323, 357-360, 363, 364, 369, 370, 379, 381.
SAUTET, Claude : 419, 420.
SAUVAGNAT, Augustine (dite Gaby) : 25, 26, 42, 43, 93.
SAVY, Michel : 44.
SCHLICK : 16.
SCOTTI : 174.
SELLENET, Georges (dit Jo) : 25, 44.
SÉRAFIAN : 244, 245.
SILBERMANN : 316.
SILBERSTEIN : 55.
Simon : 64.
SIMULA, Silvio : 272.
SORO, Joseph (dit Jo Catch) : 115, 159, 292.
SPIRITO, François : 38, 131, 265.
STARCK, Henri (dit Riquet le Parisien) : 261.
STOCKLIN, Max (dit le Beau Max) : 45, 48, 49, 128.
STRAGLIATI, Joseph : 299.
SUZZONI, François : 128, 320, 322-324, 331, 370, 381, 386, 387, 390.
SYBILLE Marthe : 214.

TALAMONA, Jean : 268, 342, 383, 418.
TALOMONA, Jeanne : 227, 291, 418.
TANGUY, Henri (dit Phono) : 314, 318, 319.
TEXIER (capitaine) : 355, 356.
THIÉCHART, Odette : 342.
THONNE, René : 217, 219.
TISSIER, Roger : 28, 116, 160, 314, 317, 318, 400, 401.

TONDUT : 318, 319.
TONDUT : 183, 184, 186, 211.
TOURNOIS (agent) : 178, 179.
TORRES, Henri : 241.
TRUCCHI (commissaire) : 261, 290, 342, 344.
TURLOTTE (agent) : 122.

VAILLANT, Charles (dit Charlot ou Charlie Bonheur) : 292, 294, 342, 418.
Van BUYLAERT, Albert : 382, 386-390, 402.
Van de CASTEELE, Jean : 55.
VEBER, Georges (commissaire) : 93, 94.
VENTURA, Lino : 419, 420.
VENTURINI : 50.
VERDIER, Juliette : 292.
VERSCHRAEGEN, Sidonie : 303, 304.
VEYRET, Eugène : 253, 342, 418.
VIEVILLE : 206.
VILLAPLANA, Alexandre (dit Alex, les Pompes) : 40, 53, 59, 61, 62, 115, 128, 129, 159, 163, 174, 182, 201, 207, 226, 322.
VINCENT (commissaire) : 343.

WAGNER : 325.
WEISS : 100.
WERNER : 371.
WEYGAND (général) : 21.
WIBOT, Roger : 56, 243.
WOLFINGER, Roger : 148.

ZAROUSKA (princesse) : 274.
ZIMMERMANN : 125.

## *Remerciements*

À mesdames Alberte Ariès, Geneviève Baillet, Julia Bonnafous, Patricia Bouladour, Paulette Brégéon, Marie Françoise Fonteneau, Patricia Levar, Hélène Maltat, Andrée T.

À messieurs Gaston Amblard, Raymond Arnette, Georges Baudry, Roger Borniche, Christian Bouladour, André B., Carboni, José Giovanni, Lucien G., Jacques Lhermitte, Bernard M., Jean P., André Pousse, Nicolas Vidaillet Peretti pour leurs précieux témoignages.

À messieurs Grégory Auda, Pierre Daniault, Henri Debrun, Jacques Delarue, Patrick Ferrand, Guy Méjean, Patrice Miannay, Jean Monange, Jean-Claude Petermann, Jérome Pierrat pour leur aide ainsi qu'à ceux qui ont préféré garder l'anonymat.

# Table

Prologue.................................................................. 9
Chapitre premier : *1940 : l'heure des retrouvailles*.................. 13
Chapitre 2 : *Autres temps, autres combines*.......................... 41
Chapitre 3 : *L'affaire de la rue de la Victoire*..................... 59
Chapitre 4 : *En mission pour la Défense nationale*................... 81
Chapitre 5 : *93 rue Lauriston, centre d'affaires*................... 109
Chapitre 6 : *Paris sera toujours Paris*............................. 133
Chapitre 7 : *Sus aux « terroristes »*............................... 171
Chapitre 8 : *Retournements de vestes*............................... 189
Chapitre 9 : *Sauve qui peut, vers le Sud*........................... 201
Chapitre 10 : *Des résistants aux mains sales*....................... 209
Chapitre 11 : *Les affaires reprennent*.............................. 229
Chapitre 12 : *Les frères de la Côte*................................ 249
Chapitre 13 : *Retour précipité vers la frontière*................... 271
Chapitre 14 : *Le Mammouth tricard*.................................. 297
Chapitre 15 : *Début du duel Justice-Danos*.......................... 313

Chapitre 16 : *Chenevier fait les comptes* ................................... 337
Chapitre 17 : *L'addition* ......................................................... 375
Chapitre 18 : *Le glaive de la justice militaire* ......................... 399
Chapitre 19 : *La fin* ................................................................ 407

*Épilogue* ................................................................................. 419
*Repères chronologiques* ........................................................ 421
*Bibliographie* ......................................................................... 429
*Index* ..................................................................................... 435
*Remerciements* ...................................................................... 445

www.ingramcontent.com/pod-product-compliance
Lightning Source LLC
Chambersburg PA
CBHW071138300426
44113CB00009B/1010